dtv

Ob Adoption, Abtreibung, Alkoholismus, ob sexueller Mißbrauch, Selbstmord oder die dunkle politische Vergangenheit eines Familienmitglieds, ob Homosexualität, geheime Geldgeschäfte oder Ehebruch – es gibt sie in allen Formen und Ausmaßen: Geheimnisse in der Familie. Stets basieren sie auf einem komplizierten Geflecht von Motiven und Emotionen. Oft aus guter Absicht heraus entstanden – ein Kind oder einen Partner vor Schmerz und Scham zu schützen –, prägen sie mitunter über Generationen hinweg die Beziehungen zwischen Ehepartnern, Eltern und Kindern. Evan Imber-Black zeigt anhand von vielen bewegenden Fallgeschichten, in welchem Maß Geheimnisse das Zusammenleben in der Familie beeinträchtigen, das Spontane, Authentische zerstören und sich auf Selbstwertgefühl und emotionale Entwicklung auswirken. Brillant und einfühlsam zeigt die Familientherapeutin aber auch, wie im Zeitalter gewandelter Beziehungen ein Gleichgewicht zwischen Offenheit und Verschwiegenheit erreicht werden kann.

Evan Imber-Black gilt als eine der führenden Familientherapeutinnen in den USA. Neben ihrer Tätigkeit am berühmten Ackerman Institute for the Family in New York lehrt sie als Professorin für Psychiatrie am Albert Einstein College of Medicine. Sie hat mehrere Bücher zu den Themen Geheimnisse und Rituale in der Familie veröffentlicht.

Evan Imber-Black

Die Macht des Schweigens

Geheimnisse in der Familie

Aus dem Englischen von
Rita Seuß und Sonja Schuhmacher

Klett-Cotta
Deutscher Taschenbuch Verlag

Ungekürzte Ausgabe
Dezember 2000
Deutscher Taschenbuch Verlag GmbH & Co. KG,
München
www.dtv.de

Titel der amerikanischen Originalausgabe:
The Secret Life of Families
Bantam Books, New York

ISBN 3-608-93456-1
Umschlagkonzept: Balk & Brumshagen
Umschlagfoto: © gettyone Stone/Sheena Land
Druck und Bindung: C. H. Beck'sche Buchdruckerei,
Nördlingen
Gedruckt auf säurefreiem, chlorfrei gebleichtem Papier
Printed in Germany · ISBN 3-423-36223-5

Meiner Enkelin Josephine Charity Black
in Liebe gewidmet:
Für all die süßen Geheimnisse
in Deinem weiteren Leben.

Inhalt

Dank

Zahlreiche liebevolle und wohlmeinende Menschen trugen zum Zustandekommen dieses Buches bei. Ich danke Judith Stone, der „Geburtshelferin" meiner Idee. Unsere lebhaften Diskussionen in New Yorker Cafés, ihre durchdachten Hinweise und frühen Änderungsvorschläge haben mich auf den richtigen Weg gebracht. Mein Dank gilt Elizabeth Stone für unsere Gespräche über Geheimnisse und das Angebot, ein Buch zu machen. Ich danke Katy Butler, die 1993 mit mir zusammen an dem Artikel „Ghosts in the Therapy Room" („Gespenster im Therapiezimmer") arbeitete, woraus der Wunsch entstand, meine wissenschaftliche Beschäftigung mit dem Thema „Geheimnisse" einer breiten Leserschaft zugänglich zu machen.

Meine liebe Freundin und Kollegin Janine Roberts unterstützte dieses Projekt durch sorgfältige Lektüre des Manuskripts, ihre aufmerksamen Kommentare und ihre unermüdliche Hilfsbereitschaft.

Dieses Buch baut auf dem wissenschaftlichen Werk *Geheimnisse und Tabus in Familie und Familientherapie* auf, das ich 1993 herausgab (dt. 1995). Hervorragende Fachkollegen arbeiteten daran mit und beeinflußten meinen heutigen Standpunkt zum Thema „Geheimnisse". Insbesondere danke ich Marilyn Mason, Rosmarie Welter-Enderlin, Peggy Papp, Ann Hartman, Judith A. Schaffer, Ronny Diamond, Lorraine Wright, Jane Nagy, Jo-Ann Krestan, Claudia Bepko, Laura Roberto Forman, Dusty Miller, Gus Kaufman, Gary L. Sanders, Joan Laird, Sally Ann Roth, Alan Cooklin, Gill Gorell Barnes, Nancy Boyd-Franklin, Lascelles W. Black, Kathy Weingarten und Janine Roberts, die von Anfang an mit mir zusammenarbeiteten und das Thema „Geheimnisse" in die Familientherapie eingebracht haben.

Dieses Buch nahm unter der besonnenen Anleitung meiner Agentin Beth Vesel Gestalt an. Ihre Begeisterung für meine Ideen und ihr unerschütterlicher Glaube an den Nutzen dieses Buches waren mir eine große Hilfe.

Toni Burbank war eine Lektorin, wie man sie sich nur wünschen kann. Schon bei unserer ersten Begegnung ließ sie sich für dieses Buchprojekt begeistern. Ihre entschlossenen und zugleich behutsamen Fragen halfen mir, meine Gedanken zu ordnen und weiterzuspinnen. Mit ihrem hervorragenden Lektorat zeigte sie große Sympathie und Mitgefühl für die Menschen, die in diesem Buch auftreten. Danken möchte ich auch Tonis Assistenten Robin Michaelson, der sich in allen Einzelheiten um das Manuskript kümmerte.

Meine liebe Freundin Rosmarie Welter-Enderlin verbrachte viel Zeit mit der Lektüre des Manuskripts, schickte mir sehr eingehende Kommentare und half mir, die Bedeutung von Geheimnissen tiefer zu erforschen. Unsere sonntagnachmittäglichen Telefonate über den Atlantik, unsere gemeinsamen Zugfahrten durch Europa und das gemeinsame Kochen in unserer Küche in New York oder in der Schweiz waren wunderbare Anlässe, über Geheimnisse beruflicher und privater Natur zu diskutieren.

Mit Peggy Papp vom Ackerman Institute for the Family stand mir eine kompetente Kollegin und verläßliche Freundin zur Seite. Anfangs wollte ich ein Klinikprojekt zum Thema „Geheimnisse" ins Leben rufen. Doch Peggy war zu Recht skeptisch, ob es gelänge, eine Familie dazu zu überreden, an einem Projekt mit dem Titel „Familiengeheimnisse" teilzunehmen. Während unserer gemeinsamen Arbeit an jedem Mittwochnachmittag haben wir in den vergangenen sieben Jahren viele Familien beobachtet, die entweder darum rangen, ein Geheimnis offenzulegen, oder nach Preisgabe eines Geheimnisses mit deren seelischen Folgen zu kämpfen hatten. Unsere gegenseitige Unterstützung im Therapiezimmer wie auch hinter dem Einwegspiegel und unsere zahlreichen gemeinsamen Theaterabende haben meine Vorstellungen von Geheimnissen stark beeinflußt.

Viele gute Freunde bekundeten ihr Interesse an diesem Projekt und unterstützten meine Arbeit unermüdlich. Ich danke Pat Colucci, Ellen Landau, Gary Sanders, Betty Carter, Olga Silverstein, Vicki Dickerson und Paul Browde.

Während der Arbeit an diesem Buch war ich Leiterin der Family and Group Studies sowie des Urban Institute for Families and Family Therapy Training am Albert Einstein College of Medicine in der Bronx, New York. Glücklicherweise erhielt ich von meiner Fakultät Unterstützung und Ermunterung, die mir die Arbeit zu einer wahren Freude machten. Besonders danken möchte ich Maddy Abrams, Johnine Cummings, Judy Cobb, Barbara Iwler, Anne Shollar, Myrna Hernandez, Eliana Korin und Linda Torres.

Ich danke auch Seth Aronson, der mir seine Ideen zum Thema „Kinder und HIV/AIDS" nahebrachte.

Würdigen und loben möchte ich meine Sekretärin Marie Mele, mit der ich in den vergangenen zehn Jahren vertrauensvoll zusammenarbeitete, mit der ich Kochrezepte austauschte und die eine geschätzte Freundin der Familie wurde. Marie kümmerte sich um alles, was mit dem Manuskript zu tun hatte, und ließ es nie zu, daß ich mit dem einzigen Exemplar eines Kapitels das Büro verließ; sie stand mir bei, als der Computer mich bei der Arbeit an Kapitel vier auf rätselhafte Weise im Stich ließ. Ihr liebenswerter Humor und ihre herzlichen Umarmungen munterten mich immer wieder auf.

Während der Arbeit an diesem Buch führte ich mit meiner Mutter Dena Imber zahlreiche Gespräche über Geheimnisse. Manche waren heiter, andere schmerzlich, die meisten bewegend, und alle verbanden mich enger mit ihr und ihren 84 Lebensjahren. Ich danke ihr für ihre Bereitschaft zu diesen Gesprächen und für ihre nie nachlassende Unterstützung meiner Arbeit.

25 Jahre lang haben mich unzählige Einzelpersonen und Familien in ihre Lebensgeschichte eingeweiht. Ihre Berichte und ihre mutigen Expeditionen, von denen ich hier in verschlüsselter Form erzähle, haben mich als Therapeutin und Autorin zu dem gemacht, was ich heute bin. Ihnen allen danke ich mit Respekt und Demut.

Dieses Buch erhielt durch meine liebevolle Familie den Atem des Lebens. Mein Sohn Jason Black, meine Schwiegertochter Frances Schroeder, meine liebe Enkelin Josephine Charity Black, meine Tochter Jennifer Coppersmith und mein Schwiegersohn *in spe* David Bukai zeigten mir ihre unermüdliche Liebe, Unterstützung und Zuneigung. Mein besonderer Dank gilt Jason für seine technische Hilfe, mit der er verhinderte, daß ich meinen Computer kurz und klein schlug, sowie für seine Bereitschaft, immer sofort im Internet zu recherchieren.

Schließlich möchte ich meinem Ehemann Lascelles W. Black meine Liebe und Zuneigung aussprechen. Wir haben gelernt, die Geheimnisse des jeweils anderen liebevoll für uns zu behalten. Ich danke ihm für die langen Gespräche über den Zusammenhang von Geheimnissen und Rassismus, für seine gründliche Auseinandersetzung mit Geheimnissen, die mit der Hautfarbe zu tun haben; für seine anregende Arbeit mit AIDS-Kranken und ihren schwierigen Geheimnissen, für sein Engagement für Mitgefühl und Gerechtigkeit, das mir Mut gemacht hat, meine Arbeit fortzusetzen; für seine Ermunterung, dieses Buch zu schreiben, und für seine großzügige Hilfsbereitschaft, die mir dies erst ermöglichte.

Vorwort

Anfang 1997 wurde ein Geheimnis aufgedeckt, das im öffentlichen Leben Amerikas wie eine Bombe einschlug: US-Außenministerin Madeleine Albright erfuhr, daß sie das Kind jüdischer Eltern war, die während des Zweiten Weltkriegs zum katholischen Glauben übergetreten waren. Ihre tschechischen jüdischen Großeltern starben damals in Vernichtungslagern. Madeleine Albright wuchs auf, ohne etwas von ihrer jüdischen Herkunft zu ahnen. Das Interesse an Madeleine Albrights Geschichte war enorm. Wochenlang riefen mich fast täglich Reporter an, die von mir eine Stellungnahme wollten. „Wie war das möglich?" fragten sie. „Wie konnte sie so etwas nicht wissen?" „Weshalb erkundigte sie sich nicht nach ihren Großeltern?" „Sie ist Historikerin mit Schwerpunkt Mitteleuropäische Geschichte – bestimmt wußte sie es und hat es verheimlicht." Harsche Kritik wurde geäußert, aber ich sah die Sache anders. Es leuchtete mir vollkommen ein, daß Madeleine Albright nicht nur als Kind nicht wußte, daß ihre Eltern Juden waren, sondern daß sie sich auch für die Lebensgeschichte ihrer Großeltern nicht interessiert und sich als Historikerin dennoch mit eben dem Teil der Welt beschäftigt hatte, wo das Geheimnis ihrer Familie verborgen lag. Ich fing an, mir über ihre Familie Gedanken zu machen. Ihre Eltern mußten einen lückenlosen Roman ersonnen haben, der auch Kindheitserinnerungen an Weihnachtsabende einschloß. Über ihre Großeltern ließ man nur verlauten, daß sie während des Krieges gestorben seien. Wie viele andere Kinder, mit denen ich in der Familientherapie gearbeitet habe, lebte auch Madeleine Albright mit einem übermächtigen Widerspruch, zu dem die in der Familie geltende „Regel" gehörte, keine Fragen zu stellen, ganz in der Gegenwart zu leben und den liebevollen Eltern Glauben zu schenken. Gleichzeitig aber empfand sie einen unwiderstehlichen Drang, sich mit der Vergangenheit zu beschäftigen, mit der Geschichte, mit Mitteleuropa. Diese einzigartige Kombination von Familienverboten und beruflicher Ausrichtung machte aus Madeleine Albright eine Historikerin mit Scheuklappen, was ihre eigene Familiengeschichte betraf. Und da sie zu dem Zeitpunkt, als ihr Familiengeheimnis schließlich offengelegt wurde, als Politikerin im Rampenlicht stand, wurde es von der amerikanischen Öffentlichkeit, die nach anderer Leute Geheimnissen geradezu giert, schnell aufgegriffen.

Ich bin seit 25 Jahren Familientherapeutin. Von Anfang an durfte ich Menschen führen, begleiten und beraten, die sich mit Geheimnissen beschäftigen mußten, und ich durfte Zeugin dieser Auseinandersetzung sein. Als junge Therapeutin suchte ich bei führenden Experten meines Fachs Orientierung: Sollte ich einer Familie helfen, ihre „Geheimnisse" offenzulegen? Gab es Geheimnisse, die besser für immer verborgen blieben? Was würde geschehen, wenn ich mit jemandem zu tun bekam, der mir ein Geheimnis anvertraute, gleichzeitig aber darauf bestand, daß es seine Familie nicht erfahren durfte? Auf meine Fragen bekam ich überraschend wenige Antworten. Die Fachliteratur schwieg sich zum Thema Geheimnisse aus. Offenbar stellten Geheimnisse im Bereich der Familientherapie selbst ein Geheimnis dar. In der vorhandenen Fachliteratur wurden gegensätzliche Positionen vertreten. Es hieß entweder „Nie an Geheimnisse rühren" oder aber „Geheimnisse in jedem Fall offenlegen". Meine Mentoren rieten mir, niemals mit einem Familienangehörigen ein Geheimnis zu teilen und keinesfalls zuzulassen, daß mich einzelne Familienmitglieder zwischen den Sitzungen anriefen, weil die Gefahr bestand, einer von ihnen könnte mir ein Geheimnis anvertrauen wollen. Während der eine Supervisor sagte, man müsse Geheimnisse immer direkt anpacken, empfahl der andere, Geheimnisse stets nur indirekt zu behandeln. Zu Beginn einer Therapie, so meinten sie, sollte ich ein paar einleitende Worte sagen, etwa: „Bitte, erzählt mir keine Geheimnisse, sonst muß ich darauf bestehen, daß die ganze Familie sie erfährt." Ich stellte sehr bald fest, daß aufgrund dieser Vorbemerkung die Leute wichtige Themen aus der Therapie ausklammerten – ausgerechnet an dem Ort, wo zum Schweigen gebrachte Stimmen Gehör finden sollten. Ich gewann die Überzeugung, daß Geheimnisse, die in meiner Berufssparte so viel Hitze erzeugten, meine ganz besondere Aufmerksamkeit verdienten. Dies war der Beginn meines zwei Jahrzehnte anhaltenden Bemühens, durchdachte und wirkungsvolle Antworten auf das durch Geheimnisse entstandene Beziehungskaleidoskop zu ermöglichen.

Bald schon erkannte ich, wie unzureichend bestimmte Modelle der Familientherapie waren, die den Schwerpunkt ausschließlich auf das innerfamiliäre Geschehen legten, als lebte eine Familie nicht in einem komplexen Umfeld, das ihr Alltagsleben prägt. Meiner Erfahrung nach wurden in den Familien, die Geheimnisse zu bewältigen hatten, umfangreiche und oftmals schmerzhafte Geschichten aus den jeweiligen Herkunftsfamilien zutage gefördert; Geschichten von Migration und Krieg, von Sexismus und Rassismus; komplizierte Beziehungsstrukturen zu Institutionen: zu Arbeitsplatz und Schule, Krankenhäusern, Kirchen und Synagogen – all dies eingebettet in einen größeren kulturellen Kontext, der den Umgang mit Geheimnissen in diesen Familien prägte.

Während ich mich bemühte, einen adäquaten Umgang mit dem riesigen Spektrum an Geheimnissen zu finden, die in meinem Behandlungszimmer zeitweilig zur Sprache kamen, konnte ich beobachten, wie sich die Bedeutung von Geheimnissen in unserer Gesellschaft einem Wandel unterzogen hat. Geheimnisse hat es zu allen Zeiten gegeben, aber heutzutage haben Familien besondere Schwierigkeiten mit Geheimhaltung, Schutz der Privatsphäre, Verschweigen und Offenheit. Wir leben in einer Kultur, die zum Thema „Geheimhaltung" verwirrende Positionen bezieht. Alkoholismus, Drogenabhängigkeit, Adoption, psychische Krankheit, Krebs oder Scheidung seien heute nicht mehr mit einem Stigma behaftet, heißt es. Aber stimmt das wirklich? Die Familien, mit denen ich zu tun habe, quälen sich nach wie vor mit der Frage, wie und wann man den Kindern mitteilt, daß ihre Mutter Alkoholikerin ist, daß ihr Vater arbeitslos geworden ist oder daß ihr Bruder an einer manisch-depressiven Erkrankung leidet. Bestimmte Geheimnisse wie etwa Scheidung sind heute zwar nicht mehr wie einst mit umfassender sozialer Ächtung verbunden, doch neue Geheimnisse sind an deren Stelle getreten. Ich habe heute mit Einzelpersonen, Paaren und Familien zu tun, die sich mit der Frage quälen, ob sie der Großmutter sagen sollen, daß der Enkel AIDS hat, oder ob sie ihrem Kind eröffnen sollen, daß es durch Samenspende gezeugt wurde.

In den Talkshows, die wir täglich geliefert bekommen, werden wir aufgefordert, „alles rauszulassen", doch dann erkennen wir, daß durch diese Vorschläge unsere tiefsten persönlichen Beziehungen in eine ernste Krise geraten können. Die Lebenshilfe- und Ratgeberliteratur sowie eine Flut von Zwölf-Punkte-Programmen, die heute auf dem Markt sind, erklären uns, wir seien „nur so krank wie unsere Geheimnisse". Man fordert radikale Offenheit, ohne zu bedenken, was für vielschichtige Folgen eine solche Offenheit für unsere Beziehungen hat. Im Frühjahr 1997 startete der neue Kabelfernsehkanal Recovery Network mit einem Programm, das täglich rund um die Uhr gesendet wurde. „Suchtkranke" jeder nur denkbaren Couleur legten hier ihre Geheimnisse offen und gaben damit einem ohnehin übermäßigen Voyeurismus und einer Pseudo-Ehrlichkeit weiteren Auftrieb.

Während sich im Umgang mit Geheimnissen immer deutlicher ein kultureller Trend zu allgemeingültigen Einheitsregeln abzeichnet, gelangte ich aufgrund meiner eigenen Erfahrungen mit Familien immer mehr zu einem Standpunkt, den ich mit dem Satz „Kommt ganz darauf an" umschreiben würde. Im Laufe von 25 Jahren bin ich keiner Familie begegnet, deren Erfahrungen mit Geheimnissen mit denen einer anderen Familie völlig identisch waren. Ich lernte, die an ein Geheimnis geknüpfte vertrackte Komplexität zu respektieren, ja zu begrüßen.

Im Jahr 1993 gab ich einen wissenschaftlichen Sammelband mit dem Titel *Geheimnisse und Tabus in Familie und Familientherapie* (dt. 1995) heraus. Darin beleuchten 23 Autoren das Thema „Geheimnisse" aus unterschiedlichen Perspektiven, auch im Kontext früherer Generationen, in dem Geheimnisse und Geheimhaltungsmuster entstehen können. Betrachtet werden: die vielgestaltigen Systeme eines Familienlebens, die die Entscheidung für Verschweigen oder Offenlegung eines Geheimnisses beeinflussen; die Art, wie familiäre Kommunikation, Beziehungen, Emotionen, Identität sowie Vertrauen und das Gefühl, sich auf den anderen verlassen zu können, durch Geheimnisse beeinflußt werden; die Unterschiede zwischen Geheimem und Privatem; der Einfluß von Geheimnissen auf das Wohlbefinden und schließlich der Umgang des Therapeuten mit den Folgen der Offenlegung eines Geheimnisses für den Betroffenen und seine Beziehungen. Die Vielfalt der Positionen war verblüffend, und sie bestätigte meine Vermutung, daß jedes Geheimnis einem Familienmitglied vergleichbar ist, das familiäre Grundmuster von Generation zu Generation weitergibt, gleichzeitig aber unverwechselbar und einzigartig ist.

Mit diesem Buch möchte ich den Lesern die Möglichkeit bieten, über Geheimnisse in ihrem eigenen Leben nachzudenken und Entscheidungen neu zu überdenken, die sie bezüglich Wahrung und Offenlegung von Geheimnissen getroffen haben – die

Geheimnisse gewissermaßen durch ein neues Kameraobjektiv zu betrachten, von der Weitwinkelperspektive unserer Gesellschaft bis zur Großaufnahme etwa vom nächsten Familienessen. Das vorliegende Buch soll die üblicherweise verborgenen oder weitgehend unbeachteten Wechselwirkungen zwischen gesellschaftlichen Wertvorstellungen, kultureller Sinngebung, dem von Institutionen ausgeübten Druck und den Problemen, Überzeugungen und Verhaltensmustern der Herkunftsfamilie offenlegen. Es soll zeigen, wie wir im Umgang mit den Menschen, die wir schätzen und lieben, täglich bestimmte Geheimnisse wahren oder preisgeben.

Dieses Buch folgt in seiner Gliederung meinem Grundverständnis von Geheimnissen. Die Personen, mit denen ich zu tun hatte und die den Entschluß faßten, sich mit einem Geheimnis auseinanderzusetzen, sehen sich mit einem Ereignis konfrontiert, über das sie zuvor keine Erfahrungen sammeln konnten. Der Ausgang ist ungewiß. Gleichzeitig ist diese Auseinandersetzung Teil der allgemeinen menschlichen Erfahrung. Die üblichen Entscheidungskonflikte, die wichtige Differenzierung zwischen Verheimlichung und Wahrung der Privatsphäre sowie Kategorien, die mir beim Nachdenken über Geheimnisse nützlich erschienen, werden zu Beginn dieses Buches erörtert.

Ein Geheimnis schaffen, ein Geheimnis wahren, ein Geheimnis preisgeben – all dies hat Einfluß auf unsere engsten menschlichen Beziehungen. In der ersten Sitzung mit einem Klienten, einem Paar oder einer Familie, die sich mit einem Geheimnis auseinandersetzen, überlegen wir, welche Auswirkungen dieses Geheimnis auf ihr Leben hat. In Kapitel 2 erörtere ich, wie Geheimnisse unsere Beziehung zu unseren Eltern, Geschwistern, Lebenspartnern, Kindern und engen Freunden prägen.

Wenn ich mit der Problematik von Geheimnissen konfrontiert werde, so untersuche ich zusammen mit meinen Klienten den weiteren Kontext ihrer Erfahrungen und der anstehenden Entscheidung. Gemeinsam betrachten wir gesellschaftliche Vorstellungen von Geheimnissen, wie sie insbesondere in den Medien propagiert werden. Wir untersuchen die Einflüsse, die sich aus der jeweiligen ethnischen, rassischen, religiösen, geschlechtsspezifischen und sozialen Zugehörigkeit ergeben. Wir erforschen die von den Familien durchlebte Geschichte – Krieg, Flucht und Vertreibung, wirtschaftlichen Auf- oder Abstieg. Wir betrachten die

Rolle von Institutionen bei der Entstehung von Geheimnissen im Leben des Klienten – geheime Krankheiten, Adoption, seelische Störungen, Unfruchtbarkeit, sexueller Mißbrauch oder Tod. In den Kapiteln 3, 4, und 5 beschäftige ich mich mit den einschneidenden und weitreichenden Auswirkungen dieser komplexeren Systeme auf Geheimnisse in unserem Leben.

In Kapitel 6 geht es um grundlegende Entscheidungen für oder gegen Offenlegung oder Geheimhaltung, vorher aber betrachten wir die verschiedenen Ebenen eines Geheimnisses.

Geheimnisse eines einzelnen, Geheimnisse zwischen Paaren, zwischen Eltern und Kindern sowie zwischen erwachsenen Geschwistern und betagten Eltern entstehen, leben, wachsen, verändern oder verfestigen sich, oder sie lösen sich auf. So wie ich die Familie sehe, reagiert sie als dynamischer Organismus auf einschneidende Veränderungen im Lebenszyklus und prägt das Denken und Handeln in bezug auf Geheimnisse. Bei Schlüsselereignissen in einer Familie – einer Hochzeit, der Geburt eines Kindes, einem Todesfall – können Geheimnisse entstehen oder ans Tageslicht kommen. Auch wenn der erwartete Verlauf eines Familienlebens durch Krankheit, Vergewaltigung, Sucht oder Selbstmord unterbrochen wird, entstehen Geheimnisse oder werden preisgegeben. Paare gehen Bindungen ein und trennen sich wieder, Kinder werden geboren und wachsen auf, Heranwachsende loten ihr Grenzen in- und außerhalb der Familie aus, junge Erwachsene verlassen ihr Zuhause, Eltern werden alt, und Familienmitglieder sterben in einem sich unablässig wiederholenden Lebenszyklus. Währenddessen verändern Geheimnisse uns und unsere Beziehungen in unvorhersehbarer Weise. Die zweite Hälfte dieses Buches ab Kapitel 7 handelt davon, wie Geheimnisse, mit denen meine Klienten und ich konfrontiert sind, zu verschiedenen Zeitpunkten im familiären Lebenskreislauf das Gefüge dieser Familie dramatisch verändern.

Die Fragen, mit denen sich meine Klienten und ich auseinandersetzten, beherrschen dieses Buch: „Wann habe ich das Recht, ein Geheimnis für mich zu behalten? Wer hat die Pflicht, ein Geheimnis offenzulegen? Woran erkenne ich, ob der richtige Zeitpunkt gekommen ist, ein Geheimnis zu wahren oder offenzulegen? Wie kann ich das für mich und andere gefahrlos tun? Welche Verpflichtung habe ich in bezug auf Geheimnisse gegenüber Menschen, die ich liebe?“ In meinem Buch biete ich als Antwort auf alle diese Fragen kein Patentrezept. Von Menschen, die zu dem Schluß kommen, der richtige Zeitpunkt, ein schmerzliches Geheimnis preiszugeben, sei noch nicht da, habe ich in meiner langjährigen Praxis – zuweilen von Zweifeln erfüllt, zuweilen mit Demut – gelernt, daß durch Preisgabe eines solchen Geheimnisses mehr aufs Spiel gesetzt wird, als gewonnen wäre. Manchmal mit Schrecken, häufiger mit Freude, immer aber mit tiefem Respekt konnte ich miterleben, wie Familien den mutigen Schritt von der Verheimlichung in die Offenheit gewagt haben. Von ihren Berichten lebt dieses Buch. Ich verbinde damit die Hoffnung, daß es meine Leser, die in ihrem eigenen Leben auf Geheimnisse stoßen, in die Lage versetzt, das Vielschichtige dieser Geheimnisse zu erfassen und so zu eigenen, wohlbegründeten Urteilen, moralischen Standpunkten und hoffnungsvollen Vorstellungen über die Zukunft zu gelangen.

Nachbemerkung

Ein Buch über Geheimnisse muß wohl selbst Geheimnisse enthalten! Die Namen der Personen, ihre charakteristischen Eigenschaften und andere Details aus den hier vorgestellten Fallstudien habe ich geändert, um die Privatsphäre des einzelnen und seiner Familie zu schützen und die Vertraulichkeit der Informationen zu wahren. In einzelnen Fällen wurden Daten von zwei oder mehreren Personen miteinander verknüpft, wodurch die Identität der Klienten noch zusätzlich veschleiert wird. Leser, die glauben, die eine oder andere der in diesen Fallstudien beschriebene Person zu kennen, gehen daher unweigerlich in die Irre.

Teil I
Geheimnisse im Talkshow-Zeitalter

1
Zwiespältiges aushalten

Geheimnisse sind für den Menschen lebensnotwendig wie das Feuer und werden wie dieses gefürchtet. Geheimnisse wie das Feuer stärken und schützen das Leben, können es aber auch ersticken, Verwüstungen anrichten und sich unkontrolliert ausbreiten. Beide können dazu dienen, die Intimsphäre zu schützen oder zu verletzen, beide können nähren oder verzehren. Beide können gegen sich selbst eingesetzt werden: Man errichtet Schranken der Geheimhaltung, um sich gegen Verschwörungen und Schnüffelei zu schützen, so wie auch Feuer mit Gegenfeuer bekämpft wird.

Sisela Bok

Wenn man eine Familie näher kennenlernt, stößt man fast unweigerlich auf irgendein Geheimnis. Wir können unseren Ehepartnern, unseren Geschwistern, Eltern, Kindern und besten Freunden bestimmte Geheimnisse vorenthalten. Aber mit denselben Personen können wir auch Geheimnisse teilen. Es gibt Geheimnisse, die eine ganze Familie vor der Außenwelt wahrt – aus Schutzbedürfnis und aus Furcht vor schlechtem Ruf: daß die Tochter bereits fünf Monate nach der Hochzeit zur Welt kam; daß der vierwöchige „Urlaub" der Mutter in Wirklichkeit eine Entziehungskur war; daß der „freiwillige" berufliche Ausstieg des Vaters, der es ihm angeblich ermöglichte, „ein neues Leben" zu beginnen, in Wirklichkeit eine demütigende Kündigung war; daß ein angeblich englischer Großvater in Wahrheit ein hellhäutiger Schwarzer aus Westindien war. Man verbirgt irgend etwas vor Kindern in der trügerischen Hoffnung, ihnen dadurch Schmerz zu ersparen: daß der Vater in Wirklichkeit der Stiefvater ist oder daß die Mutter im Gefängnis und nicht „auf Reisen" ist. Es gibt Geheimnisse, die jeder kennt (etwa Papas Alkoholkonsum), welche die Familie aber daran hindern, ihre zäh verteidigten Grenzen zu übersteigen und Hilfe zu suchen. Und es gibt Geheimnisse wie AIDS und Homosexualität, die wir deshalb sorgfältig hüten, weil wir zu Recht fürchten, die Unterstützung der Familie, den Arbeitsplatz, eine Wohnung, den Studienplatz oder eine Freundschaft zu verlieren. Es gibt Geheimnisse, die der Schwache vor dem Mächtigen verbirgt, um sich zu schützen, und solche, mit deren Hilfe der Tyrann die Entrechteten unter seine Gewalt zwingt.

Ein Geheimnis kann stillschweigend und unbewußt von Generation zu Generation weitergereicht werden und entfaltet die Wirkung eines Sprengsatzes, der jederzeit explodieren kann. Ein junges unverheiratetes Mädchen wird schwanger und von den Eltern verstoßen. Zehn Jahre später entdeckt dieses Mädchen, daß seine eigene Mutter noch vor ihrer Heirat schwanger mit ihr war und die Familie verlassen mußte – eine Narbe, die niemals heilte. Ein junges Mädchen reißt sich die Wimpern aus und wird wegen ihres „selbstzerstörerischen" Verhaltens von ihrer Mutter harsch zurechtgewiesen. Was man vor dem Kind verheimlicht hat, ist die Tatsache, daß ihre Großmutter durch eine Überdosis Heroin ums Leben kam. Dieses Unglück, das die Mutter des Mädchens mutig und verzweifelt zu verhindern suchte, war in ihren Augen ein „selbstzerstörerischer" Akt.

Ein Geheimnis kann urplötzlich entstehen und im Nu Wurzeln schlagen, wie Unkraut im Garten und wie Dornengestrüpp das gesamte Familienleben überwuchern.

Gewiß, kein Geheimnis steht isoliert da. Während meiner Arbeit mit Klienten, die darum ringen, wie sie mit Geheimnissen umgehen sollen – „Soll ich es sagen? Soll ich es verschweigen? Falls ich es sage, wem sage ich es?" –, erkannte ich, daß jedes nur denkbare Geheimnis in ein kompliziertes Geflecht aus Familien- und Gesellschaftsgeschichte, früheren und heutigen Beziehungen, starken Emotionen und tiefen Überzeugungen, Interpretationen und Zukunftsphantasien eingebettet ist.

Während Ursprung, Art und Kontext des Verschweigens von Fall zu Fall unterschiedlich sind, verleiten uns die Komplikationen und Mehrdeutigkeiten, die ein Geheimnis mit sich bringt, zu Pauschalurteilen: Ein Geheimnis sollte man „immer sagen" oder „niemals sagen". Über die Jahre haben mich meine Klienten, meine Praktikanten und auch Journalisten immer wieder gedrängt, allgemeingültige Regeln für den Umgang mit Geheimnissen zu formulieren: „Sollten Eheleute einander alles sagen? In welchem Alter sollten unsere Kinder unsere Familiengeheimnisse erfahren? Sind Geheimnisse generell schlecht für meine Beziehungen?" Die populäre Selbsthilfeliteratur der letzten 20 Jahre hat uns in der irrigen Ansicht bestärkt, es gebe eine einzige Antwort für jede erdenkliche Situation. Je länger ich mich mit Familien und ihren Geheimnissen beschäftige, desto überzeugter bin ich, daß wir solche unbefriedigenden Vereinfachungen vermeiden und nur die vielschichtigen Aspekte untersuchen sollten, die durch Geheimnisse aufgeworfen werden.

Leben als Nichteingeweihte

Gisela Kroch war 38, als ich sie kennenlernte. Sie war erst kurz zuvor von ihrem amerikanischen Ehemann geschieden worden, mit dem sie in Österreich gelebt hatte, und sie schilderte mir, sie sei ihr Leben lang von dem verwirrenden, aber zielstrebigen Wunsch beseelt gewesen, „Amerikanerin zu sein".

„Schon als kleines Mädchen wollte ich in den Vereinigten Staaten leben. Mich interessierte nichts, was mit Österreich zu tun hatte, mit dem Dorf, in dem ich 1948 geboren wurde, oder mit der Geschichte meiner Familie. Schon früh lernte ich Englisch, später las ich amerikanische Bücher und hörte amerikanische Musik. Meine Begeisterung für die Vereinigten Staaten stieß bei meiner Mutter auf eisiges Schweigen, und meinen Vater machte sie wütend. Mein Wunsch, englische Kinderbücher zu lesen, wurde nicht erfüllt. Als Teenager verkündete ich mehrfach, daß ich eines Tages weggehen und nach Amerika reisen würde, um dort zu leben. Meine Eltern und ich hatten darüber endlose Auseinandersetzungen, was mich aber in meinem Entschluß nur bestärkte. Mein Bruder meinte, mein Verhalten sei lächerlich. Ich spürte immer, wie nah er meinen Eltern stand, vor allem meinem Vater; ich dagegen fühlte mich ausgegrenzt, als gehöre ich nicht dazu. Ich hatte kaum Freundinnen und Freunde. Viel Zeit verbrachte ich damit, amerikanische Filme anzuschauen, amerikanische Zeitschriften zu lesen und mich mit der amerikanischen Lebensart zu beschäftigen."

Gisela sehnte sich als Heranwachsende nach einer innigeren Beziehung zu ihrer Mutter, an der sie eine nie endende Traurigkeit bemerkte. „Ich genoß es sehr, daß ich meine Eltern aus der Fassung bringen konnte, wenn ich immer wieder anfing, von Amerika zu sprechen. In meiner Familie wurde man entweder wütend, oder man schwieg sich aus. Ich haßte das Schweigen. Den Grund dafür habe ich erst neulich verstanden."

Etwa einen Monat bevor ich Gisela kennenlernte, besuchte sie ihre Eltern. Als sie das Haus betrat, hörte sie, daß ihre Eltern sich anbrüllten. Ohne zu bemerken, daß die Tochter gekommen war, gaben sie das Geheimnis preis, das Giselas Lebensentscheidungen und ihre Identität geformt hatte. Wie erstarrt hörte sie zu, wie sich ihre Eltern Vorwürfe wegen bestimmter Ereignisse machten, die 40 Jahre zurücklagen.

Im Zweiten Weltkrieg war Giselas Vater in amerikanische Kriegsgefangenschaft geraten und hatte zwei Jahre in einem Kriegsgefangenenlager in den USA verbracht. Als der Krieg zu Ende und Giselas Vater noch immer als vermißt gemeldet war, hatte Giselas Mutter eine kurze Liebschaft mit einem amerikanischen Soldaten. Giselas Bruder, damals zwölf Jahre alt, erwischte seine Mutter mit ihrem Liebhaber und enthüllte dieses Geheimnis seinem Vater nach dessen Rückkehr. Zwei Jahre später, während die Eltern sich darum bemühten, ihre Ehe wieder zu kitten, kam Gisela zur Welt und wuchs in eine Familie hinein, die von offenkundigem, aber unausgesprochenem Schmerz gezeichnet war. Die Episode war nie in ihrer Anwesenheit erwähnt worden. Vielmehr war man stets darauf bedacht gewesen, darüber Stillschweigen zu wahren.

„Jahrelang mußte ich mitanhören, wie meine Mutter von meinem Vater mit Beschimpfungen traktiert wurde. Er fand alles schlecht, was sie tat, und ich wünschte mir sehnlichst, sie würde sich gegen ihn zur Wehr setzen. Erst jetzt wird mir klar, daß sie anscheinend glaubte, sie hätte es verdient, so miserabel behandelt zu werden. Wessen Gefühlen gab ich Ausdruck, als ich davon sprach, in Amerika leben zu wollen? Wie hatte ich es angestellt, mir einen amerikanischen Ehemann auszusuchen, der zufällig nach Österreich kam?"

Bis kurz vor unserer Begegnung hatte Gisela von einem zentralen Familiengeheimnis ausgegrenzt gelebt. Zweifellos hatte sie gespürt, daß es ein Geheimnis gab, über das nicht gesprochen wurde, und sie hatte ihr ganzes Leben auf dieses Familiengeheimnis ausgerichtet. Bei ihr lagerten sich alle Ängste der Familie ab, die mit dem Vorfall in der Nachkriegszeit in Verbindung standen. Mochte der Zweite Weltkrieg auch weit zurückliegen, in den verwirrenden Beziehungen und bitteren Auseinandersetzungen dieser Familie wurde er weitergeführt. Heimliche Wut, schlechtes Gewissen, das Gefühl, verraten worden zu sein, und Trauer gewannen Gestalt in der kindlichen Phantasie von einem fernen Land, in den provozierenden Äußerungen der Heranwachsenden, in der impulsiven Partnerwahl der jungen Frau. Mit einer Bitterkeit, die typisch für Menschen ist, die entdecken, daß sie maßgebliche Entscheidungen in ihrem Leben getroffen haben, weil ihnen entscheidende Informationen vorenthalten wurden, sagte Gisela zu mir: „Jetzt muß ich mein ganzes Leben neu überdenken."

Leben mit einem Geheimnis

Die Tatsache, daß man in ein sehr wichtiges Familiengeheimnis nicht eingeweiht wurde, kann Identität und Verhalten prägen. Selbstzweifel, das Gefühl des Ausgegrenztseins und Mißtrauen stellen sich ein, und oft werden Lebensentscheidungen ohne ausreichende Information getroffen.

Das Leben mit einem Geheimnis kann eine seltsame Gefühlsmixtur aus Verantwortungsbewußtsein, Macht, Besorgnis, Schutzverhalten, Scham, Überlastung und Furcht hervorbringen. Viel hängt davon ab, wie man in den Kern des Geheimnisses gelangt ist: ob man selbst der Initiator des Geheimnisses ist; ob man von jemandem ins Vertrauen gezogen wurde; ob man das Geheimnis aus freien Stücken, unter Zwang oder aus einem komplizierten Gefühlsamalgam heraus hütet; in der einen Beziehung hat man ein Vertrauensverhältnis aufgebaut und fühlt sich gleichzeitig schuldig, weil man dasselbe auch in einer anderen Beziehung tut.

Das schwierige Leben mit einem Geheimnis offenbart sich in vielen Äußerungen von Betroffenen:

„Was wiegt schwerer", fragte mich Seymour bei unserer ersten Therapiesitzung, „daß ich meiner Tochter Tag für Tag etwas vorlüge oder daß ich sie vor dem Schmerz bewahre, wenn sie erfährt, daß meine Frau bald sterben wird?" Seymour suchte mich auf, als seine Tochter Janice elf Jahre alt war und seine Frau Esther an Knochenkrebs im Endstadium litt. „Sie weiß, daß Mama ‚Rückenprobleme' hat und das Bett hüten muß. Jeder, mit dem ich gesprochen habe, meint, sie wird es noch früh genug erfahren. Ich weiß nicht, was ich tun soll." Liebe und das Bedürfnis, das eigene Kind zu schützen, waren in diesem Fall eng mit Angst und Täuschungsmanövern verknüpft. Bei unserem Gespräch erkannte ich sehr bald, daß es hier darauf ankam, Seymour dabei zu helfen, einmal ruhig zu durchdenken, was es eigentlich bedeutete, einem Kind bei einem bevorstehenden schrecklichen und tragischen Verlust Sicherheit und Geborgenheit zu vermitteln. Da Janice von diesem mit Händen zu greifenden Geheimnis ausgegrenzt war, hatte sie sich angewöhnt, mehrmals in der Nacht aufzuwachen, um „nach Mama zu sehen". Seymour war in das Geheimnis eingeweiht und wurde sich bewußt, daß er seine Tochter gerade dann auf Abstand hielt, wenn sie eigentlich Trost brauchte.

„Ich bin in der Familie die einzige, die weiß, daß meine Mutter von Beruhigungsmitteln abhängig ist", sagte Karen. „Alle anderen glauben, sie sei geheilt. Offen gesagt, gibt mir dies ihr gegenüber eine gewisse Macht. Sie weiß, daß ich es weiß, und dadurch bleibt sie mir gegenüber auf Distanz, was mir ganz recht ist. Daran möchte ich gar nichts ändern." Karen benutzte das geheime Wissen von der Medikamentenabhängigkeit ihrer Mutter dazu, aus einer schmerzlichen Beziehung Vorteile herauszuschlagen, weil sie glaubte, sich nichts Besseres erhoffen zu können. Erst im Laufe unseres Gesprächs begann sie darüber nachzudenken, wie dies auch ihre Beziehung zu den anderen Familienmitgliedern beeinflußte. Im Verhältnis zu ihren beiden Brüdern wuchsen Entfremdung, Isolation und Unmut. Für Karens Dilemma gibt es keine einfache Lösung. „Wenn ich dieses Geheimnis verrate, muß ich wohl damit rechnen, vieles in meiner Beziehung zu meiner Mutter verändern zu müssen. Ich würde mich mehr verantwortlich fühlen und wäre verletzbarer. Wenn ich es nicht offenlege, bleibt die Beziehung zu meinen Brüdern weiterhin oberflächlich und distanziert."

„Ich hasse Familienfeiern. Ich will zu Thanksgiving nicht mehr nach Hause, wo ich höflich und nett zu meinem Onkel sein muß", sagte Cathy zu mir. Cathys Onkel wohnte in demselben Haus ein Stockwerk über ihrer verwitweten Mutter. Er hatte Cathy als Heranwachsende immer wieder sexuell mißbraucht. „Wenn ich das offenlege, wird es meine Familie auseinanderbringen. Meine Mutter ist auf meine Tante angewiesen. Mein Onkel verläßt sich darauf, daß ich gegenüber meiner Mutter loyal bin – er weiß genau, daß er nur deshalb ungeschoren davonkommt. Er kann mich nicht mehr kränken, aber es läßt mir keine Ruhe, daß er durch meine Liebe zu meiner Mutter geschützt ist." Nach ihrer Überzeugung hatten alle Entscheidungen, die man im Leben trifft – ob positiver oder negativer Art –, einen Haken. Cathys Gefühl, durch dieses Geheimnis in der Falle zu sitzen, durchdrang alle ihre Beziehungen und lähmte ihr Selbstwertgefühl.

„Er glaubt, es sei allein seine Entscheidung, seinen Eltern zu verheimlichen, daß er schwul ist, aber ich bin genauso davon betroffen." Cal und Jim suchten mich zur Paartherapie auf. Cal machte aus seiner Homosexualität gegenüber seiner Familie, seinen Freunden und Arbeitskollegen keinen Hehl. Jim dagegen hatte es praktisch niemandem mitgeteilt. „Dieses Geheimnis gibt mir das Gefühl, daß er sich für unsere Beziehung schämt. Die Ferien verbringen wir immer getrennt. Es hat mich viel gekostet, mich zu dieser Offenheit durchzuringen, und jetzt werde ich in sein Doppelleben hineingezogen!" Während Cal sprach, schüttelte Jim nur bedächtig den Kopf. „Tut mir leid, daß ihn meine Entscheidung belastet, es niemandem zu verraten, aber ich kenne meine Eltern. Ich habe das Gefühl, es bleibt mir nur die Alternative, die Beziehung zu Cal oder die zu meinen Eltern aufs Spiel zu setzen."

Im Laufe der Jahre habe ich gemeinsam mit meinen Klienten Antworten auf all die komplizierten Fragen gesucht, die sich im Leben mit einem Geheimnis stellen. Während die Antworten in jedem Fall anders lauteten – was mir immer wieder bewußt machte, daß es für Geheimnisse keine einfachen Lösungsformeln gibt –, werden bei jedem eingehenderen Gespräch immer wieder die gleichen Fragen gestellt: „Wer hat die Pflicht, ein Geheimnis offenzulegen, besonders dann, wenn es eine andere Person betrifft? Wann ist es richtig, das Versprechen nicht einzuhalten, mit dem ich mich verpflichtet habe, ein Geheimnis zu wahren? Wenn ich ein Geheimnis preisgebe, muß ich dann auch andere Geheimnisse offenlegen? Wie entscheide ich, wem ich es offenbare? Weiß ich selbst am besten, was ein anderer wissen sollte? Wann dient es nicht dem Selbstschutz, ein Geheimnis zu wahren, sondern wird zum Zeichen von Arroganz und Anmaßung? Und wie schätze ich die scheinbare Sicherheit des Schweigens ein im Vergleich zu dem Wagnis, das bis dahin Unaussprechliche auszusprechen?

Wenn Geheimnisse unser Selbstgefühl und die Beziehung zu anderen beeinflussen

In unseren grundlegenden Beziehungen zu anderen Menschen entstehen Geheimnisse, gewinnen an Kraft, bleiben am Leben, platzen oder gelangen zur Klärung. Sie prägen, gewähren und beschränken die Möglichkeiten der Kontaktaufnahme in und außerhalb der Familie. Sie werden von Völkern, Kulturen, Institutionen, Familien und Individuen gewahrt oder preisgegeben. Die Entscheidung, ein Geheimnis zu schaffen und zu bewahren, hat tiefe Wurzeln und komplizierte Ursachen. Man kann leicht behaupten, daß wir bestimmte Dinge geheimhalten, weil wir uns ihrer schämen und weil wir uns ihnen aus Angst nicht zu stellen wagen. Doch der entscheidende Schritt besteht darin, sich mit den vielschichtigen Fragen der Entstehung und der Bewältigung dieser Scham und dieser Angst auseinanderzusetzen. Vielleicht ist die Einschüchterung durch andere der Grund für unser Schweigen. Die Angst, den Ehepartner, einen guten Freund, den Arbeitsplatz oder das eigene Selbstgefühl zu verlieren, kann die treibende Kraft dafür sein, daß wir die Tür zu unseren Geheimnissen verschlossen halten. Oder wir verheimlichen etwas, um die Menschen zu schützen, die wir lieben, und bemerken plötzlich, daß wir in einem Labyrinth von Täuschungsmanövern gefangen sind und damit gerade die Beziehungen zerstören, die wir zu retten hofften. Manchmal wahren wir Geheimnisse, um uns selbst zu schützen oder unsere Machtposition zu sichern, und begehen damit Verrat an Ehepartnern, Eltern, Geschwistern, Kindern oder Freunden.

Ein Geheimnis kann unser Selbstgefühl lähmen und unsere Position anderen gegenüber schwächen. Wenn wir uns in ein Netz der Verheimlichung verstricken, kommt uns häufig die Flexibilität im Umgang mit Problemen abhanden, und wir büßen allmählich die Fähigkeit ein, uns selbst zu entfalten und unsere Beziehungen zu anderen Menschen zu verändern.

Grundsätzlich kann ein Geheimnis jederzeit entstehen und

wieder aufgelöst werden, doch der Ursprung und die Preisgabe von Geheimnissen fallen häufig in Zeiten einschneidender Veränderungen wie Heirat, Scheidung, Geburt, Abschied vom Elternhaus oder Tod. Ein Geheimnis, das an solchen Schlüsselstellen im Leben entsteht, kann den natürlichen Entwicklungsverlauf zum Stillstand bringen. Beziehungen, die sich im Normalfall verändern und wachsen würden, erstarren vorzeitig, weil ein Geheimnis lähmend wirkt. Wenn es im Augenblick einschneidender Veränderungen im Leben offengelegt wird – vor einer Heirat etwa oder nach einem Todesfall –, kann es die Beziehungen innerhalb der Familie vollständig verändern und dabei mehr Verwirrung als Klärung bringen.

Wenn Worte fehlen, sprechen Taten

Elana Sokel (10) sah traurig und verängstigt drein, als ihre Mutter mir schilderte, wie die Polizei zwei Tage zuvor das Mädchen nach Hause brachte, nachdem ein Ladenbesitzer sie bei dem Versuch erwischt hatte, einen Schal zu stehlen. „Das ist dieses Jahr das dritte Mal! Sie werden dich mitnehmen, wenn du nicht damit aufhörst", schrie die Mutter das Kind an. Elana duckte sich und blieb stumm. „Ich verstehe das nicht, sie war bisher das bravste von allen Geschwistern." Ich überlegte bei mir, ob es im Leben dieses Mädchens und ihrer Familie ein Ereignis gab, das der bestürzten Mutter ein solches Verhalten erklären konnte? Als jüngstes von drei Kindern war Elana tatsächlich eine allseits beliebte und gute Schülerin. Aber seit ein paar Monaten kam sie jeden Tag allein nach Hause und spielte auch nicht mehr mit ihren Freundinnen, mit denen sie sonst ständig zusammen war. In der letzten schulischen Beurteilung kam zum Ausdruck, daß Elana zunehmend mit Schwierigkeiten zu kämpfen hatte. Doch die Kleine schüttelte nur den Kopf und blieb stumm, als ich sie fragte, ob sie irgendwelche Sorgen habe. Später am Nachmittag sprach ich allein mit ihrer Mutter.

„Mein Mann sitzt wegen Unterschlagung im Gefängnis. Elana weiß nichts davon. Meine Söhne und ich haben ihr vorgemacht, er sei beruflich im Ausland. Er ruft sie einmal in der Woche an. Als er zum erstenmal verhaftet wurde, war sie erst acht Jahre alt. Ich versteckte die Zeitungen und hoffte inständig, daß keiner aus der Nachbarschaft tratschen würde. Sie fragt selten nach ihrem Vater; deshalb glaube ich, daß sie gar nicht so oft an ihn denkt. Vor kurzem wollte sie wissen, warum ich ihr bestimmte Spielsachen nicht kaufe. Ich kann ihr doch nicht erklären, daß wir es uns nicht leisten können. Sie weiß nicht, daß wir kein Einkommen haben. Da sie jetzt solche Schwierigkeiten hat, bin ich noch mehr überzeugt, daß ich ihr das mit ihrem Vater nicht verraten sollte. Ich hoffe nur, daß niemand von ihrem Ladendiebstahl erfährt, sonst meinen die Leute, das sei in unserer Familie gang und gäbe." Aus ihren Worten sprach tiefe Scham. Zweifellos bekam Elana diese Scham jeden Tag förmlich mit den Cornflakes zum Frühstück serviert, bevor sie aus dem Haus ging, und blieb trotz allem im dunkeln über den Grund für diese Scham.

Elanas Verhalten erscheint auf den ersten Blick äußerst rätselhaft und unerklärlich. Warum fängt ein reizendes kleines Mädchen plötzlich an zu stehlen? Erst wenn man von dem Geheimnis erfährt, das ihr vorenthalten wird – die kriminellen Machenschaften des Vaters und seine Inhaftierung –, wird ihr Verhalten verständlich. Elana kannte den Inhalt des Geheimnisses nicht, spürte aber zweifellos jedesmal, wenn der Vater aus dem Gefängnis anrief, die Besorgnis ihrer Familie. Wie viele andere Kinder spürte auch sie instinktiv, daß sie von ihrer Familie angelogen wurde. Der jähe wirtschaftliche Abstieg der Familie war unübersehbar und wurde gleichzeitig geleugnet. Von einem schmerzlichen Rätsel ausgegrenzt, setzte Elana das Familiengeheimnis des kriminellen Verhaltens gleichsam in Szene.

Im Laufe meiner Arbeit als Therapeutin ist mir aufgegangen, daß viele ansonsten unerklärliche Verhaltensweisen dazu dienen, das Unaussprechliche metaphorisch darzustellen. Die Weigerung eines Kindes, außerhalb des Hauses den Mund aufzumachen, die medizinisch nicht behandelbaren Anfälle eines homosexuellen Teenagers, die eine Loslösung vom Elternhaus verhindern, die heftigen Magenschmerzen einer Frau, die nur bei gesellschaftlichen Anlässen auftreten, wenn auch die heimliche Geliebte ihres Mannes anwesend ist – all diese Phänomene können Signale dafür sein, daß Geheimnisse auf einer Ebene jenseits der Worte dennoch bekannt sind.

Ich kenne viele Familien, die sich wegen Alkoholismus, Drogenabhängigkeit, Eßstörungen, psychischer Erkrankungen oder kriminellen Verhaltens eines ihrer Angehörigen derart schämen, daß sie verleugnen, was sich doch vor ihren Augen abspielt. Ein solches Verschweigen hindert die Familie daran, Hilfe oder Unterstützung zu finden.

In Elanas Fall stürzte das kriminelle Verhalten des Vaters die Familie in tiefe Scham. Um Elana vor dieser überwältigenden Demütigung zu schützen, hielt die Familie den Gefängnisaufenthalt des Vaters vor ihr geheim, mußte dann aber dieses Geheimnis durch Lügen untermauern. Scham zieht also Geheimhaltung nach sich, die wiederum in einer Art Teufelskreis die Scham verstärkt und die Familie von dem notwendigen Beistand abschneidet – sei es Beistand durch Beziehungen nach außen oder durch eine Therapie.

Wenn Familien schreckliche und nichtmitteilbare Geheimnisse haben, erfüllt das Verhalten eines Mitglieds manchmal die Funktion, erfolgreich von dem Schlimmeren abzulenken, und liefert einen unverfänglichen, wenn auch verstörenden Gesprächsstoff. Als Elana und ihre Mutter mir zum erstenmal gegenübersaßen, war mir sofort klar, daß Elanas Verhalten Gegenstand endloser Familiendebatten war. Dadurch wurde sichergestellt, daß das zentrale Problem – die Straftat und Verhaftung des Vaters und die furchtbare Scham der Familie – im Gespräch keinen Raum finden konnte. Wie in vielen Familien, wo die Kinder durch beunruhigendes Verhalten von den zentralen Familiengeheimnissen ablenken, so waren auch hier alle auf Elanas Probleme fixiert, die damit eine weitere Bestätigung dafür lieferte, daß das Geheimnis besser verborgen bleiben sollte.

Stellt ein Verhalten in Wirklichkeit eine Ablenkung vom Unaussprechlichen dar, kann es vorkommen, daß ein Therapeut nach dem anderen zu Rate gezogen wird, jeweils auf der falschen Ebene einzugreifen versucht und solche Signale irrtümlich auf physiologischer, verhaltensspezifischer, intrapsychischer oder intersubjektiver Ebene angeht. Doch das unvorstellbar komplizierte Labyrinth der Geheimhaltung, in das solche Handlungen eingebettet sind, bleibt davon unberührt.

Als ich erstmals mit Elanas Mutter sprach, verblüffte mich sofort ihre Überängstlichkeit. Wer beständig auf der Hut ist, um ein Geheimnis nicht zu enthüllen, bekommt Angst. Was verborgen bleiben soll, kann jederzeit ans Licht kommen. Gleichzeitig spüren die anderen, die von einem Geheimnis ausgeschlossen bleiben, Spannungen in den Familien- oder Therapiebeziehungen. Das ängstliche Bedachtsein darauf, ein Geheimnis zu wahren, überträgt sich auf die anderen, die gar nicht wissen, daß es ein solches Geheimnis überhaupt gibt. Deshalb war es zunächst gar nicht leicht, ins Gespräch zu kommen. Bei Elanas Mutter spürte ich ein starkes Bestreben, das Gespräch nach ihrem Willen zu lenken, damit ich nicht auf die Idee käme, nach Dingen zu fragen, die ich nicht erfahren sollte.

Typen von Geheimnissen

Für mich hat es sich als nützlich erwiesen, verschiedene Geheimnistypen zu unterscheiden. Paradoxerweise können mit denselben Handlungen, mit denen schmerzliche Geheimnisse geschaffen werden, auch Geheimnisse entstehen, die Freude bereiten. Ein Verhalten, hinter dem sich destruktive Geheimnisse verbergen, ähnelt dem Verhalten, das die individuelle, familiäre und kulturelle Entwicklung vorantreibt. Erzwungenes Schweigen, bruchstückhaftes Erzählen, heimliches Getuschel und vertrauliche Mitteilungen können gleichermaßen dazu dienen, eine Überraschungsparty zu organisieren wie auch einen Pädophilen zu decken. So mußte ich in der praktischen Arbeit Geheimnisse nach ihrem Zweck, ihrer Lebensdauer und ihrem Ergebnis unterscheiden.

Süße Geheimnisse

Diese sind zeitlich begrenzt; im Vordergrund stehen dabei der Spaß und die Überraschung, etwa durch Geschenke, Partys oder einen unverhofften Besuch. Süße Geheimnisse können Beziehungen zeitweise verändern und neue Bindungen schaffen. Ein kleines Mädchen teilt mit ihrem Vater ein süßes Geheimnis, um die Mutter mit einem neuen Kätzchen zu überraschen, und einen Augenblick lang fühlt sich das Kind richtig erwachsen. Geschwister im Teenageralter, die sich normalerweise streiten, tun sich zusammen, um ihren Eltern zum Hochzeitstag eine Überraschung zu bereiten. Wenn süße Geheimnisse enthüllt werden, werfen sie nicht selten ein neues und angenehmes Licht auf eine Person oder eine Beziehung.

Süße Geheimnisse können unser Selbstgefühl schützen oder stärken. Mit seinem ersten Guck-Guck-Spiel entdeckt ein Baby das Vergnügen an zeitweiliger Heimlichkeit. Die Verstecke kleiner Kinder, die weggesperrten Tagebücher von Teenagern und die unausgesprochenen Hoffnungen und Träume, die wir in unserem Herzen tragen, sind die süßen Geheimnisse unseres Lebens.

Essentielle Geheimnisse

Viele Geheimnisse ziehen notwendige Grenzen, durch die eine Beziehung definiert wird. Solche Geheimnisse sind wichtig für das Wohlbefinden. Jede Familie hat ihre eigene Sprache, benutzt spezielle Ausdrücke und Kosenamen, die Nähe und Geborgenheit fördern. Ein essentielles Geheimnis zwischen Eheleuten schafft Intimität, das einzigartige Gefühl, einen anderen Menschen sehr gut zu kennen. In der Paartherapie habe ich oft von Geheimnissen gehört, die Verletzlichkeiten offenlegen, von „Schlafzimmer"-Geheimnissen, die Ängste und Unsicherheit betreffen. Wenn Paare einander solche Geheimnisse anvertrauen, verstärken sich Nähe und Verbundenheit. Das Paar setzt sich auf diese Weise von Kindern, Eltern und Freunden ab in dem Gefühl: Das ist etwas, „was nur uns angeht". Für mich war es erstaunlich zu beobachten, daß solche essentiellen Geheimnisse, die in der Therapie ans Licht kommen, ein Zeichen wachsenden Vertrauens und niederbrechender Barrieren sind. Ich habe erlebt, wie ein Mann seiner Frau nach 16 Ehejahren erstmals enthüllte, daß der Grund dafür, daß er vor den Kindern kneift und die Erziehungsarbeit allein seiner Frau überläßt, darin liegt, daß er von seinem eigenen Vater geschlagen wurde. Ich habe beobachtet, wie Wut und Distanz eines lesbischen Paares schwanden, als die eine der anderen von den wiederholten heimlichen Selbstmordversuchen ihrer Mutter erzählte, die ihre Kindheit überschatteten. Ich habe gesehen, wie sich Feindseligkeit in Zärtlichkeit verwandelte, als ein Mann den Entschluß faßte, seiner Frau endlich mitzuteilen, daß der Arzt bei ihm Diabetes festgestellt hatte. Daher seine Unfähigkeit zur Erektion und seine Weigerung, mit seiner Frau zu schlafen.

Essentielle Geheimnisse sind Teil unserer Beziehungs-„Verträge", und sie preiszugeben kann als Akt des Verrats und Vertrauensbruchs angesehen werden. In Edward Albees Stück *Wer hat Angst vor Virginia Woolf?* erleben wir schaudernd, wie George und Martha ein essentielles Geheimnis nach dem anderen vor den Besuchern ausbreiten. In der Therapie erlebte ich mit, wie eine Frau ihren Mann in größte Verlegenheit brachte, indem sie mir von einem geschäftlichen Mißerfolg erzählte, obwohl sie versprochen hatte, dies gegenüber Außenstehenden niemals zu erwähnen. Ich habe erlebt, wie eine Frau mehr Tränen darüber vergoß, daß ihre Geheimnisse preisgegeben waren, weil ihr Ehemann seiner Geliebten rücksichtslos alles über sie erzählt hatte, als über den Ehebruch ihres Gatten.

Im Gegensatz zu süßen Geheimnissen, die zeitlich begrenzt sind und einen anderen Menschen überraschen sollen, sind essentielle Geheimnisse langlebig und werden geschaffen, um die Entwicklung des eigenen Ichs, die Entwicklung der Beziehung und der Gemeinschaft zu fördern.

Die meisten von uns hatten als Heranwachsende vor ihren Eltern Geheimnisse. Wertvorstellungen und Überzeugungen, die von denen unserer Familie abwichen, wurden verschwiegen. In aller Heimlichkeit probierten wir ein Verhalten aus, das uns die zaghaften Schritte zum Erwachsenwerden und schließlich zur Ablösung vom Elternhaus erleichterte. Solche Geheimnisse haben unsere Freundschaften geprägt und uns ein notwendiges Gefühl der Distanz zur Familie vermittelt. Zehn oder zwanzig Jahre später können wir dann beim gemeinsamen Mittagessen diese Geheimnisse unseren Eltern anvertrauen, und sie lachen und atmen erleichtert auf, daß sie unsere Geheimnisse damals nicht kannten.

Viele Übergangsrituale enthalten Aspekte, die Geheimhaltung erforderlich machen. Die Teilnehmer des Rituals setzen sich durch ihr neues und spezielles Wissen von allen anderen ab. Jugendliche werden in die Geheimnisse des Erwachsenseins eingeweiht, und es wird ihnen verboten, diese Geheimnisse jüngeren Kindern weiterzusagen. Diese geheime Information markiert ihren Eintritt in eine neue Lebensphase. In ähnlicher Weise kennen auch Religionen geheime Riten, die nur den Eingeweihten bekannt sind. Die Zugehörigkeit zu einer Gruppe ist dadurch definiert, daß man deren Geheimnisse kennt.

Schließlich können auch Menschen, die unterdrückt werden, essentielle Geheimnisse schaffen, die ihnen Schutz gewähren und Fluchtmöglichkeiten eröffnen. So verschlüsselten afroamerikanische Sklaven Fluchtpläne in den Texten von Spirituals. „Wade in the Water", „wate durchs Wasser", beispielsweise bezeichnete eine Zusammenkunft am Fluß. Heute halten Frauenhäuser zum Schutz ihrer Bewohnerinnen ihre Adresse geheim.

Vergiftende Geheimnisse

Sie wirken sich verheerend auf zwischenmenschliche Beziehungen aus. Ein vergiftendes Geheimnis kann drei Generationen vor uns oder auch erst im letzten Monat entstanden sein. Im einen wie im anderen Fall bleiben maßgebliche Ereignisse in der Familie verborgen und unzugänglich. Solche Geheimnisse führen zur Zerreißprobe in den Beziehungen, sie stellen unsere Identität in Frage und verunsichern uns zutiefst. Sie schränken unsere Fähigkeit ein, klare Entscheidungen zu fällen, unsere Kräfte sinnvoll zu nutzen und authentische Beziehungen zu pflegen. Wenn ein solches Geheimnis gewahrt wird, so hat dies chronisch negative Folgen für die Fähigkeit, Probleme zu lösen und zu kommunizieren, für die Selbst- und Fremdwahrnehmung und das seelische Wohlbefinden. Auch wenn niemand unmittelbar körperlich oder psychisch bedroht ist, rauben vergiftende Geheimnisse dennoch Energie, erzeugen Beklemmungen, belasten den, der das Geheimnis kennt, und verwirren andere, die es nicht kennen.

Mit einem vergiftenden Geheimnis zu leben nährt den Zweifel an der Verläßlichkeit anderer Menschen. Wenn ich vor meiner besten Freundin etwas geheimhalte, vertraue ich ihr dann wirklich? Würde sie mich noch mögen, wenn sie wüßte, was ich vor ihr verberge? Eine Frau sagte zu mir: „Wenn mein Mann wüßte, daß ich abgetrieben habe, bevor ich ihn kennenlernte, würde er sich angewidert von mir abwenden. Aber da ich es ihm nicht sagen kann, kann ich auch nicht an seine Liebe glauben." Ein Jugendlicher bekennt traurig: „Ich bin ein Schwindler. Meine Eltern erzählen überall herum, wie toll ich sei. Wenn sie wüßten, wie oft ich in der Schule gemogelt habe, wäre ich bei ihnen unten durch, ganz bestimmt."

Von einem vergiftenden Geheimnis ausgegrenzt zu sein trübt den Blick. Intuitiv ahnen wir das Geheimnis, bleiben aber im Ungewissen und mißtrauen daher unserer eigenen Wahrnehmung. Was sehen wir, wenn man uns versichert, wir sähen nicht, was wir doch zu sehen meinen? Als der zehnjährige Lucas Gordon mit seiner Mutter und seinem Vater zu mir kam, blieb er während der ganzen Sitzung stumm wie ein Fisch und kauerte sich zwischen seinen Eltern aufs Sofa. Er weigerte sich seit zwei Monaten, sich zum Abendessen an den Tisch zu setzen, dem einzigen Anlaß, zu dem seine Eltern zusammentrafen. Als seine Mutter versicherte, sie und ihr Mann verstünden sich gut, zog sich Lucas die Jacke über den Kopf. Erst als er für einen Augenblick hinausging, erzählte mir sein Vater, daß er und seine Frau vorhätten, sich scheiden zu lassen, daß aber Lucas „nichts davon weiß".

Vergiftende Geheimnisse rufen nur selten akute Krisen hervor, sie entfalten eher eine schleichende Wirkung. Große Verwirrung stiftet die Frage, wem, wann und ob man das Geheimnis preisgeben soll. Wie sollen Sie zum Beispiel entscheiden, ob Sie Ihren inzwischen erwachsenen Kindern das Geheimnis vom Selbstmord Ihres Bruders offenlegen, das Sie vor den Kindern ferngehalten haben, solange sie klein waren?

Mit einem vergiftenden Geheimnis lebt es sich wie in einem Dampfkochtopf. Das Bedürfnis, das Geheimnis preiszugeben, kann immer stärker werden, bis es auf eine ungeplante und schmerzliche Weise herausplatzt. Das Geheimnis kann aber auch durch unbedachte Äußerungen durchsickern, die einen zwingen, mit der Sprache herauszurücken.

In dem erfolgreichen Film *Lügen und Geheimnisse* von 1996 wird erzählt, wie eine Mutter vor ihrer Tochter verheimlicht, daß sie vor ihr noch eine Tochter hatte, die sie zur Adoption freigab. Ihrer Tochter, die inzwischen zwanzig Jahre alt war, hatte sie das nie sagen wollen. Cynthia, die Mutter, ist eine Weiße. Ohne daß sie es wußte, war Hortense, das Kind, das sie weggegeben hatte, schwarz. Als Hortense wieder in ihr Leben tritt, baut Cynthia, einsam und von der Tochter entfremdet, die sie großgezogen hat, eine enge und intensive Beziehung zu ihrem ersten Kind auf. Statt sich zu überlegen, wie sie ihrer anderen Tochter das Geheimnis schonend beibringen könnte, nimmt Cynthia Hortense zur Feier des einundzwanzigsten Geburtstags ihrer anderen Tochter mit und enthüllt das Geheimnis spontan und unbekümmert, ohne an die Folgen zu denken.

In meiner Arbeit als Familientherapeutin wurde ich oft mit

Situationen konfrontiert, in denen vergiftende Geheimnisse unbedacht enthüllt wurden, was sich verheerend auf die Beziehungen auswirkte. Bei näherer Betrachtung stellte sich heraus, daß diese scheinbare Unbedachtsamkeit von der Angst genährt war, das Geheimnis nicht mehr wahren zu können. Ich erkannte, daß vergiftende Geheimnisse, die unbekümmert gelüftet werden, schwerer verarbeitet werden als andere, deren Preisgabe sorgfältig geplant wird. Wenn Sie ein vergiftendes Geheimnis hüten, lassen Sie sich ein wenig Zeit, um sich genau zu überlegen, wann und wie Sie es preisgeben wollen. Eine solche Bedenkzeit mindert meiner Erfahrung nach die Angst, weil vor dem Handeln das Nachdenken steht. Man sollte sich im klaren darüber sein, daß die Eröffnung vergiftender Geheimnisse eine Familie aus dem Gleichgewicht bringen kann. Es wird geraume Zeit dauern, bis individuelle und familiäre Identität wieder in Einklang zu bringen sind, bis Beziehungen heilen und neu gestaltet werden können.

Gefährliche Geheimnisse

Im Jahr 1984 saß ich eines Tages hinter dem Einwegspiegel und beobachtete, wie eine weltbekannte Therapeutin ein Gespräch mit einem Elternpaar und dessen 16jähriger Tochter führte. Im Verlaufe der Sitzung wurde das Mädchen immer unruhiger, die Therapeutin aber ließ nicht locker und stellte Fragen über die Beziehungen innerhalb der Familie. Mir schien es nur zu deutlich, daß die Tochter, ohne direkt mit der Sprache herauszurücken, so viele Andeutungen machte, wie sie nur konnte, um zu signalisieren, daß ihr Vater sie sexuell mißbrauchte. Die Mutter fing an zu schluchzen. Sie wußte, was ihrer Tochter angetan wurde, aber bis zu diesem Augenblick hatte sie immer den Täter gedeckt. Als sie ansetzte, das Geheimnis zu enthüllen, sprang der Mann von seinem Stuhl auf und zog das Kabel für das Mikrophon und die Videokamera heraus. Ein gefährliches Geheimnis war offengelegt worden, und damit hatten sich die Beziehungen innerhalb dieser Familie und die Beziehung zur Außenwelt grundlegend verändert. Wie bei jeder Eröffnung eines gefährlichen Geheimnisses muß man auch hier zuerst und vor allem an die Sicherheit der Tochter denken.

Es gibt Geheimnisse, die Menschen in unmittelbare körperliche Gefahr bringen oder einen so heftigen Gefühlsaufruhr verursachen, daß die Lebensfähigkeit dieser Menschen beeinträchtigt ist. Dazu gehören Geheimnisse wie körperliche Mißhandlung und sexueller Mißbrauch von Kindern, Gewalt in der Ehe, Alkohol- oder Drogenmißbrauch, Selbstmordpläne und Planung von Verbrechen. Juristisch gesehen, macht die Enthüllung gefährlicher Geheimnisse häufig sofortiges Einschreiten erforderlich. Wenn ich beispielsweise erfahre, daß ein Klient vorhat, einem anderen Menschen Schaden zuzufügen, bin ich gesetzlich verpflichtet, die sonst geltende ärztliche Schweigepflicht zu brechen, denn ich habe „die Pflicht zu warnen". Erwachsene, die in verantwortlicher Position mit Kindern arbeiten, sind verpflichtet, Fälle zu melden, in denen der Verdacht auf Kindesmißbrauch besteht.

Im Gegensatz zu vergiftenden Geheimnissen, bei denen Zeit bleibt abzuwägen, welche Folgen die Offenlegung oder die weitere Geheimhaltung für das Wechselspiel der Beziehungen hat, machen gefährliche Geheimnisse oft rasches sofortiges Handeln erforderlich, um das Leben anderer zu schützen. Wenn Sie darüber nachdenken, wie Sie mit dem Wissen um einen Selbstmord umgehen, der vor einer Generation in Ihrer Familie stattgefunden hat, haben Sie die Zeit auf Ihrer Seite. Sie können in Ruhe überlegen, wer es erfahren sollte und was gewonnen oder verloren ist, wenn Sie das Geheimnis offenlegen. Sie können überlegen, wie sich die Offenlegung des Geheimnisses auf die Familienbeziehungen auswirkt oder wie sich dadurch das Ansehen der Person, die sich umgebracht hat, und die Legendenbildung verändern. Aber wenn die beste Freundin Ihrer Nichte Ihnen anvertraut, daß sie sich umbringen will, können Sie es sich nicht leisten, erst einmal in aller Ruhe darüber nachzudenken. Vielmehr ist rasches Handeln geboten, um die Betroffene vor Schaden zu bewahren, auch wenn Sie damit möglicherweise das Vertrauen der jungen Frau enttäuschen.

Einschüchterung, Angst, Macht über andere und Ohnmacht sind bei gefährlichen Geheimnissen gewöhnlich mit im Spiel. Häufig lebt die wehrlose Person, die ein gefährliches Geheimnis hütet, in einer Situation äußerster körperlicher und seelischer Bedrohung und hat das Gefühl, daß alles noch gefährlicher wird, wenn sie das Geheimnis offenlegt. Wer die Macht besitzt, anderen Schaden zuzufügen, und Stillschweigen über gefährliche Geheimnisse verlangt, beruft sich häufig auf den Schutz der „Privatsphäre“: „Was in unserem Haus vorgeht, geht niemanden etwas an.“ Damit wird der entscheidende Unterschied zwischen Geheimhaltung und Privatsphäre verwischt.

Gesunder Selbstschutz oder ungesunde Verheimlichung?

In meiner therapeutischen Arbeit mit Familien habe ich festgestellt, wie problematisch und verschwommen die Grenzen zwischen Verheimlichung und Privatsphäre sind. Eheleute suchen mich auf, weil sie erwägen, durch Eizellenspende ein Kind zu bekommen. Sie fragen mich: „Wenn wir auf diese Weise ein Kind bekommen und es ihm niemals mitteilen, enthalten wir ihm dann ein Geheimnis vor, oder ist das unsere Privatangelegenheit?“ Bei einem anderen Paar besteht der Mann darauf, daß es sein gutes Recht sei, ein bestimmtes Bankkonto vor seiner Frau geheimzuhalten. „Das ist meine Privatsache“, sagt er. Auf meine Frage, ob er denn seiner Frau dasselbe Recht zugestehe, erwidert er, das würde bedeuten, daß sie vor ihm etwas geheimhalte. Eine Frau vermacht in ihrem Testament ihr gesamtes Geld ihren Kindern aus ihrer ersten Ehe und verschweigt dies ihrem jetzigen Mann. Ist dies ihre Privatangelegenheit, oder enthält sie ihm eine problematische Information vor?

Was ein Mann, der seine Ehefrau schlägt, oder ein Stiefvater, der seine Tochter sexuell mißbraucht, als seine Privatangelegenheit bezeichnet, ist in Wirklichkeit Vertuschung. Eine Frau, die an AIDS erkrankt ist, kann dem Vorwurf ausgesetzt sein, den Nachbarn etwas zu verheimlichen, obwohl sie in Wirklichkeit ihr Recht auf Wahrung der Privatsphäre in Anspruch nimmt. Wenn dieselbe Frau aber unter Berufung auf ihre Privatsphäre ihrem Geschlechtspartner verschweigt, daß sie HIV-positiv ist, wird das Geheimnis zu einem gefährlichen Geheimnis. Mag ein Mann seine außereheliche Affäre als seine Privatsache bezeichnen, so spürt seine Ehefrau vielleicht doch, daß er ein unschönes Geheimnis hat, und trifft Entscheidungen ohne diese brisante Information. Eine Mutter, die ihr Kind zur Adoption freigibt, mag ihren Wunsch, diesem Kind unbekannt zu bleiben und von ihm nicht behelligt zu werden, als ihr Recht auf Privatsphäre betrachten. Der Staat mag dieses Recht sogar gesetzlich verankern. Trotzdem kann das erwachsene Adoptivkind diese Information als ein für sein Leben essentielles Geheimnis ansehen, das ihm niemand vorenthalten darf. Eine Heranwachsende mag ihr Sexualleben als ihre Privatsache betrachten, während die Eltern möglicherweise finden, daß die Tochter ihnen zu Unrecht etwas verheimlicht, wenn sie sich darüber ausschweigt. Das Argument der Privatangelegenheit kann der ungerechtfertigten Selbstsucht oder aber dem legitimen Selbstschutz dienen.

Die Definition dessen, was geheim und was privat ist, kann sich je nach Epoche, Kultur und soziopolitischen Umständen ändern, je nachdem, was in einer bestimmten Kultur oder Familie stigmatisiert wird oder Wertschätzung erfährt. So wird die sexuelle Beziehung eines verheirateten heterosexuellen Paares in unserer Kultur als Privatangelegenheit betrachtet, während die sexuelle Beziehung eines homosexuellen Paares häufig geheimgehalten werden muß, weil diese Verbindung durch kein Gesetz geschützt und mit massiven, die Privatsphäre verletzenden Vorurteilen belastet ist. Das Dilemma zwischen Privatsphäre und Geheimhaltung zeigt sich in der ungelösten rechtlichen und ethischen Diskussion darüber, ob eine Heranwachsende das Recht hat, über einen eventuellen Schwangerschaftsabbruch selbst zu entscheiden, oder ob in diesem Fall ihre Eltern zu unterrichten sind und deren Einverständnis einzuholen ist.

Verheimlichung und der Schutz der Privatsphäre stehen in einer zirkulären und paradoxen Beziehung zueinander. Wenn auf einer Ebene der vielen einander überlappenden sozialen Systeme, in denen wir leben, ein die Privatsphäre beeinträchtigendes Handeln erfolgt, können wir auf einer anderen Ebene in der Weise reagieren, daß wir Privates geheimhalten. Wenn Bereiche der Privatsphäre beispielsweise durch Gesetzgebung, Gerichte, Versicherungsgesellschaften oder das Gesundheitswesen neu abgesteckt werden, reagieren einzelne und Familien darauf möglicherweise mit Verheimlichung. Personen, die an AIDS erkrankt sind, hüten das Geheimnis ihrer Krankheit in der Regel sorgfältig. Ihr Recht auf Privatsphäre wird häufig durch Gesetzgebung bedroht, was wiederum das Bedürfnis nach Geheimhaltung verstärkt. Im Kampf um das Recht auf Abtreibung – ein Kampf, den die Frauen unter Berufung auf das Recht auf ihren Körper führten – waren viele Frauen gezwungen, mit dem bis dahin streng gehüteten Geheimnis ihres Schwangerschaftsabbruchs an die Öffentlichkeit zu treten, um Unterstützung für die Forderung nach Entscheidungsfreiheit zu gewinnen.[1]

Familienregeln

Jede Familie stellt ihre eigenen Regeln darüber auf, was geheim und was privat ist. Denken Sie einen Augenblick über Ihre eigenen Erfahrungen sowohl in Ihrer Herkunftsfamilie als auch in Ihren derzeitigen Beziehungen nach:

- *Wie definierte Ihre Herkunftsfamilie den Begriff „Privatsphäre"?*
- *Wußten Sie, wieviel Geld Ihre Eltern verdienten?*
- *Über welche Familienangelegenheiten durften Sie außerhalb der Familie keinesfalls sprechen?*
- *Hat man von Ihnen verlangt, alles, was innerhalb der Familie geschah, vor der Außenwelt geheimzuhalten?*
- *Welche Möglichkeiten hatten Kinder im Vergleich zu den Erwachsenen, irgend etwas geheimzuhalten? Wenn beispielsweise galt, daß Sie das Zimmer Ihrer Eltern nicht betreten durften, durften dann die Eltern Ihr Zimmer betreten? Hat sich das im Laufe der Zeit geändert?*
- *Gab es Unterschiede in den Geheimhaltungsmöglichkeiten zwischen männlichen und weiblichen Familienmitgliedern?*
- *Wurde manchen Familienmitgliedern mehr Privatsphäre zugestanden als anderen?*
- *Gab es bestimmte Plätze wie Schlafzimmer oder Schreibtischschubladen, die als Zonen der Privatsphäre definiert waren? Wenn ja, für wen?*
- *Wie definieren Sie „Privatsphäre" und „Verheimlichung" in Ihrem Leben als Erwachsene?*

Vergiftende und gefährliche Geheimnisse sind meistens dazu angetan, uns zu beschämen, während echte Privatangelegenheiten nicht mit Schamgefühl verbunden sind. Verstecken und Verbergen sind für die Verheimlichung, nicht aber für die Privatsphäre besonders wichtig. In meiner Tätigkeit als Therapeutin erschien es mir immer wieder sinnvoll, darüber nachzudenken, ob das Zurückhalten von Informationen die Lebensausrichtung eines anderen Menschen, seine Fähigkeit, Entscheidungen zu treffen, und sein Wohlbefinden beeinträchtigen. Wenn das so ist, dann handelt es sich eher um Verheimlichung als um die Wahrung des privaten Freiraums. Wenn ein Mann im Glauben ist, er und seine Frau machten zur Lösung ihrer Eheprobleme eine Paartherapie, die Frau aber unterdessen eine außereheliche Beziehung hat, dann hat sie ein Geheimnis. Wenn eine Frau weiß, daß mehrere Frauen ihrer Familie an Brustkrebs gestorben sind, und sie dies vor ihrem 25jährigen Sohn geheimhält, dann geht es ihr vorrangig darum, ihre Privatsphäre zu schützen. Wenn sie diese Information ihrer 26jährigen Tochter vorenthält, deren Gesundheit davon betroffen sein kann, handelt es sich um Verheimlichung. Was wirklich privat ist, hat keinen Einfluß auf unser körperliches oder seelisches Wohlbefinden. Die Wahrung vergiftender oder gefährlicher Geheimnisse schneidet uns von den Hilfsquellen ab, die uns bei der Problemlösung helfen könnten. Privatangelegenheiten in unserem Leben behindern dagegen unseren Zugang zu lebenswichtigen Kraftquellen nicht. Wenn man von einem Geheimnis ausgegrenzt lebt, wird dadurch die Fähigkeit beeinträchtigt, auf der Grundlage umfassender Information Entscheidungen zu treffen. Wenn man von den Privatangelegenheiten eines Menschen ausgegrenzt bleibt, ist das eigene Leben davon nicht unmittelbar betroffen.

Und schließlich können aus Geheimnissen in unserem Leben Privatangelegenheiten werden. Wenn man ein Geheimnis enthüllt, geschieht dies meist im engsten Familien- oder Freundeskreis. Selten gibt man ein Geheimnis der gesamten Nachbarschaft preis, setzt eine Anzeige in die Zeitung oder tritt damit in einer Talkshow auf.

Die Tür zum Labyrinth aufstoßen

Warum sind Geheimnisse so faszinierend? Vielleicht deshalb, weil sie sich wie kein anderer Aspekt des menschlichen Lebens einfachen Lösungsformeln widersetzen. Trotz aller anderslautender Behauptungen der populären Psychologie lassen sich Geheimnisse selten fein säuberlich in eine Schublade packen und damit erledigen. Sie zwingen uns ein zwiespältiges Gefühl auf. Geheimnisse ziehen uns an und stoßen uns gleichzeitig ab. Ein und dasselbe Geheimnis kann an dem einen Tag eine Schutzfunktion erfüllen und uns am nächsten Tag quälend zusetzen. Es kann in einer Beziehung Wärme und Geborgenheit vermitteln und uns gleichzeitig von anderen Menschen entfremden, denen wir gerne nahestünden.

Wenn man mich bittet, ein Geheimnis zu hüten, und ich damit einverstanden bin, sehe ich mich mitunter ganz schnell in ein Wechselspiel von Beziehungen verstrickt, in dem ich gleichzeitig zuverlässig und unzuverlässig, vertrauenswürdig und suspekt, mächtig und wehrlos bin. Ein Geheimnis preiszugeben kann Beziehungen festigen, aber auch zum Bruch führen. Der Umgang mit Geheimnissen ist der Hochseilakt im Zirkus des Lebens.

2
Die gestaltende Kraft von Familiengeheimnissen

Wie ein Geheimnis menschliche Beziehungen prägt

Wie es häufig der Fall ist, so schufen auch in meiner Familie Geheimnisse zeitweilig eine Atmosphäre der Sicherheit, am Ende aber nützten sie niemandem mehr, sondern waren ein einziger Schrecken für die, denen sie ursprünglich als Schutz dienten. Wie den eigentlich winzig kleinen, auf eine riesige Leinwand projizierten Filmmonstern wohnt auch den Geheimnissen offenbar eine Kraft inne, die in keinem Verhältnis zu ihrem Inhalt steht ... In meiner Familie verliehen Angst und düstere Phantasien den Geheimnissen eine vergiftende Wirkung und eine zerstörerische Kraft. Jetzt, da sie offengelegt sind, zeigt sich, daß die Geheimnisse viel banaler, nach menschlichen Maßstäben verständlicher und gutartiger als die dunklen Schatten sind, die sie über Generationen hinweg auf meine Familie warfen.

Michele K. Martin

„Unsere Familie lebte nach dem Grundsatz: Besser geschwiegen als das Maul verbrannt", meinte Molly Bradley. „Um herauszufinden, was los war, entwickelten wir als Kinder ein Höchstmaß an Intuition und zeigten uns gleichzeitig äußerst wortkarg. Wenn ich andere Kinder zum Spielen besuchte, war ich schockiert, wieviel dort gesprochen wurde. Bei mir zu Hause hörte man entweder den bedeutungslosen Lärm inhaltsloser Streitereien, oder es herrschte tiefes Schweigen."

Molly und ihre Geschwister wuchsen in einer Familie auf, die viele Geheimnisse hatte. Mollys älterer Bruder Calvin, heute 37 Jahre alt, ihre jüngere Schwester, die 32jährige Annie, und Molly, 35 Jahre alt, wuchsen in den sechziger und frühen siebziger Jahren in einer weißen angloamerikanischen methodistischen Mittelklassefamilie im Mittleren Westen auf. „Wir sahen aus wie eine normale Fernsehfamilie", sagt Molly. „Aber das stimmte absolut nicht."

Als Molly mich aufsuchte, erzählte sie, seit sechs Jahren hätten sie und Annie kein Wort mit Calvin gewechselt. Die Konfirmation von Mollys Sohn stand bevor, und Molly wünschte sich sehnlichst, zu diesem Fest ihre ganze Familie um sich zu versammeln. „Auch wenn ich mit Calvin nie einen engen Kontakt hatte", so Molly, „vermisse ich ihn doch immer mehr, je älter meine Söhne werden." Wie in vielen Familien, die ich kennengelernt habe, nahm Molly ein wichtiges Familienfest zum Anlaß, an abgebrochene Beziehungen wiederanzuknüpfen. Mit großer Beklommenheit bat Molly ihren Bruder und ihre Schwester, zu mir zu kommen.

Unsere erste gemeinsame Sitzung wurde dreimal verschoben. Als mich die Geschwister nacheinander anriefen und um eine Terminverschiebung baten, spürte ich, wie stark der Wunsch war, einander aus dem Weg zu gehen, und wie sehr dies die Beziehung der Geschwister prägte. Eines Abends im Spätherbst suchten mich Molly, Annie und Calvin schließlich doch noch gemeinsam auf, und damit begann eine zugleich schmerzliche und aufschlußreiche Reise in die Familienvergangenheit.

Das erste Geheimnis, an das sich die Schwestern erinnerten, war das Rätsel, das ihre Großmutter umgab. „Ich weiß noch, daß Molly und ich unsere Großmutter mütterlicherseits immer heimlich besuchten", berichtete Annie. „Unsere Mutter wollte nicht, daß sie zu uns kam, aber wir hatten keine Ahnung, warum. Unser Vater schwieg sich darüber aus, und so erfuhren wir nie, was er von unserer Großmutter hielt. Diese heimlichen Besuche machten uns irgendwie Spaß, aber manchmal benahm sich unsere Oma ziemlich merkwürdig, und das jagte uns dann eher Angst ein." Calvin besuchte sie nie, und wenn er dahinterkam, daß Molly und Annie bei ihrer Großmutter gewesen waren, schimpfte er sie aus und drohte, es der Mutter weiterzusagen. „Wenn er sich so benommen hat, haben Annie und ich noch fester zusammengehalten, wir waren wütend auf ihn und wurden in unserem Entschluß, unsere Großmutter zu besuchen, nur noch bestärkt", erzählte mir Molly. „Ich war der Vertraute meiner Mutter", sagte Calvin. „Ich war der Älteste und der einzige Sohn. Ich empfand es als Auszeichnung, Dinge zu wissen, von denen meine Schwestern keine Ahnung hatten. Ich mußte versprechen, das Geheimnis meiner Mutter nicht zu verraten: daß nämlich unsere Großmutter manisch-depressiv war.

Als die drei Geschwister Teenager waren, beging die Großmutter Selbstmord. Zu Molly und Annie sagte man, die Todesursache sei eine „Arterienverkalkung" gewesen. Nur Calvin erfuhr die Wahrheit, er mußte aber der Mutter versprechen, es nicht weiterzuerzählen. Molly und Annie spürten, daß sich um den Tod der Großmutter ein Geheimnis rankte, aber wenn sie nachfragten, wich die Mutter aus.

Zwei Jahre nach dem Tod der Großmutter beging die Schwester der Mutter Selbstmord. Auch dies wurde vor Molly und Annie geheimgehalten. Nach dem Begräbnis der Tante wurde in der Familie nie mehr über deren Tod gesprochen. Andere Tanten, Onkel, Cousinen und Cousins wurden nicht mehr besucht. Alle Fotos von Angehörigen der Mutter verschwanden. In den folgenden Monaten beobachteten Molly und Annie mit stummem Entsetzen, wie ihre Mutter in eine schwere Depression verfiel. Angesichts der inzwischen zahlreichen Geheimnisse, die sie hütete, verstärkte sich ihre eigene tiefsitzende und unausgesprochene Furcht, psychisch krank zu werden. Wieder war es Calvin, der seiner Mutter nahestand. Niemand durfte Fragen stellen oder Kommentare abgeben.

„Die Scham, die unsere Familie erfüllte, war mit Händen greifbar", sagte Annie. „Man schmeckte die Scham förmlich im Frühstückskaffee. Man hörte sie in den Stimmen meiner Eltern, aber nicht in ihren Worten. Man sah die Scham im gebeugten Gang meines Bruders. Der Versuch herauszufinden, was eigentlich los war, hat mich viel Kraft gekostet."

Annie schilderte die erbitterten Streitereien, die sie als Jugendliche mit ihrer Mutter um scheinbar unbedeutende Kleinigkeiten austrug. „Ich war entschlossen, sie zum Reden zu bringen, aber es gelang mir nicht. Wenn sie mich anschrie, war mir das immer noch lieber als ihr Schweigen. Schweigen und Geschrei liefen jedoch am Ende auf dasselbe hinaus."

Die Streitereien zwischen Annie und ihrer Mutter wurden bald fester Bestandteil eines sich ständig wiederholenden Familienschauspiels, in dem jedes der Geschwister eine vorgeschriebene Rolle zu übernehmen hatte. „Es war", erzählte Molly, „als hätte uns jemand ein Drehbuch in die Hand gedrückt, nach dem wir uns zu richten hatten. Annie war diejenige, die immer Fragen stellte. Ich hatte den Part übernommen, mich mit Unternehmungen außerhalb der Familie zu beschäftigen. Dinge nicht zu wissen, die in unserer Familie vorgingen, beunruhigte Annie offenbar am meisten. Meine Mutter fertigte sie stets sarkastisch ab oder spielte ihre Fragen herunter. Bald stritten sie sich erbittert um jede Nichtigkeit. Calvin schrie Annie an, sie bringe Mama durcheinander, mache sie krank, und sie solle aufhören. Dann mußte ich Annie jedesmal trösten. Unser Vater hielt sich völlig heraus."

Die Beziehungen in der Familie Bradley wurden durch zahlreiche Geheimnisse geprägt. Angefangen mit dem Geheimnis der Geisteskrankheit der Großmutter, die die Mutter enorm beschämte und ängstigte, wurde Geheimniskrämerei zum Lebensstil der Familie. Ebenso wie Calvin und seine Mutter hatten auch Molly und Annie ihre Geheimnisse miteinander, was die bereits bestehenden Allianzen in der Familie festigte. Als Molly Ende 20 war, erfuhr sie, daß die Großmutter manisch-depressiv gewesen war – und zwar von einer Cousine, die Sozialarbeiterin war und aus dem auffälligen Verhalten der Großmutter ihre Schlüsse gezogen hatte. Gemeinsam stellten sie die Vermutung an, die Großmutter habe sich umgebracht. Statt mit Familienangehörigen zu sprechen, die möglicherweise das Geheimnis kannten, erzählte Molly nur ihrer Schwester davon, und beide behielten bis zur Therapie ihre Mutmaßungen für sich.

Eine Veränderung dieser Strukturen wurde für die Bradleys zunehmend unmöglich. Wie bei vielen Familien, mit denen ich zu tun hatte, wirkten auch hier Geheimnisse wie Beton, der allmählich erstarrt, so daß die Familie in der Falle saß – so sehr sich die Mitglieder danach sehnen mochten, sich zu befreien. Als ich Annie bei unserer zweiten Sitzung fragte, ob sie als Kind je daran gedacht hätte, sich Calvin anzuvertrauen, antwortete sie, das sei ihr niemals in den Sinn gekommen. *Wenn sich Familienmitglieder eine andere Form der Interaktion gar nicht mehr vorstellen können, geraten sie völlig in den Bannkreis der Geheimnisse.* Da neue und unerprobte Wege im Umgang miteinander das Risiko bergen, daß Geheimnisse ans Licht kommen, wird das Verhaltensrepertoire der Familie immer beschränkter und starrer.

Dies gilt für jede Art von Geheimnis. Geheimnisse wirken in Familienbeziehungen wie Magneten, sie ziehen einige Familienmitglieder an und stoßen andere von sich ab. Familienkoalitionen, die immer wieder neu geschlossen werden, Eingeweihtsein und Ausgesperrtsein, Nähe und Distanz, Vertrautheit und Entfremdung, Lohn und Strafe – all das ergibt sich aus dem Vorhandensein von Geheimnissen. Solche Strukturen schaffen in einem ausufernden Kreislauf selbst wieder Geheimnisse.

Wie bei vielen Familien, die mit Geheimnissen leben, so drangen auch bei den Bradleys solche Strukturen in die Bereiche des Familienlebens vor, die mit den Geheimnissen ursprünglich gar nichts zu tun hatten. Als ich Annie von ihren ständigen Konflikten mit ihrer Mutter erzählen hörte, wußte ich, daß sie vor allem dazu dienten, vom eigentlichen Schmerz der Familie abzulenken. Beim Austausch ihrer Erinnerungen erkannten die Geschwister traurig, wie ihr Wunsch, ein vertrauteres Verhältnis zueinander und zu ihren Eltern aufzubauen, unerfüllt geblieben war. Keiner hatte je wahrgenommen, daß die Mutter von der unterschwelligen Angst gequält war, geisteskrank zu werden. Die Bradleys hatten schmerzliche Verluste zu verkraften – zwei Selbstmorde und den Abbruch des Kontakts zur Verwandtschaft. Diese Verluste hätten Anlaß sein können, zusammenzustehen und einander Zuneigung entgegenzubringen. Statt dessen wurden die Verluste verdrängt und niemals offen betrauert. Über Jahre hin entlud sich das Schweigen immer wieder in sinnlosen Wutausbrüchen, die nur dazu führten, daß die festgefügten Beziehungsmuster noch mehr erstarrten.

Im Laufe meiner Arbeit mit den Geschwistern konnten wir eine Atmosphäre schaffen, in der es ungefährlich und dadurch möglich wurde, die Wahrheit auszusprechen, und damit wandelte sich auch ihre Beziehung zueinander. Nach unserer vierten Sitzung gingen sie zum erstenmal seit vielen Jahren zusammen essen. Nach unserer sechsten Sitzung besuchte Calvin Molly in ihrem Haus, um mit ihrem Sohn über die bevorstehende Konfirmation zu sprechen. Als sie zur siebten Sitzung kamen, äußerte Calvin den Wunsch, über eine Sache zu sprechen, die er seinen Schwestern bis dahin nicht mitgeteilt hatte.

„Als ich 17 war, zeugte ich ein Kind, einen Jungen. Unsere Eltern und die Eltern meiner Freundin bestanden darauf, daß wir das Baby zur Adoption freigaben. Wir trennten uns. Das Kind habe ich nie gesehen. Mutter war so wütend auf mich, als hätte ich sie verraten. Ich mußte versprechen, euch beiden nie etwas davon zu erzählen", bekannte Calvin unter Tränen. Im Lauf des Gesprächs fragte ich ihn, welche Auswirkungen dieses Geheimnis auf sein weiteres Leben hatte. Da er mit niemandem darüber reden konnte, was er mit 17 erlebt hatte, zog er sich immer mehr in sich selbst zurück. Er heiratete nicht und mied den Kontakt zu seinen Nichten und Neffen. „Wie alle anderen Geheimnisse in unserer Familie“, meinte Molly, „hat uns auch dieses auseinandergebracht. Ich glaube, ich verstehe jetzt besser, warum du nicht zur Taufe meines Sohnes gekommen bist. Du hast gesagt, du hättest beruflich außerhalb der Stadt zu tun. Ich war so gekränkt und wütend.“

Ich traf die Geschwister noch zu einer weiteren Sitzung nach der Konfirmation von Mollys Sohn. „Es war ganz anders als sonst bei Familienzusammenkünften“, meinte Annie. „Wir drei sind zum erstenmal offen und ehrlich miteinander umgegangen. Calvin hat ein Gebet für Mollys Sohn gesprochen. Gemeinsam haben wir für unsere Großmutter eine Kerze angezündet. Unsere Eltern waren überrascht. Ich glaube, das nächste Stück Arbeit wird sein, mit ihnen über das zu sprechen, was mit uns geschehen ist. Aber erst einmal möchte ich eine Zeitlang mit unserer neuen Beziehung leben.“

Wie Wissen und Nichtwissen um Geheimnisse die Choreographie einer Familie bestimmt

Alle Familien, mit denen ich zu tun hatte, verfügten über eine reichhaltige Sammlung abrufbereiter Beziehungsmuster. Wenn ich an dem komplizierten „Tanz“ einer Familie beobachtend teilnehme, entdecke ich eine sich ständig verändernde Konstellation von Grundmustern – die sich aus dem Wechselspiel der Erlebnisse und Traditionen in den Herkunftsfamilien jedes einzelnen ergeben. Auch ethnische Herkunft, sozialer Status, frühere und derzeitige Religionszugehörigkeit, bei Freunden abgeschaute alternative Verhaltensmuster und die Erfordernisse des Alltags spielen eine Rolle. Wenn ein Paar zu mir in die Therapie kommt, weiß ich, daß ich es mit einem hochkomplizierten Beziehungsgeflecht zu tun habe. Ihr „Pas de deux“ ist das Ergebnis von Schritten, die sie bereits gelernt haben, bevor sie einander kennenlernten. Und ob sie sich anmutig bewegen oder einander ständig auf die Füße treten, stets werden neue Schrittfolgen erkennbar. Trotz meiner langjährigen Tätigkeit als Therapeutin bin ich immer wieder gerührt von der unendlichen Vielfalt dessen, was die Menschen ersinnen, um zusammenzusein. An ein und demselben Tag beobachte ich Kooperation, Vorwürfe, Vertrauensbruch, Betrug, Zusammenarbeit, Verrat und gegenseitige Unterstützung – und womöglich all das binnen einer Stunde. Wenn ich Menschen kennenlerne, begegne ich häufig immer wiederkehrenden Verhaltensmustern, die eine lähmende Wirkung haben. Wie eine Nadel, die in der Rille einer alten Schallplatte hängenbleibt, wiederholen sich unaufhörlich unbefriedigende und frustrierende Interaktionen. Die einzelnen Familienmitglieder erkennen für gewöhnlich ganz gut, was die jeweils anderen zu einem problematischen Grundmuster beitragen, aber das Bemühen, den eigenen Anteil daran zu erkennen, ähnelt häufig dem Versuch, ohne Spiegel den eigenen Hinterkopf zu sehen. Unsere Arbeit in der Familientherapie beginnt, wenn die Menschen erkennen, welche Tanzschritte sie selbst zur Choreographie der Familie beitragen. Wenn die Therapie gut verläuft, erweitert sich das Repertoire an Verhaltensmustern in der Familie, und es entstehen Stabilität und Problemlösungskompetenz, ein Gefühl für Sinngebung und Fürsorglichkeit. Dabei entwickelt sich ein Spektrum von Strategien, um die unvermeidlichen Krisen zu bewältigen.

Im Laufe der Jahre habe ich verblüfft beobachtet, auf welche Weise Geheimnisse die Verhaltensmuster in der Familie beeinflussen. Wiederholte unbehagliche Schweigepausen, stockende Gespräche, alles übertünchende Höflichkeit, abrupter Themenwechsel, ständiger Augenkontakt zwischen zwei Familienmitgliedern bei Berührung eines bestimmten Themas oder ablenkende, sinnlose Konflikte in der Therapie sind für mich ein Hinweis darauf, daß Geheimnisse im Spiel sein könnten.

Wenn zwei Personen in einer Familie ein Geheimnis teilen, entsteht eine Dreieckskonstellation. Die enge Zweisamkeit ist in Wirklichkeit mindestens eine Dreisamkeit, denn ein Geheimnis zwischen zwei Menschen schließt notgedrungen einen oder mehrere andere aus. Das gängige Dreieck einer Liebesaffäre umfaßt einen Ehepartner und eine Geliebte, die das Geheimnis kennen, und die Ehepartnerin, die darüber im dunkeln gelassen wird, oder umgekehrt. Sobald zwei Familienmitglieder ein Geheimnis teilen – gleich, welchen Inhalts – und andere davon nichts wissen oder ferngehalten werden, entsteht ein kompliziertes Geflecht der Familienbeziehungen. Nicht nur der Inhalt an sich ist geheim, auch die Beziehung wird verborgen gehalten, in der das Geheimnis angesiedelt ist.

Als die Mutter Bradley ihrem Sohn Calvin das Geheimnis von der Geisteskrankheit ihrer Mutter verriet und ihn bat, seinen Schwestern nichts davon zu erzählen, wurde ein Grundmuster etabliert, das die Familienbeziehungen der nächsten 30 Jahre beeinflußte. Mit jedem neuen Geheimnis zwischen Calvin und seiner Mutter, das sie von Molly und Annie fernhielten, wurde dieses Grundmuster ausgeweitet. Wie in jeder Familie, wo ein Elternteil ein Geheimnis nur einem Kind anvertraut, das es seinen Geschwistern nicht weitererzählen darf, war auch Calvins Beziehung zu seinen Schwestern von Kälte und Mißtrauen beherrscht. Von außen betrachtet, gab es in der Familie zwei eng miteinander verbundene Paare: Calvin und seine Mutter sowie Molly und Annie. In Wirklichkeit hingen diese Paarbeziehungen mit Dreiecksbeziehungen zusammen, die durch machtvolle und schmerzliche Geheimnisse entstanden waren. Wenn die Vertrautheit zweier Personen auf einem gemeinsamen Geheimnis beruht, ist die maßgebliche Beziehung kein Duo, sondern ein Trio. Während alle Familien offene Dreiecksbeziehungen kennen, die sich aus Interessengleichheit ergeben – Mutter und Tochter reiten gern, der Vater dagegen spielt lieber Golf –, verlieren Familien mit geheimen Dreiecksbeziehungen ihre Flexibilität und Spontaneität, weil nur bestimmte Beziehungen erlaubt, andere aber verboten sind. Wenn Dreiecksbeziehungen durch Geheimnisse gestützt werden, stoßen Versuche einzelner Familienmitglieder, ein Grundmuster zu verändern oder auch nur eine abweichende Meinung zu äußern, rasch auf heftige Abwehrreaktionen.

Juans Geschichte: Geheimnisse und Dreiecksbeziehungen zwischen drei Generationen

Als Juan Delgado mit 17 die Abschlußklasse der High-School besuchte, hörte er immer häufiger Stimmen, die ihn aufforderten, seiner Stiefmutter etwas anzutun. Diese Stimmen hatte er zum erstenmal am dritten Todestag seiner geliebten Großmutter gehört. Während eines kurzen Aufenthalts in einer psychiatrischen Klinik diagnostizierte man bei Juan Schizophrenie, was sich, wie wir noch sehen werden, als falsch erwies. Juan wurde mit Psychopharmaka behandelt und zusammen mit seinem Vater Carlos und seiner Stiefmutter Eliana zur Familientherapie überwiesen.[1] Die Familie war durch diese Vorfälle verängstigt und verwirrt. Im Krankenhaus hatte man ihnen widersprüchliche Auskünfte gegeben. Einerseits hatte man ihnen erklärt, Juan leide wahrscheinlich an einer chronischen Geisteskrankheit, andererseits hatte man ihnen zu verstehen gegeben, die Familienverhältnisse seien daran schuld. Da Eliana darauf bestand, daß Juans Halbgeschwister keinesfalls die Schule versäumen dürften, um an den Therapiesitzungen teilzunehmen, war die Terminplanung schwierig. Von Anfang an waren die Familiensitzungen durch lange Schweigepausen gekennzeichnet. Das Unbehagen, das die ganze Familie beim Gespräch empfand, war deutlich zu spüren.

Als ihre Geschichte allmählich ans Licht kam, erfuhr ich auch, daß Juan mit vierzehn aus Puerto Rico zu seinem Vater und seiner Stiefmutter in die Vereinigten Staaten übergesiedelt war. Seine leibliche Mutter war schon Jahre vorher einfach „verschwunden“. Sein Vater gab an, er habe keine Ahnung, wo sie sich aufhielt. Juan behauptete, er habe sich über seine Mutter nie Gedanken gemacht.

Von Schweigen umgeben war auch Juans Umzug nach New York. Er käme für die „Sommerferien“, erklärte ihm sein Vater, aber in Wirklichkeit war seine Großmutter, bei der er bisher gelebt hatte, an Krebs erkrankt und lag im Sterben. Weder die Großmutter noch der Enkel erfuhren, daß sie sich nie mehr wiedersehen sollten. „Ich wußte nicht, wie ich es ihnen sagen sollte. Ich wußte nicht, was ich sagen sollte“, meinte Juans Vater traurig.

Wie viele Geheimnisse, so hatte auch dieses seinen Ursprung in dem Wunsch, andere vor Schmerz zu bewahren. Und wie bei zahlreichen anderen Geheimnissen, die auf diese Weise entstehen, ging auch hier die Rechnung nicht auf. Wenige Monate nach seiner Ankunft in New York starb Juans Großmutter. Juan hatte sein Leben lang gehört, wie die Großmutter seine Stiefmutter schlecht machte, weil sie seinen Vater nach New York gelockt habe. Als die Großmutter starb, war Juan böse und fühlte sich hintergangen, und er richtete seine Wut gegen die Stiefmutter, die schon von jeher eine bequeme Zielscheibe abgegeben hatte.

Erst im Laufe der Familientherapie erfuhr Juan, daß seine Stiefmutter jahrelang die Bosheiten seiner Großmutter hatte ertragen müssen. Juans Unfähigkeit, seine Verbitterung aufzugeben und eine bessere Beziehung zu seiner Stiefmutter aufzubauen, war in eine geheime Dreiecksbeziehung eingebettet.

Zu Beginn der Therapie schwieg Eliana die meiste Zeit. Auf das Bemühen, sie einzubeziehen, reagierte sie, indem sie beharrlich erklärte, daß sie „nur die Stiefmutter" sei und daß die Angelegenheit nur ihren Ehemann und seinen Sohn betreffe. Erst nach mehreren Familiensitzungen, in denen sie von meiner Seite viel Verständnis für ihre schwierige Rolle als Stiefmutter eines zornigen Teenagers erlebte, fühlte sie sich wohl genug, um davon zu erzählen, wie es ihr in der Familie ergangen war. Carlos und Juan hörten zum erstenmal in allen Einzelheiten von Elianas schmerzlichen Erfahrungen, die zahlreiche Geheimnisse enthielten.

Als Juan noch im Säuglingsalter war, verließ seine Mutter unter rätselhaften Umständen die Familie. Einige Zeit später zog sein Vater von Puerto Rico weg und ging nach Costa Rica, um dort zu arbeiten. Der dreijährige Juan blieb bei seiner Großmutter. In Costa Rica lernte Carlos Eliana kennen und kehrte mit ihr zu seiner Mutter nach Hause zurück. Wie Juans Mutter, so stammte auch Eliana aus einfacheren Verhältnissen als Carlos und seine Familie. Sofort begann eine massive, unterschwellige, aber verheerende Ächtungskampagne gegen sie. Carlos erfuhr nichts davon, aber zweifellos wollte er gar nicht wahrnehmen, was vor sich ging. Juans Großmutter verbot der jungen Frau, Juan auch nur zu berühren. Jeden Tag, während Carlos bei der Arbeit war, holte Juans Onkel das Kind ab und brachte es weg, um es von Eliana fernzuhalten.

Als Eliana ihre schmerzliche Geschichte erzählte, meinte Carlos überrascht: „Das hast du mir nie gesagt!" Da Eliana ihren Mann nicht gegen seine Mutter aufbringen wollte, verschwieg sie, wie schlecht sie behandelt wurde. Auch als Eliana eine Tochter zur Welt brachte, bevorzugte Juans Großmutter weiterhin Juan und beachtete Elianas Tochter überhaupt nicht. Eliana schwieg auch jetzt noch, schmiedete aber Pläne, mit ihrem Töchterchen in die Vereinigten Staaten zu gehen. Am Ende entschloß sich Carlos, ihr zu folgen, und ließ Juan bei seiner Großmutter.

Juan hörte immer nur entsetzliche Lügengeschichten über seine Stiefmutter, ohne je Gelegenheit zu haben, ihre Meinung zu hören. Seine Großmutter verbot ihm, diese Geschichten Dritten zu erzählen, denn dies sei ein Geheimnis zwischen ihnen beiden. Als die Großmutter starb, verlangte die Loyalität zur Großmutter, die Fehde fortzusetzen, zumal er keine Ahnung hatte, wie sich alles wirklich verhielt. „Ich wußte, meine Großmutter hätte sich dagegen gesperrt, daß ich bei meiner Stiefmutter wohne", sagte Juan unter Tränen. „Dann wollte mir meine Stiefmutter bei der Vorbereitung aufs College helfen, der Todestag meiner Großmutter stand bevor, und ich war so durcheinander."

Nachdem Juan erfahren hatte, was Eliana angetan worden war, hörte er auch keine Stimmen mehr, die ihm einflüsterten, er solle seiner Stiefmutter etwas Böses antun. Allmählich lernte er, Eliana einen Platz in seinem Leben einzuräumen, er sprach mit ihr über seine Studienpläne und erzählte ihr von seiner Freundin.

Kurz nach den Enthüllungen während dieser Sitzung erkundigte sich Juan bei seinem Vater genauer nach seiner leiblichen Mutter. Wie so häufig wird nicht nur ein Geheimnis aufgedeckt; ein zweites folgt auf dem Fuß. Bis zu diesem Augenblick wußte Juan nicht, daß seine Mutter nur etwas mehr als eine Autostunde von seinem Wohnort entfernt lebte und sich im Laufe der Jahre immer wieder darum bemüht hatte, ihren Sohn kennenzulernen. Unter dem Druck seiner Großfamilie, sie von Juan fernzuhalten, gab Carlos vor, es werde Juan zu stark aus der Bahn werfen, wenn sie versuche, mit ihm Kontakt aufzunehmen.

„Ich habe mich zum erstenmal mit meiner Mutter getroffen", erzählte Juan bei unserer nächsten Therapiesitzung. „Ich konnte es gar nicht fassen – ich habe einen Onkel und eine Tante und meine zweite Großmutter kennengelernt. Mein Leben lang wurde ich jedesmal schrecklich verlegen, wenn man mich nach meiner Mutter fragte. Ich wußte nie, was ich sagen sollte." Als Juan seine Mutter kennenlernte, entdeckte er ein letztes Geheimnis: Da Juans Großmutter das Kind allein aufziehen wollte, machte sie seiner Mutter das Leben derart zur Hölle, daß diese schließlich auf und davon gegangen war.

Nachdem Juan die ganze Wahrheit über seine Familie erfahren hatte, blieb in der Therapie noch viel zu tun, damit er die Beziehung zur Großmutter und zur Stiefmutter aufarbeiten konnte. Die Großmutter hatte ihn sehr geliebt, vielleicht zu sehr. Eliana hatte trotz ihres großen Kummers von dem Kleinkrieg mit ihrer Schwiegermutter nichts nach außen getragen, damit die Beziehungen ihres Mannes und ihres Stiefsohnes zur Großmutter keinen Schaden nähmen. Juans Rolle in dieser grausamen und versteckten Dreiecksgeschichte kam heraus, als er Stimmen hörte, die ihm einflüsterten, er solle Eliana etwas Böses antun.

Nach dem Ende der Therapie bereitete Juan seinen Umzug ins College vor. Er schrieb einen Brief, ein letztes Lebewohl an seine Großmutter. Darin versicherte er ihr, wie sehr er sie liebe und daß er wisse, daß sie für ihn alles getan habe, aber auch, daß es „vor Gott nicht richtig ist, aus Liebe zu sündigen, und daß es für meinen Seelenfrieden besser ist, alles genau zu wissen." Er schloß mit dem Satz: „Du hast nicht nur zwei Söhne in Vater und mir, meine Stiefmutter ist auch deine Tochter."

Wie in so vielen Familien, so wurden auch in der Familie Delgado durch Geheimnisse einige Beziehungen enger geknüpft, während bei anderen ein beständiger Konflikt vorprogrammiert war. Wenn in einer Familie die Beziehungen durch starre, unveränderliche Strukturen von Vertrautheit und Kälte geprägt sind, so stehen häufig Geheimnisse dahinter. Im Falle der Delgados waren die Familienbeziehungen durch mehrfache und geheime Dreiecke festgelegt. Während Juans Großmutter sich sehr um ihren Enkel kümmerte, hing seine unerschütterliche Liebe zu ihr von Elianas Verschwiegenheit ab. Da Eliana das Geheimnis ihrer Leidensgeschichte nicht preisgab, ermöglichte sie es ihrem Ehemann und ihrem Stiefsohn, die Loyalität gegenüber ihrer Schwiegermutter aufrechtzuerhalten – allerdings auf Elianas Kosten. Als schließlich die Wahrheit herauskam, mußten alle Mitglieder ihre Beziehungen neu überdenken. Dreiecksbeziehungen konnten endlich durch lineare Beziehungen ersetzt werden.

Die Lokalisierung von Geheimnissen in der Familie

Nicht alle Geheimnisse sind so beschaffen, daß sie von zwei Personen gewahrt werden, die andere von ihrem Wissen ausschließen. Bei der therapeutischen Arbeit mit meinen Klienten beobachte ich genau, wo ein Geheimnis angesiedelt ist. Ein Geheimnis, das eine Person allein wahrt und nie einem anderen Menschen je preisgegeben hat, unterscheidet sich grundlegend von einem Geheimnis, das die ganze Familie kennt, aber vor der Außenwelt verborgen hält – auch wenn der Inhalt beider Geheimnisse beispielsweise Drogenmißbrauch ist. Der Ort eines Geheimnisses bestimmt dessen Wirkung auf den einzelnen und auf Beziehungen, er schafft Grenzen und prägt Identitäten, und er beeinflußt unabhängig vom Inhalt des Geheimnisses komplizierte Interaktionen, die sich ihrerseits auf die Entscheidung auswirken, ob man irgend etwas verheimlicht oder offenlegt.

Wenn ein Geheimnis vor allen anderen verborgen wird

Denken Sie an einen jugendlichen Homosexuellen, der noch nie in oder außerhalb seiner Familie von seinen Neigungen erzählt hat. Solange er das Geheimnis für sich behält, sind alle seine Beziehungen in der Familie und seine Freundschaften von Distanz geprägt. Mit der Zeit wird er immer einsamer, weil er sein Geheimnis vor den Menschen verborgen hält, die er liebt, obwohl es für seine Identität so ungeheuer wichtig ist. Er mißtraut den Reaktionen der anderen, weil alles, was man von außen an ihn heranträgt, ständig durch das Geheimnis gefiltert wird. Er denkt: „Wenn sie Bescheid wüßten, würden sie sich von mir abwenden, mich verachten oder mich vielleicht sogar verstoßen."

Wenn ein Mensch mit seinem Geheimnis allein fertigwerden muß, kann man die Auswirkungen auf den Geheimnisträger ungefähr ermessen. Die meisten von uns hatten wenigstens zeitweise solche Geheimnisse. Aber ihre Auswirkungen auf die Beziehungen innerhalb der Familie sind weniger erforscht und schwieriger zu erfassen. Wenn die Eltern diesen Jugendlichen erwartungsvoll fragen, wen er zum Collegeball einlädt, zieht sich der Knoten der Verheimlichung noch fester zusammen, denn er wird in seiner Überzeugung bestätigt, daß er das Geheimnis keinesfalls preisgeben darf.

Angehörige ahnen oft, wenn ein Familienmitglied Geheimnisse vor ihnen hat. Die Eltern unseres Jugendlichen basteln sich womöglich ihre eigenen Legenden und Phantasien über ihren Sohn zurecht: „Unser Sohn ist so schüchtern", „Unser Sohn ist ein Spätzünder" oder, was noch schlimmer ist: „Unser Sohn hat ein seelisches Problem." Wenn solche Phantasien nicht ausgesprochen und entweder bestätigt oder widerlegt werden können, beruht die Interaktion innerhalb der Familie auf Illusionen.

Wenn Familienmitglieder spüren, daß ihnen wichtige Informationen vorenthalten werden, versuchen sie vielleicht, die Wahrheit herauszubekommen, und verletzen dabei die Privatsphäre massiv. Eine Mutter liest im Tagebuch ihrer Tochter; ein Ehemann durchwühlt die Handtasche seiner Frau. Aber durch Mißtrauen werden die Beziehungen zerstört.

Wenn ein Familienmitglied spürt, daß ihm etwas verheimlicht wird, leugnet und distanziert es sich möglicherweise, und das wirkt sich auch auf andere Bereiche der Beziehung aus, die mit dem Geheimnis gar nichts zu tun haben. Die Betroffenen lassen den anderen immer weniger am eigenen Leben teilhaben. Die Gespräche werden immer oberflächlicher, und ein echter Dialog kommt immer seltener zustande.

Wenn einige Familienangehörige ein Geheimnis kennen und andere nicht

Wenn einige Familienmitglieder ein Geheimnis kennen und andere davon ausschließen, versuche ich in der therapeutischen Arbeit herauszufinden, wer eingeweiht ist und wer nicht. In unserer Gesellschaft mit ihrem Zwang zur Offenheit um jeden Preis bringen Eltern im Gespräch mit mir immer wieder ihre Bedenken zum Ausdruck, daß sie überhaupt Geheimnisse vor ihren Kindern haben. Wenn aber die Kinder noch klein sind und der Inhalt des Geheimnisses mit ihrem Leben nicht direkt etwas zu tun hat oder wenn das Geheimnis das Begriffsvermögen des Kindes übersteigt, dann ist es vollkommen richtig, bestimmte Geheimnisse vor ihnen zu verbergen.

Ich hatte mit Eltern zu tun, die besorgt feststellen mußten, daß ihr Kind irgend etwas vor ihnen verheimlichte. In dem heute vorherrschenden Glauben befangen, eine gute Beziehung bedeute, daß man keine Geheimnisse voreinander hat, vergessen diese Eltern, daß sie sich in ihrer Kindheit selbst als von den Eltern unabhängige Wesen erleben konnten, indem sie Geheimnisse hatten, die sie meist mit ihren Geschwistern teilten. Wenn Kinder vor ihren Eltern etwas geheimhalten, experimentieren sie damit, sich abzugrenzen, und sie probieren aus, wie ihr Leben aussehen kann, wenn sie sich von den Ansichten ihrer Eltern für eine Weile unabhängig machen. Ich empfehle den Eltern oft, an das erste Mal zurückzudenken, als sie mit ihren Brüdern und Schwestern vereinbarten, Mama und Papa „nichts zu verraten". Plötzlich erinnern sie sich an die schwindelerregende Entdeckung einer von Erwachsenen nicht kontrollierten Sphäre. Geheimnisse, die *innerhalb* einer Generation geschaffen werden und die Erwachsene vor Kindern oder Kinder vor Erwachsenen verbergen, unterscheiden sich grundlegend von Geheimnissen, die sich durch mehrere Generationen ziehen.

Ein vergiftendes Geheimnis zwischen einem Elternteil und einem Kind, das den anderen Elternteil ausschließt, kann das Kind leicht in unerträgliche Loyalitätskonflikte bringen. Wenn es ein solches Geheimnis wahrt, verhält es sich automatisch unloyal gegenüber dem anderen Elternteil. Wenn es das Geheimnis verrät, opfert es seine Loyalität gegenüber dem Elternteil, der ihm das Geheimnis anvertraut hat.

In den meisten Familien liegt die Macht zu entscheiden, was für die Kinder das Beste ist, zu Recht in den Händen der Erwachsenen. Wenn die Kinder heranwachsen, verschiebt sich dieses Machtverhältnis allmählich. Wenn die Kinder zu Mitwissern von Geheimnissen gemacht werden, insbesondere von solchen, die auf das Leben des ausgeschlossenen Elternteils direkten Einfluß haben, wird die natürliche Hierarchie von Information und Entscheidungsfindung in der Familie auf den Kopf gestellt. Der Elternteil, der aus dem Kreislauf ausgeschlossen ist, verliert an Einfluß und Respekt. Das Kind gewinnt in den Familienbeziehungen mehr Macht und Privilegien, als es seinen Jahren zukommt. Da all dies in Geheimnisse eingebettet ist, wird die Frage, wer was für wen entscheidet, prekär und kann nicht mehr offen ausgesprochen werden.

Die brüchige Macht eines Kindes, das mit einem Elternteil ein Geheimnis teilt, schwindet, wenn es sich um ein gefährliches Geheimnis handelt. Wenn es mit einem Elternteil ein vergiftendes Geheimnis teilt, hat es vielleicht immer noch das Gefühl der Entscheidungsfreiheit. Aber wenn es eingeschüchtert und von dem Elternteil, der es sexuell mißbraucht, zum Stillschweigen gezwungen wird, verliert es nicht nur sein Vertrauen in die Erwachsenen, sondern auch das Zutrauen zu sich selbst. Aus Angst vor dem drohenden Auseinanderbrechen der Familie oder vor noch Schlimmerem, wenn es das Geheimnis preisgibt, opfert ein solches Kind seine Geborgenheit und sein Wohlbefinden.

Der Druck, der auf solche Kinder ausgeübt wird, kann ganz unterschwellig sein. Die Bemerkung eines Elternteils: „Vergiß nicht, dieses Geheimnis bleibt unter uns", vorgebracht in einem Tonfall, der es gefährlich erscheinen läßt, irgend etwas weiterzuerzählen, kann das Kind ebenso wirkungsvoll zum Stillschweigen zwingen wie der Satz: „Wenn du es weitererzählst, bist du schuld, wenn ich dann gehen muß."

Wie bei den Bradleys werden die Beziehungen zwischen den Geschwistern nachhaltig dadurch beeinflußt, daß nur ein Kind von den Eltern zum Mitwisser eines Geheimnisses erkoren wird. Meine Klientin Leanne Bowers wuchs bis zum Alter von 14 Jahren als Einzelkind auf. Ihre Mutter Carole und ihr Vater Jeff wünschten sich sehnlichst noch weitere Kinder, aber vergebens. Schließlich entschieden sie sich für eine künstliche Befruchtung mit Samenspende. Leanne wußte, daß ihre Eltern immer wieder ins Krankenhaus bestellt wurden, und machte sich deshalb Sorgen. „Ich dachte, Vater oder Mutter wären krank, und ich setzte alles daran zu erfahren, was los war", erzählte sie mir. Sie belauschte die Gespräche der Eltern und erfuhr auf diese Weise eines Abends von der heterologen Befruchtung, die sie vor ihrer Tochter geheimhalten wollten. Da Leanne schon als Kind immer ermuntert worden war, Fragen zu stellen, berichtete sie ihrer Mutter, was sie mitangehört hatte, und bat unumwunden um Aufklärung. Daraufhin setzten sich Carole und Jeff mit ihrer Tochter zusammen und erklärten ihr die Angelegenheit. Carole war zu diesem Zeitpunkt im dritten Monat mit Leannes Bruder Jon schwanger. Am Ende des Gesprächs bat Carole ihre Tochter, gegenüber dem Brüderchen nie etwas über die Befruchtung durch Samenspende verlauten zu lassen.

„Ich weiß noch genau, wie meine Mutter sagte: ‚Papa ist dein Papa, und er wird auch der Papa deines Brüderchens sein. Das allein zählt'", berichtete Leanne. „Ich war so durcheinander. Meine Eltern hatten immer betont, wie wichtig Aufrichtigkeit sei. Und jetzt ermunterten sie mich zur Lüge über etwas, das mir so ungeheuer bedeutsam erschien. Ich bemerkte sehr wohl, daß mein Vater mit Jon anders umging als mit mir, weniger ungezwungen, aber wir konnten nie darüber sprechen. Und ich wußte nie genau, wie ich mich Jon gegenüber verhalten sollte. Da kannte ich diese bedeutsame Information über ihn, die meine Eltern als Nebensächlichkeit abtaten. Wenn es wirklich nicht wichtig gewesen wäre, hätten wir es doch all die Jahre nicht geheimzuhalten brauchen."

Es überrascht nicht, daß die Beziehung zwischen Leanne und Jon kühl war. „Meine Eltern und Großeltern, meine Tanten und Onkel behaupteten, wir sähen uns deshalb gar nicht ähnlich, weil wir so viele Jahre auseinander waren. So lautete die offizielle Begründung in der Familie. Aber ich wußte es besser. Jon blickte zu mir auf. Ich war seine große Schwester. Er wollte, daß ich mich um ihn kümmerte, aber ich ließ ihn abblitzen und beachtete ihn nicht. Manchmal war ich richtig gemein zu ihm, und dann konnte ich mich selbst nicht leiden. Ich wußte, daß meine Eltern es gut meinten, aber dieses Geheimnis hat uns auseinandergebracht."

Wenn ein Geheimnis über den engen Kreis der Familie hinausgreift

Als Jack und Eileen Baker heirateten, schenkten Eileens Eltern ihrer Tochter mehrere tausend Dollar mit der Auflage, Jack nichts davon wissen zu lassen. Sie forderten sie auf, ein eigenes Bankkonto zu eröffnen, „für alle Fälle" und um sich „kleine Extras" leisten zu können. Eileens Eltern waren gegen diese Heirat gewesen, weil Jack nach ihrer Ansicht „nicht die richtige Partie" war, womit sie meinten, daß er aus einer ärmeren Familie stammte und nicht so gut ausgebildet war wie Eileen. In den sieben Jahren ihrer Ehe, bevor sie meinen Rat suchten, wurde dieses Geldgeheimnis immer wieder erneuert. Dadurch wurde Eileen auf eine für Jack rätselhafte Weise an ihre Eltern gebunden und das junge Paar daran gehindert, seine eigene Beziehung klar gegen Einmischung von außen abzugrenzen.

Ein langjähriges Geheimnis, das zwischen dem einen Ehepartner und den Angehörigen des anderen steht, kann die Paarbeziehung entscheidend beeinflussen. Ich mußte Eileen und Jack helfen zu unterscheiden, welche Geheimnisse zu Recht in die Sphäre der Paarbeziehung gehörten (wie Geld, Sexualität, Kinder oder Beruf) und welche sie mit ihren Eltern oder Geschwistern teilen konnten, ohne daß ihre Partnerbeziehung davon berührt wurde. Das Geldgeheimnis zwischen Eileen und ihren Eltern trug eine versteckte Botschaft in sich, die lautete: „Jack ist nicht in der Lage, seiner Frau ein angenehmes Leben zu bieten." Da Eileen damit einverstanden war, dieses Geheimnis mit ihren Eltern zu teilen, bestätigte sie ihre Eltern in dieser Überzeugung. Dies ist ein grundsätzlich anderes Geheimnis, als wenn etwa Eileens Schwester ihr anvertraut hätte, sie werde an die Westküste ziehen, und Eileen gebeten hätte, weder ihrem Mann noch sonst jemandem davon zu erzählen, bevor es ganz sicher sei.

Oft gibt es Geheimnisse, die ein Familienmitglied und eine Person außerhalb des engsten Familienkreises gemeinsam haben. Dies können wunderbare, süße Geheimnisse sein, die Freunde miteinander teilen, essentielle Geheimnisse, die den gesunden Individuationsprozeß eines Teenagers fördern, vergiftende Geheimnisse, die einen Ehebruch betreffen, oder es kann sich auch um die Enthüllung eines gefährlichen Familiengeheimnisses durch ein Familienmitglied handeln, das verzweifelt Hilfe sucht. Wenn ein Geheimnis die Grenzen des Familienhaushalts überschreitet, sollte man es nach der dahinterstehenden Absicht und seiner Wirkung beurteilen. Eileens Eltern hatten eindeutig die Absicht, ihre Tochter finanziell an sich zu binden und Jacks Ansehen zu beschädigen. Als ich Jack und Eileen kennenlernte, war es ihnen noch nicht gelungen, die normalen Aufgaben zu bewältigen, die sich in einer jungen Ehe stellen: Entscheidungen zu treffen, die Finanzen zu regeln und Beziehungen zu den angeheirateten Verwandten zu klären. Denn alles war irgendwie in das Geheimnis hineingezogen, das Eileen mit ihren Eltern teilte.

Geheimnisse zwischen einem einzelnen und seiner Herkunftsfamilie, die den Ehepartner ausschließen, können sich über Generationen hinweg fortpflanzen. Geheimnisse zwischen Generationen – zum Beispiel Geheimnisse, die Männer oder Frauen, Eltern und ein erwachsenes Kind oder erwachsene Geschwister miteinander gemeinsam haben – können einen prägenden Einfluß auf die Familie gewinnen. Wenn Mutter, Großmutter und Urgroßmutter Geheimnisse miteinander hatten, von denen die Ehemänner ausgeschlossen waren, so erscheint es der Tochter in der nächsten Generation vielleicht ganz natürlich, sich genauso zu verhalten. Solche Geheimnisse können zwar eine starke Verbundenheit zwischen den Frauen einer Familie schaffen, doch es interessiert mich zu erfahren, wie solche Geheimnisse die Ehen oder andere partnerschaftliche Beziehungen beeinflußt haben. Wurden Geheimnisse zwischen den Generationen aufgrund schmerzlicher Tatbestände in der Ehe geschaffen, oder entstanden sie auf Kosten von gut funktionierenden Ehen?

Manchmal kann es befreiend sein, ein Geheimnis mit einem Menschen außerhalb der eigenen Familie zu teilen. Das gilt besonders dann, wenn eine Familie wenig Spielraum für persönliche Gedanken, Gefühle und Vorstellungen läßt. Geheimnisse, die man zeitweilig einem anderen außerhalb der Familie anvertraut, können den notwendigen Freiraum liefern, um neue Aspekte an sich selbst zu entdecken. Wenn man damit experimentiert, ein Geheimnis jemandem außerhalb der eigenen Familie mitzuteilen, so ist dies häufig der erste Schritt, dieses Geheimnis in absehbarer Zukunft auch innerhalb der Familie offenzulegen. Diesen Schritt mit einem guten Freund oder kompetenten Therapeuten durchzuspielen kann helfen, die Frage zu klären, ob wir über ein Geheimnis innerhalb der Familie sprechen wollen oder nicht.

Einem Therapeuten ein Geheimnis anvertrauen

Als Therapeutin bin ich von Berufs wegen Geheimnisträgerin. Oft bin ich die erste Person, bei der es jemand riskiert, ein lange gehegtes Geheimnis preiszugeben; ein Mensch, der ein nie zuvor enthülltes Geheimnis mit sich herumträgt, zieht mich ins Vertrauen. Wenn mir Klienten ihre Geheimnisse mitteilen, bin ich mir im klaren darüber, daß meine Verantwortung über das einfache Zuhören hinausgeht.

Klienten, die mich in Geheimnisse einweihen, erkundigen sich manchmal nach meiner Schweigepflicht. Historisch betrachtet, haben die Heilberufe die Schweigepflicht zum Prüfstein der Arzt-Patienten-Beziehung gemacht. Die medizinische, juristische, religiöse und psychiatrische Ethik verlangt die Schweigepflicht. Ohne die Erlaubnis eines Patienten oder eines Klienten darf das, was dieser enthüllt hat, nicht weitergegeben werden. Oder etwa doch? Es ist wichtig, sich vor Augen zu führen, daß in der heutigen Kultur die Schweigepflicht eines berufsmäßigen Helfers relativ und keineswegs absolut ist. Kranken- und Pflegeversicherungen verlangen Diagnosen und Krankenberichte, bevor sie Kosten erstatten, und durch gerichtliche Entscheidungen wurde der Bereich der Schweigepflicht neu definiert.

Einem berufsmäßigen Helfer Geheimnisse anzuvertrauen ist eine zweischneidige Angelegenheit. Die Beziehung eines Klienten zu einem Therapeuten oder zu einem Geistlichen kann ein ausgezeichnetes Forum sein, den Umgang mit schmerzlichen Geheimnissen zu erproben. Eine solche Beziehung kann dazu beitragen, Scham zu überwinden. Man erfährt Sympathie und Mitgefühl, und möglicherweise wird die Magie der Geheimnisse gebannt. Neue und notwendige Kraftquellen können freigelegt werden, aber wenn man ausschließlich berufsmäßigen Helfern ein Geheimnis anvertraut, können sich gleichzeitig negative Folgen für Ehe- und Familienbeziehungen einstellen.

So hatte ich zum Beispiel in der Paartherapie mit Eheleuten zu tun, von denen einer oder beide jahrelang eine Einzeltherapie gemacht hatten. Alle ihre Geheimnisse hatten sie vor ihrem jeweiligen Therapeuten ausgeplaudert, ohne einen Gedanken daran zu verschwenden, wie sich diese langwierige vertrauliche Beziehung auf ihre Ehe auswirken würde. Wichtige Themen wurden zunehmend in der Therapie und immer seltener zu Hause diskutiert. Ich habe mit vielen Klienten gearbeitet, deren Therapeuten sie davor warnten, das, was in der Therapie besprochen wurde, nach außen zu tragen. Statt eine Kostümprobe fürs Leben zu sein, wurde die Therapie zur Dauervorstellung. Ich hatte sogar mit Leuten zu tun, die nicht nur alle ihre Geheimnisse ausschließlich mit ihrem Therapeuten teilten; es wurde ihnen sogar geraten, die Tatsache, daß sie eine Therapie machten, vor ihrem Partner geheimzuhalten. Solche Beziehungen kommen einem Seitensprung gleich.

Geheimnisse zwischen einem Klienten und einem berufsmäßigen Helfer, die einen festen Partner ausschließen, führen zu einer Dreiecksbeziehung. Wenn diese Dreiecksbeziehung vorübergehend ist, hat dies kaum Konsequenzen. Die Therapiebeziehung kann eine sichere Anlaufstelle sein, um mit Geheimnissen umgehen zu lernen und darüber nachzudenken, ob sie auch anderen eröffnet werden sollen. Wenn die Dreiecksbeziehung allerdings über einen langen Zeitraum besteht, werden bestimmte Aspekte des Lebens in einer Weise geheim, wie es niemals beabsichtigt war. Zu Beginn einer Paartherapie frage ich nach den Erfahrungen der Partner mit Einzeltherapie und nach den späteren Auswirkungen einer solchen geheimen Mitwisserschaft des Therapeuten auf die Ehe. Manchmal findet ein Ehemann dann zum erstenmal die Worte, seiner Frau mitzuteilen, wie bedroht und ausgegrenzt er sich in den Jahren der Einzeltherapie seiner Frau fühlte.

Wenn mir meine Klienten Geheimnisse anvertrauen, beginnt eine bedeutungsvolle Reise, bei der wir stets in Erwägung ziehen, ob nicht außer mir noch ein anderer eingeweiht werden sollte. Wir sprechen darüber, wie ein neues Geheimnis – in diesem Fall mit mir – auf die Beziehung wirken könnte. Nur selten will ein Klient ausschließlich mir sein Geheimnis anvertrauen. Viel mehr Klienten sehnen sich nach einem aufnahmebereiten und verständnisvollen Umfeld, wo sie ein Geheimnis erstmalig enthüllen, nach einem Raum, in dem sie Konsequenzen ausloten können, die sich aus der Enthüllung des Geheimnisses ergeben, und sie suchen nach Unterstützung, um dies gut über die Bühne zu bringen.

Wenn die ganze Familie ein bestimmtes Geheimnis kennt

Als Sara Tompkins mich mit 37 Jahren zum erstenmal aufsuchte, sprach sie nur stockend. Eine Sitzung nach der anderen verstrich, doch sie blieb ängstlich und brachte fast kein Wort heraus. Nach mehreren Monaten sagte sie schließlich: „Wenn meine Eltern und meine übrige Familie wüßten, daß ich zu Ihnen komme, wären sie furchtbar böse." Dann schilderte sie mir, daß sie in einer Familie aufgewachsen war, deren Leben vollständig um die Medikamentenabhängigkeit der Mutter herum organisiert war. „Mein Vater ist Arzt. Er schreibt ihr bis zum heutigen Tag Rezepte. Meine Mutter stand morgens nie mit uns zusammen auf. Wenn wir aus der Schule nach Hause kamen, lag sie gewöhnlich halb bewußtlos auf der Couch. Schon mit acht, neun Jahren kochten mein Bruder und ich uns unser Essen selbst. Ich habe nie Freunde mit nach Hause gebracht; denn es durfte ja niemand wissen, was los war. Das Schlimmste war, daß wir so tun sollten, als wüßten wir selber von nichts. Als ich zwölf war, wagte ich es eines Tages, meinen Vater zu fragen, was meiner Mutter fehlte. Er tat so, als hätte er meine Frage nicht gehört, und wechselte das Thema. Unsere Familie erfand die Taktik ‚Nicht fragen, nicht weitersagen' – lange bevor die Regierung auf diese Idee kam." Während Sara sprach, war die wachsende Anspannung in ihrer Stimme spürbar, und sie atmete hastig. Obwohl Sara seit 15 Jahren nicht mehr bei ihren Eltern lebte, brach sie in diesem Augenblick zum erstenmal die strikte Familienregel, keinem Fremden das Geheimnis zu eröffnen.

Wenn ein Familiengeheimnis auf einen Dauerzustand gegründet ist – sei es Alkoholismus, Drogenabhängigkeit, körperliche Mißhandlung, körperliche oder geistige Krankheiten –, sind davon sowohl die Beziehungen innerhalb der Familie als auch die Interaktion mit der Außenwelt betroffen.

In Familien wie der Saras *müssen die Familienmitglieder ihr Alltagsleben den Erfordernissen des Geheimnisses entsprechend organisieren, während sie gleichzeitig den atemberaubenden Kraftakt fertigbringen, so zu tun, als merkten sie nicht, daß irgend etwas nicht in Ordnung ist.* Kleine Kinder bleiben dann bis spät in die Nacht hinein auf und warten voller Angst auf die Rückkehr einer drogenabhängigen Mutter, nur um dann zu erfahren, daß sie am Arbeitsplatz aufgehalten wurde. Von einem Heranwachsenden wird erwartet, daß er die Schule schwänzt und sich um die vom Vater mißhandelte Mutter kümmert, und gleichzeitig sagt man zu ihm, sie sei „gestürzt", und „Vater liebt sie sehr". Die Gespräche bleiben oberflächlich, denn das Problem, um das es in Wirklichkeit geht, kann nicht besprochen werden. Immer mehr Themen werden aus dem Gespräch ausgegrenzt, wenn sie auch nur entfernt mit dem Geheimnis zu tun haben. Echte Beziehungen werden ersetzt durch Verstellung, Mythenbildung und Illusionen. Durch einen Taschenspielertrick gaukeln sich Familien im Augenblick des Auseinanderbrechens gleichwohl vor, sie seien „stabil", und Väter, die ihre Frauen und Kinder verprügeln, bezeichnen ihre Familien als „traditionell". Wenn ein Kind viel zu früh die Aufgaben von Erwachsenen übernimmt, wird es als „verantwortungsbewußt" gelobt.

Wer in einer Familie aufwächst, in der alle ein bestimmtes Geheimnis kennen, das um jeden Preis innerhalb der Familie bleiben muß, der lernt, daß der Familienzusammenhalt *immer* dem Wohlbefinden des einzelnen übergeordnet ist. Loyalität gegenüber der Familie wird über die persönliche Integrität des einzelnen gestellt. Die Familie ist dann nicht mehr in der Lage, die Entwicklung ihrer Mitglieder zu fördern und Verständnis für abweichende Haltungen zu zeigen.

Da Autonomie und individuelle Entfaltung gegenüber der

Gruppensolidarität ins Hintertreffen geraten, ist es für den einzelnen außerordentlich schwierig, die Rolle desjenigen zu übernehmen, der die Geheimhaltung in Frage stellt. Die Angst vor der Katastrophe, nämlich aus der Familie ausgeschlossen zu werden, hält viele davon ab, Geheimnisverrat auch nur in Erwägung zu ziehen.

Jede Familie hat Geheimnisse vor der Außenwelt. Mit Sicherheit hat auch Ihre Familie süße Geheimnisse: eine bestimmte Art von Humor, Geschichten, die nur im engsten Familienkreis zum besten gegeben werden, einen eigenen und einzigartigen Umgangsstil. Jede Familie hat außerdem einen Bereich des Privaten, durch den der Innen- vom Außenraum abgegrenzt wird. All dies trägt zur ganz spezifischen Identität Ihrer Familie bei und prägt mit der Zeit deren Selbstgefühl. Wenn aber ein vergiftendes oder gefährliches Geheimnis in Ihrer Familie angesiedelt ist, dann werden die Grenzen zur Außenwelt starr und undurchlässig. Freunde und Verwandte werden nicht eingeladen, und Familienmitglieder, die mit Außenstehenden sprechen, werden zurückgepfiffen. Die Kinder lernen, in einer eingeschränkten, von Geheimnissen umgrenzten Welt zu leben. „Betreten verboten" und „Familienangelegenheiten dürfen nicht nach außen getragen werden" sind die Regeln, nach denen das Familienleben abläuft.

Diese Regeln machen es unmöglich, Hilfe zu suchen und die wichtigen Hilfsquellen in der Außenwelt zu nutzen. Auch Probleme, die mit dem Geheimnis in keinerlei Zusammenhang stehen, bleiben ungelöst, wenn zu ihrer Klärung Beistand von außen nötig wäre. Ich hatte in der Therapie mit Paaren zu tun, bei denen der Mann sich immer mehr in eine Ecke der Couch drückte, während sich seine Frau darüber ausließ, daß ihr Mann nicht an den Wert einer Therapie glaube. Erst später erfuhr ich, daß sein Vater Alkoholiker war und seine Mutter ihn wiederholt ermahnt hatte: „Erzähl bloß niemandem von unseren Problemen." Wie bei Sara bleiben diese Zwänge oft noch wirksam, wenn die Familienmitglieder das Elternhaus längst verlassen haben. Ich hatte mit Vierzigjährigen zu tun, die das Schweigegebot ihrer Familie zum erstenmal brachen. Plötzlich fühlten sie sich wieder wie ein neunjähriges Kind und wurden erneut mit der Forderung konfrontiert, nicht wissen zu dürfen, was sie tief im Innern doch längst wußten.

Wenn man nicht weiß, wer alles ein bestimmtes Geheimnis kennt

Vor vielen Jahren saß ich in meinem Therapiezimmer Regina und Robert Bellingham, 72 und 74 Jahre alt, und ihren beiden erwachsenen Söhnen, Peter, 36, und Keith, 33, gegenüber. Regina und Robert hatten sich lange auf diese Sitzung vorbereitet, denn sie wollten ihrem älteren Sohn mitteilen, daß er ein Adoptivkind war. Weinend und bangend, enthüllte Regina das Geheimnis. Peter sah sie mit einer Mischung aus Trauer und Erleichterung an und sagte: „Das weiß ich schon seit Jahren. Ich habe Unterlagen darüber entdeckt, als ich elf war. Als Jugendlicher habe ich es dann Keith anvertraut. Er hat immer gesagt, ich sollte es lieber nicht ansprechen. Ich wußte nicht, wie ich euch zu verstehen geben sollte, daß ich es wußte. Da ihr nie darauf zu sprechen kamt, dachte ich, es würde euch zu sehr belasten. Ich habe mich nicht getraut, euch danach zu fragen."

In manchen Familien wissen alle, daß alle ein Geheimnis kennen. In anderen Familien bleibt unklar, wer Bescheid weiß und wer nicht. Geheimnisse können in der Tat innerhalb der Familie angesiedelt und allen bekannt sein, und doch steht etwas Trennendes zwischen den Familienmitgliedern, weil um das Geheimnis ein Geheimnis gemacht wird. 25 Jahre lang kannten Mr. und Mrs. Bellingham und ihre beiden Söhne ein und dasselbe Geheimnis. Peter und Keith wußten natürlich, daß ihre Eltern das Geheimnis kannten, aber die Bellinghams hatten keine Ahnung, daß ihre Söhne Bescheid wußten. Aus dem Wunsch, ihre Eltern zu schützen, hielten die Söhne ihr Wissen und das sie einigende Band der Geheimhaltung geheim.

Zur Entdeckung eines vorhandenen Geheimnisses kann es, wie bei den Bellinghams, ungeplant und zufällig kommen. Wenn wir auf ein Geheimnis stoßen, sind wir meist bestürzt und haben Angst, den oder die Hüter des Geheimnisses direkt zu befragen. Schon allein die Tatsache, daß etwas geheimgehalten wird, verstärkt die emotionale Bedeutung des Geheimnisses. Wenn man sich einem anderen Mitglied der Familie anvertraut, kann dies Ängste mindern, aber man macht sich auch von dieser Person und ihrem Standpunkt abhängig in der Frage, was als nächstes zu tun sei. Und unversehens kann das Geheimnis in mehreren Beziehungen angesiedelt sein.

In anderen Familien wird das Geheimnis womöglich ganz gezielt in mehreren Beziehungen lokalisiert. Jemand teilt das Geheimnis verschiedenen anderen Personen mit und läßt jede von ihnen in dem Glauben, nur sie allein sei eingeweiht. Jeder bleibt eng mit der Person verbunden, die das Geheimnis erzählt hat, aber untereinander ist keine Nähe möglich. Daraus ergeben sich rätselhafte Dreiecksbeziehungen, von Eifersucht geprägte Allianzen und unbegreifliche Entzweiungen. Die geheime Mitwisserschaft wird zum Instrument der Manipulation, und Familienbeziehungen werden zu einem Marionettentheater, bei dem derjenige die Fäden zieht, der das Geheimnis preisgegeben hat.

Ein Geheimnis kann in einer Familie von Beziehung zu Beziehung wandern, wenn der Empfänger des Geheimnisses das Schweigen bricht. Wenn einer sein Versprechen, ein Geheimnis zu wahren, bricht, kann er selbst wiederum Geheimhaltung verlangen: „Sag niemandem, daß ich es dir verraten habe."

Jodi Fein hatte sich – wie so viele Kinder – einer zweiten Heirat ihres Vaters widersetzt. Sie war Einzelkind und hatte viele Jahre bei ihrem verwitweten Vater Aaron gelebt. Die Beziehung zwischen ihr und Susannah, der neuen Frau ihres Vaters, war schwierig, wie es zwischen Stieftöchtern und Stiefmüttern anfangs oft der Fall ist. Als Jodi aufs College ging, schien sich die Spannung zu lösen. Aber Jodi bewältigte das erste Semester nur mit Mühe, und bei einem Besuch zu Hause vertraute sie ihrem Vater an, daß sie Alkoholprobleme hatte. Sie forderte ihm das Versprechen ab, es seiner Frau nicht zu verraten. Aarons erste Frau, Jodis Mutter, war vor Jahren bei einem Autounfall ums Leben gekommen. Jodi hatte nie erfahren, daß ihre Mutter Alkoholikerin war. Aaron war außer sich, und wenige Tage später erzählte er Susannah unter dem Siegel der Verschwiegenheit von Jodis Problemen. Susannah war nun in der keineswegs beneidenswerten Lage, einerseits Mitwisserin des Geheimnisses und gleichzeitig Außenstehende zu sein. Damit war Susannah von vornherein jede Möglichkeit genommen, Jodi direkt zu helfen.

Das bereits bestehende Dreiecksverhältnis – die fortdauernde Vertrautheit zwischen Aaron und Jodi, die neue, noch ungefestigte Intimität zwischen Aaron und Susannah sowie der Konflikt zwischen Jodi und Susannah – wurde jetzt durch Lüge und Täuschung belastet, was zu noch größerer Distanz führte und eine Versöhnung verhinderte.

Ein Geheimnis innerhalb einer Familie schafft unverrückbare Barrieren zwischen der Familie und der Außenwelt; wenn aber andererseits nicht bekannt ist, wer alles in ein Geheimnis eingeweiht ist, entstehen starre Barrieren innerhalb einer Familie, die den einzelnen und die Beziehungen belasten. Solche unverrückbaren Schranken zwischen den Familienmitgliedern können verhindern, daß man Probleme gemeinsam löst und sich gegenseitig hilft. Susannah beispielsweise hatte viele gute Ideen, wie Jodi zu helfen wäre, aber sie konnte sie nicht direkt äußern, weil sie ja nicht wissen durfte, was sie wußte. Aaron teilte seiner Tochter zwar Susannahs Vorschläge mit, doch er konnte ihr nicht sagen, daß diese Ideen von ihrer Stiefmutter stammten. Daher erfuhr Jodi nie, welche Sorgen sich Susannah um sie machte.

Wenn ein Geheimnis neu lokalisiert wird

Geheimnisse sind beweglich. Sie wandern von einer Person zur anderen, von Beziehung zu Beziehung und vom inneren Kreis einer Familie nach außen. Der Ort eines Geheimnisses und damit auch die Beziehungen, die durch Geheimnisse geprägt werden, verlagert und verändert sich immer wieder, solange der Inhalt des Geheimnisses und seine persönlichen und zwischenmenschlichen Auswirkungen nicht geklärt sind.

Als die 32jährige Anna Perada zu mir in die Therapie kam, trug sie seit über 20 Jahren ein Geheimnis mit sich herum.[2] Unmittelbar vor ihrem zwölften Geburtstag war sie von einem Nachbarn sexuell mißbraucht worden. Als ihre Eltern entdeckten, was geschehen war, setzten sie alles daran, dieses Geheimnis zu wahren. Von tiefer Scham ergriffen, ließen sie ein schon fest eingeplantes Fest zu Annas Geburtstag platzen. Keinem der Geschwister oder Freunde teilten sie mit, weshalb sie das Fest abgesagt hatten. Die Sache blieb ein Geheimnis zwischen Anna und ihren Eltern und wurde nie mehr zur Sprache gebracht.

Anna lokaliserte ihr schmerzliches Geheimnis zunächst neu, indem sie es ihrer Therapeutin erzählte. In der heutigen Kultur beginnt der Prozeß der Relokalisierung eines Geheimnisses häufig mit diesem Schritt eines erwachsenen Betroffenen. *Den Ort eines Geheimnisses zu verlagern, indem man es einem Therapeuten mitteilt, sollte der Anfang eines Aufarbeitungsprozesses und nicht dessen Endpunkt sein.* Annas Therapeutin bemühte sich als erstes darum, die Eltern in das Geheimnis miteinzubeziehen. Jahrelang hatte Anna ihre Fragen für sich behalten: Warum wurde sie von ihren Eltern bestraft? Warum bemühten sie sich nicht darum, daß der Täter vor Gericht gestellt wurde? Die Antworten, die sie sich seit zwanzig Jahren selbst suchte, waren eine einzige Litanei der Scham und der Selbstvorwürfe. Als ihre Eltern von ihrer eigenen Angst und Verwirrung und ihrem Wunsch sprachen, ihre Tochter vor weiterem Schmerz in ihrer sehr traditionell eingestellten Gemeinde zu bewahren, schwand Annas Scham.

Sie schöpfte Mut aus der positiven Reaktion ihrer Eltern und verlagerte mit Unterstützung ihrer Therapeutin das Geheimnis erneut, indem sie es ihren Geschwistern mitteilte. Tatsächlich wußten diese nicht, was sie erlebt hatte, erinnerten sich aber noch genau an die Trauer und das rätselhafte Gefühl der Demütigung, das die Familie ergriff, als Annas Geburtstagsfeier ausfiel. Annas Außenseiterstellung in der Familie, die von diesem Geheimnis herrührte, war schlagartig aufgehoben. Als sie ihre Geschwister in das Geheimnis einbezog, offenbarten ihr diese ihrerseits Geheimnisse, von denen sie Anna viele Jahre lang ausgeschlossen hatten.

Im Zuge einer letzten Relokalisierung des Geheimnisses erzählte Anna guten Freunden davon. Gemeinsam beschlossen sie, eine „Party zu Annas zwölftem Geburtstag" zu veranstalten, um Annas wiedergefundene Selbstachtung und Rückbindung an Familie und Freunde zu feiern.

Mittels durchdachter und behutsamer Verlagerung sowohl des ursprünglichen Geheimnisses als auch ihrer heimlichen Selbstverurteilung brachte Anna alles ans Licht, was in ihrem Leben und im Leben ihrer Familie auf Eis gelegt worden war. Die Beziehung zu ihren Eltern war distanziert geworden, weil man einander kaum noch etwas zu sagen hatte. Alle drei kannten das Geheimnis, aber das Verbot, darüber zu sprechen, führte zu Distanz und nicht zu größerer Nähe. Annas Geschwister waren in einer Familie aufgewachsen, in der einige Mitglieder ein wichtiges und schmerzliches Geheimnis kannten, sie aber nicht. Verwirrt erlebten sie eine lange Phase des Familienlebens, in der an die Stelle der sonst üblichen Offenheit und gemeinschaftlichen Verbundenheit plötzlich unerklärlicher Kummer und Scham traten. Früher hatten die Kinder gemeinsam fröhlich gelärmt, aber jetzt wagten sie nur noch zu flüstern.

Um sich aus dem Zangengriff des Geheimnisses zu befreien, kehrte Anna zu den familiären Beziehungsmustern zurück, dorthin, wo alles angefangen hatte. Da sie erkannte, daß sie ihre eigenen Geheimnisse um das Geheimnis gemacht hatte, und da sie die Handlungsweise ihrer Eltern aufrichtig zu verstehen suchte, begann sie, Fragen zu stellen, und suchte nicht die wütende Konfrontation. Mit Hilfe ihrer Therapeutin erkannte sie, daß sie als Erwachsene nicht mehr die Erlaubnis anderer brauchte, um das Geheimnis immer wieder neu zu lokalisieren, bis es keine Macht mehr über ihr Leben hatte.

Eigentlich legte die Familie von jeher großen Wert auf ein gutes Verhältnis und pflegte enge Kontakte untereinander. Ein Geheimnis brachte dieses Leben für viele Jahre aus dem Gleichgewicht. Diese Party für Anna zur nachträglichen Feier ihres zwölften Geburtstags im Alter von 32 Jahren – mit gemeinsamen Spielen, Luftballons und Geburtstagsessen – symbolisierte in aller Deutlichkeit, wie durch die behutsame und mutige Relokalisierung eines Geheimnisses alte, gute Beziehungen in der Familie neu geknüpft werden können.

Entwicklungsprozesse werden eingefroren

Stellen Sie sich vor, Ihre Schwester vertraut Ihnen am Tag vor Ihrer Hochzeit ein Geheimnis an und beschwört Sie, es auf keinen Fall Ihrem Ehemann weiterzuerzählen. Oder Sie erfahren ein Geheimnis über Ihre Eltern gerade dann, wenn Sie die ersten zaghaften Schritte in die Außenwelt unternehmen. Haben Sie je am Begräbnis eines Familienangehörigen teilgenommen, bei dem tiefes Schweigen herrschte, weil man über die Todesursache nicht reden durfte?

Wenn ein Geheimnis an einem bedeutsamen Wendepunkt in der Entwicklungsgeschichte einer Familie entsteht, wird mitunter die natürliche Entfaltung des einzelnen und der familiären Beziehungen eingefroren. Normale Veränderungen und Grenzverschiebungen, die eigentlich stattfinden müßten, Auseinandersetzungen mit Familienmitgliedern, die im Normalfall zu erwarten wären – all dies wird aufgeschoben, wenn ein Geheimnis zu einem Zeitpunkt geschaffen wird, an dem einschneidende Veränderungen anstehen.

Jede Familie durchläuft eine bestimmte Entwicklung. Ein neues Stadium wird erreicht, wenn durch Heirat oder andere feste Beziehungen Erwachsener, durch Geburt oder Adoption eines Kindes ein neues Mitglied in die Familie kommt oder wenn durch den Abschied vom Elternhaus, durch Trennung, Scheidung oder Tod ein Mitglied die Familie verläßt. Durch solche Zu- oder Abgänge muß sich eine Familie gleichsam neu erfinden, indem sie auf dem Bisherigen aufbaut und ihr Repertoire erweitert, um den Erfordernissen der neuen Beziehungen gerecht zu werden. Diese Veränderungen bringen das frühere Gleichgewicht einer Familie ins Wanken und stellen sie vor die schwierige Aufgabe, etwas Neues zu schaffen. Solche Entwicklungsstadien sind nicht unbedingt festumrissene Ereignisse, sondern eher ein Prozeß, der sich über einen längeren Zeitraum hinweg vollzieht. Bevor etwa ein junger Erwachsener das Elternhaus verläßt, haben sich die familiären Beziehungen meist schon ein paar Jahre zuvor gewandelt. Verläuft dieser Prozeß gut, finden in allen Bereichen der Familie umfassende Veränderungen statt. *Entsteht in dieser Phase im Lebenskreislauf ein Geheimnis, kommt dieser Wandel zum Stillstand.*

Samuel Wheeler wollte mit 19 Jahren sein Elternhaus verlassen, um ans College zu gehen. Aber die Entdeckung eines sehr belastenden Familiengeheimnisses holte ihn zurück und brachte die Entwicklung des jungen Erwachsenen zum Stillstand. Als Samuel zu mir kam, war er 34 und hatte immer noch mit den Folgen zu kämpfen.

„Als Kind hatte ich ein sehr inniges Verhältnis zu meiner Mutter. Als Teenager stritt ich sehr oft mit ihr, aber allmählich schien sie sich damit abzufinden, daß ich zunehmend selbständig wurde. Die Eltern übertrugen mir mehr Verantwortung, und sie waren recht zufrieden mit mir. Ihre Ehe empfand ich übrigens nie als besonders geglückt. Sie hatten zwar nicht oft Auseinandersetzungen, aber jeder ging seine eigenen Wege", erzählte Sam.

Er verließ das Elternhaus und zog in eine Stadt, die knapp 500 Kilometer entfernt lag. Im ersten Semester lud er seine Mutter ein, ihn zu besuchen. „Ich war ziemlich überrascht, als sie in Begleitung von Duncan kam, einem guten Freund unserer Familie. Sie sagte, sie würde bei mir in meinem Apartment übernachten und Duncan in einem Hotel in der Nähe. Warum er mitgekommen war, erklärte sie mir nicht", berichtete Sam. Aber an den drei folgenden Tagen verließ sie Sams Apartment um fünf Uhr morgens und kehrte zum Frühstück um acht Uhr zurück. Als Sam schließlich um eine Erklärung bat, gestand sie ihm, sie habe ein Verhältnis mit Duncan. Die Affäre dauerte schon lange, und im Verlauf des Gesprächs stellte sich heraus, daß Duncan der Vater von Sams kleiner Schwester war. Schließlich sagte seine Mutter, er dürfe dies seinem Vater oder seiner Schwester niemals verraten. „Meine Mutter hatte dieses Geheimnis jahrelang für sich behalten. Warum mußte sie es mir ausgerechnet in diesem Augenblick ins Gesicht schleudern?" grübelte Sam.

Ja, warum? Ich fragte ihn, wie sich sein Wissen um die Liebesaffäre seiner Mutter und die Vaterschaft ihres Liebhabers ausgewirkt hätte. „Eine Trennung vom Elternhaus war an diesem Punkt plötzlich nicht mehr möglich", antwortete Sam. Er war zwar ein kluger Kopf, aber er schaffte sein erstes Semester nur mit Mühe, brach das Studium ab und kehrte nach Hause zurück. „Es war verrückt, aber ich bildete mir ein, ich müßte nach dem Rechten sehen", meinte er. Im Gespräch wurde deutlich, daß Sam nach Hause zurückgekehrt war, um den Aufpasser in den Familienbeziehungen zu spielen. Seine Schwester war damals 15 Jahre alt, und er befürchtete, sie könnte unvorbereitet die Wahrheit herausbekommen, was ihr sehr weh tun würde. Und so blieb er im Elternhaus, bis sie schließlich auszog. Er veranschaulichte dieses Einfrieren seiner Entwicklung so: „Da ich nun einmal all diese Einzelheiten aus dem Leben meiner Mutter kannte, war es mir einfach unmöglich, meine Beziehung zu ihr und meinem Vater so zu verändern, wie ich es gerne gewollt hätte. Sie behandelt mich mit zuviel Respekt, fast als hätte sie Angst vor mir. Das bindet uns aneinander, aber nicht richtig eng – so ähnlich wie damals, als ich ein Teenager war, aber aus völlig anderen Gründen. Ich hätte gern viel mehr mit meinem Vater gesprochen, aber dieses Geheimnis stand wie ein gigantischer Felsblock zwischen uns."

Sam wurde ausgerechnet zu einem Zeitpunkt zum Mitwisser eines Geheimnisses gemacht, als er und seine Familie sich sowohl räumlich als auch seelisch auseinanderentwickelten, und das brachte diesen natürlichen Prozeß zum Stillstand. Es ist unwahrscheinlich, daß Sams Mutter bewußt darauf abzielte, Sam nach Hause zurückzuholen, oder daß sie überblickte, welche tiefgreifenden Folgen es hatte, ihn zu diesem Zeitpunkt in ihr Geheimnis einzuweihen. Wie auch immer, das Geheimnis wurde gerade dann offenbar, als wichtige Veränderungen in der Familie eintreten sollten. Aber dadurch wurden sie blockiert.

Wenn Geheimnisse zum Zeitpunkt des Eintritts in oder des Austritts aus einer Familie entstehen und zugleich solche Ein- und Austritte zum Inhalt haben, so ist der Einfluß auf Familienbeziehungen und Wohlbefinden enorm und kann auch die nachfolgenden Generationen erfassen.

Wenn es Geheimnisse sind, die sich um Geburt oder Tod drehen, gehen häufig bestimmte Familienrituale verloren, die eine wichtige Kraftquelle in unserem Leben darstellen. Normalerweise begleiten uns Rituale wie Feiertage, Jubiläen und Geburtstage durch das ganze Jahr und erleichtern uns den Weg durchs Leben. Die Übergänge und Veränderungen im Lebenszyklus, die in uns selbst und in unseren Beziehungen stattfinden, werden durch bedeutungsvolle Rituale erst ermöglicht.[3]

Wenn sich um eine Geburt Geheimnisse ranken, werden Geburtstagsfeiern häufig von Ängsten belastet sein. Darf von einem Todesfall nicht gesprochen werden, dann werden die Feiertage leer und bedeutungslos. Den Familienmitgliedern fehlt der Anker, der sie an die Vergangenheit bindet, und das Ruder, das sie in die Zukunft steuert.

Carl Polanski war vierzehn, als er unmittelbar vor Thanksgiving bei einem Bandenkrieg ums Leben kam. Voll Scham und Kummer räumten seine Eltern sämtliche Fotografien von Carl weg. Jede Erinnerung, daß er je gelebt hatte, sollte verschwinden. Zwei Jahre nach seinem Tod wurde Catherine geboren. Ihre Eltern und die ältere Schwester Jennifer hielten Carls Existenz vor Catherine geheim, und sie wuchs in einer Atmosphäre tiefer, unerklärlicher Traurigkeit auf. Da eine offene Trauer zur Bewältigung dieses Todes nicht möglich war, blieb der Kummer der Familie bestehen. Da Carls Tod unerwähnt und unbetrauert blieb, wurden normale Familienrituale nicht gefeiert. Thanksgiving und Weihnachten erinnerten an Carls Tod; folglich wurden diese Feste von der Familie nur in bescheidenem Rahmen gefeiert, und Catherine überlegte immer wieder, was in ihrer Familie so anders war als bei ihren Freundinnen und Freunden. Carl wurde kurz nach seinem 14. Geburtstag getötet, den er mit seinen Freunden feuchtfröhlich gefeiert hatte. Als Catherine in dieses Alter kam, waren ihre Geburtstage zunehmend mit Angst befrachtet. Nach einem heftigen Streit unmittelbar vor ihrem 14. Geburtstag erklärten die Eltern, von jetzt an würden in der Familie überhaupt keine Geburtstage mehr gefeiert. Sämtliche Rituale, die den Übergangsereignissen im Leben eine besondere Bedeutung verleihen, verschwanden hinter dem Schleier der Geheimhaltung. Man ging nicht auf den Friedhof, und obwohl die Familie katholisch war, wurden zum Andenken an Carl keine Kerzen angezündet.

Das Geheimnis um Carls Existenz und gewaltsamen Tod erreichte einen Höhepunkt, als Catherine schließlich 14 Jahre alt wurde. Ihr war die jährlich wiederkehrende geheimnisvolle Depression der Mutter an Thanksgiving nicht entgangen. Sie ärgerte sich, weil ihr Vater sie ständig überwachte, und sie fing an, mit einer Mädchenbande herumzuziehen. Daß sich Catherine an ihrem Geburtstag zusammen mit Freundinnen betrank, mußte den Eltern wie eine alptraumhafte Wiederholung von Carls Leben vorkommen.

Da Geburt und Tod die grundlegenden Übergänge im Leben eines Menschen sind, können Geheimnisse um Geburt und Tod in einer Familie bestimmte Muster entstehen lassen – mit verheerenden Folgen. Geheime Ängste, die das emotionale Klima der Familie entscheidend prägen, können nicht offen diskutiert und damit entzaubert werden. Wenn ein Familienmitglied, das von einem Geheimnis ausgegrenzt lebt, das Alter oder die Entwicklungsstufe der Person erreicht, um die sich das Geheimnis rankt, geraten Familienbeziehungen in ein ungeheures Spannungsfeld. Catherine Polanski spürte instinktiv alles, was in ihrer Familie unausgesprochen anwesend war, aber sie konnte sich keinen Reim darauf machen. Je näher sie an das Alter heranrückte, in dem ihr Bruder ums Leben gekommen war, desto ängstlicher und besorgter wurden die Eltern. Auch die geringste Abweichung von den elterlichen Anordnungen wurden sofort bestraft – in dem irrigen Bemühen der Eltern, damit ihre Befürchtungen zu beschwichtigen, ihre Tochter könnte genauso enden wie Carl. Da zwischen ihr und den Eltern kein Wort über die Lebensphase verloren wurde, in die sie bald eintreten würde, ahmte Catherine unbewußt alle Einzelheiten im Leben des Älteren nach. Nach dem Saufgelage am Geburtstag verwies der Schulpsychologe Catherine und ihre Eltern an mich und meinte: „Eigentlich ist sie ein nettes Mädchen aus guter Familie; ich weiß nicht, was dahinter steckt, aber sie brauchen Hilfe.“ Während der ersten vier Sitzungen versuchte ich, die Eltern davon abzubringen, Catherine zu beschimpfen. Ich spürte, daß ihre Ängste einen äußerst realen Hintergrund hatten, und überlegte, um was es sich handeln könnte. Wenn uneingestandene, aber deutlich spürbare Ängste im Spiel sind, sucht sich die Familie häufig ein Mitglied als Sündenbock aus, das sie maßlos kritisiert. Meine Aufgabe als Therapeutin war es, dieser Handlungsweise behutsam Einhalt zu gebieten, ohne daß sich die Familienmitglieder ihrerseits deshalb kritisiert fühlten.

Ich beschloß, mit den Eltern alleine zu sprechen. Bei dieser Sitzung gelang es mir, eine Atmosphäre der Sicherheit und des Angenommenseins zu schaffen, in der sie mir ihre Geschichte erzählen konnten. Als sie zum erstenmal mit einem Außenstehenden darüber sprachen, brach ihre ganze aufgestaute Angst und Scham hervor. Behutsam und respektvoll verwies ich auf den Zusammenhang zwischen Catherines derzeitigem Verhalten und dem Geheimnis von Carls Existenz und seinem Tod. Schließlich sahen sie ein, daß Catherine diese Geschichte erfahren mußte, ja, daß sie sogar ein Recht darauf hatte.

Ich sprach mit ihnen über die fehlenden Rituale in ihrem Leben, die ihnen hätten helfen können, die Wunden zu heilen. Die Mutter brach in Tränen aus und gestand ihrem Mann zum erstenmal, wie gern sie Carls Grab auf dem Friedhof besuchen würde. Er wiederum hatte denselben Wunsch vor seiner Frau geheimgehalten. So erzählten die Eltern nun auch der Tochter von dem älteren Bruder und erklärten ihr, warum sie alles vor ihr geheimgehalten hatten. Wir betrachteten gemeinsam alte Familienfotos. Offen bekundete Trauer führte spontan zur Entstehung neuer Familienrituale.

Catherine besuchte an ihrem 15. Geburtstag ein Rockkonzert, kam zu spät nach Hause und bekam, wie alle ihre Freundinnen, eine Woche Hausarrest.

Nachdenken über Beziehungen, die durch Familiengeheimnisse geprägt werden

Vielleicht möchten Sie einmal darüber nachdenken, wie Geheimnisse die Beziehungen in Ihrer eigenen Familie heute prägen.

- *Wo sind in Ihrer Familie Geheimnisse angesiedelt?*
- *Welche Auswirkungen hat die Lokalisierung der Geheimnisse auf die verschiedenen Beziehungen in Ihrer Familie?*
- *Welche dauerhaften Dreiecksbeziehungen werden durch Geheimnisse in Ihrer Familie gebildet?*
- *Wie beeinflußt das Vorhandensein von Geheimnissen Nähe und Distanz in Ihren Familienbeziehungen?*
- *Wie beeinflussen Geheimnisse die Grenzziehung zwischen Ihrer eigenen Familie und Ihrer Herkunftsfamilie? Und die Grenzziehung zwischen Ihrer Familie und der Außenwelt?*
- *Lassen Sie sich durch Geheimnisse davon abhalten, notwendige Kraftquellen zur Problemlösung zu mobilisieren?*
- *Haben Geheimnisse einen Einfluß auf die normalerweise üblichen Rituale in Ihrem Familienleben?*
- *Welchen Einfluß hatten Geheimnisse auf die Entwicklung von einzelnen und von Beziehungen in Ihrer Familie?*

Die Bradleys, Delgados, Bowers' und Polanskis und alle anderen Familien, die Geheimnisse hüteten, als ich sie kennenlernte, haben mir die unendliche Vielfalt der durch Geheimnisse geprägten komplizierten Grundmuster vor Augen geführt. Doch von Anfang an, seit ich Familientherapeutin bin, erschien mir der Standpunkt unbefriedigend, Familienprobleme, insbesondere solche, die mit einem Geheimnis zusammenhängen, als „hausgemacht“ abzutun. Ich zucke zusammen, wenn ich höre, wie eine Familie als „dysfunktional“ bezeichnet wird oder sich selbst so bezeichnet – als ließe sich das komplizierte Repertoire, das eine Familie als Antwort auf die Wechselfälle des Lebens entwickelt, mit einer dürftigen Liste von Allgemeinbegriffen erfassen! Wenn wir der Genese von Geheimnissen im Leben der Familien nachgehen, die bei mir Rat suchen, blicken wir zunächst nach außen, zu dem Nährboden, auf dem eine Familie gedeiht und dem wir uns jetzt zuwenden – zur Geschichte, Kultur, ethnischen Zugehörigkeit, Hautfarbe und Religion, zum Geschlecht und zum sozialen Umfeld.

3
Die Geheimnisgesellschaft

Als mein Vater starb, war ich zwölf und hatte wenig Kontakt zur Familie Ball. Als ich viele Jahre später Charleston besuchte, kam ich als New Yorker, als Yankee. Im Laufe der Zeit hatte ich zwar viel über die Balls erfahren, nicht aber über die Sklaven. Zwischen 1800 und 1865 wurden 2088 Menschen auf der Ball-Plantage in die Sklaverei hineingeboren, und viele wurden bei Auktionen hinzugekauft. Ähnliche Zahlen liegen aus dem 18. Jahrhundert vor. Ich verspüre den Drang, mehr über die Rolle meiner Familie während der Sklavenzeit herauszufinden. Bis zum heutigen Tag sind mir meine Motive dafür nicht klar. Aber wenn ich die Reisfelder sehe, auf denen Tausende Menschen gearbeitet haben, möchte ich nicht nur die Erinnerungen meiner Familie, sondern auch die Geschichte der anderen hören.

Edward Ball

Wie aus Peter David wurde: Ein Geheimnis aus der NS-Zeit

„Nachmittags, wenn ich in unserer deutschen Kleinstadt aus der Schule nach Hause kam, servierte uns meine Großmutter Tee und Gebäck. Meine beiden jüngeren Brüder und ich lauschten fasziniert, wenn unsere Großmutter Familiengeschichten erzählte. Aber an einem bestimmten Punkt brachen ihre Geschichten ab, und ich spürte, daß sie eine frühere Zeit ausließ. Ich fragte nach, aber sie wich geschickt aus und sprach von etwas anderem. Sie kochte anders, als bei meinen Freunden zu Hause gekocht wurde. Meine Eltern zündeten in der Kirche Kerzen an und beteten für die verstorbenen Verwandten. An Totengedenktagen zündete meine Großmutter im Haus viele Kerzen an und konnte den Grund nie erklären. Als ich dreizehn war, begann ich mich sehr für das Judentum zu interessieren und hatte Streit mit meinen Eltern, weil ich mich weigerte, zur Kirche zu gehen. Mit achtzehn sprach ich mit meiner Großtante über irgendeine Geldangelegenheit. Sie sah mir ins Gesicht und meinte: ‚Da kommt der Jude in dir zum Vorschein'. Als ich wissen wollte, was sie damit meinte, antwortete sie: ‚Da fragst du besser deine Großmutter.' Nur ganz allmählich gelang es mir, das Geheimnis meiner Großeltern mütterlicherseits zu ergründen, die in den dreißiger Jahren vom Judentum zum Katholizismus konvertiert waren. Es war ein so gut gehütetes Geheimnis, daß es meine Mutter zwar wußte, daß sie aber meinen Vater nie eingeweiht hatte." David wurde ursprünglich auf den Namen Peter getauft, nach dem heiligen Petrus. Als Erwachsener lebte er in New York City, beschäftigte sich mit den Familiengeheimnissen, die auf die Zeit der Unterdrückung durch das NS-Terrorregime zurückgingen, trat zum Judentum über und nahm den Namen David an. „Meinem Vater ist es vollkommen schleierhaft, warum ich konvertiert bin. Ich weiß schon gar nicht mehr, wen ich damit schone, daß ich das Geheimnis hüte."

Im Laufe meiner therapeutischen Arbeit mit David kamen viele weitere Geheimnisse zum Vorschein. Sein Vater ist Einzelkind und der Sproß einer Gutsbesitzerfamilie, die ihren Stammbaum bis ins Mittelalter zurückverfolgen kann. Sein Großvater väterlicherseits wurde mit einem verkürzten Bein geboren. Nach den „Erbgesundheits"-Gesetzen der Nationalsozialisten war es ihm verboten zu heiraten, außer, er ließ sich sterilisieren. Hin- und hergerissen zwischen Scham, Angst und Entschlossenheit kam er mit seiner jungen Verlobten überein, noch vor der Heirat ein Kind zu zeugen. Diese Umstände der Geburt seines Vaters wurden natürlich vor David geheimgehalten. Er entdeckte die Wahrheit, als er die Taufregister durchsah und einen Vetter, der die Familiengeschichte kannte, danach befragte. Davids Mutter kannte diese Geschichte nicht. „Heute", sagte David mit tiefer Traurigkeit zu mir, „sprechen meine Eltern sehr wenig miteinander und trinken zuviel. Bei Familienfesten tun wir so, als würden wir dieses Schweigen nicht bemerken."

Es wäre allzu einfach, Davids Familie mit dem heute gängigen Terminus „dysfunktional" zu bezeichnen. Alkoholismus, distanzierte Beziehungen, ein Sohn, der seinen Vornamen ändert, konvertiert und nach Amerika auswandert, dazu unzählige Geheimnisse – all das fügt sich in die heute übliche Vorstellung, das Verhalten eines Menschen sei durch die Vorgänge innerhalb seiner Familie voll und ganz erklärt. Davids Geschichte jedoch veranschaulicht die zahlreichen sozialen und politischen Zwänge, von denen bestimmte Familiengeheimnisse geprägt sind. Die

Nürnberger Gesetze „zum Schutz des deutschen Blutes und der deutschen Ehre“ hatten zur Folge, daß Davids Großeltern väterlicher- und mütterlicherseits ein Leben der Verheimlichung und der Scham führen mußten. Beide Familien schufen und wahrten ihre Geheimnisse, weil sie mit einer alles beherrschenden Angst lebten und sich schützen mußten. Davids Eltern wurden beide in ein Klima der Verheimlichung hineingeboren, weil sie sich von der dominanten Kultur unterschieden. Ihre Geheimnisse waren durch äußere brutale Unterdrückung geprägt und so tief verschüttet, daß es noch 60 Jahre später unmöglich schien, sie ans Licht zu bringen. „Ich lebe in dem Bewußtsein, daß es vieles gibt, was nie ganz zu klären sein wird“, meinte David. „Und bei dem, was ich weiß, habe ich meine Zweifel, ob es meine Aufgabe ist, es den anderen Familienmitgliedern mitzuteilen, und so wahre auch ich Stillschweigen.“

Aus dem – auf politischer und kultureller Ebene – komplizierten Geflecht aus vergiftenden Machenschaften und Praktiken der antisemitischen Unterdrückungsmechanismen und der Diskriminierung Behinderter sowie jahrhundertealten Klassenvorurteilen entstand auf der Familienebene ein Geflecht aus schlechtem Gewissen, Scham und Schweigen.

Die vielschichtigen und verborgenen Zusammenhänge der Geheimhaltung

Keine Familie wacht eines Morgens mit dem Vorsatz auf: „Wir denken uns jetzt ein Geheimnis aus.“ Auf der Suche nach den Ursprüngen dessen, was verheimlicht und was offengelegt wird, gelangt man zwangsläufig über die Familie hinaus in einen größeren Kontext der Geschichte und Kultur, der Macht und Politik. Häufig sind Einzelheiten dieses größeren Zusammenhangs nur unscharf zu erkennen und werden von weiteren Schichten des Unausgesprochenen und Unbekannten überlagert.

Obwohl gesellschaftliche Definitionen von Schande und Scham Einfluß darauf haben, was wir in unseren persönlichen und familiären Beziehungen geheimhalten, liegt der Zusammenhang zwischen der Entstehung eines beliebigen Geheimnisses und der Kultur, der dieser Akt entspringt, nicht selten im dunkeln. Ist die Genese eines Geheimnisses undurchschaubar, dann kommt es leicht zu Stigmatisierung und Selbstvorwürfen. Entscheidungen darüber, welche Schritte zu unternehmen sind, werden ohne ausreichende Information getroffen. Eine Familie, die heute einen Selbstmord geheimhält, handelt nicht einfach im luftleeren Raum. Vielmehr reichen die Wurzeln einer solchen Geheimnisbildung tief in die abendländische Geschichte. Im Mittelalter und unter dem Gebot der katholischen Kirche war es nicht nur untersagt, die sterblichen Überreste eines Selbstmörders auf geweihtem Boden zu bestatten; der Leichnam wurde einfach über die Stadtmauer geworfen. Nachweislicher Selbstmord war für eine Familie eine öffentliche Demütigung und keineswegs ein würdevoller Anlaß zur Trauer. Diese Zeiten liegen zwar weit zurück, doch das Amalgam aus der alten Kirchenlehre, gesellschaftlicher Ächtung und persönlicher Schuld kann bis heute bewirken, daß eine Familie einen Todesfall „umwidmet": Aus einem Selbstmord wird im Handumdrehen ein Autounfall.

Als sich AIDS auszubreiten begann, wurden afroamerikanische Kommunalpolitiker kritisiert, weil sie geheimhielten, daß unter Afroamerikanern diese Seuche grassierte.[1] Man wollte glauben, daß von dieser Krankheit nur „Risikogruppen" wie Homosexuelle, Drogenabhängige und Haitianer betroffen seien. Daß es unter den Homosexuellen und Drogenabhängigen zufällig auch Afroamerikaner gab, wollte man nicht wahrhaben. Diese scheinbare Leugnung wird verständlich, wenn wir die schmerzliche historische Tatsache in Betracht ziehen, daß Sklaven, die auf der Überfahrt von Afrika erkrankten, als wertloses Frachtgut betrachtet und umstandslos über Bord geworfen wurden.[2] Ohne Zweifel war diese Erfahrung wie ein Brandmal, das im kollektiven Gedächtnis des Volkes tiefe Spuren hinterließ: Schwerkranke müssen vor den Mächtigen versteckt werden. Von einer solchen Geheimhaltung auf Gemeinschaftsebene ist es nur ein kleiner Schritt zur Geheimhaltung in der Familie.

In der heutigen Zeit macht sich eine Familie Gedanken darüber, wieviel sie ihrem adoptierten Kind über seine natürlichen Eltern mitteilen soll. Unwahrscheinlich, daß sich diese Familie die unterschwelligen Ansichten ihrer ethnischen Gruppe zur Adoption klarmacht oder darüber nachdenkt, ob die zeitgenössische Kultur mit diesen Überzeugungen übereinstimmt oder nicht. Aber gerade diese Überzeugungen belasten eine Entscheidung darüber, was enthüllt und was verheimlicht wird.

Eine Frau, die eine Abtreibung geheimhält, hat in einem Winkel ihres Bewußtseins womöglich eine schattenhafte Erinnerung an eine noch gar nicht allzu ferne Zeit, als Frauen, die abtrieben, strafrechtlich verfolgt wurden. Es gibt zwar heute noch zahllose Gründe dafür, eine Abtreibung geheimzuhalten, aber diese rechtsgeschichtliche Tatsache sowie das schlechte Gewissen, gesellschaftliche und familiäre Ächtung, der Gesetzesbruch, die religiösen Verhaltensregeln und die furchteinflößende Vorstellung von der „Engelmacherin", die damit verknüpft sind, schwelen weiterhin unter der Oberfläche.

Bei meiner Arbeit mit Einzelpatienten und Familien, die um sachliche Entscheidungen im Umgang mit Geheimnissen ringen, habe ich beobachtet, daß die Erforschung der Geheimnisse in ihren vielschichtigen und verborgenen Zusammenhängen neue Perspektiven eröffnet. Während Entscheidungen über die Schaffung, Wahrung oder Preisgabe eines Geheimnisses letztlich der Verantwortung des einzelnen unterliegen, sind die Geheimnisse selbst mit diesen vielschichtigen Zusammenhängen untrennbar verbunden.

Betrachten wir im folgenden einige Besonderheiten des größeren sozialen, kulturellen und politischen Zusammenhangs, der die gesellschaftlichen Überzeugungen im Hinblick auf Geheimnisse bestimmt.

Die unsichtbaren Fäden: Hautfarbe, ethnische Herkunft, Religion, sozialer Status und Geschlecht

Verwirrenden und bedrückenden Geheimnissen in unserem Leben liegt oft ein unsichtbares Machtgefälle zugrunde. Bei meiner therapeutischen Arbeit mit Familien und Institutionen hatte ich häufig mit Menschen zu tun, die Macht über andere besaßen und deshalb glaubten, sie hätten das Recht, Informationen zurückzuhalten. Andere dagegen, die wenig oder keine Macht haben, werden eingeschüchtert und zum Schweigen gezwungen. Ich habe beobachtet, wie Frauen, Kinder, Arme und Minderheiten die Geheimhaltung nutzten, um ihre Wehrlosigkeit wettzumachen oder sich zu schützen. Traditionelle Machtunterschiede etwa zwischen Männern und Frauen, zwischen Weißen und Schwarzen oder zwischen Reichen und Armen schlagen sich in den Familienbeziehungen nieder und beeinflussen den Umgang mit Geheimnissen.

Menschengruppen, die von der Mehrheitskultur abweichen und sich durch ihren Minderheitenstatus bedroht oder beschämt fühlen, schaffen oft Geheimnisse. Machtungleichgewicht, Abweichen von der Mehrheitskultur und äußere Bedrohungen durchdringen zwar alle Ebenen, auf denen es Geheimnisse gibt, aber gerade der Einfluß der sozialen, kulturellen und politischen Ebenen auf unseren Umgang mit Geheimnissen in unserem Leben ist am wenigsten erforscht.

Hautfarbe, ethnische Zugehörigkeit, Religion, sozialer Status und Geschlecht haben entscheidenden Einfluß darauf, was verborgen, verschwiegen oder tabuisiert wird. Historische Erfahrungen und die daraus hervorgegangenen Überzeugungen wirken sich auf unseren heutigen Umgang mit Geheimnissen aus. Wenn es gelingt offenzulegen, wie Geheimnisse mit diesen Bereichen verknüpft sind, findet sich häufig des Rätsels Lösung.

Hautfarbe

Wie hat sich die Geschichte des Verhältnisses zwischen Weißen und Schwarzen auf bestimmte Geheimnisse in unserem Leben ausgewirkt? Geheimnisse, die durch den Rassismus (den es überall auf der Welt gibt) entstanden sind, sind ein typisches Beispiel für jegliche Geheimnisse, die auf Machtunterschieden und Bedrohung basieren.

Wir müssen nur vier oder fünf Generationen zurückgehen, um zu den Ursprüngen von Geheimnissen zu gelangen, die es in vielen afroamerikanischen Familien heute gibt. Kürzlich erhielt ich eine Einladungskarte zu einer Hochzeit mit dem Foto eines Brautpaares, das fröhlich über einen Besen springt. Was hatte dieses Spiel zu bedeuten? In der Zeit der Sklaverei konnten Ehen von den weißen Gutsherren verboten werden. Da Männer, Frauen und Kinder verkauft und damit abrupt voneinander getrennt wurden, kamen feste Bindungen häufig erst gar nicht zustande oder wurden sogar als illegal angesehen. Das geheime Ritual „Über-den-Besen-Springen“ ging als eigene Form der Eheschließung daraus hervor.[3] In einem Klima, das von Gewalt und Angst auf der einen und von Tapferkeit und Entschlossenheit auf der anderen Seite geprägt war, entwickelte sich eine Tradition, die ursprünglich Geheimhaltung erforderlich machte. In moderner Zeit wurde sie als feierliches Symbol des Überlebens wiedereingeführt.

Afroamerikanischen Frauen war das Lesen- und Schreibenlernen verboten, deshalb hielten sie ihre Geschichte fest, indem sie Quilts nähten, die alle Geheimnisse der Unterdrückung berichteten und vom Kampf für die Freiheit erzählten.[4]

„Wem gehört das Kind?" Saras Geschichte

Sara Williams suchte mich zum erstenmal in Begleitung ihres siebenjährigen Sohnes Trevor auf. Die 39jährige Afroamerikanerin lebte als alleinerziehende Mutter in der Bronx und war tüchtig in allen Lebensbereichen, außer im Umgang mit Trevor. Seine Lehrer klagten, er störe ständig den Unterricht. „Er hört einfach nicht auf mich", sagte Sara zu mir. Sie war gelernte Krankenschwester in leitender Position, aber sobald sie Trevor gegenüberstand, wurde sie ängstlich und unentschlossen. Warum war das so?

Nach einiger Zeit vertraute sie mir an, daß sie eigentlich Trevors Großmutter sei und daß er dies nicht wisse. Unter Tränen und voller Scham erzählte Sara von ihrer Tochter Bernice, die mit 15 Jahren dieses Kind zur Welt gebracht hatte, womit sich Saras Geschichte, die ebenfalls früh Mutter geworden war, genau wiederholte. Als der Konflikt zwischen Mutter und Tochter eskalierte, lief Bernice auf und davon und ließ Trevor bei seiner Großmutter zurück. „Er ist mein Kind und doch nicht mein Kind", berichtete sie weinend. „Ich habe Angst, daß die Schule oder andere Behörden es herausbekommen und ihn mir wegnehmen. Ich weiß nicht, ob ich es ihm jemals sagen soll." Das Geheimnis von Trevors Mutter sowie Saras inoffizielle Adoption des Jungen schürte Saras Ängste, machte sie für die Mutterrolle untauglich und trug dazu bei, die Spannungen zwischen ihr und ihrem Enkelkind zu verstärken. Gleichzeitig empfand Sara diese inoffizielle und geheime Adoption jedoch als durchaus sinnvoll und von ihrem eigenen familiären Hintergrund wie von ihrer Kultur her als ganz und gar nicht ungewöhnlich.

Da Ehen zwischen Sklaven verboten waren, wurden Eltern und Kinder häufig auseinandergerissen. Kleinkinder, deren Eltern verkauft wurden, versorgte man im Zuge einer formlosen Adoption. Oft hielt man vor diesen Kindern ihre eigentliche Herkunft geheim. Dieses Geheimnis sollte die Kinder vor dem Schmerz bewahren, keine Eltern mehr zu haben, und es lebt bis heute in zahllosen Beispielen inoffizieller Adoption weiter. Sara suchte Rat bei Verwandten und Freunden, die ihr empfahlen, Trevor die wahren Hintergründe seiner Herkunft geheimzuhalten, zumindest bis er erwachsen sei. Die Ängste der Verwandten vor den Behörden spiegelten Saras eigene Ängste und verwiesen direkt auf die bittere Zeit der Sklaverei zurück.

Als es uns gelang, Saras Situation in den historischen und sozialen Kontext der afroamerikanischen Familienbeziehungen zu stellen, eröffneten sich ihr mehrere Möglichkeiten. Durch Gespräche mit ihren Verwandten, darunter auch ihrer 92jährigen Tante, entdeckte sie mehrere Beispiele inoffizieller Adoption, von denen sie bis dahin nichts gewußt hatte, darunter auch Fälle, in denen man dem Kind die Wahrheit nicht vorenthielt. „Ich betrachte das mehr als Teil der Überlebenstradition und nicht als etwas, wofür ich mich schämen müßte", meinte Sara zum Schluß. „Ich will, daß auch Trevor es erfährt."

Wenn Zwang die Beziehungen prägt, drohen sexuelle Ausbeutung und Mißbrauch. Zur Zeit der Sklaverei benutzte man afroamerikanische Männer als „Zuchtbullen", um die Zahl der Sklaven zu vermehren, während afroamerikanische Frauen von weißen Sklavenherren als Sexualobjekt mißbraucht wurden.[5] Durch Vergewaltigung und andere Formen sexueller Ausbeutung kamen Kinder mit hellerer Hautfarbe zur Welt. Diese Kinder wurden von den Sklavenhaltern häufig besser behandelt. Dies ist der Ursprung des schmerzlichen und paradoxen Geheimnisses der Hautfarbe innerhalb afroamerikanischer Familien. Eine hellere Hautfarbe bedeutet Privilegien und bessere Chancen, erinnert aber auch an die sexuelle Ausbeutung schwarzer Frauen. Da in der weißen US-amerikanischen Gesellschaft eine hellere Hautfarbe nach wie vor höher geschätzt wird und Vorteile bringt, stellen die Unterschiede der Hautfarbe in afroamerikanischen Familienbeziehungen oft eine unausgesprochene Dimension dar. Die Hautfarbe kann schmerzliche Familiengeheimnisse untermauern und etwa auch Familienmitglieder zu Sündenböcken machen, weil ihre Hautfarbe von der der anderen Familienmitglieder abweicht. Dies kann dazu führen, daß einer „als Weißer gilt", eine Doppelexistenz führt oder sich von der eigenen Familie endgültig trennt.[6]

Geheimnisse vor „Außenstehenden" zu wahren erwies sich in der Zeit der Sklaverei als überlebensnotwendig. Dies gilt für alle unterdrückten Gruppen, für die Verschweigen und Enthüllen eine Frage von Leben und Tod ist. Wenn eine Familie die Regel befolgt, „Familienangelegenheiten" innerhalb der häuslichen Grenzen streng zu wahren (auch Angelegenheiten, die geheimzuhalten ganz sinnlos ist), dann gab es in dieser Familie und in der Kulturgeschichte wahrscheinlich eine Zeit, in der eine solche Regel eine sinnvolle Reaktion auf Bedrohung von außen darstellte.

Ethnische Zugehörigkeit

Die Vereinigten Staaten sind vorrangig Einwanderungsland. Ob die Einwanderung in unserer Generation oder vor langer Zeit erfolgt ist, spielt keine Rolle für die Tatsache, daß jeder US-Amerikaner als Angehöriger einer bestimmten ethnischen Gruppe spezifische Werte, Überzeugungen und Erfahrungen besitzt, die zu dem beitragen, was wir heute sind. Bei den Familien, mit denen ich zu tun hatte, haben Grundüberzeugungen und Konflikte bezüglich Geheimhaltung und Offenheit ihre versteckten Wurzeln häufig in der Zugehörigkeit zu einer bestimmten ethnischen Gruppe.

Bis vor nicht allzu langer Zeit war Assimilation der sicherste Weg für Einwanderer, die akzeptiert werden und erfolgreich sein wollten. Daher änderten viele ihren Namen, kappten alle Verbindungen zu ihren ethnischen Ursprüngen und ließen sogar chirurgische Eingriffe vornehmen, um ihr Aussehen zu verändern. Diese drastischen Maßnahmen zur Anpassung an die Mehrheitskultur führten zur Entstehung lange gehüteter Familiengeheimnisse, die der Scham entsprangen, anders zu sein.

Die Abweichung von den in einer ethnischen Gruppe geschätzten Eigenschaften führt oft zur Geheimnisbildung. Wenn man etwa einer ethnischen Gruppe entstammt, in der Konformität einen Wert darstellte, der das Überleben sicherte, dann wird wahrscheinlich jeder Akt der Rebellion geheimgehalten. Jede ethnische Gruppe kennt Aspekte des Lebens, auf die sie ganz besonders stolz ist. Für die eine Gruppe mag das eine gute Ausbildung sein, für die andere beruflicher Erfolg, für die dritte eine große und weitverzweigte Familie. Alle diese Quellen ethnischen Stolzes enthalten den Keim der Scham, sobald ein Mitglied den

Erwartungen nicht entspricht. Eine solche Scham führt zu Geheimhaltung.

Beziehungen zwischen ethnischen Minderheiten und der Mehrheitskultur können Geheimnisse entstehen lassen, die den gewaltsamen und erzwungenen Bruch von Familienbeziehungen, die Zerstörung von Gruppenidentität und individuellem Wohlbefinden zum Inhalt haben. Jahrzehntelang wurden indianische Kinder in den Vereinigten Staaten und in Kanada ihren Clans weggenommen und in staatliche Internate gesteckt – in der irrigen Annahme, diesen Kindern müsse die „weiße Kultur" nahegebracht werden und die eigenen Familien seien unfähig, sie richtig zu erziehen. Erst in letzter Zeit haben erwachsene Indianer von der körperlichen Mißhandlung und dem sexuellen Mißbrauch berichtet, den sie in diesen Einrichtungen erlitten. In ähnlicher Weise entführten zwischen 1918 und den sechziger Jahren Mitarbeiter staatlicher Stellen Kinder australischer Aborigines und übergaben sie weißen Familien zur Erziehung. Ihre ethnische Herkunft und die Familiengeschichte ihrer leiblichen Eltern hielt man vor ihnen geheim.[7]

Ethnische Herkunft und Geheimnisse

Denken Sie einmal speziell darüber nach, wie Ihre ethnische Gruppe mit bestimmten Problemen wie Ehen mit einem Partner anderer Hautfarbe oder anderer Religion, Adoption, Kindererziehung, Drogen- und Alkoholmißbrauch, Geld und Gewalt in der Familie umging.

- *In welcher Weise prägten historische Erfahrungen auch früherer Generationen den Umgang mit Geheimhaltung und Offenheit?*
- *Wie beeinflußten Krieg, Unterdrückung oder Auswanderung die Geheimnisse Ihrer ethnischen Gruppe?*
- *Wenn Ihre Familie aus zwei oder mehr Ethnien besteht, wie wurden dadurch die Grundmuster der Geheimhaltung beeinflußt?*

„Niemand kennt mich": Annes Geschichte

Anne McDougal war 31 Jahre alt, als sie meinen therapeutischen Rat suchte. Sie sei verzweifelt und einsam, klagte sie. Aufgewachsen in einer großen und extrovertierten irisch-katholischen Familie, die erwartete, daß man heiratete und viele Kinder in die Welt setzte, war Anne die einzige, die ledig blieb. Sie arbeitete als Lehrerin in einer Grundschule am Ort, war tüchtig in ihrem Beruf und lebte allein. Gute Freunde hatte sie nicht.

In den ersten drei Sitzungen weinte Anne fast nur, konnte mir aber nicht angeben, warum sie so traurig war. Ich erfuhr lediglich, daß sieben ihrer acht Geschwister verheiratet waren, Kinder hatten und ganz in ihrer Nähe wohnten. Aber sie besuchte sie nur selten. Familienfeste waren ihr äußerst unangenehm. Die bevorstehende kirchliche Trauung ihrer jüngsten Schwester im großen Familienkreis hatte sie veranlaßt, mich um eine Beratung zu bitten. Sie beschrieb ihre Panikattacke, die sie vor Jahren bei der Hochzeit ihres Bruders hatte. Sie war überzeugt, daß es ihr diesmal bei der Hochzeit ihrer Schwester nicht anders ergehen würde.

Bei unserer vierten Sitzung enthüllte Anne das Geheimnis, das außer ihr niemand kannte: „Meine Mutter würde vor Kummer sterben und mein Vater mich enterben, wenn sie es erführen. Ich habe gegen ein Familienideal verstoßen, das allen anderen und auch mir heilig ist." Anne hatte sechs Jahre zuvor abgetrieben, und das unmittelbar vor der Hochzeit ihres Bruders. Die Panikattacke bei der Hochzeit deutete sie als Strafe Gottes. „Ich schämte mich so sehr. Als die Trauungszeremonie ihrem Ende zuging, wurde ich ohnmächtig. Ich lenkte die Aufmerksamkeit von dem großen Augenblick im Leben meines Bruders ab. Ich fand mich abscheulich und konnte niemandem erklären, warum." Immer mehr zog sie sich von der Familie und von Freunden zurück. „Ich gehe zwar in die Kirche, habe aber das Gefühl, ich hätte kein Recht dazu. Die Leute meinen zwar, sie kennen mich, aber niemand kennt mich wirklich."

Wir setzten uns mit Annes religiösen Überzeugungen auseinander und damit, was es für sie bedeutete, gegen einen der obersten Glaubenssätze verstoßen zu haben. Wir sprachen darüber, was im Christentum Vergebung bedeutet. Wir betrachteten die einzelnen Mitglieder ihrer Familie, und ich half ihr zu entscheiden, wem sie ihr schmerzliches Geheimnis anvertrauen könnte. Sie erkannte, daß sie sich selbst viel strenger beurteilte als der Großteil ihrer Geschwister. Sie beschloß, es der Schwester zu sagen, mit der sie am engsten verbunden war, und als diese Verständnis zeigte, teilte sie es drei weiteren Geschwistern mit. Anne vertraute sich der Kirche wieder an, beichtete und erhielt die Absolution. Allmählich begann sie ihre Abtreibung eher als Privatangelegenheit denn als schändliches Geheimnis zu betrachten.

Manche Religionen kennen geheime Riten, die nur Eingeweihten vertraut sind. Oft sind dies essentielle Geheimnisse, die ein Gefühl der Zusammengehörigkeit bewirken und diese religiöse Gemeinschaft von der Außenwelt abgrenzen. Diese Geheimnisse, die in Ritualen, Liturgie und Formen der Anbetung zum Ausdruck kommen, enthalten und schützen oft spirituelle Überzeugungen.

Verfolgung aus Glaubensgründen ist ein Nährboden für die Geheimnisbildung. Wenn man einer Glaubensgemeinschaft angehört, die Verfolgung erlitten hat, teilt man wohl Geheimnisse, die über viele Generationen hinweg in die Vergangenheit zurückreichen und Scheinkonversion oder andere Überlebensstrategien zum Inhalt haben. In jüngster Zeit wurde vieles über die iberischen Juden aus Spanien, Portugal und den Kolonien in Mexiko, Peru und Brasilien bekannt. Von der Inquisition vor die Wahl gestellt, entweder zu konvertieren oder sterben zu müssen, traten viele Juden zum Schein zum katholischen Glauben über, hielten aber insgeheim am Judentum fest.[8] 500 Jahre und viele Generationen später finden sich bei den heute katholischen Nachkommen dieser Familien immer noch Spuren der jüdischen Tradition – Feste im Lebenszyklus, Speisevorschriften, Aberglaube. Andererseits wahren Religionen, die selbst Verfolgung betreiben, die schrecklichen Geheimnisse ihrer Tyrannei über andere.

Alle Religionen kennen bestimmte Verhaltensregeln. Wenn Glaubensüberzeugungen bestimmte Handlungen wie etwa Scheidung, Empfängnisverhütung, Abtreibung, Selbstmord, Geschlechtsverkehr außerhalb der Ehe, Ehen mit Angehörigen anderer Religionen oder Homosexualität verbieten, reagieren viele Einzelpersonen und Familien, indem sie zwar an ihrer Konfession festhalten, gleichzeitig aber ihre Regelverletzungen geheimhalten. Obwohl die Religion an sich Geheimhaltung nicht fördert, führen starre Glaubensüberzeugungen, zusammen mit Handlungen, die diesen Glaubensüberzeugungen zuwiderlaufen, oftmals zu Verheimlichung. Wenn aus der Verletzung religiöser Prinzipien Geheimnisse entstehen, sind Leugnung, Schuldgefühle Scham und Verstellung die Folge.

Geheimnisse, die aus der Verletzung von Glaubensregeln entstehen, fordern einen sehr hohen Preis. Wenn Glaube und praktisches Handeln nicht übereinstimmen, ist die Entfremdung von sich selbst und von anderen die Folge. In die Beziehungen innerhalb der Familie kommt Heuchelei; schon die Tatsache, daß es ein Problem gibt, wird geleugnet. Als Susan Smith vor Gericht stand, weil sie ihre kleinen Söhne ertränkt hatte, wurde die bis dahin geheimgehaltene und geleugnete Tatsache bekannt, daß ihr Stiefvater sie als Heranwachsende sexuell mißbraucht hatte. Dieser Mann namens Beverly Russell war ein geachtetes und hochrangiges Mitglied der Christian Coalition. Smith' eigene Mutter sowie Mitglieder der religiösen Gemeinschaft, die von dem Mißbrauch wußten, hatten ihn geheimgehalten.[9] Da die Tatsache des fortgesetzten sexuellen Mißbrauchs mit den „Familienwerten" der Christian Coalition in Konflikt stand, wurde das Verbrechen einfach unter den Teppich gekehrt.

Vergiftende Geheimnisse können auch entstehen, wenn das Ansehen einer Glaubensgemeinschaft vor der Gesellschaft auf dem Spiel steht und ihre Mitglieder befürchten, Schande über ihre Gemeinschaft zu bringen. Daß Männer ihre Frauen schlagen, kommt in der jüdischen Gemeinschaft genauso häufig vor wie in anderen Gemeinschaften, doch unter Juden wurde dies oft geheimgehalten.[10] Die Angst einer religiösen Gruppe vor Schande und Stigmatisierung durch die Außenwelt führt zu Geheimhaltung und Leugnung innerhalb der betroffenen Familien, und damit wird eine Lösung des Problems verhindert.

Religiöse Überzeugungen und Geheimnisse

Denken Sie über Ihre religiösen Überzeugungen nach und überlegen Sie, wie diese die Geheimnisse in Ihrem Leben beeinflussen.

- *Welche Glaubenssätze der Religion, zu der Sie sich bekennen, sind mit Geheimhaltung und Offenheit verbunden?*

- *Wahren Sie die Geheimnisse anderer Familienmitglieder, um innerhalb Ihrer Glaubensgemeinschaft den schönen Schein aufrechtzuerhalten?*
- *Halten Familienmitglieder etwas vor Ihnen geheim, weil Sie Ihre Reaktion auf die Übertretung einer Glaubensregel befürchten?*
- *Führen Sie ein Doppelleben, indem Sie sich zu Glaubenssätzen bekennen, die Sie im Alltag gleichzeitig mißachten? Welche Auswirkung hat dies auf Ihr Ichgefühl und auf Ihre Fähigkeit, in aller Offenheit mit anderen zu sprechen?*

Der soziale Status

Der offizielle Mythos der Vereinigten Staaten besagt: Alle Menschen sind gleich, und es gibt keine sozialen Unterschiede. In Wirklichkeit aber ist die soziale Herkunft eine oft unausgesprochene Größe, die unser Leben in eine bestimmte Richtung lenkt. Während in Bereichen wie Bildungschancen und beruflichen Möglichkeiten, Wohnung, Stadtviertel, Versorgung der Kinder und Einkommen die Unterschiede mit Händen greifbar sind, werden soziale Unterschiede, über die in den meisten anderen Nationen der Welt offen geredet werden kann, in den Vereinigten Staaten meist verschwiegen. Die soziale Herkunft läßt auf diese Weise ein Geheimnis entstehen, von dessen Existenz jeder weiß, das aber nicht offen eingestanden werden darf.

Während meiner Tätigkeit als Familientherapeutin habe ich viele Eltern kennengelernt, die sich darüber ärgern und aufregen, daß ihr Kind einen Partner heiratet, der „nicht gut genug" ist; aber sie weigern sich zuzugeben, daß sie mit „nicht gut genug" eine niedrige soziale Herkunft meinen. Ein Ehemann beklagte sich bitter: „Zu Weihnachten besuchen wir immer meine Schwiegereltern. Sie überreichen allen großzügige Geschenke, nur mir nicht. Ich bekomme nur billigen Schund. Denn ich stamme aus einer Arbeiterfamilie. Das ist ihre Methode, mir zu verstehen zu geben, daß ich nicht dazugehöre. Aber sie sagen das nicht offen. Wenn ich meinen Unmut zeige, lachen sie und sagen, ich hätte keinen Sinn für Humor."

Unser Unvermögen, über die soziale Herkunft zu sprechen,

kann zu höchst merkwürdigen Verzerrungen der Realität führen. Eine steinreiche Dame erzählte mir: „Wir sollten als Kinder nicht merken, daß wir reich waren. Unser Haus erhob sich auf dem Hügel über der Stadt und war größer als alle anderen Häuser, aber meine Eltern behaupteten, wir unterschieden uns nicht von den anderen. Damit wir uns nicht einbildeten, wir wären etwas Besseres, schickten sie uns in eine staatliche Schule. Wir wurden von einem Chauffeur in einer Limousine hingebracht!"

Gesellschaftsschicht und Geheimnisse

Da der soziale Status in Familien selten offen zur Sprache kommt, erscheint der Gedanke abwegig, dessen Einfluß auf Geheimnisse zu betrachten. Einige Fragen über diese unterschwellige Bedeutung der sozialen Herkunft, die ich den Klienten stelle, können dazu beitragen, dieses Tabu zu brechen.

- *Gab es in Ihrer Familie Fälle von sozialem Auf- oder Abstieg, die zu Stillschweigen und zur Entstehung von Geheimnissen führten?*
- *Gab es in Ihrer Familie unter erwachsenen Geschwistern oder zwischen Eltern und erwachsenen Kindern aufgrund uneingestandener sozialer Unterschiede Brüche in den Beziehungen?*
- *Wie trugen soziale Vorurteile zur Entstehung von Tabus bei?*
- *Welchen Einfluß hatten die Ansichten Ihrer Familie über Geld oder Erziehung auf die Entstehung von Geheimnissen?*
- *Sind die finanziellen Verhältnisse – Vermögenswerte und Schulden – in Ihrer Familie oder Verwandtschaft bekannt oder geheim?*
- *Verschleiern Sie oder andere Mitglieder Ihrer Großfamilie Ihre soziale Herkunft? Was würde geschehen, wenn Sie diesen verheimlichten Bereich der Familienbeziehungen offenlegten?*

Vor ein paar Jahren rief mich eine Journalistin an, um mit mir über einen Artikel zu sprechen, den sie zum Thema „Frauengeheimnisse“ verfaßte. Als ich fragte, was sie eigentlich mit „Fraugeheimnissen“ meine, antwortete sie: „Wenn zum Beispiel eine Hausfrau einen Autounfall mit Blechschaden verursacht, ihrem Mann aber vorschwindelt, jemand sei gegen ihr parkendes Auto gefahren.“ Als ich sie fragte, ob sie glaube, ein Mann würde daraus ein Geheimnis machen und eine solche Lüge aussprechen, meinte sie: „Natürlich nicht“. So gerieten wir in eine höchst aufschlußreiche Diskussion über Geheimnisse, die aus Angst gewahrt werden, wenn Beziehungen durch Unterschiede des Geschlechts und der Macht geprägt sind. Wenn Sie herausfinden wollen, welche Rolle die Geschlechtszugehörigkeit bei einem Geheimnis spielt, dann überlegen Sie, ob ein Mensch des anderen Geschlechts diese Sache geheimhalten würde. Wenn nicht, dann denken Sie darüber nach, in welcher Weise dieses Geheimnis von der Geschlechtszugehörigkeit und von den Beziehungen zwischen Mann und Frau geprägt ist.

Ich kann nicht glauben, daß sie mir das angetan hat: die Geschichte von Bill und Ellen

Bill Korman stürmte wütend in mein Therapiezimmer, seine Frau Ellen folgte ihm zerknirscht. Es war unsere zweite Paartherapie-Sitzung, in der es um „die allzu große Fremdheit zwischen uns“ ging, wie beide es nannten. Bald merkte ich, daß Ellen nach unserer ersten Sitzung beschlossen hatte, Bill ein Geheimnis anzuvertrauen, das sie in den zwölf Jahren ihrer Ehe für sich behalten hatte. „Ich wollte bestimmte Dinge klären. Wenn wir eine gute Ehe führen wollen, kann ich im Bett nicht mehr so tun, als ob“, meinte Ellen ruhig. Ellen hatte während der ganzen Ehe den Orgasmus immer nur vorgetäuscht. Bill war wütend. „Wie konnte sie mich derart hinters Licht führen?“ Ich versuchte, seine Aufmerksamkeit auf die Frage zu lenken, warum Ellen glaubte, sie müsse so tun „als ob“, und Ellen antwortete: „Ich schämte mich als Frau und wollte deine Gefühle als Mann nicht verletzen.“ Zwölf Jahre lang hatte Ellen dieses Geheimnis für sich behalten – aus der Überzeugung heraus, daß mit ihr etwas nicht stimme und ihr Mann glauben würde, er sei kein „ganzer Mann“, weil seine Frau beim Geschlechtsverkehr keinen Orgasmus hatte. Ihre persönliche Scham, verbunden mit der Angst, ihren Mann zu kränken, ließ ein vergiftendes Geheimnis entstehen, das die gesamte Beziehung durchdrang.[11]

Ellens Geheimnis, das bei diesem Paar im Mittelpunkt des Intimlebens stand, veranschaulicht drastisch den Einfluß der Geschlechtszugehörigkeit auf Geheimnisse. Bis vor nicht allzu langer Zeit wurde jede Art körperlicher Mißhandlung und sexuellen Mißbrauchs von Frauen geheimgehalten. Obwohl solche Vorfälle heute als Tatsache in unserer Kultur bekannt sind, leiden viele Frauen weiterhin stumm, wenn sie von ihrem Partner geschlagen oder wenn ihre Töchter sexuell mißbraucht werden. Bis vor kurzem wurden vergewaltigte Frauen oft selbst für die Vergewaltigung verantwortlich gemacht. Die Demütigung durch Ärzte, Polizei, Gerichte und andere Behörden sorgte dafür, daß Frauen über die Vergewaltigung schwiegen.

In vielen Teilen der Welt werden Frauen bis heute nach einer Vergewaltigung gedemütigt und schweigen daher lieber. Historisch gesehen, wurde Vergewaltigung als Waffe im Krieg eingesetzt. In eroberten Ländern werden Frauen zu sexuellem Verkehr mit den Besatzungssoldaten gezwungen, und man verbietet ihnen, darüber zu sprechen. Noch lange nach dem Ende des Kriegs verschweigen viele Frauen schamhaft, daß sie vergewaltigt wurden; sie haben Angst, andernfalls von ihrem eigenen Volk geächtet zu werden. Solche gefährlichen Geheimnisse sind ein Beispiel dafür, wie wehrlose Menschen zum Schweigen gezwungen werden. Solche Geheimnisse entstehen innerhalb intimer Familienbeziehungen, und sie können fortbestehen, weil sie durch die tief eingewurzelte und erst in letzter Zeit angezweifelte historische Annahme gefördert werden, Frauen und Kinder seien Eigentum des Mannes. Das nach wie vor bestehende Dilemma zwischen Verheimlichung und Offenlegung solcher Geheimnisse steht in einem direkten Zusammenhang zur Scham der Frauen, ihren Selbstvorwürfen und dem, was sie in jahrhundertelanger Übung gelernt haben: ihre Männer zu schützen.

Um ihren Arbeitsplatz nicht zu verlieren, verschweigen die Frauen oft das Geheimnis sexueller Belästigung durch männliche Vorgesetzte. Als Anita Hill publik machte, daß sie von dem angesehenen Juristen Clarence Thomas sexuell belästigt worden war, wurde plötzlich die Aufmerksamkeit der Öffentlichkeit auf dieses Geheimnis gelenkt, die sich allerdings schmerzlich schnell wieder abwandte.[12] Sexuelle Belästigung hat sich von einem Geheimnis, das insbesondere berufstätige Frauen wahrten, zu einem Geheimnis entwickelt, das wir alle kennen, obwohl wir so tun, als wüßten wir nichts davon.

Andererseits gibt es Geheimnisse, die Männer gegenüber Frauen wahren, weil sie sich dazu berechtigt fühlen. Oft bin ich erstaunt, wie viele Männer ein Vierteljahrhundert nach Beginn der Frauenbewegung in den Vereinigten Staaten heute noch vor ihren Frauen Geldgeheimnisse haben. Oft werden diese Geheimnisse leichthin als „Privatangelegenheiten" abgetan. Frauen dagegen begünstigen die Entstehung solcher Geheimnisse, wenn sie es hinnehmen, daß sie über die finanziellen Angelegenheiten in ihrer Ehe nicht informiert werden. Ich hatte als Therapeutin mit vielen Männern zu tun, die es als ihr gutes Recht betrachteten, finanzielle Angelegenheiten vor ihren Ehefrauen zu verheimlichen.

Ein kühnes Beispiel dafür, wie Geheimhaltung benutzt werden kann, um Männer auf Kosten von Frauen zu schützen, ist der erste bekannte Fall einer heterologen Befruchtung. Im Jahr 1884 konsultierte ein Ehepaar einen Arzt, weil es keine Kinder bekommen konnte. Die Frau wurde betäubt und ohne ihr Wissen mit dem Sperma eines Medizinstudenten befruchtet. Im Glauben, daß Männer das Recht hätten, ein solches Geheimnis zu verbergen, informierte der Arzt nur den Ehemann von der Befruchtung. Die Frau brachte ein Kind zur Welt und zog es in dem Glauben groß, es sei das Kind ihres Mannes. Hinter diesem Geheimnis verbarg sich ein weiteres: Der Mann wollte seiner Frau verheimlichen, daß er Syphilis hatte und daß dies wahrscheinlich die Ursache seiner Unfruchtbarkeit war.[13] Obwohl man sich ein Geheimnis mit derartigen Besonderheiten heutzutage kaum noch vorstellen kann, ist der Glaube an männliche Macht und männliche Privilegien, der vor über 100 Jahren ein solches Geheimnis untermauerte, noch heute weit verbreitet und begünstigt die Entstehung anderer Geheimnisse, die Männer vor Frauen hüten zu dürfen glauben.

Männer hüten Geheimnisse auch, um ein andernfalls unerträgliches Bild ihrer selbst zu verklären oder um Verletzlichkeiten und Schwächen zu vertuschen, die als „unmännlich" gelten. Viele Männer hüten Geheimnisse der beruflichen Unsicherheit, mangelnder Kompetenz oder sogar des Scheiterns am Arbeitsplatz. Als Tom und Sonia Gorham mich aufsuchten, steckte ihre Ehe in einer schweren Krise. Toms Geschäfte liefen schon seit Monaten nicht mehr gut, was er vor Sonia geheimgehalten hatte. Ohne ihr Wissen hob er Geld von einem Konto ab, das beide für die Ausbildung der Kinder angelegt hatten. Und kurz zuvor hatte er ein Darlehen zu einem viel zu hohen Zinssatz aufgenommen, wodurch das Eigenheim der Familie gefährdet wurde. Erst als Sonia einen Brief der Bank öffnete, entdeckte sie, was Tom mit dem gemeinsamen Geld angestellt hatte.

Als wir über die Ereignisse ihres Lebens sprachen, zeigte sich Tom herablassend und war wütend wegen Sonias „Schnüffelei". Erst im Laufe der Sitzung brach er weinend zusammen und sagte: „Ich bin doch der Mann. Ich muß für meine Familie sorgen, und ich wollte nicht, daß sie es erfährt. Niemand sollte es erfahren." Toms Vater war ein erfolgreicher Geschäftsmann, und dem Sohn wurde eingeimpft, daß „die Männer für alles sorgen und die Frauen umsorgt werden". Er schämte sich so sehr wegen seines beruflichen Mißerfolgs, daß er Heimlichkeiten aufhäufte, die fast seine Ehe zerstört hätten.

Traditionelle Vorstellungen von Männlichkeit veranlassen einen Mann, sich bestimmte Geheimnisse selbst nicht einzugestehen. Manchmal ist eine solche Verheimlichung für den Betroffenen selbst gefährlich. Der 43jährige Charlie Gooden suchte mich zwei Jahre nach seiner Scheidung auf. Er war einsam und traurig und erklärte, er finde einfach nicht die „richtige" Frau. Im Verlauf der Therapie erfuhr ich, daß Charlie eine Frau kennengelernt hatte, die ihm gefiel, doch diese Beziehung war vor mehreren Monaten „auf rätselhafte Weise" gescheitert. Als ich Charlie bat, mir seine Sicht der Dinge zu schildern, wechselte er das Thema. In unserer elften Sitzung erzählte er mir, daß ein Freund für ihn ein Rendezvous hatte vereinbaren wollen, was er aber abgelehnt habe. Welches Problem hatte dieser Mann, der sich doch so sehr nach einer neuen Beziehung sehnte?

Ich fragte Charlie, was seiner Meinung nach geschähe, wenn er sich auf eine Verabredung mit dieser Frau einließe. Da verlor er die Fassung und fing an zu weinen. Er wollte die Sitzung abbrechen, aber ich bat ihn zu bleiben. Stockend erzählte er mir, daß er gegen Ende seiner letzten Beziehung plötzlich keine Erektion mehr bekam. Wütend und vorwurfsvoll hatte die Frau die Beziehung abgebrochen. Charlie zog sich daraufhin völlig zurück. Er stürzte sich in die Arbeit und suchte mich nur auf Drängen seines besten Freundes auf. Er gab an, er „zwinge sich zu vergessen", was er mit seiner Freundin erlebt hatte. Ich fragte ihn, ob er schon einen Arzt konsultiert habe. Spöttisch meinte er, ein Arzt würde ihm ja doch nur die Diagnose stellen, daß er mit Frauen Probleme habe. Als ich ihm erklärte, daß Erektionsschwierigkeiten die verschiedensten körperlichen Ursachen haben könnten, ließ er sich untersuchen. Zwei Wochen später stellte sich heraus, daß die Ursache für seine Erektionsprobleme ein bis dahin nicht erkannter Diabetes war.

Unsere Ansichten darüber, was es heißt, ein Mann oder eine Frau zu sein, fördern die Geheimhaltung eines der bei Männern schmerzlichsten und bestgehüteten Geheimnisse, des Geheimnisses des sexuellen Mißbrauchs. Es gibt zwar Frauen, die das Geheimnis offenlegen, daß man sie als Kinder sexuell mißbraucht hat, aber nur wenige Männer haben dies bisher getan. Wie die weiblichen, so werden auch die männlichen Opfer eingeschüchtert und gezwungen zu verschweigen, was man ihnen antat. Wenn später dann ein Junge von seinem Peiniger unabhängig ist, hat er die unüberhörbare soziale Botschaft verinnerlicht, daß er als Opfer von sexuellem Mißbrauch „kein ganzer Mann mehr" sei. Der tief verwurzelte Glaube, daß der Mann einer Frau klar überlegen sei, fördert die Geheimhaltung des Mißbrauchs. Wenn der Täter ein Mann war, kommt Homophobie hinzu. „Wenn andere wüßten, daß mir das passiert ist", denkt ein Mann, „werden sie glauben, ich sei homosexuell." Statt das schreckliche Geheimnis zu enthüllen, legen viele Männer übertriebene Männlichkeit an den Tag und meiden später alles, was sie als verletzlich oder „feminin" erscheinen lassen könnte. Alkohol, Drogenmißbrauch und zwanghaftes Sexualverhalten können den Schmerz betäuben und das Geheimnis noch tiefer verschütten.[14]

Im Laufe der Jahre habe ich mit mehreren Paaren gearbeitet, deren anfängliche Klagen über den Alkohol- oder Drogenmißbrauch des Mannes, über sexuelle Probleme oder beharrliches Schweigen eigentlich mit der tiefen Scham des Mannes über das nie preisgegebene Geheimnis eines sexuellen Mißbrauchs im Kindesalter zusammenhingen. In allen Fällen hielten die Vorstellungen von Männlichkeit in unserer Kultur und in der Herkunftsfamilie das Geheimnis unter Verschluß.

In einer Fernsehserie aus dem Jahr 1995 wurden die Auswirkungen geschlechtsspezifischer Geheimnisse auf ein Paar ausführlich und sorgfältig dargestellt. Die Beziehung des frischverheirateten Paares, des Polizeibeamten Andy Sipowicz und der stellvertretenden Bezirksstaatsanwältin Sylvia Costas, ist durch Geheimnisse bedroht, die beide voreinander hüten. Sylvia war kurz zuvor auf der Straße überfallen worden und durchlebte damit das Trauma einer Jahre zurückliegenden Vergewaltigung erneut. Diese Vergewaltigung hielt sie vor ihrem Mann geheim – aus Scham sowie aus Angst, daß sich Andy von ihr abwenden würde, wenn er es erführe. Der Zwiespalt vieler Vergewaltigungsopfer, ob sie über ihr schreckliches Erlebnis sprechen sollen oder nicht, und wenn ja, mit wem, wird hier eindrucksvoll vorgeführt. Als Zuschauer erleben wir Sylvias inneren Konflikt, wenn sie die Konsequenzen bedenkt, die sich aus der Preisgabe oder dem Verschweigen des Geheimnisses ergeben.

Gleichzeitig beobachten wir die Entstehung eines neuen Geheimnisses in Andys Leben. Aus Angst, an Prostatakrebs erkrankt zu sein, hält er seine gesundheitlichen Probleme vor seiner Frau geheim. Wir erleben mit, wie ein Geheimnis aus dem Wunsch entsteht, einen geliebten Menschen zu schonen. Als Mann glaubt Andy, er müsse seine Schwäche vor seiner Frau verstecken.

Obwohl Sylvia das Geheimnis ihres Mannes nicht kennt, findet sie den Mut, Andy das Geheimnis ihrer Vergewaltigung mitzuteilen. Er hält zwar zu ihr, zieht sich aber aufgrund seiner eigenen Gesundheitsprobleme sexuell von ihr zurück. Da Sylvia sein Geheimnis nicht kennt, sieht sie ihre schlimmsten Befürchtungen bestätigt. Viel später, als Andy mit Sicherheit weiß, daß er nicht Krebs hat, gibt auch er sein Geheimnis preis.

Diese sorgfältig aufgebaute Nebenhandlung dauert insgesamt zwar nur wenige Minuten, aber die verheerenden Auswirkungen von Geheimnissen auf eine junge Ehe werden eindrucksvoll vor Augen geführt. Es wird gezeigt, welches Mißtrauen wichtige Geheimnisse in intimen Beziehungen schaffen können, welche Zweifel und Ängste Menschen erfahren, wenn sie erwägen, ein Geheimnis preiszugeben, welche Scham mit bestimmten Geheimnissen verknüpft ist und wie der Inhalt eines Geheimnisses ein anderes beeinflussen kann. Die vorgeführten Geheimnisse sowie Sylvias und Andys Beweggründe, diese Geheimnisse für sich zu behalten, sind von den Vorurteilen der Geschlechterrollen durchdrungen. Bei Sylvias Geheimnis geht es um Vergewaltigung, und wie Frauen zu allen Zeiten, so fürchtet auch sie, ihr Mann werde schlecht von ihr denken oder die Schuld an der Vergewaltigung ihr selbst geben. Andys Geheimnis wiederum ist mit der männlichen Sexualität verknüpft. Wird es seiner Männlichkeit Abbruch tun, wenn er zugibt, eine Prostataerkrankung zu haben? Er reagiert in der Weise, wie es der Sozialisation von Männern seit Jahrhunderten entspricht: Er leugnet seine eigenen Ängste und will durch Schweigen und Rückzug seine Frau „schonen“.

Geschlecht und Geheimnis

Wenn Sie über Geheimnisse nachdenken, die Gewalt in der Ehe, sexuelle Belästigung oder sexuellen Mißbrauch, Krieg, Unfruchtbarkeit, neue Reproduktionstechnologien, die Abstammung und Abtreibung zum Inhalt haben, berücksichtigen Sie auch den Einfluß, den geschlechtsspezifische Verhaltens- und Denkmuster des weiteren kulturellen Umfelds auf solche Geheimnisse haben.

- ***Was waren Ihre Erfahrungen als Frau oder als Mann mit geschlechtsspezifischen Geheimnissen?***
- ***Wenn Sie einen Lebenspartner haben – sei er verschieden- oder gleichgeschlechtlich: Wie hat die Stellung von Mann und Frau im kulturellen Umfeld Verheimlichung und Offenheit in Ihrem Zusammenleben beeinflußt?***

Verflechtung von Geheimnissen

Bilden Hautfarbe, ethnische Zugehörigkeit, Religion, sozialer Status oder Geschlecht den Hintergrund eines Geheimnisses, so sind häufig zwei oder mehrere dieser Dimensionen miteinander verflochten. Religion und Geschlecht beispielsweise können das Geheimnis vom sexuellen Mißbrauch eines Ministranten durch einen Priester festigen. Ethnische Zugehörigkeit, Religion und Geschlecht können mit einem Geheimnis der Homosexualität in Verbindung stehen.

„Wann kommt deine Mutter?“ Margarets Geschichte

In Margaret Castles Leben trugen sich Hautfarbe und Rassismus, Ansichten über Kindererziehung, die sich von ethnischen „Vorschriften“ ableiteten, religiöse Heuchelei, elitäres Klassenbewußtsein und die eingeschränkte Entscheidungsfreiheit von Frauen gemeinsam zu einem Geheimnis bei, mit dem sie 46 Jahre ihres Lebens zu ringen hatte.

„Als ich sechzehn war, schickte mich meine Mutter eines Sonntags mit einem Strauß Blumen aus dem Garten zu Mrs. Ellis im Haus gegenüber. Mrs. Ellis bedankte sich und sagte leichthin: ‚Ich habe deine Mutter schon lange nicht mehr gesehen. Wann kommt sie denn?‘ ‚Meine Mutter? Meine Mutter wohnt doch da drüben, Sie sehen sie doch jeden Tag.‘ Die Nachbarin sah sie erschrocken an. Nach einer langen Pause fragte sie: ‚Hat man dir denn nicht gesagt, daß Lucy deine Mutter ist?‘“

Dieses kurze, erschütternde Gespräch brachte mit einem Schlag Verwirrung und Klärung in Margarets Leben. Aufgewachsen in Barbados in einer schwarzen Mittelklassefamilie, war Margaret das jüngere von zwei Kindern. „Als kleines Kind spürte ich, daß irgend etwas nicht stimmte. Man sagte immer zu mir, ich stelle zu viele Fragen und ich sei zu vorlaut. Lucy war eine sehr hellhäutige Person, die uns öfter besuchte, als ich klein war. Sie kommandierte mich herum, nicht aber meine ältere Schwester. Ich verstand nicht, warum meine Mutter das zuließ. Lucy änderte meine Frisur, flocht meine Zöpfe auf, steckte mir einen Reif ins Haar und meinte: ‚Das sieht viel eleganter aus.‘ Ich konnte das nicht ausstehen, aber ich mußte es über mich ergehen lassen.“

Als Margaret das Geheimnis ihrer Adoption entdeckte, stellte sie ihre Adoptiveltern zur Rede, die es abstritten und jede weitere Diskussion ablehnten. „In Barbados wurden die Kinder ‚britisch‘ erzogen: Man durfte sie sehen, aber nicht hören. Kinder waren wie Katzen; man nahm sie auf den Arm und setzte sie nach Belieben wieder ab. Man schuldete ihnen keinerlei Erklärungen, und sie hatten kein Recht, Fragen zu stellen oder Gefühle zu haben“, erklärte mir Margaret. „Bis heute ist es für mich am schlimmsten, daß sich niemand bei mir entschuldigt hat.“

Was sich hinter diesem Geheimnis verbarg, entdeckte, verstand und verzieh Margaret erst nach vielen Jahren. „Jahrelang habe ich mit niemandem darüber gesprochen. Ich war außer mir vor Wut, und ich hatte keinen anderen Wunsch, als so schnell wie möglich erwachsen zu werden und wegzugehen." Die Entdeckung des Geheimnisses während ihrer Pubertät und die Tatsache, daß niemand mit ihr darüber sprechen wollte, brachte Margarets Leben als junge Erwachsene völlig aus der Bahn. Mit 18 Jahren ging sie von Barbados nach New York und kehrte erst 20 Jahre später wieder zurück. Heute ist sie eine erfolgreiche Geschäftsfrau, aber jahrelang war sie völlig orientierungslos. „Ich habe mit einer Wut im Bauch gelebt. Aus mangelndem Selbstvertrauen bin ich nicht aufs College gegangen. Ich habe viele Jahre in einer aussichtslosen Beziehung zu einem älteren Mann vergeudet", berichtete sie.

Als ich sie kennenlernte, fiel mir auf, daß allen ihren Bemerkungen über die Menschen in ihrem Leben die Beschreibung von Hautfarbe, Konfession und sozialem Status vorausgingen. Bald stellte sich heraus, daß dies die Bestandteile des Geheimnisses waren, das ihr Leben so tiefgreifend prägte. Lucys Vater Michael Rose war Weißer und lebte auf Barbados; sein Großvater war noch Sklavenhalter gewesen. Lucys Mutter Ruth war schwarz und stammte von Sklaven ab. Michael Rose, ein angesehener Großgrundbesitzer und Diakon in seiner Kirche, zeugte mit verschiedenen Frauen uneheliche Kinder. Margaret meinte: „Die Geheimnisse nehmen gar kein Ende. Letztes Jahr erst erfuhr ich, daß eine 72jährige Frau, von der ich dachte, sie sei Dienstmädchen bei der Familie Rose gewesen, eines von Michael Roses Kindern war. Mit anderen Worten: Sie ist meine Tante!"

Lucy war das Lieblingskind von Michael Rose. „Sie wurde in dem Bewußtsein erzogen, eine Weiße zu sein. Als sie Anfang zwanzig mit mir schwanger wurde und Michael Rose erfuhr, daß mein Vater ein schwarzer Arbeiter war, zwang er sie, mich wegzugeben", sagte Margaret. „Ich war eine Frühgeburt, und als Michael Rose hörte, daß ich geboren war, lautete seine erste Frage: ‚Wird sie überleben?' Er hoffte wohl, ich würde sterben, und alles könnte sich wieder einrenken."

Weil sie Angst vor dem Zorn des Vaters hatte und ihm alles recht machen wollte, gab Lucy das Kind zu entfernten Verwandten, den Castles. Viele Jahre später sagte sie zu Margaret, sie habe geglaubt, das sei eine inoffizielle Vereinbarung. „Die Castles ließen eine neue Geburtsurkunde für mich ausstellen und adoptierten mich ganz legal", sagte Margaret. „Bis auf den heutigen

Tag weiß ich nicht, wem und was ich glauben soll. Ich habe nie eine ehrliche Auskunft über meinen Vater bekommen, und es hat Jahre gedauert, bis ich den Mut fand, mich nach ihm zu erkundigen. Lucy sagt, er sei tot. Das kann stimmen oder nicht. Letztes Jahr fragte sie mich: ‚Weißt du eigentlich, daß du einen Halbbruder hast, der Arzt ist?' Natürlich wußte ich das nicht. Das Wichtigste für Lucy war, daß er Arzt ist, und nicht, daß er mein Bruder ist. Ich habe das Gefühl, ich verbringe mein Leben damit, ein Geheimnis nach dem anderen zu lüften."

Wir überlegten gemeinsam, auf welche Weise Geheimnisse ihr Leben und das Leben ihrer Familienangehörigen beherrschten, und stellten diese Geheimnisse in das größere soziale Umfeld, in dem sie aufwuchs. Barbados, zur Zeit ihrer Geburt eine britische Kolonie, war eine durch schmerzliche Ungleichheit der Hautfarbe und der sozialen Verhältnisse geprägte Gesellschaft. Diese Diskrepanzen spiegelten sich auch im Leben von Michael Rose wider. Der hochangesehene Weiße heiratete Ruth, eine Schwarze, und verspürte keinerlei Gewissensbisse angesichts seiner zahlreichen außerehelichen Affären, darunter auch mit Ruths Schwester. Diese Art von Liaison war durchaus nicht ungewöhnlich und in dieser kolonialen Gesellschaft ein offenes Geheimnis. Während ein solches Verhalten einem angesehenen Weißen zugebilligt wurde, durfte sich seine Tochter nicht dieselben Freiheiten herausnehmen. Im Hinblick auf die Sexualität wurde die Frau mit anderen Maßen gemessen, hinzu kamen die Hautfarbe und der niedere soziale Status von Lucys Liebhaber. Aus der Verflechtung all dieser Faktoren ist das Geheimnis von Margarets Herkunft zusammengesetzt.

Eine seltsame Mischung aus Anmaßung und Scham umgab dieses Geheimnis. In einer Gesellschaft, Gemeinschaft oder Familie, die auf der Überlegenheit einiger über viele andere gründet, wird sehr gedankenlos mit Geheimnissen umgegangen, die eine als „minderwertig" angesehene Person direkt betreffen. Mit der Schaffung und Wahrung von Geheimnissen soll die soziale Ordnung aufrechterhalten und die Macht dessen vergrößert werden, der das Geheimnis hütet. Die Scham wird von dem Geheimnisträger gleichsam chirurgisch entfernt und auf den Menschen übertragen, dem man seine Lebensgeschichte vorenthält. In allen ihren Begegnungen mit Lucy in ihrer Kindheit wurde Margaret das Gefühl vermittelt, mit ihr sei vieles nicht in Ordnung: ihre Haut sei zu dunkel, ihr Haar zu stark gelockt, ihr Benehmen ungebärdig. Die Gründe, weshalb die Castles das Geheimnis für sich behielten, waren vielfältig. Sie wollten unbedingt ein zweites Kind. Um Margaret adoptieren zu können, willigten sie ein, die Herkunft des Kindes geheimzuhalten. Sie wollten sie auch davor bewahren, sich gebrandmarkt zu fühlen. In den vierziger Jahren wurde auf Barbados wie fast überall zu jener Zeit Kindern kein Recht zugestanden, Fragen zu stellen oder Auskunft zu fordern. Als Erwachsene fragte Margaret ihre ältere Schwester, was man ihr über den Fall gesagt hatte. „Eines Tages brachten sie dich mit nach Hause", erzählte diese. „Ich war dreizehn. Keiner erklärte mir etwas, und ich fragte nie nach."

Sowohl die Art, wie Margaret das Geheimnis erfuhr, als auch der Mangel an Offenheit, als sie versuchte, der Wahrheit auf die Spur zu kommen, hatte eine verheerende Wirkung, mit der sie jahrelang zu kämpfen hatte. Dennoch meisterte sie ihr Leben mit erstaunlicher Tapferkeit und Integrität. „Ich habe die Entscheidung getroffen, daß ich unter allen Umständen aufrichtig und ehrlich sein wollte", sagte mir Margaret. „Dadurch habe ich viele gute Menschen kennengelernt. Wenn ich merke, daß jemand ein Heuchler ist, mache ich einen großen Bogen um ihn."

Mehr als 20 Jahre, nachdem sie Barbados verlassen hatte, beschloß sie, mit ihrer leiblichen Mutter und ihrer Adoptivfamilie wieder Kontakt aufzunehmen. Heute unterstützt sie die ältere Generation tatkräftig. Auf ihre Großzügigkeit angesprochen, sagte sie zu mir: „Ehrlich gesagt, ich finde auf diese Weise meinen inneren Frieden. Und es entspricht auch meinem Glauben." Dann lächelte sie und meinte in bitterem Ton: „Vielleicht macht es mir auch Spaß zu wissen, daß ich alles im Griff habe."

Alte Geheimnisse in neuen Zeiten

Kürzlich kam ich mit meiner Mutter auf eine Cousine von ihr zu sprechen, die mit 20 Jahren an Komplikationen im Zusammenhang mit einer nicht erkannten Magersucht starb. Wir hatten auch schon früher von dieser Cousine gesprochen. Aber diesmal meinte meine Mutter: „Weißt du, es hatte, glaube ich, viel mit der Scheidung ihrer Eltern zu tun." „Scheidung?" sagte ich. „Welche Scheidung? Das hast du mir nie erzählt." „Ja", erwiderte meine

Mutter seelenruhig, „über so etwas wurde damals nicht gesprochen, und ich habe wohl einfach nicht mehr daran gedacht."

Manche Geheimnisse, die vor ein oder zwei Generationen entstanden und gehütet wurden – zum Beispiel Krebs, psychische Krankheit, Alkoholismus, Adoption, uneheliche Geburt oder Scheidung –, würde man heutzutage kaum noch geheimhalten. Mein Onkel Nathan litt an Epilepsie, die man damals für eine Geisteskrankheit hielt. Ich erinnere mich noch, daß er fast sein ganzes Leben zu Hause bei seinen Eltern verbrachte und kaum nach draußen ging. Er wurde zwar geliebt, geschützt und umhegt, aber sein Schlafzimmer befand sich im hinteren Teil des Hauses, eine Metapher für ein Leben in Heimlichkeit. Wenn Sie die Geheimnisse Ihrer Kindheit mit heute entstehenden Geheimnissen vergleichen, werden Sie bemerken, daß in unserem kulturellen Umfeld ganz andere Dinge als schändlich und beschämend angesehen werden als damals. Geändert hat sich aber nicht nur der Inhalt der Geheimnisse, sondern auch unsere Einstellung zu Geheimhaltung und Offenlegung. Durch die Watergate-Affäre wurde das Verständnis von Geheimhaltung einer ganzen Generation erschüttert. Das Gesetz über die Freiheit der Information, als unmittelbare Reaktion auf Watergate verabschiedet, verankerte das Recht auf Information und führte zur Auseinandersetzung mit der Frage, wie durch Geheimhaltung unbefugte Macht weiter gefestigt wird. Gleichzeitig haben die sozialen Bewegungen der letzten 25 Jahre, allen voran die Frauenbewegung, die Bürgerrechtsbewegung, die Bewegung für Patientenrechte, die Homosexuellenbewegung, die Bewegung erwachsener Adoptivkinder, viele bis dahin verborgene Aspekte des amerikanischen Lebens ans Licht der Öffentlichkeit gebracht.

Der Trend in unserer Gesellschaft, das Tabu der Geheimnisse zu brechen, wie er sich neuerdings beobachten läßt, bedeutet allerdings nicht, daß vergiftende und gefährliche Geheimnisse gänzlich verschwunden wären. In vielen Familien führen Geheimnisse, die in der Vergangenheit entstanden sind, jetzt in einem Klima, das Offenheit um jeden Preis fordert, zu immer schwereren Konflikten. Ich habe oft mit Menschen zu tun, die angesichts der Frage, was sie mit diesen alten Geheimnissen anfangen sollen, ratlos sind und in schwere Loyalitätskonflikte geraten. Die jüngere Generation kann sich kaum eine Vorstellung davon machen, wie schwierig es bis vor nicht allzu langer Zeit war, aufrichtig zu sein, so daß es manchmal zu wütenden Auseinandersetzungen kommt, wenn ein vor langer Zeit entstandenes Geheimnis endlich offengelegt wird.

Manche Geheimnisse entstanden unter Berufung auf bestimmte „Regeln", die heute ihre Gültigkeit verloren haben. Generationen von erwachsenen Adoptierten beispielsweise wurden in einem System adoptiert, das Informationen über die leiblichen Eltern geheimhielt. Müttern, die ihre Babys weggaben, wurde Anonymität zugesichert, denn damals galten sowohl die uneheliche Geburt als auch die Unfruchtbarkeit der Adoptiveltern als Schande. Heute sprechen wir alle offen über Adoption, und auch die Möglichkeit einer späteren Kontaktaufnahme zwischen den leiblichen Eltern und dem Kind wird meist positiv bewertet. Doch was ist mit den Menschen, die geboren wurden, bevor dieses Umdenken einsetzte? Mit denen, die vor dieser Zeit Kinder zur Welt brachten oder Kinder adoptierten? Wer sagt ihnen, was sie geheimhalten und was sie offenlegen sollen?

Auch wenn Themen, die einst tabu waren, heute diskutiert werden, kann der einzelne weiterhin im Zwang der Geheimhaltung gefangen bleiben. Viele männliche und weibliche Homosexuelle sehen sich nach wie vor gezwungen, ihre Neigungen vor ihren Familien zu verbergen. Mit der politischen Strategie „Nichts fragen und nichts sagen" wurde in bezug auf Homosexuelle in der Armee wieder einmal eine halbgeöffnete Tür zugeschlagen. Tragische Fälle von Gewalt in der Familie werden zur Hauptsendezeit im Fernsehen vorgestellt. Andererseits zwingt man Frauen, die von ihren Partnern tätlich angegriffen werden, nach wie vor durch Demütigung und mangelnde soziale Unterstützung zum Schweigen. Konservative Politiker, die geradezu zynisch die „Werte der Familie" hochhalten, rufen nach neuen Schranken der Scham und Geheimhaltung, als ließe sich so verhindern, daß mittellose Jugendliche Kinder in die Welt setzen. Und auch wenn wir uns zu unserer scheinbaren Offenheit beglückwünschen, entstehen neue, in der Generation vor uns noch unvorstellbare Geheimnisse. Denken wir nur an das schmerzliche Geheimnis um die Seuche AIDS und an die vielen offenen Fragen im Zusammenhang mit den neuen Reproduktionstechnologien. Wir tun uns nach wie vor schwer mit der Entscheidung, wem wir ein Geheimnis anvertrauen sollen, wer ein Recht hat, es zu erfahren, und um welchen Preis es gewahrt oder offengelegt werden soll.

4

„Wir wissen am besten, was Sie wissen dürfen"

Geheimnisse und Anmaßung von Institutionen

Den Leuten, die herkamen, sagte man nicht, was man mit ihnen vorhatte. Wir erklärten ihnen, wir wollten einen Test machen. Man sagte ihnen nicht ..., wogegen sie behandelt wurden oder nicht behandelt wurden ... Wir sagten ihnen nicht, daß es uns um Syphilis ging. Ich glaube nicht, daß sie gewußt hätten, was das ist.

Dr. J. W. Williams zur Tuskegee-Studie über „Unbehandelte Syphilis bei männlichen Schwarzen"

Zwischen 1932 und 1972 wurden fast 400 in Armut lebende, meist des Lesens und Schreibens unkundige Afroamerikaner zu einem Forschungsprojekt herangezogen, dessen Sinn und Zweck vor ihnen geheimgehalten wurde. Man hatte bei ihnen Syphilis festgestellt, verschwieg ihnen aber die Diagnose. Danach sollte ihr unaufhaltsamer Verfall beobachtet werden. Der staatliche amerikanische Gesundheitsdienst lockte die Betroffenen mit Gratis-Untersuchungen, Freifahrten von und zur Klinik, warmen Mahlzeiten und der makabren Zusage eines Sterbegelds. Ein Teilnehmer des Experiments erinnerte sich, wie man ihn im Jahr 1932 belogen hatte: „Man sagte mir, ich hätte schlechtes Blut. Und das wiederholte man seither ständig. ‚Charlie, du hast schlechtes Blut ...' Von Syphilis war nie die Rede. Kein einziges Mal."[1] Ein anderer Mann erklärte: „Ich weiß nicht, wofür sie uns benutzt haben. Welchen Sinn und Zweck diese ganze Studie hatte, habe ich nie kapiert."[2]

Man kümmerte sich nicht um den Gesundheitszustand und das Wohlbefinden der Männer und enthielt ihnen die sonst übliche medizinische Behandlung vor. Ihnen wurde lediglich mitgeteilt, sie sollten sich keinesfalls einer Behandlung anderswo unterziehen, sonst würden sie aus der Studie ausgeschlossen und bekämen die versprochenen Vergünstigungen nicht. Die zynische und absurde Neugier, mit der man die Auswirkungen unbehandelter Syphilis an verarmten Schwarzen beobachtete, ließ auch dann nicht nach, als in den vierziger Jahren Penicillin entdeckt wurde, ein sicheres Heilmittel gegen Syphilis. Viele Versuchspersonen starben. Wer überlebte, wurde zum Teil blind oder geisteskrank.

Geheimhaltung, Lüge und Täuschung waren nicht nur für die üblen Machenschaften an diesen Männern kennzeichnend, sondern wurden auch auf anderen Ebenen praktiziert. In den Kreisen der weißen Beamten der staatlichen Gesundheitsfürsorge wurde die Studie als Untersuchung über die Auswirkungen „unbehandelter Syphilis bei männlichen Schwarzen" deklariert. Wenn über diese Studie mit den schwarzen Leitern des Tuskegee Institute gesprochen wurde, wo das Experiment stattfand, nannten dieselben Beamten das Projekt eine Studie über die Auswirkungen von Syphilis auf den „menschlichen Organismus". In Gesprächen mit Angehörigen der schwarzen Rasse wurde die Hautfarbe einfach ignoriert. Da der Leitung des Tuskegee Institute bekannt war, daß sämtliche Teilnehmer Afroamerikaner waren, erleichterte dieser sprachliche Taschenspielertrick nicht nur die Täuschung, sondern auch Selbsttäuschung und Komplizenschaft. Die sozialen Unterschiede zwischen den Beamten des Tuskegee Institute und den mittellosen Teilnehmern des Experiments wogen bei der Wahrung dieses schrecklichen Geheimnisses mehr als die Gemeinsamkeit der Hautfarbe.

Mitte der sechziger Jahre versuchten Mediziner, die nichts mit der Studie zu tun hatten, die Rechtmäßigkeit und die ethische Zulässigkeit des Experiments anzuzweifeln. Wie bei vielen Versuchen, behördliche Geheimnisse zu enthüllen, stießen auch diese Nachforschungen beim staatlichen amerikanischen Gesundheitsdienst auf eisiges Schweigen. Es wurde gemauert, und schriftliche Nachfragen blieben unbeantwortet. Die Geheimhaltung begann, ungeachtet der Folgen, ein Eigenleben zu führen.

Als die Presse im Jahr 1972 schließlich das Geheimnis der Tuskegee-Studie lüftete, beeilten sich die Verantwortlichen im staatlichen Gesundheitsdienst zu rechtfertigen, was geschehen war. Allerdings entschuldigte man sich zu diesem Zeitpunkt keineswegs, gestand kein Fehlverhalten ein und machte sich nicht über die ethische Rechtmäßigkeit des Experiments Gedanken.[3] 1997 schließlich, 25 Jahre, nachdem das furchtbare Geheimnis an die Öffentlichkeit gedrungen war, entschuldigte sich Präsident Clinton öffentlich bei den wenigen Teilnehmern der Studie, die noch am Leben waren, und bei den Angehörigen der inzwischen Verstorbenen.

Das Tuskegee-Experiment ist ein Musterbeispiel zum Verständnis von institutionellen Geheimnissen. Getragen von der anmaßenden Überzeugung: „Wir wissen am besten, was Sie wissen dürfen", durchdringen solche Geheimnisse Regierungen, Körperschaften, Polizei, Militär, medizinische und psychiatrische Einrichtungen, Jugendämter, Adoptionsvermittlungsstellen und Glaubensgemeinschaften. Die Beispiele sind Legion: der Watergate-Skandal und die damit verbundenen Lügen und Heimlichkeiten, die ironischerweise im Oval Office des Weißen Hauses aufgezeichnet wurden; die Suche der CIA nach einem Wahrheitsserum, wofür geheime Experimente mit Marihuana, Kokain, Heroin und Amphetaminen angestellt wurden, und als Höhepunkt folgten Tests mit LSD an ahnungslosen Opfern im ganzen Land[4]; die schleichende Vergiftung von Arbeitern in der Asbestindustrie – ein Industriebereich, der die krebserregende Wirkung von Asbest zynisch bestritt, weil die Krebserkrankung erst Jahrzehnte später auftrat; die Leugnung des Pentagon, daß im Golfkrieg Soldaten Giftgas ausgesetzt waren; sexueller Mißbrauch von Kindern durch Geistliche und die Mißhandlung von geistig kranken und behinderten Patienten in staatlichen Krankenhäusern. Begünstigt durch ein Machtgefälle, das Verheimlichung überhaupt erst ermöglicht, führen solche Geheimnisse schnell zu einem eklatanten Machtmißbrauch. Wie bei dem Tuskegee-Experiment deutlich wurde, nehmen sich die Initiatoren und Mitwisser institutioneller Geheimnisse Vorrechte gegenüber jedem heraus, dem sie einen niedrigeren sozialen Rang zuschreiben: gegenüber Armen, Kranken, älteren Menschen, Minderheiten und Kindern. Eine solche Hierarchie wird dazu benutzt, anderen vorsätzlich Informationen vorzuenthalten, auch wenn solche Informationen für den Betroffenen notwendig sind, um sinnvolle Lebensentscheidungen zu treffen oder Gefahren zu vermeiden.

Manche Institutionen praktizieren nicht nur tagtäglich selbst Geheimhaltung, sie zwingen sie auch ihren Klienten auf. Die angebliche Autorität der „Experten" beeinflußt oft auch Entscheidungen über den Umgang mit Geheimnissen in den Familien.

Adoption und die neue Fortpflanzungsmedizin sind zwei Beispiele dafür, daß die Wertvorstellungen und Ansichten von Fachleuten die Entscheidungen von Millionen von Familien über Geheimhaltung und Offenheit bestimmen. Wie wir in beiden Fällen sehen werden, dient Geheimhaltung, die für Kinder ursprünglich eine Schutzfunktion erfüllte, auch dazu, schmutzige und korrupte Machenschaften zu verschleiern.

Adoption: Von guten zu bösen Geheimnissen

Als ich mit meiner Tätigkeit als Familientherapeutin anfing, glaubte man, bei einer Adoption seien Geheimnisse unvermeidlich. Den Adoptiveltern wurde zwar empfohlen, dem Kind mitzuteilen, daß es ein Adoptivkind sei, dabei aber seine Besonderheit zu betonen, da es ja „auserwählt" worden war. Doch dieser Ratschlag wurde von einem noch dringlicheren Appell begleitet: Fachkräfte redeten den Eltern ein, ihr adoptiertes Kind unterscheide sich nicht von einem leiblichen Kind.[5] Die Vermittlungsstellen gaben sich bei ihrer Suche Mühe, den körperlichen Besonderheiten von Adoptiveltern und Adoptivkind Rechnung zu tragen. Ähnlichkeiten in Haarfarbe, Augenfarbe und Teint sollten dazu beitragen, die im übrigen ungeheuerliche Tatsache der Adoption herunterzuspielen und zu leugnen. Leibliche Eltern und Adoptiveltern lernten sich nie kennen und korrespondierten auch nicht miteinander. Adoptionsvermittlungsstellen und Gerichte sicherten allen beteiligten Parteien zu, daß die Akten unter Verschluß gehalten würden. Die Adoption eines Säuglings begann mit Geheimhaltung und sollte auch weiterhin geheim bleiben. Gesetze schrieben vor, daß Vermittlungsstellen den Adoptivfamilien nur oberflächliche Auskünfte geben durften, wie etwa über die Körpergröße der Mutter oder deren Schulabschlußnoten. Die leiblichen Mütter wiederum erhielten noch weniger Auskünfte über die Eltern, die ihr Kind aufzogen. Man erwartete von ihnen, daß sie ihr Geheimnis mit sich nahmen und verschwanden. Adoptionsfachleute behaupteten, ohne ihre Position wissenschaftlich zu untermauern, daß Frauen ihre Kinder nur unter dem Siegel der Verschwiegenheit zur Adoption freigeben würden.[6] Obwohl der Geheimhaltungsaspekt im Adoptionsgesetz heute in Frage gestellt wird, halten die meisten US-amerikanischen Bundesstaaten sowie auch Kanada an der Praxis der Geheimhaltung von Adoptionsakten fest.

Hinter einer solchen Geheimhaltungspraxis standen ursprünglich lautere Absichten. Man wollte dem Kind das Stigma ersparen, „unehelich" geboren zu sein, den leiblichen Müttern Vertraulichkeit garantieren, den Adoptiveltern die Schande der Unfruchtbarkeit ersparen und leibliche wie Adoptiveltern vor zudringlichen Fragen abschirmen. Doch zahlreiche ungewollte Nebenwirkungen waren die Folge. Angefangen mit einer neuen Geburtsurkunde, in der die Namen der leiblichen Eltern durch die der Adoptiveltern ersetzt wurden, werden Adoptivkinder und ihre Familien zu konspirativem Stillschweigen und zum Leugnen ihrer Andersartigkeit gezwungen. So muß alles, was ein Adoptivkind von der Adoptivfamilie unterscheidet, geleugnet werden, einschließlich der Unterschiede im Charakter, in der körperlichen Erscheinung und im Temperament.

Paradoxerweise wird aber das Kind gerade durch das Leugnen dieser Unterschiede geprägt, das Eltern und Adoptivkinder einander näherbringen und verbinden soll: Sie fühlen sich nicht angenommen; bei den Jugendlichen treten immer mehr Eigenschaften zutage, die ihre Eltern nicht wahrhaben wollen. Was in Adoptionsfachkreisen als „Identitätsproblem", als verworrene oder chaotische Selbstwahrnehmung des adoptierten Heranwachsenden diskutiert wird, ist eine unmittelbare Folge davon, daß den Kindern Informationen über ihre Identität und ihre Geschichte vorenthalten und die Verbindungen zu ihrer biologischen Herkunft geleugnet werden. Ich hatte mit Adoptivfamilien zu tun, in denen alle Äußerungen des Adoptivkinds, die mit der Zugehörigkeit zu dieser Familie nicht in Einklang standen, heruntergespielt, nicht wahrgenommen oder – noch schlimmer – durch Bestrafung verhindert wurden. Wenn diese Strategien nicht funktionierten, besonders in der Pubertät, verfielen diese Familien nicht selten ins andere Extrem, indem sie die Unterschiede hochspielten und das Verhalten des Kindes gänzlich auf die Tatsache der Adoption zurückführten. Beide Haltungen verschleiern die mit der Adoption verbundenen Komplikationen.

Das konspirative Schweigen wirkt sich auch auf die tiefen Emotionen aus, die bei einer Adoption im Spiel sind, insbesondere auf den natürlichen Prozeß der Trauer. Adoption bedeutet Gewinn und Verlust zugleich. Wenn nur die Fiktion von der

„Auserwähltheit“ des Kindes ausgesprochen werden kann, dann wird auf seiten der leiblichen Mutter der Verlust ihres Kindes, auf seiten des Kindes der Verlust seiner leiblichen Eltern und auf seiten der Adoptiveltern der Schmerz über die Unfähigkeit, eigene Kinder zu haben, tief verschüttet.

Die Situation in Nordamerika ist heute anders als noch vor zehn oder zwanzig Jahren. Vieles hat dazu beigetragen, unsere alten Vorstellungen über die Geheimniskrämerei im Adoptionsbereich in Frage zu stellen: die rasch voranschreitende genetische Forschung mit dem sich daraus ergebenden Recht, das eigene genetische Erbe zu kennen; das Verschwinden des zweifachen Stigmas der unehelichen Geburt und der Unfruchtbarkeit; der Mangel an zur Adoption freigegebenen weißen Babys und damit verbunden eine Zunahme der internationalen Adoption von Kindern auch aus anderen Kontinenten, deren Andersheit nicht geleugnet werden kann; und schließlich ein zunehmendes Wissen über die dynamischen Prozesse in Adoptivfamilien.[7]

Initiativen erwachsener Adoptierter und leiblicher Mütter, die sich um Kontaktaufnahme bemühen; die offene Adoption, bei der sich leibliche und Adoptiveltern treffen, Briefe wechseln und bei der die Akten nicht unter Verschluß gehalten werden; neue Gesetze zur Erleichterung der Familienzusammenführung – all dies spricht für eine neue Offenheit. Trotzdem gibt es noch Tausende von Adoptivkindern, die unter den überkommenen Regeln und Voraussetzungen adoptiert wurden. Ihr Leben ist von Geheimhaltung durchdrungen, die bei den Betroffenen schwere Konflikte auslöst.

Die Schichten eines Adoptionsgeheimnisses freilegen

Ich lernte Shari Dardan kennen, als sie 24 Jahre alt war. Obwohl sie intelligent war, hatte sie dreimal das College gewechselt und hielt es offenbar an keinem Arbeitsplatz lange aus. Bevor sie mich aufsuchte, war sie wieder nach Hause zurückgekehrt, weil sie die Miete für ihre kleine Wohnung nicht mehr bezahlen konnte. „Ich bin nicht vorangekommen“, meinte sie. „Meine Eltern glauben, ich sei ein Spätzünder, aber in meiner Familie gibt es keine Spätzünder.“ Als ich sie fragte, wie sie selbst ihre Situation beurteile, meinte sie: „Wir wissen alle, daß es daher kommt, daß ich ein Adoptivkind bin, aber das würde niemand zugeben." Als ich sie nach den Umständen ihrer Adoption fragte, antwortete sie ähnlich wie viele andere Adoptivkinder. Sie wußte, daß sie in New Jersey zur Welt gekommen und in Pennsylvania adoptiert worden war. Über ihre leibliche Mutter besaß sie nur bruchstückhafte Informationen, und sie hatte keine Ahnung, warum ihre Eltern sie fünf Jahre nach der Geburt ihres älteren und mittlerweile sehr erfolgreichen Bruders Howard adoptiert hatten. „Meine Eltern versicherten mir immer wieder, daß die Tatsache meiner Adoption keinerlei Bedeutung habe und daß Howard und ich ganz gleichrangig seien. Wenn ich mehr erfahren wollte, setzten meine Eltern eine gekränkte Miene auf und wechselten das Thema." Kurz, sie wußte nichts über ihre Herkunft und hatte kein Umfeld, um das bleierne Gefühl des Verlusts und des Andersseins bewältigen zu können. Durch ihr derzeitig erfolgloses Leben schien sie ihrer Familie vermitteln zu wollen, daß sie nicht voll und ganz dazugehörte, so schmerzlich das auch war.

Im Verlauf der Therapie mußten viele Schichten verschütteter Emotionen freigelegt werden, angefangen bei Sharis Eltern und ihrem älteren Bruder, die an den Sitzungen teilnahmen, bis zur Adoptionsvermittlungsstelle, den Gerichten und einer Initiativgruppe erwachsener Adoptierter, die mit ihren leiblichen Eltern Kontakt aufnehmen wollten. Diese lehnten zunächst meine Einladung ab, an der Therapie teilzunehmen, da sie, wie sie sagten, nicht in Sharis Privatsphäre eindringen wollten. Als Shari ihnen erklärte, wie wichtig es für sie sei, daß sie mitmachten, stimmten sie schließlich zu.

Bei unserer ersten gemeinsamen Sitzung sagte Sharis Mutter: „Mir war klar, daß Sie mit Shari über ihre Adoption gesprochen haben. Als wir sie vor 24 Jahren nach Hause brachten, empfahl uns die Adoptionsvermittlung, ihr zu sagen, daß wir speziell sie auserwählt hätten, und ihr zu versichern, daß sie zu uns gehörte. Was ich sonst noch hätte sagen können, wußte ich nicht." Hinter dieser Fiktion des „auserwählten Kindes" standen die Geheimnisse dreier Fehlgeburten, einer Totaloperation im Unterleib und der Mißbilligung der Adoptionsentscheidung durch die Großfamilie Dardan. Weder Shari noch Howard erfuhren jemals, was die Eltern durchgemacht hatten. „Als wir Shari hatten, waren wir so glücklich, daß wir einfach alles vergessen wollten“, meinte Mr. Dardan. „Und außerdem sagte unser Betreuer, daß wir das Kind mit all dem nur belasten und ihm das Gefühl geben, sie sei unsere zweite Wahl.“ Der Entschluß der Dardans, die Umstände ihrer Adoptionsentscheidung für sich zu behalten, führte dazu, daß Shari in einer Atmosphäre aufwuchs, in der der eigentliche Grund für ihr Dasein in dieser Familie ein Rätsel blieb.

Jetzt erfuhr sie zum erstenmal in ihrem Leben, wie sie in diese Familie gekommen war. Als ihre Eltern die Jahre vor ihrer Geburt und Adoption noch einmal Revue passieren ließen, erfuhr sie von deren Schmerz und Tapferkeit. Wir sprachen ausführlich über den Ratschlag der Betreuer, Unterschiede herunterzuspielen. „Ich wußte, daß ich irgendwie anders war“, berichtete Shari bei unserer vierten Familiensitzung. „Je mehr ihr das ignoriert und geleugnet habt, desto schlechter fühlte ich mich und desto mehr wurde ich in meinem Entschluß bestärkt zu zeigen, wie anders ich war.“ Die Umstände der Adoption von seiten der Dardans offenzulegen war der einfachere Teil der Aufgabe. Als Shari sich als die Tochter akzeptiert fühlte, die sie war, und Ähnlichkeiten und Unterschiede in bezug auf ihre Adoptivfamilie ausdrücklich anerkannt wurden, kehrte sie aufs College zurück. Zwei Jahre nach ihrem Abschluß suchte sie mich erneut auf, um jetzt den schwierigeren Teil in Angriff zu nehmen: die Suche nach ihrer leiblichen Mutter.

Anfangs war ich ihr behilflich, ihren Eltern diesen Wunsch darzulegen. Sie zeigten sich zunächst nicht bereit, sie zu unterstützen, und beriefen sich auf das, was ihnen ihre Vermittlungsstelle vor Jahren eingeredet hatte: daß leibliche Mütter nicht behelligt werden wollen. Shari suchte mich auf, und wir sprachen über neuere Erkenntnisse, wonach viele leibliche Mütter sehr wohl ihre Kinder kennenlernen wollen. Ich legte auch den Unterschied zwischen Heimlichkeit und Schutz der Privatsphäre dar und erklärte, daß die Vermittlungsbehörde durch die Berufung auf den „Privatraum“ von Sharis leiblicher Mutter ein Geheimnis geschaffen hatte, das Sharis Leben zutiefst prägte. Ich vertrat den Standpunkt, daß sie ein Recht darauf hatte zu erfahren, wer ihre leiblichen Eltern waren, daß aber das Wissen über ihre Herkunft nicht notwendigerweise das Recht auf eine Beziehung bedeutete. Shari und ihre leibliche Familie würden dieses Problem gemeinsam lösen müssen. Shari ihrerseits versicherte ihren Adoptiveltern, daß ihre Liebe zu ihnen durch die Suche nach ihrer eigentlichen Mutter keinesfalls beeinträchtigt würde.

Sharis Suche erwies sich als schwierig und enttäuschend. Wie viele erwachsene Adoptivkinder wurde auch sie von der Adoptionsvermittlung nur behindert. Man verweigerte ihr jeglichen Hinweis, obwohl sich die Gesetze in ihrem Staat geändert hatten und es den Vermittlungsbehörden gestattet war, weiterführende Hinweise zu geben. Zwei Sozialarbeiter erklärten Shari, der Wunsch, ihre leiblichen Eltern zu suchen, deute darauf hin, daß sie eine Therapie brauche. Empört über die herablassende Art dieser Sozialarbeiter meinte sie zu mir: „Ich war gern bei Ihnen in der Therapie, aber ich muß meine leibliche Mutter finden, das ist es doch, was mir fehlt." Als Shari nicht locker ließ, kapitulierte die Vermittlungsstelle schließlich, bestand aber darauf, daß einer der Sozialarbeiter als Mittelsmann fungiere. An diesem Punkt brach Shari den Kontakt mit der Vermittlungsstelle ab. „Ich hatte keine andere Wahl. Diese Leute tun so, als wäre ich ein Kind, das auf ihre Hilfe angewiesen ist. Aber ich bin erwachsen und in der Lage, selbständig mit Informationen umzugehen, ganz gleich, welcher Art sie sind, und eigenverantwortlich zu handeln." Sie war jetzt voller Zuversicht und Entschlußkraft, nicht mehr dieser vorsichtige, ängstliche Mensch, den ich zweieinhalb Jahre zuvor kennengelernt hatte. Sie schloß sich einer Gruppe von erwachsenen Adoptierten an, die ihre leiblichen Eltern suchten. An diesem Punkt beendeten wir die Therapie. Wie viele erwachsene Adoptierte fand Shari Kraft und Unterstützung in einer Initiativgruppe, die sie darin bestärkte, ihre Abstammung zu erforschen. Eine andere Art von Institution mit weitaus geringeren bürokratischen Hemmnissen war jetzt ihre Verbündete in ihrem Streben nach Offenheit.

Sharis Geschichte ist typisch für die Gepflogenheiten bei der Adoption gesunder Kleinkinder. Sie steht allerdings auch für einen relativ glimpflichen Ausgang im Rahmen des alten Systems. Die Dardans waren eine liebevolle Familie, die es gut meinte und sich daher an das hielt, was ihr von den Fachleuten der Vermittlungsbehörde gesagt wurde. Am Ende unterstützten sie ihre Tochter bei der Suche nach ihrer leiblichen Mutter. Aber die Geheimniskrämerei, die dem Adoptionssystem zugrunde liegt, kann auch zu unheilvolleren Szenarien führen, zu Ausbeutung, ja sogar zu einem tragischen Ende.

In den letzten zehn Jahren gab es zunehmend Adoptionsfälle, die als „Sonderfälle" bezeichnet werden, eine beschönigende Umschreibung dafür, daß diese Kinder „schwer unterzubringen" sind. Zur Zeit ist ein Viertel der in den USA zur Adoption freigegebenen elternlosen Kinder schon älter und hat häufig physische und psychische Probleme. Viele von ihnen stammen von drogenabhängigen Eltern ab und haben den Großteil ihres Lebens in Heimen und Pflegeanstalten verbracht. Oft wird den Eltern, die bereit sind, diese Kinder zu adoptieren, deren wahre Geschichte vorenthalten.[8] Die Tatsache und die Auswirkungen der Drogenabhängigkeit der Eltern, fehlende Zuwendung, Zurückweisung, zeitweilige Unterbringung in Heimen, chronische Erkrankungen und jahrelange schwere körperliche und sexuelle Mißhandlung werden geheimgehalten oder verharmlost. Adoptiveltern merken dies später dann selbst, wenn sie versuchen, sich einem Kind zuzuwenden, das vor allem mit Wut oder Rückzug reagiert. Solche fehlgeleitete und manipulative Verheimlichung endet mit Auseinandersetzungen vor Gericht und Abbruch der Adoption. Die Folgen sind verheerend – sowohl für die gutwilligen Adoptiveltern, die sich schwere Vorwürfe machen, als auch für die Kinder, die erneut in Heime abgeschoben werden.

Geheimer Kinderraub: eine Kriegsstrategie

Bei der herkömmlichen Adoption hatte die Geheimhaltung ihren Ursprung zumindest teilweise in dem Bestreben, die Kinder zu schützen. Wie in der behördlichen Praxis häufig zu beobachten, wurde auch hier die Lösung zum Problem. Ein solches Schutzbestreben kann allerdings nicht bei so ungeheuerlichen Geheimnissen unterstellt werden, die entstehen, wenn Kinder als Taktik des politischen Terrors ihren Eltern entrissen und heimlich adoptiert werden. In dem „schmutzigen Krieg", der in den siebziger Jahren in Argentinien geführt wurde, wurden Hunderte von Kindern von Soldaten entführt. Manche wurden in Waisenhäuser gebracht, andere ausgesetzt, wieder andere heimlich von genau denjenigen adoptiert, die die Eltern dieser Kinder ermordeten. Die argentinische Polizei betrieb eine regelrechte Organisation für den Babyhandel und vermittelte Kinder, die von inhaftierten Frauen geboren wurden, an kinderlose Militärs.[9]

In ähnlicher Weise wurden im Bürgerkrieg in El Salvador zwischen 1979 und 1992 Kinder vom salvadorianischen Militär gekidnappt und in Familien in El Salvador, Frankreich, Italien und den Vereinigten Staaten verbracht. Geraubte Babys wurden zur Kriegsbeute. Anders als bei den argentinischen Adoptionen, bei denen die Familien sehr wohl wußten, daß es sich um geraubte Kinder handelte, hatten die amerikanischen Familien keine Ahnung, daß die salvadorianischen Kinder, die sie adoptierten, gekidnappt worden waren. Inzwischen hat sich herausgestellt, daß die US-amerikanische Botschaft in El Salvador *wissentlich* falsche Geburtsurkunden akzeptiert und dies vor den Adoptivfamilien verheimlicht hat.[10]

Die Offenlegung dieser schrecklichen Geheimnisse dauerte lange und war schwierig. Die Nachkriegsregierungen in Argentinien und El Salvador widersetzten sich allen Bemühungen, die Spur dieser Kinder zurückzuverfolgen. Politisch-soziale Bewegungen in Argentinien, die sogenannten „Mütter der Plaza de Mayo“, darunter auch Mütter, deren erwachsene Kinder ermordet wurden oder spurlos verschwanden und deren Enkel vom Militär gekidnappt worden waren, bemühten sich vergebens, das Geheimnis ans Tageslicht zu bringen. Im Jahr 1988 schließlich stand mit einem Bluttest zum Nachweis des genetischen Erbes das technische Mittel zur Verfügung, um die Ansprüche der Großmütter auf ihre geraubten Enkelkinder zu beweisen.

Bis 1996 konnten in Argentinien die Spuren von nur 54 Kindern zurückverfolgt werden. Mit der Aufdeckung dieses Betrugs wurde die gesamte Existenz dieser Kinder auf traumatische Weise erschüttert. Diese Kinder, die inzwischen zu Jugendlichen herangewachsen waren, mußten sich mit der Vorstellung auseinandersetzen, daß die Menschen, die sie als ihre Eltern liebten und achteten, möglicherweise an der Ermordung der Menschen beteiligt gewesen waren, denen sie ihr Leben verdankten. Manche reagieren darauf mit der Ablehnung ihrer leiblichen Eltern, zweifellos der einzig verfügbare Weg, dieses beängstigende und schwer zu verarbeitende Wissen zurückzuweisen. Einen solch extremen Loyalitätskonflikt und Identitätsbruch zu bewältigen übersteigt wohl die Fähigkeit des Menschen. Die Mehrheit der geraubten Kinder blieb bei den Familien, die an ihrer Entführung beteiligt waren.

Manche Kinder spürten allerdings schon, bevor die Wahrheit

herauskam, daß es in ihrem Leben verschüttete Geheimnisse gab. Eine junge, von US-Amerikanern adoptierte Salvadorianerin beharrte darauf, noch eine Familie zu haben. Sie wurde daraufhin zur Therapie geschickt, wo man vorgab, dies sei ein „Hirngespinst“, das sie überwinden müsse. Ihre Familie sei tot – dies war den Adoptiveltern von den salvadorianischen Behörden mitgeteilt worden. Im Jahr 1996 lernte sie ihre leiblichen Eltern und Geschwister kennen, die alle gesund und munter waren. Da ihre Adoptiveltern an der Entführung und an der Geheimhaltung der Existenz ihrer leiblichen Eltern nicht beteiligt gewesen waren und da sie die Begegnung mit ihrer Herkunftsfamilie unterstützten, war es ihr möglich, die Verbindung zu beiden Familien aufrechtzuerhalten.[11]

Geheimhaltung in Adoptionsangelegenheiten bedeutet zunächst und vor allem, daß man einem Menschen die Grundlage seiner Existenz vorenthält. Kindesentführung, die Ermordung der leiblichen Eltern und die Verfrachtung in fremde Familien sind zwar ein extremer Ausdruck des politischen Terrors, doch fügt sich diese Art von Geheimnissen in ein ganzes Spektrum zahlreicher weiterer von höherer Stelle gehüteter Geheimnisse. Jedem dieser Fälle – ob nun in bester oder übelster Absicht gehandelt wird – liegt die vermessene Vorstellung zugrunde, daß ein Mensch das Recht hat, einem anderen das Wissen über seine Abstammung vorzuenthalten.[12]

Neue Reproduktionstechnologien: Geheimnisse vor der Geburt

In den letzten 40 Jahren kamen über eine Million Kinder mit Hilfe der neuen Fortpflanzungsmedizin zur Welt. Die Befruchtung mit Spendersamen kam in der Zeit nach dem Zweiten Weltkrieg auf, und in den letzten 15 Jahren wurden zahlreiche neue Methoden entwickelt, darunter die In-vitro-Fertilisation (IVF) und der Embryotransfer in den Eileiter. Es ist heute denkbar, daß ein Kind insgesamt fünf Elternteile hat: drei Mütter – die genetische, die austragende und die aufziehende – und zwei Väter – den genetischen und den aufziehenden. Zieht man noch die Fruchtbarkeitskliniken in Betracht, in denen dies alles stattfindet, dann ist das Feld der Geheimnisbildung enorm.

In diesem Jahrzehnt stehen den fast fünf Millionen amerikanischen Ehepaaren mit Fruchtbarkeitsproblemen eine Fülle von Möglichkeiten offen. Die Kontaktaufnahme mit den Fruchtbarkeitskliniken beginnt und endet fast überall mit Geheimhaltung. Paaren, die sich verzweifelt ein Kind wünschen und häufig bereit sind, Tausende von Dollar dafür auszugeben, wird meist nicht mitgeteilt, wie hoch die durchschnittliche Erfolgsrate eines bestimmten Programms ist.[13] Gemessen an den hochgesteckten Erwartungen der unfruchtbaren Paare ist die Erfolgsrate unverhältnismäßig niedrig, und bei manchen Programmen wird den Paaren auch verheimlicht, daß ihre Chance, ein Baby mit nach Hause zu nehmen, gleich null ist, daß sie nur unnütz Geld ausgeben und sich zahlreichen Behandlungen unterziehen müssen.

Bei der Befruchtung mit Spendersamen führen nahezu alle Fruchtbarkeitskliniken der Vereinigten Staaten Verschlußakten über die Samenspender, die keine Namen tragen und nur mit Nummern versehen sind. Dadurch wird jede Möglichkeit der Suche des Kindes nach seinen biologischen Ursprüngen oder auch nach der lebenswichtigen Krankengeschichte des Vaters zunichte gemacht. Hinzu kommt, daß Paare in der Regel dazu angehalten werden, die künstliche Befruchtung mit Spendersamen vor ihrer weiteren Familie, dem Kinderarzt, den Lehrern und vor allem vor dem Kind selbst geheimzuhalten. Einem erwachsenen Mann, der die Krankheitsakte seines leiblichen Vaters einsehen wollte, wurde von der Klinik mitgeteilt, es handle sich um eine „vertrauliche Information"; außerdem habe seine Mutter die vertragliche Vereinbarung gebrochen, ihrem Kind seine Herkunft zu verheimlichen.[14] Manche Kliniken gehen beim Abstreiten und Verheimlichen noch einen Schritt weiter. Sie vermischen das Sperma des Ehemanns mit dem des Spenders und behaupten anmaßend, daß diese Verdunkelungstaktik das Vergessen erleichtere.

Bevor es die Möglichkeit der DNA-Identifikation und des Gentests gab, mochte eine solche Spermavermischung dazu dienen, eine leibliche Vaterschaft lebenslang vorzutäuschen. Die Auswirkungen, die eine solche Ambivalenz mit der Zeit auf die Familienbeziehungen hat, werden nicht bedacht. Erwachsene, die mit Spendersamen gezeugt wurden, berichteten, sie hätten ihr Leben lang gespürt, daß es Geheimnisse gab, und überlegt, ob sie nicht vielleicht aus einer außerehelichen Beziehung stammten. Sie berichteten von der verwirrenden Distanziertheit eines ansonsten liebevollen Vaters, aber ihre Geschichte wird offenbar in den Kliniken nicht zur Kenntnis genommen, die sich nach wie vor sperren, Informationen zugänglich zu machen.[15]

Geheimnisse im Zusammenhang mit der neuen Reproduktionsmedizin zu enthüllen bedeutet, an die tiefsten Gefühle des Menschen zu rühren. Mit Unfruchtbarkeit war immer schon Scham verbunden. Obwohl heute über Unfruchtbarkeit sogar in Talkshows gesprochen wird, ist sie in den betroffenen Familien nach wie vor ein Tabuthema. In manchen Kulturen und Religionen gab man die Schuld an dem Unvermögen, Nachkommen zu zeugen, lange Zeit der Frau, und Unfruchtbarkeit war ein Scheidungsgrund. Angeblich „moderne" psychologische Theorien über die Unfruchtbarkeit setzen ebenfalls stets die Frau herab. Jetzt hatten die Frauen doppelt zu leiden: Nicht nur brachten sie keine Kinder zur Welt, „Fachleute" erklärten ihnen überdies, daß ihre Feindseligkeit gegenüber dem Ehemann und ihre zwiespältige Einstellung zur Mutterschaft der Grund für die Unfruchtbarkeit sei. Neuere wissenschaftliche Erkenntnisse über die physiologischen Ursachen der Unfruchtbarkeit haben diese Theorien zum Großteil widerlegt, doch sie üben weiterhin einen gewaltigen Einfluß auf die von Selbstzweifeln geplagten unfruchtbaren Paare aus. Auch die physiologischen Erklärungen sind keineswegs frei von Stigmatisierung. Männer, die erfahren, daß ihre eigenen Körperfunktionen entscheidend zur Unfruchtbarkeit beitragen, sind häufig tief beschämt und meinen, dies tue ihrer Männlichkeit Abbruch.

Unfruchtbarkeit verursacht häufig tiefen Kummer, weil das Paar damit fertigwerden muß, nicht tun zu können, was für andere Paare eine Selbstverständlichkeit ist. Zu einer Zeit, da Kommunikation immer wichtiger wird, reagieren viele Paare, indem sie sich entfremden, Konflikte heraufbeschwören oder sich durch Schweigen gegenseitig schützen. Andere Paare, die ein Baby mit nach Hause bringen, aber der Empfehlung der Fachleute folgen, die Herkunft des Babys geheimzuhalten, müssen mit einem Geheimnis leben, das im Zentrum ihres Ehe- und Familienlebens steht. Manche Religionen verbieten die künstliche Befruchtung und verhindern damit, daß betroffene Paare bei ihrem Geistlichen oder ihrer Kirchengemeinde Unterstützung suchen. Ein Paar, mit dem ich zu tun hatte, bestand darauf, die

Herkunft seiner Tochter geheimzuhalten, weil ihnen andernfalls der Pfarrer die Sakramente verweigern wollte.

Nicht zuletzt bietet sich den Angehörigen der medizinischen Zunft hier eine Gelegenheit, viel Geld zu machen. In diesem Bereich, in dem ein Arzt jährlich eine Million Dollar verdienen kann, ist die Geheimhaltung – etwa der Erfolgsquoten – vom Eigeninteresse nicht zu trennen.

Alle diese Faktoren tragen zwar zur Geheimhaltung bei, aber der Anstoß dazu kommt von den „Fachleuten", den Ärzten, die es den Paaren ans Herz legen, *nur niemandem* von der Herkunft ihres Kindes zu erzählen. Den Paaren, deren Kinder durch Befruchtung mit Spendersamen oder Spenderei gezeugt wurden, wird empfohlen, so „zu tun", als seien sie die leiblichen Eltern. Man macht den Eltern weis, ihr Kind sei durch „unterstützte Reproduktion" zustande gekommen. Wer da unterstützend mitwirkte, bleibt allerdings unklar. Mit ungeheurer Anmaßung erklären Spezialisten den Eltern: „Sie werden bald darüber hinwegkommen." Eine solche Bemerkung verstärkt das bereits vorhandene Schamgefühl. Die Botschaft „Behalten Sie es für sich" verbindet sich mit der unausgesprochenen und damit unwidersprochenen Überzeugung: „Was du getan hast, ist nicht ganz richtig."

Da die Empfängnis als ein medizinischer und somit privater Vorgang ausgegeben wird, übersehen die fachmännischen Berater auch die Tatsache, daß Unfruchtbarkeit und die entsprechenden Gegenmaßnahmen tiefe und dauerhafte Auswirkungen auf die Beziehung haben. Ich habe mit Paaren, die durch künstliche Befruchtung ein Kind bekamen, zehn Jahre danach oder noch später therapeutisch gearbeitet, nur um am Ende festzustellen, daß ihre Gefühle bezüglich dieser Erfahrung so frisch waren wie am ersten Tag. Wie im Fall der Adoption können Paare, die aus ihren Bemühungen um Fruchtbarkeit ein Geheimnis machen, nicht darüber trauern, daß sie keine eigenen leiblichen Nachkommen haben. Auch wenn sie mit dem langersehnten Baby nach Hause kommen, muß die niederschmetternde Tatsache der Unfruchtbarkeit eingestanden werden, falls sie jemals integriert werden soll. Die leichtfertige Prophezeiung „Sie werden bald darüber hinwegkommen" macht eine solche Aussöhnung weniger wahrscheinlich.

Wenn ein Paar das Geheimnis Verwandten und guten Freunden mitteilt, aber, der Empfehlung des sogenannten Experten folgend, dem Kind nicht, ist die Wahrscheinlichkeit, daß das Kind die Wahrheit durch Außenstehende erfährt, ausgesprochen groß. Wie im Fall von Leanne Bowers (Kapitel 2) deutlich wurde, schleppen Familien, die etwas so Entscheidendes wie die Herkunft eines Kindes geheimhalten, diese Last von einer Phase des Familienlebens zur nächsten und verbauen sich damit die Chance für unverstellte Beziehungen.

Wie viele Geheimnisse von Institutionen, so werden auch Geheimnisse im Bereich der Fortpflanzungsmedizin schlicht als „unvermeidlich" ausgegeben. Doch es gibt Kliniken, die einen mutigen Schritt in Richtung Offenheit gewagt haben. Die in Oakland ansässige kalifornische Spermabank verfügt zur Zeit über namentliche Akten von Spendern, die damit einverstanden sind, daß man sich an sie wendet, wenn das Kind achtzehn Jahre alt ist. Ein Programm unter dem Titel „Yes-Donor" („Ja-Spender") stellt Geheimhaltung bei der heterologen Befruchtung überhaupt in Frage. Die weitverbreitete Annahme, daß eine solche Offenheit die Leute abschreckt, erwies sich als Legende, denn fast 80 Prozent der Patientinnen dieser Klinik entschieden sich für einen „Ja-Spender". In ähnlicher Weise gibt das Center for Surrogate Parenting and Egg Donation in Kalifornien inzwischen den betroffenen Frauen die Identität ihrer Eispenderin preis und unterstützt eine Kontaktaufnahme.[16] Diese Programme verdeutlichen zweierlei: Die Betroffenen wissen selbst am besten, wie sie mit Informationen umzugehen haben; und: Kinder haben ein Recht darauf, ihre Abstammung zu kennen. Es wird noch Jahre dauern, bis sich die Auswirkungen einer solchen Offenheit bewerten lassen, aber diese Entwicklung bedeutet eine entscheidende Kehrtwende gegenüber der arroganten Einstellung: „Der Arzt weiß es besser."

Unter dem Schleier der Geheimhaltung kann das verhängnisvolle Zusammenwirken dieser Faktoren – die Verzweiflung der unfruchtbaren Paare, der enorme Profit für Ärzte und Fertilitätskliniken und die Aura eines Schöpfergottes, die einen erfolgreichen Fertilitätsspezialisten umgibt – perverse Folgen haben. Im Jahr 1992 wurde Dr. Cecil Jacobson, ein auf Fertilitätsbehandlung spezialisierter Arzt, des Betrugs in 52 Fällen überführt.[17] Jahrelang hatte Jacobson seine Patientinnen angelogen und ihnen weisgemacht, er habe das Sperma anonymer Spender für die künstliche Befruchtung verwendet, während er in Wirklichkeit sein eigenes Sperma benutzt hatte. Im Leben vieler Familien, die die Befruchtung mit fremdem Sperma vor ihren Kindern geheimgehalten hatten, brach damit ein doppeltes Geheimnis auf. Die Familien hatten die Möglichkeit, einen DNA-Test zu machen und gegen Jacobson zu klagen. Aber auch wenn sie sich nicht zu diesem Schritt entschlossen, konnte Jacobsons Verbrechen nicht mehr einfach aus ihrem Leben weggeleugnet werden.

In einem noch entsetzlicheren Fall, in dem Leben ohne Zustimmung der Lebenden in die Welt gesetzt wurde, sind die früheren Ärzte der Universität von Kalifornien in Irvine, Dr. Ricardo Asch, Dr. José Balmaceda und Dr. Sergio Stone, angeklagt. Sie hatten nicht zugelassene Fertilitätsmedikamente verschrieben und an unfruchtbaren Frauen ohne deren Einwilligung Experimente durchgeführt: Sie hatten Einwilligungsformulare gefälscht, fast eine Million Dollar Einkünfte hinterzogen und – was am gravierendsten ist – den Frauen ohne ihre Zustimmung Eizellen und Embryos entnommen und anderen Frauen ohne ihr Wissen eingesetzt. Eier und Embryos von 35 ahnungslosen Paaren waren an andere Paare weitergegeben worden, mindestens sieben Kinder sind auf diese Weise zur Welt gekommen.[18]

Eine von Aschs Patientinnen, die nach zwölf Jahren Unfruchtbarkeit ein Baby zur Welt brachte, erklärte: „Ich habe das Gefühl, Gott führt ihm die Hand."[19] In der Tat, das Übermaß an Geheimhaltung ermöglichte es ihm, die Rolle des Herrgotts zu spielen. 1997 verließen Asch und Balmaceda fluchtartig die Vereinigten Staaten. Unter Berufung auf die Privatsphäre der Patientinnen weigern sie sich bis heute, ihre Unterlagen herauszugeben. Sergio Stone steht in Orange County, Kalifornien, unter Hausarrest.[20] Ähnlich wie bei dem Tuskegee-Experiment ist auch hier die ärztliche „Schweigepflicht" ein bequemer Vorwand, um verbrecherische Geheimnisse zu vertuschen. Wie wir schon beim Thema „Kindesraub und Adoption in Kriegszeiten" sahen, kann Verheimlichung als Praxis der Institutionen in den Händen selbstherrlicher Einzelpersonen zu einer gefährlichen Waffe werden.

Die Erblast des Mißtrauens: Wenn institutionelle Geheimnisse offengelegt werden

An einem kalten und schneereichen Abend im Februar 1993 betrat ich in St. Louis einen Raum mit 30 Personen, die sich alle nicht kannten. Es waren Theologen, Moralphilosophen, Juristen, Kirchenrechtler, Sozialwissenschaftler, Therapeuten – und Priester, die Kinder sexuell mißbraucht hatten, sowie inzwischen erwachsene Opfer solchen Mißbrauchs. Die Begegnung fand auf Einladung des Bishops' Committee on Priestly Life and Ministry der US-amerikanischen katholischen Bischofskonferenz statt. Mich hatte der Organisator der Veranstaltung, Father Canice Conners, aufgrund meiner Erfahrung mit Familien, Institutionen und Geheimnissen eingeladen. Wir waren eine Kommission, die eine schwierige Aufgabe zu bewältigen hatte. In den folgenden drei Tagen sollten wir Empfehlungen ausarbeiten, um dem ungeheuerlichen Problem des Kindesmißbrauchs in der katholischen Kirche entgegenzuwirken.

Sieben Jahre vor diesem Treffen war ein Geheimnis der US-amerikanischen katholischen Kirche an die Öffentlichkeit gedrungen. Im Jahr 1986 war Father Gilbert Gauthe von einem Gericht in Louisiana wegen sexueller Belästigung von 37 Jungen zu 20 Jahren Zwangsarbeit verurteilt worden. Wenig später wurden zwei weitere Priester in Louisiana ähnlicher Untaten für schuldig befunden.[21] Rasch kamen im ganzen Land ähnliche Fälle an die Öffentlichkeit – alle mit demselben Grundmuster, das von Verheimlichung geprägt war.

Es kamen Berichte von inzwischen Erwachsenen ans Tageslicht, die bisher nie jemandem von ihren Erfahrungen erzählt hatten. Sie hatten ihr Geheimnis aus vielerlei Gründen gewahrt: Der Priester war sehr freundlich zu ihnen; der Priester hatte ihnen mit der Strafe Gottes gedroht, falls sie es irgend jemandem verrieten; der Priester hatte behauptet, sie seien wegen ihrer „verführerischen" Ausstrahlung selbst schuld; der Priester wurde hoch geachtet, ja verehrt, und ganz gewiß hätte ihnen keiner eine solche Geschichte geglaubt.

Aber einige der mißbrauchten Kinder machten dennoch den Mund auf. Die Reaktion der Kirchenbehörde auf die Stimmen dieser Kinder führte uns schließlich 1993 in St. Louis zusammen.

Jahrzehntelang wurden Priester, die des sexuellen Mißbrauchs von Kindern beschuldigt wurden, stillschweigend in eine andere Pfarrei versetzt, ohne daß man den betroffenen Gemeinden den Grund mitteilte. Weder die Jugendämter noch die Polizei wurden eingeschaltet. Kinder, die anderen Priestern oder Nonnen ihrer Pfarrei den sexuellen Mißbrauch andeuteten, wurden nicht gehört oder sogar bestraft.[22] Die Familien, die sich wehrten, wurden eingeschüchtert. Jeanne Miller, die Mutter eines mißbrauchten Jungen, berichtete: „Wir wurden zu sämtlichen Würdenträgern der Erzdiözese geschickt, zu allen, die irgendeinen Titel hatten. Uns sagten sie alles mögliche, angefangen damit, daß wir zu heftig reagierten, bis hin zur Androhung der Exkommunikation."[23] Als Jeanne Miller vor Gericht zog, durchstöberte ein von der Kirche angeheuerter Detektiv ihren Müll, sprach mit den Lehrern ihres Sohnes und machte sich in der Absicht, die Familie in Verruf zu bringen, an die Nachbarn heran.

Solche Einschüchterungsstrategien waren landesweit an der Tagesordnung. Die Kirche stellte zum Beispiel die Zahlung der Therapiekosten für das Opfer ein, wenn der Betroffene sich zu einer Klage entschloß. Kam der Fall vor ein Zivilgericht, wurde allzuoft ein Vergleich geschlossen, bei dem die Kirche nichts zugeben mußte und die Kläger zu Geheimhaltung verpflichtet wurden. Die Prozeßakten wurden unter Verschluß gehalten, und der Kläger versprach, nicht an die Öffentlichkeit zu gehen und nicht preiszugeben, wie hoch die erhaltene Geldsumme war. Das war Schweigegeld im klassischen Sinn.

Im Jahr 1992 kam ein Geheimnis ans Licht der Öffentlichkeit, das der Priester James Porter 30 Jahre lang gehütet hatte. 1973 war er von seinem Priestergelübde entbunden worden, nachdem er Dutzende und Aberdutzende von Jungen und Mädchen sexuell mißbraucht hatte. Viele Kirchenmänner wußten von Porters Vergehen, versetzten ihn immer wieder in eine neue Pfarrei und wahrten auf diese Weise das Geheimnis. Nachdem Porter eine Zeitlang in einem Therapiezentrum für Priester, die sich an Kindern vergangen hatten, behandelt worden war, empfahl ihn sein Bischof, der von seinen Untaten in vier Pfarreien wußte, erneut für eine Pfarrstelle. Briefe, die seine „Genesung" bescheinigten, füllten seine Akte. Porters Geschichte wurde vor den Gemeindemitgliedern verborgen gehalten. Durch Berichte in den Medien wurden Opfer, die lange Zeit geglaubt hatten, sie seien die einzigen, aufeinander aufmerksam. Nur wenige Monate bevor in St. Louis unsere Arbeitsgruppe zusammentrat, hatten 97 Personen an verschiedenen Orten im ganzen Land gegen James Porter Anklage wegen sexuellen Mißbrauchs erhoben. Dies war der Kontext, in dem wir unsere Arbeit aufnahmen.

Bei der Tagung waren die Stimmen der Opfer laut und vernehmlich zu hören. Sie sprachen mit großer Bitterkeit von den Langzeitfolgen des geheimgehaltenen sexuellen Mißbrauchs, den sie erlitten hatten, von einem Leben, das durch Depression, Alkoholismus, gescheiterte Beziehungen und Glaubenskrisen belastet war. Aus den Schilderungen, wie die Kirchenhierarchie zunächst den Mißbrauch abgestritten und dann Stillschweigen gefordert hatte, hörte ich bei den Betroffenen Gefühle der Schmach, des Verrats, des Verlusts von Glauben und Gemeinschaftsgefühl und die Angst vor neuer Gewalt heraus.

Während des ganzen Treffens spürte ich die Spannungen zwischen denen, die das Thema in erster Linie als Problem der Verheimlichung auf allen institutionellen Ebenen behandeln wollten, und anderen, die es im wesentlichen als persönliche Sache des Priesters ansahen, der diese Untaten begangen hatte. Die Kirche der neunziger Jahre definierte das Problem als „sexuelle Sucht", die therapeutisch zu behandeln sei. Dadurch wurde die frühere Sicht des sexuellen Mißbrauchs als „moralische Verfehlung" ersetzt, die allein durch Buße und Gebet wiedergutzumachen sei. Keine der beiden Interpretationen des Problems jedoch behandelte die Geheimhaltungs- und Vertuschungsstrategien der kirchlichen Institutionen. Alle Teilnehmer waren sich darin einig, daß die Strategie, einen priesterlichen Missetäter von einer Pfarrei in eine andere zu versetzen, ein Ende haben müsse, und daß kein Priester, der Kinder mißbraucht hatte, jemals wieder als Pfarrer tätig sein dürfe. Doch gab es starke Unterschiede bei der Beantwortung der Frage, wieviel Offenheit nötig sei. Manche Tagungsteilnehmer vertraten die Ansicht, daß man die verschiedenen Schichten der Geheimhaltung ansprechen müsse, um bleibende Veränderungen zu bewirken. Andere, insbesondere die Juristen, die mit Zivilprozessen gegen die Kirche befaßt waren, sprachen die Befürchtung aus, daß allzuviel Offenheit weitere Gerichtsverfahren nach sich ziehen werde. Je intensiver wir uns mit dem Problem beschäftigten, desto deutlicher erkannte ich, daß das Problem der Geheimhaltung anzugehen bedeutete, über den Skandal des sexuellen Mißbrauchs hinauszugehen: Denn die Verheimlichung war in die hierarchische Struktur der Kirche eingebettet und wurde von ihr aufrechterhalten.

Viele unserer abschließenden Empfehlungen liefen darauf hinaus, daß die Verheimlichung auf allen Ebenen ein Ende haben müsse; dazu gehörte nach unserer Meinung auch, daß den Pfarrgemeinden mitgeteilt werden muß, aus welchem Grund ein Priester versetzt wurde, und daß die Betroffenen darüber informiert werden müssen, was auf die Vorwürfe folgte. Weiterhin empfahlen wir, aktiv nach anderen Opfern sexuellen Mißbrauchs zu suchen und auf regionaler und bundesweiter Ebene offen über den sexuellen Mißbrauch von Kindern zu sprechen. Die US-amerikanische katholische Bischofskonferenz sollte öffentlich und nicht – wie es bisherige Praxis war – in Exekutivausschüssen über dieses Thema sprechen. Vereinbarungen über Geheimhaltung bei Zivilprozessen sollten nicht mehr zulässig sein, und schließlich sollte die Vergangenheit eines Priesters, der Kinder sexuell mißbraucht hatte, den kirchlichen Behörden beim Antritt einer neuen Stelle offengelegt werden.

Mit dem Ergebnis dieses Treffens war ich höchst zufrieden. Wir hatten hart gearbeitet. Unsere Empfehlungen waren klar und entschieden formuliert. Es wurde ein bischöfliches Komitee zum Thema „Sexueller Mißbrauch" einberufen, das sich mit unseren Empfehlungen befassen sollte. Doch meine Genugtuung war nur von kurzer Dauer. Unsere Empfehlungen wurden zurechtgestutzt, verwässert und der amerikanischen katholischen Bischofskonferenz vorgelegt, noch bevor wir, die wir direkt beteiligt waren, die Endfassung des Textes gesehen hatten. „Was war mit der Offenheit?" fragte ich mich. „Und was mit der Verantwortlichkeit?"

1996 zog ich Erkundigungen ein, welche Auswirkungen das Treffen in St. Louis auf die Kirchenpolitik und -praxis hatte. Besonders interessierte es mich zu erfahren, was sich an der Geheimhaltungspraxis geändert hatte. Ich sprach mit Father Canice Connors, der dieses Treffen organisiert hatte und Vorsitzender des St. Luke's Institute war, eines Therapiezentrums für Priester, weiterhin mit Tom Economus, dem Vorsitzenden von Link-Up, einer landesweit organisierten Hilfsgruppe für Opfer von sexuellem Mißbrauch durch Priester. Die Antworten, die ich erhielt, waren verwirrend und widersprüchlich.

„Geheimhaltung stößt jetzt auf null Toleranz", meinte Father Connors. „Die Opfer werden sofort befragt. Für die Opfer gibt es eine Beratung, deren Kosten die Kirche übernimmt. Wenn der Mißbrauch neueren Datums ist, wird er Jugendämtern gemeldet. Priester werden zur Therapie geschickt und können nicht mehr in einer Pfarrei tätig sein." Tom Economus zeichnete ein weitaus pessimistischeres Bild. „Die Lage ist noch schlimmer als vor der Expertentagung", sagte er. „Es sieht nach außen hin besser aus, aber der Schein trügt."

1997 sprach ich mit Sue Griffith, der Mutter von Scott Griffith, der Father Ted Llanos anklagte, ihn als Kind sexuell mißbraucht zu haben.[24] Sie und ihr Mann sind irischer Herkunft, ihre Familien waren seit Generationen gläubige Katholiken, und sie hatten jahrelang ehrenamtlich Begegnungen von Brautleuten organisiert. Sue Griffith berichtete mir, die Kirche weise die Verantwortung für die Untaten, die Father Llanos an 26 Kindern begangen hatte, weit von sich. Der Oberste Gerichtshof Kaliforniens habe erklärt, ein Arbeitgeber könne für das Verhalten seiner Angestellten nicht zur Rechenschaft gezogen werden. Die Kirche behauptete, es gebe keine Unterlagen über frühere Beschwerden gegen Father Llanos, aber Sue Griffith hielt das für eine Lüge. Wie auch immer, der historische Kontext von Lügen und Geheimnissen war schlicht und einfach unbewältigt. „Wir können keine Katholiken mehr sein", meinte sie traurig. „Denn in einem Klima der Geheimhaltung kann sich die Frömmigkeit nicht entfalten."

Kürzlich zog ein Geschworenengericht in Texas die römisch-katholische Diözese in Dallas zur Rechenschaft, weil sie alle Warnungen in den Wind geschlagen und das Beweismaterial zum sexuellen Mißbrauch von sieben Ministranten durch den ehemaligen Priester Father Rudolph Kos unterschlagen hatte. Seit 1992, dem Zeitpunkt der Expertentagung, gab es keine Mißbrauchsvorwürfe gegen Father Kos mehr, doch die Geschworenen kamen im Jahr 1997 zu dem Schluß, daß die Diözese Informationen geheimgehalten habe und daher der groben Fahrlässigkeit, der arglistigen Täuschung, der Mittäterschaft und des Betrugs schuldig sei. Die Diözese wurde zu einer Geldstrafe von rund 120 Millionen Dollar verurteilt und vom Geschworenengericht aufgefordert: „Gestehen Sie Ihre Schuld ein und geben Sie den jungen Männern die Möglichkeit, mit der Sache abzuschließen." Die Diözesanverwaltung kündigte an, sie werde das Urteil anfechten.[25]

Während Father Connors behauptete, die Bischöfe hätten begriffen, daß sie und ihre Priester auch *öffentliche Amtsträger* seien und sich ehrlich mit dem Problem auseinanderzusetzen hätten, meinte Tom Economus, sie hätten nur gelernt, sich durch Öffentlichkeitsarbeit besser darzustellen. Beide waren sich darin einig, daß der falsche Vorwurf gegen Kardinal Bernardin aus Chicago Ende 1993, er habe sexuellen Mißbrauch getrieben, das Medieninteresse an diesem Thema hatte erlahmen lassen. Father Connors glaubt, daß man die Angelegenheit nicht an die große Glocke hängen sollte, doch Tom Economus hält das öffentliche Interesse für entscheidend, um der Geheimniskrämerei ein Ende zu setzen.

Ich fragte Father Connors, ob die „Nulltoleranz gegenüber Verheimlichung" sich auch auf das erstrecke, was Pfarreien über die Gründe der Versetzung ihres Priesters erführen. Er meinte, es gebe noch immer keine Garantie für Offenheit, und die Praxis sei von Pfarrei zu Pfarrei unterschiedlich. Da jede Diözese ihre eigenen Regeln aufstelle, sei es nach wie vor denkbar, daß ein Priester, der sich an Kindern sexuell vergeht, stillschweigend abtrete, und daß seiner Pfarrei die Gründe dafür vorenthalten würden. Er räumte ein, daß die Empfehlungen der Expertentagung, die Stillschweigevereinbarung in Zivilprozessen abzuschaffen, weitgehend ignoriert würden.

Ich bemühte mich auch darum, eine Stellungnahme des Bischofskomitees zum Thema „sexueller Mißbrauch" zu erhalten. Auf meine Anrufe und Faxe reagierte man spät, es wurde gemauert, und niemand zeigte sich zuständig. Schließlich teilte man mir mit, der Rechtsbeistand der Kirche würde sich mit mir in Verbindung setzen. Darauf warte ich bis heute vergebens. Und trotz meiner Bemühungen erhielt ich keine Information über eine internationale Bischofskonferenz zum Problem des sexuellen Mißbrauchs durch den Klerus, die im Jahr 1996 stattfand.

In meinen Gesprächen mit Father Canice Connors und Tom Economus beeindruckte mich deren Aufrichtigkeit und die Tatsache, wie stark ihre jeweilige Beurteilung des Problems durch ihre Position und ihre Erfahrungen geprägt war. Father Connors arbeitet mit Priestern, die Kinder mißbraucht haben, Tom Economus mit den Opfern und ihren Familien. Letztlich erschienen mir die „Fakten", die mir diese beiden darlegten, von geringerer Bedeutung als die schwere Erblast des Mißtrauens, die sich in Jahrzehnten anmaßender Geheimnistuerei angesammelt hatte. Diese Erblast ist noch keineswegs abgetragen, und das Schmerzliche dieser Geheimnisse wird nicht heilen, bevor die Kirche ehrlich bereit ist, sich ihrer Verantwortung zu stellen.

Geheimnisse im Entstehen: Krankenversicherungen

Geheimnisse, die Ärzte vor Patienten oder vor der Öffentlichkeit hüten, gab es schon immer. Bis zur Death-and-Dying-Bewegung der späten sechziger Jahre, die sich mit Tod und Sterben auseinandersetzte und in diesen Bereich eine neue Offenheit brachte, wurden Krebs und andere tödliche Krankheiten routinemäßig geheimgehalten. Ärztliche Fehler, die zu Verletzungen oder Tod führten und eine Strafverfolgung nach sich ziehen konnten, wurden vor den betroffenen Familien verheimlicht.[26] Bis in die jüngste Vergangenheit behielt ein Arzt, der einen Patienten bei der Selbsttötung unterstützte, dieses Geheimnis für sich, und da eine solche Hilfe gesetzwidrig ist, halten die meisten Ärzte ihr Tun bis heute geheim. Bis vor nicht allzu langer Zeit hatten Patienten nicht einmal das Recht, ihre eigenen Krankenakten einzusehen, und heute wird in der ärztlichen Zunft darüber debattiert, ob einem Patienten die Ergebnisse von Gentests mitgeteilt werden sollen, insbesondere wenn eine unheilbare Krankheit festgestellt wird.

Doch keines dieser Geheimnisse vermag das Vertrauensverhältnis zwischen Arzt und Patient derart nachhaltig zu stören wie die Geheimniskrämerei seitens der Krankenversicherer. Ende 1995 fanden die Medien heraus, daß es in Verträgen zwischen großen amerikanischen Krankenversicherern und Ärzten „Knebelklauseln" gab. Solche Zusatzklauseln verlangen von den Ärzten, ihre finanzielle Vereinbarung mit diesen Versicherungen vor ihren Patienten geheimzuhalten, darunter auch die Tatsache, daß ein Arzt eine finanzielle Vergütung erhält, wenn er sich für eine eingeschränkte, kostengünstigere Behandlung des Patienten entscheidet. In dem geheimgehaltenen Leistungssystem vieler Versicherer erhält ein Arzt beispielsweise einen monatlichen Bonus, wenn er seine Patienten möglichst selten zu Fachärzten ins Krankenhaus oder in die Notaufnahme überweist.[27] Ein System, in dem der Arzt um so weniger Geld bekommt, je intensiver er seine Patienten betreut, opfert die Qualität der medizinischen Versorgung. Ärzte werden in ihren Verträgen außerdem verpflichtet, Patienten nicht über eine mögliche Behandlung zu informieren, die durch die Krankenversicherung nicht abgedeckt ist, auch wenn eine solche Behandlung angeraten ist. Äußert ein Arzt diesbezüglich Bedenken oder übt gegenüber Patienten oder in der Öffentlichkeit Kritik an den Gepflogenheiten der Versicherer, kann dies seine Entlassung als „versicherungsunfreundlich" zur Folge haben. Als Dr. David Himmelstein 1995 zum erstenmal mit Geheimnissen der Versicherungsgesellschaften an die Öffentlichkeit trat, verlor er umgehend seine Zulassung als Kassenarzt.[28] In der langen Tradition institutioneller Geheimhaltung reklamieren die Krankenversicherer für sich das Recht, denen, die in der Hierarchie ganz unten stehen, Informationen vorzuenthalten und jeden zu bestrafen, der solche Geheimnisse aufdeckt.

Die Krankenversicherungen rechtfertigen diese Geheimhaltungspraxis, indem sie den Ärzten die Schuld in die Schuhe schieben; denn es soll verhindert werden, daß diese gegenüber ihren Patienten ihre Enttäuschung über den Umbruch im Gesundheitssystem zur Sprache bringen. In der bevormundenden Annahme, die Patienten hätten kein Recht zu erfahren, was in den Verträgen zwischen den behandelnden Ärzten und den Krankenversicherungsunternehmen steht, meinte Dr. Daniel A. Gregorie, Vorsitzender von Choice Care: „Die Ärzte sind wütend, frustriert und auch deprimiert, daß sich die Welt, wie sie sie kennen, so schnell und radikal verändert. Aber es ist nicht gerade konstruktiv, wenn Ärzte ihrem Ärger Luft machen, indem sie mit den Patienten darüber reden. Das hilft den Patienten nicht; es macht sie nur noch ängstlicher in bezug auf die medizinische Betreuung, die sie erhalten."[29] Mit anderen Worten: Patienten können gar nicht beurteilen, was sie wissen dürfen.

Durch die Enthüllung der Geheimnisse von Krankenversicherern hat sich die Beziehung zwischen Arzt und Patient von Grund auf verändert. Ärzte spüren den Vertrauensschwund von Patienten, die sie gut kennen und jahrelang behandelt haben. Ein Arzt sagte zu mir: „Jetzt sind die Patienten bereits ärgerlich, bevor wir mit der Behandlung anfangen. Sie glauben, ich verheimliche ihnen etwas. Neulich wollte ich einen Patienten zu einem Test schicken. Noch bevor ich es ihm sagen konnte, schrie er mich an, ich solle ihn zu diesem Test schicken. Ich bin seit elf Jahren sein Arzt, und bisher gab es nie Probleme. Er hat kein Vertrauen mehr zu mir, nicht weil ich plötzlich nicht mehr qualifiziert wäre, sondern weil er weiß, daß ich über seine Behandlung Rechenschaft ablegen muß und er die Einzelheiten nicht kennt."

Die Geheimnisse der Krankenversicherer sind eine zweischneidige Sache. Einerseits wird von den Ärzten verlangt, daß sie vor ihren Patienten Geheimnisse wahren. Andererseits müssen die Ärzte Geheimnisse der Patienten dem System preisgeben, insbesondere wenn es um psychische Krankheiten oder Drogen- und Alkoholmißbrauch geht. Die essentiellen Geheimnisse, die jede Beziehung zwischen Arzt und Patient prägen und stützen, wandern jetzt in die Computer der Krankenversicherer.

Von jeher erfordert eine Psychotherapie die vertrauensvolle Beziehung eines Therapeuten zu seinem Klienten. Die Therapie sollte ein geschützter Raum sein, ein Ort, an dem wir gefahrlos unseren Dämonen begegnen, unsere tiefsten Schuldgefühle offenlegen, neue Möglichkeiten ausprobieren und uns darum bemühen können, unsere schwersten Wunden zu heilen. Es gibt zwar gesetzliche Grenzen für die ärztliche Schweigepflicht – im Fall von Kindesmißbrauch oder um Schaden abzuwenden. Doch die meisten Menschen nehmen an, daß nichts von dem, was sie ihrem Therapeuten anvertraut haben, nach außen dringt. Wenn der Klient allerdings seine Therapie ganz oder teilweise durch die Versicherung finanzieren läßt, gilt diese Annahme nicht mehr. Die Krankenversicherer verlangen Einsicht in die Unterlagen eines Therapeuten, ja in die ganze Krankengeschichte des Klienten, wo begrenztere Informationen durchaus ausreichen würden. Eine solche Akteneinsicht wird damit gerechtfertigt, daß man Mißbrauch einschränken will. In Wirklichkeit jedoch wird den Krankenversicherungen damit die Erlaubnis erteilt, die Beziehung zwischen Therapeut, Patient und dritten Geldgebern zu gestalten. Die Macht, verlangen zu können, daß Geheimnisse gegen den Willen – und ohne das Wissen – des Betroffenen offengelegt werden, ist in der Tat etwas Gewaltiges.

Krankenversicherer bitten oft darum, die Behandlungsunterlagen auf elektronischem Weg zu übermitteln. Ein Angestellter am anderen Ende der Faxleitung kann so die intimsten Enthüllungen eines Patienten lesen. Solches vorher vertrauliche Material wird anschließend in den Computer eingespeist und damit vielen Leuten zugänglich gemacht, darunter auch Arbeitgebern. Behandlungsunterlagen werden mittlerweile für Zahlungszwecke, die Bewertung des Behandlungserfolgs durch Fachfremde, für Verwaltungs- und Forschungszwecke weitergegeben. Solche Unterlagen werden verwendet, um dem Klienten und anderen Familienmitgliedern, von denen in den Unterlagen die Rede ist, andere Versicherungen zu verweigern, darunter den Versicherungsschutz für medizinische Versorgung, Lebensversicherung und Kfz-Haftpflicht.[30] Die Versicherungsunternehmen befürchten, daß ihr Angriff auf die Privatsphäre und der Mißbrauch persönlicher Informationen auf wachsenden Widerstand stößt, und sind daher bestrebt, die Gesetzgebung zu beeinflussen, die ihnen eine Rolle als Lauscher an der Wand im Behandlungszimmer des Therapeuten garantieren soll. Was bei vielen Versicherern in der Praxis bereits gang und gäbe ist, würde dann auch noch gesetzlich verankert. Arbeitgebern würde das Recht zugestanden, Informationen über die Behandlung ihrer Angestellten einzuholen. Den Betroffenen um Erlaubnis zu fragen wäre dann nicht mehr notwendig. Das Recht des Arbeitnehmers, Enthüllungen, die er im vertraulichen Therapiegespräch gemacht hat, geheimzuhalten, essentielle Geheimnisse zu schaffen und insbesondere selbst darüber zu entscheiden, ob ein Außenstehender Einsicht in die Akten haben soll, würde mit einem solchen Gesetz vollkommen ausgehöhlt.

Die Entstehungsbedingungen für vergiftende institutionelle Geheimnisse

Aus den Beispielen dieses Kapitels lassen sich die Entstehungsbedingungen institutioneller Geheimnisse ableiten, die die Integrität der Geheimnisträger zerstören, ahnungslose Betroffene dauerhaft schädigen und menschliche Beziehungen untergraben. Dazu gehören:

- *eine strenge Hierarchie von Beziehungen sowohl innerhalb der Institutionen als auch zwischen der Institution und den Menschen, denen sie dienen soll;*

- *Machtkonzentration an der Spitze der Institution;*
- *streng kontrollierte Grenzen, durch die Eingang und Ausgabe von Informationen überwacht werden;*
- *die Arroganz der Machthabenden;*
- *Einschüchterungsstrategien zur Sicherung der Macht;*
- *Vermeidung von Skandalen ohne Rücksicht auf den Schaden für das Leben des einzelnen;*
- *Respekt und Gehorsam der Schwachen gegenüber den Machthabenden;*
- *unangezweifelte Loyalität gegenüber der Institution;*
- *mangelnde Rechenschaftspflicht der Institution gegenüber den Menschen, denen sie angeblich dient.*

Möglichkeiten zur Veränderung

Vergiftende institutionelle Geheimnisse werden am besten auf zweierlei Arten zurechtgerückt. Zum einen haben verantwortungsbewußte journalistische Recherche und Insider-Informationen in der Vergangenheit solche Geheimnisse immer wieder an die Öffentlichkeit gebracht. Wenn eine bis dahin ahnungslose Öffentlichkeit informiert wird, können Veränderungen in Gang gesetzt werden. Ähnlich wie bei einem in der Familie eröffneten Geheimnis besitzt die neue Information das Potential, neue Beziehungen aufzubauen. Aber die Enthüllung eines Geheimnisses allein reicht nicht aus. Das Machtgefälle zwischen Institutionen und den Betroffenen ist besonders groß. Eine solche Macht, die auch die Macht umfaßt zu bestimmen, was zur Sprache kommt, wird selten freiwillig abgetreten. Wenn man die Exzesse institutioneller Geheimnisse korrigieren will, muß man oft eine soziale und politische Bewegung ins Leben rufen, um die Beziehung zwischen einer Institution und ihrer Klientel wieder ins rechte Lot zu bringen. Erst mit Hilfe der Bewegung für Patientenrechte wurde es möglich, daß Patienten Zugang zu bis dahin geheimgehaltenen ärztlichen Informationen erhielten. Erst dank der Bewegung erwachsener Adoptierter nahm die jahrzehntelange Geheimhaltung im Bereich der Adoption ein Ende. Bewegungen Erwachsener, die als Kinder von Priestern sexuell mißbraucht wurden, beispielsweise Link-Up, üben Druck auf den katholischen Klerus aus, sich mit dieser schmerzlichen Realität auseinanderzusetzen. Therapeuten und Patienten sind im Begriff, sich zu organisieren, um der Übermacht der Krankenversicherer entgegenzutreten.[31]

Die in manchen Institutionen geschaffenen und gewahrten Geheimnisse finden ihre Entsprechung in der besonderen Art von Familiengeheimnissen, die durch ein Machtungleichgewicht entstehen. Der Anspruch, schädigende Geheimnisse zurückhalten und gleichzeitig die Stimmen der Ausgegrenzten unterdrücken zu dürfen, führt dazu, daß sich eine Institution oder Familie, die sich ohnehin nach außen abschottet, noch weiter abkapselt und Chancen für Entwicklung und Komplexität nicht nutzt. Ein Austausch wird unmöglich gemacht, und die Wahrnehmung des anderen wird zunehmend durch Stereotypen geprägt.

Wie wir in Kapitel 5 sehen werden, hat eine große Institution wie das Fernsehen unseren Umgang mit Geheimnissen in unserem Leben grundlegend beeinflußt.

5
Preisgabe in Talkshows oder aufrichtiges Bekenntnis
Der Einfluß der Massenmedien auf Geheimhaltung und Offenheit

> *Meine Gäste sagen, sie halten es nicht mehr aus, ihre Geheimnisse noch länger für sich zu behalten, und sie laden ihren Ehepartner oder den Liebsten ins landesweit ausgestrahlte Fernsehen ein, um ihn dort erstmals mit ihren Geheimnissen zu überfallen.*
>
> *Montel Williams*

Zögernd wie die meisten neuen Klienten, betrat die junge Frau mein Therapiezimmer. Ich bot ihr einen Stuhl an in der Erwartung, ein vorsichtiges Frage-und-Antwort-Gespräch zu beginnen, das gewöhnlich die gesamte erste Sitzung in Anspruch nimmt. Ich hatte kaum Gelegenheit, mich vorzustellen, da fing sie schon an, mir ein zutiefst persönliches und beschämendes Geheimnis zu erzählen. Bemüht, sie zu bremsen und zuerst eine Beziehung aufzubauen, die stark genug wäre, ihren tiefen Schmerz aufzufangen, fragte ich sie freundlich, weshalb sie glaube, es sei richtig, mir derart schnell all dies anzuvertrauen. „Das machen sie doch bei Oprah Winfrey auch", gab sie zur Antwort.

In der Menschheitsgeschichte übten Geheimnisse anderer Leute immer starke Faszination aus. In der Weltliteratur, im Theater und im Film beobachten wir, wie Menschen Geheimnisse schaffen, mit ihnen leben und mit den Folgen absichtsvoller oder unabsichtlicher Enthüllung zurechtkommen müssen. Lebensverändernde Geheimnisse spielen in antiken Dramen wie Sophokles' *König Ödipus* oder Shakespeares *Macbeth* eine ebenso zentrale Rolle wie in Klassikern des 20. Jahrhunderts, etwa Ibsens *Nora oder Ein Puppenheim,* Eugene O'Neills *Eines langen Tages Reise in die Nacht,* Arthur Millers *Tod eines Handlungsreisenden* und *Alle meine Söhne* oder Lorraine Hansberrys *A Raisin in the Sun.* Vielleicht erinnern auch Sie sich noch an die schmerzlichsüßen Geheimnisse in O. Henrys Erzählung *Das Geschenk der Weisen,* in der sich eine Frau die Haare abschneidet und heimlich verkauft, um ihrem Mann zu Weihnachten eine Uhrkette schenken zu können, während er, ohne daß sie etwas ahnt, seine Uhr verkauft, um ihr silberne Haarkämme zu kaufen. Zeitgenössische Erfolgsfilme wie *Eine ganz normale Familie, Herr der Gezeiten* oder *Das Hochzeitsbankett* veranschaulichen gleichfalls die Komplexität von Geheimnissen und deren Auswirkungen auf die Mitglieder einer Familie. Verstörende Geheimnisse in Schauspiel und Literatur und deren oftmals schwierige und chaotische Auflösung rufen uns in Erinnerung, daß das Bewahren und Eröffnen von Geheimnissen keine leichte Sache ist. Und – was wohl am wichtigsten ist – sie helfen uns, unsere ureigene menschliche Verbundenheit mit den Nöten anderer ins Bewußtsein zu rücken.

Das Fernsehen allerdings bringt uns die Geheimnisse unserer Mitmenschen nahe, und damit lernen wir implizit auch, mit unseren eigenen Geheimnissen auf eine ganz neue Art umzugehen. Nachmittägliche Talkshows und abendliche Magazinsendungen machen sich das Bedürfnis nach Kommunikation zunutze und stellen unsere bisher geltenden Vorstellungen von Geheimhaltung, Privatsphäre und Offenheit geradezu auf den Kopf. Diese Art Shows gibt es zwar schon seit 30 Jahren, aber in den achtziger Jahren kam etwas Neuartiges hinzu: Jetzt plauderten bekannte Persönlichkeiten im Fernsehen Geheimnisse aus ihrem Leben aus.[1] Als wir von Jane Fondas Bulimie, von Elizabeth Taylors Drogenabhängigkeit oder Dick Van Dykes Alkoholproblemen erfuhren – alles bis dahin beschämende Geheimnisse, über die hier jedoch mit großer Unbefangenheit gesprochen wurde –, schienen jahrhundertealte Tabus mit einem Schlag hinweggefegt. Durch weitere Enthüllungen erfuhren wir, wie weit verbreitet Gewalt in der Ehe oder Inzest sind. Scham und Geheimhaltung, die einst mit einer Krebserkrankung, mit Adoption, Homosexualität, psychischer Krankheit oder unehelicher Geburt einhergingen, hatten plötzlich ihre Gültigkeit verloren.

Dieses Klima größerer Offenheit brachte viele Vorteile. In meiner therapeutischen Praxis vollzog sich eine grundlegende Veränderung, als meine Klienten begannen, mit größerer Unbefangenheit über Themen zu sprechen, die noch zehn Jahre zuvor tabu gewesen wären. Beängstigende Geheimnisse verloren ein wenig von ihrer einschüchternden Kraft. Die zum Schweigen Gebrachten fanden ihre Sprache wieder und meldeten ihren Anspruch an, ein selbstbestimmtes Leben zu führen.

Doch während die Tabubereiche immer mehr schrumpften, vollzog sich eine gefährliche kulturelle Veränderung: Es setzte sich die irrige Annahme durch, daß das Mitteilen eines Geheimnisses, unabhängig von dem Umfeld, in dem es mitgeteilt wird, automatisch schon von Vorteil sei. Mit dieser Überzeugung, die von Fernseh-Talkshows und anderen Medien propagiert wurde, riß man Geheimhaltung und Offenlegung aus ihrer notwendigen Verankerung in festen und einfühlsamen Beziehungen. Schmerzliche persönliche Enthüllungen wurden damit zum Gegenstand der Unterhaltung herabgewürdigt, zum öffentlichen Spektakel, das dazu dient, Geschirrspülmittel besser zu verkaufen und einzelne für einen Augenblick ins Rampenlicht der Öffentlichkeit zu rücken.

Wurden einst durch kulturelle Normen viel zu viele Begebenheiten im menschlichen Leben zu beschämenden Geheimnissen, so haben wir es jetzt mit der umgekehrten Entwicklung zu tun: Das Verraten von Geheimnissen – gleich wie, wann oder wem sie verraten werden – wird moralisch höher bewertet und als automatisch heilsam suggeriert. Das tägliche Schauspiel wildfremder Menschen, die in unserem Wohnzimmer ihre Geheimnisse ausbreiten, will uns glauben machen, wir müßten keine Unterscheidungen treffen, keine Sorgfalt walten lassen und keinen Gedanken an die Folgen verschwenden.

Mitteilen von Geheimnissen in Talkshows

In einer Talkshow von Sally Jessy Raphael aus dem Jahre 1994 werden wir Zeugen des folgenden Gesprächs:

Sally: Das hier sind David und Kelly. Sie sind frisch verheiratet, seit Dezember... Kelly, was würde geschehen, wenn er Sie, seine junge Ehefrau, betrügt? Was würden Sie tun?

Kelly: Ich weiß nicht.

[Bevor David zu sprechen beginnt, ist am unteren Rand des Bildschirms zu lesen: „Kelly erfährt jetzt zum erstenmal, daß er sie betrügt." Auf diese Weise wissen die Zuschauer über den Inhalt des Geheimnisses Bescheid, noch bevor Kelly es hört.]

David: Ich habe Sally angerufen und dem Talkshow-Produzenten mitgeteilt, daß ich ein Doppelleben führte... Ich hatte neben ihr ein paar Affären.

Sally (zu Kellys): Wußten Sie das?

[Die Kamera schwenkt auf Kellys entsetztes und schmerzverzerrtes Gesicht; sie ist sprachlos und den Tränen nahe, und sie schüttelt den Kopf, während einige Zuschauer in sich hineinkichern.]

Sally: Kelly, wie fühlen Sie sich? Auf der einen Seite ist das ganz schrecklich und schlimm für Sie. Auf der anderen Seite hätte er es Ihnen ja auch gar nicht sagen müssen. Er liebt Sie so sehr, daß er es unbedingt loswerden wollte ...

Die *Phil Donahue Show* setzte Ende der sechziger Jahre neue Maßstäbe für die öffentliche Mitteilung interessanter Themen und Probleme. In den späten siebziger und in den achtziger Jahren verlagerte sich der Schwerpunkt auf Bekenntnisse bekannter Persönlichkeiten und auf das Zertrümmern von Tabus. In den Talkshows der neunziger Jahre wiederum gibt ein Partner oder Familienmitglied bewußt Geheimnisse preis, die der Partner oder die anderen Familienmitglieder nicht kennen. Im zynischen Schielen nach Einschaltquoten und Profit hat sich der Ablauf dieser Talkshows von Grund auf verändert: Wurde den Gästen zunächst noch angekündigt, daß sie „im Fernsehen erstmals" ein Geheimnis erfahren, so werden sie heute mit allerhand Tricks ins Studio wie in einen Hinterhalt gelockt.

Der ehemaligen Moderatorin Jane Whitney zufolge kann „praktisch jeder, der bereit ist, auf dieses Spiel einzugehen und sich unverhofft einer Person ‚gegenüberstellen' zu lassen – sei es der Geliebten des Ehemannes, dem Liebhaber der Ehefrau, dem besten Freund des Paares, der häufig die Partnerin wechselt –, mit einem Schlag zu nationaler Berühmtheit gelangen. *Wer versprach, einem ahnungslosen, ihm nahestehenden Menschen ein intimes Geheimnis zu enthüllen, genoß Starruhm"* (Hervorhebung von mir).[2] Zur Zeit flimmern täglich über 30 solcher Talkshows über den Bildschirm. 40 Millionen Amerikaner sehen diese Shows im Fernsehen, zahlreiche weitere Länder erwerben die Senderechte.[3] Doch selbst wenn Sie noch nie eine Talkshow gesehen haben – Sie leben dennoch in einer Welt, in der der Umgang mit Geheimnissen durch das Ausplaudern in Talkshows maßgeblich beeinflußt wird.

Wenn in TV-Talkshows schmerzliche Geheimnisse bekanntwerden, werden die Wertvorstellungen und Überzeugungen bezüglich dessen, was geheimgehalten und was offengelegt werden soll, verzerrt. Während die Zuschauer an dem sensationellen Inhalt eines Geheimnisses teilhaben, werden die Folgen, die diese Enthüllung für die privaten Beziehungen des Betroffenen nach dem Ende der Talkshow hat, schlichtweg ignoriert. Wenn Beziehungen zerbrechen oder die Enthüllung tragische Folgen hat, lehnen Talkmaster und Produzent jede Verantwortung ab. Damit festigen sie den Glauben, daß Geheimnisse rücksichtslos offengelegt werden dürfen, ohne daß man sich um die Konsequenzen Gedanken machen müßte, die sich aus dieser Enthüllung ergeben. Ein paar Beispiele:

– Ein bekannter Fall ist die Geschichte von Jonathon Schmitz, der 1995 nach einer unangenehmen Enthüllung in der *Jenny Jones Show* seinen Bekannten Scott Amedure ermordete.[4] Dem jungen Mann hatte man weisgemacht, er werde in der Show einem „heimlichen Bewunderer" begegnen. Aber man verschwieg ihm, daß es in der Show um „Männer ging, die insgeheim Männer lieben".[5] Als der Schock und die Demütigung zur Ermordung Amedures führten, stellten sich Moderatorin und Produzent auf den Standpunkt, daß sie dafür keine Verantwortung übernehmen müßten.

– In der *Montel Williams Show* erfuhr eine Frau, daß ihre Schwester jahrelang mit ihrem Freund geschlafen hatte. Sie nahm an der Talkshow teil, nachdem man ihr mitgeteilt hatte, es ginge um „Ex-Freunde".

– Die frühere Moderatorin Jane Whitney erzählt von einer Talkshow mit dem Titel „Legen Sie Ihr Doppelleben offen". Zu Gast war eine Mutter, die nicht wußte, weshalb ihr Sohn zwei Jahre zuvor die Beziehung zu ihr abgebrochen hatte. Whitney wußte natürlich, daß der Sohn in der Sendung seine bevorstehende Operation zur Geschlechtsumwandlung enthüllen würde. Kurz vor Beginn der Talkshow flehte die Mutter: „Wissen Sie vielleicht, was los ist? Ich hatte ein so gutes Verhältnis zu meinem Sohn. Ich habe keine Ahnung, was passiert ist. Ist er krank? Hat er AIDS?" Whitney beschwichtigte die Mutter und log: „Alles kommt in Ordnung", behielt aber das Geheimnis für sich, um den Überraschungseffekt nicht zu nehmen.[6]

– Ricki Lake lud einen Mann ein, der seine Homosexualität vor seiner Familie bisher geheimgehalten hatte. Sein Mitbewohner sagte, er habe es auf sich genommen, dieses Geheimnis der Familie des Mannes mitzuteilen.[7]

Wenn Derartiges in TV-Talkshows immer und immer wieder gezeigt wird, kommen wir nicht mehr auf die Idee, die eine entscheidende Frage zu stellen: Wann und wo haben wir das Recht, das Geheimnis anderer Menschen preiszugeben?

In solchen Talkshows hören Männer, daß ihre Frauen die Scheidung wünschen; Mütter erfahren, daß ihre Tochter sexuell mißbraucht wurde; Frauen entdecken, daß ihre Männer mit Freunden über ihre sexuelle Beziehung sprechen – und all das in einem Umfeld, in dem der Talkmaster heuchlerisch jede Verantwortung für alles ablehnt, was im komplizierten Beziehungsgefüge einer Familie durch die Talkshow in Gang gesetzt wurde.

Geheimnisverrat in Talkshows mißachtet die Bedeutung fester Bindungen. Das Geheimnis kann anonym und verschleiert mitgeteilt werden. Das Publikum im Studio und die Zuschauer vor dem Bildschirm sind wildfremde Menschen, die bis dahin verborgen gehaltene Details aus unserem Leben hören. Mitteilung und Aufnahme eines schmerzlichen Geheimnisses werden durch Werbespots rücksichtslos unterbrochen. Belauschen tritt an die Stelle aufrichtigen Zuhörens, Voyeurismus ersetzt authentische Zeugenschaft, pseudovertrauliche Umarmungen und Tätscheleien des Talkmasters eine echte Heilung.

Wenn im Fernsehen Geheimnisse offengelegt werden, entstehen mehrere seltsame Dreiecksbeziehungen. Die Beziehung zwischen der Person, die das Geheimnis preisgibt, und der anderen, für die es bestimmt ist, wird durch das Publikum, den Talkmaster und den „Fachmann“, die jeweils eine wohlkalkulierte und sich wiederholende Rolle spielen, augenblicklich gestört. Solche Rollen bedeuten eine unerhörte Anmaßung: Es wird nämlich so getan, als wüßten wildfremde Menschen, wie andere mit Geheimnissen in ihrem Leben umzugehen haben. Geheimnisse in Talkshows preiszugeben heißt nichts anderes, als sie vor einem riesigen Publikum unbeteiligter und nörgelnder Zuschauer offenzulegen, die keine Verantwortung für die Beziehung tragen, wenn die Talkshow zu Ende ist.

Kurz vor der Enthüllung eines Geheimnisses wird unter dem

Bild der ahnungslosen Person ein Text eingeblendet. Die Zuschauer lesen Sätze wie: „Erfährt gleich, daß seine Frau gerade eine Abtreibung hinter sich hat" oder: „Jim ist nicht Ellens leiblicher Vater." Auf diese Weise erfahren die Zuschauer den Inhalt des Geheimnisses früher als die Person, deren Leben dieses Geheimnis tatsächlich betrifft. Ein Kontext der Demütigung wird aufgebaut. Häufig lachen die Zuschauer oder halten den Atem an, während die Kamera eine Nahaufnahme des entsetzten Betroffenen zeigt. Der Adressat des Geheimnisses ist der allerletzte, der es erfährt. Diese Konstellation dämpft das Mitgefühl und vermittelt den Zuschauern ein Gefühl der Distanz und der Überlegenheit über den derart in den Hinterhalt gelockten Gast.

Durch Applaus ermuntert das Publikum zu weiteren Enthüllungen.[8] Uns als Zuschauern wird immer und immer wieder die Botschaft vermittelt, daß die Preisgabe eines Geheimnisses Aufmerksamkeit und Zustimmung findet – ungeachtet aller Konsequenzen. Geheimnisse werden heftig beklatscht, bejubelt, verhöhnt und umstritten diskutiert – und damit trivialisiert. Ein Geheimnis über sexuellen Mißbrauch hat den gleichen Stellenwert wie ein Geheimnis über familiäre Geldangelegenheiten, den gleichen Stellenwert wie das Geheimnis einer Nazivergangenheit oder das Geheimnis einer Vaterschaft.

Ist ein Geheimnis einmal enthüllt, sind sowohl derjenige, der es preisgegeben hat, als auch der Adressat des Geheimnisses dem Urteil und der Kritik wildfremder Menschen ausgesetzt. Es kommt zu Schuldzuweisungen und Parteibildung. Nicht einen Augenblick bleibt Zeit zum Nachdenken über Ausmaß und Tragweite dessen, was geschehen ist. Jedes Geheimnis wird augenblicklich auf ein eindimensionales Problem reduziert, das scheinbar einfach zu lösen ist.

Bald nachdem ein Geheimnis offengelegt worden ist, verkündet der Talkmaster übereifrig, daß es nur positive Folgen haben kann, wenn man ein Geheimnis offenlegt. Sally Jesse Raphael sagt zu der jungen Frau, die eben in Anwesenheit von Millionen ungebetener Zuhörer erfahren hat, daß ihr Mann mehrere Affären hat: „Er liebt Sie so sehr, daß er es unbedingt hier loswerden wollte." Die Botschaft an alle lautet, daß es an sich schon heilsam ist, ein Geheimnis preiszugeben. Für ambivalente Bewertungen oder Verwirrung ist kein Platz. Gäste werden vielmehr häufig getadelt, wenn sie angesichts der Tatsache, daß intime Aspekte ihres Lebens in aller Öffentlichkeit breitgetreten werden, Zweifel oder Zurückhaltung zeigen.

Durch seinen Status als bekannte Persönlichkeit kann der Talkmeister den Inhalt eines Geheimnisses, ja selbst dessen Enthüllung als normal oder abnorm, als gut oder schlecht einordnen. Wenn Oprah Winfrey Geheimnisse ihrer Gäste über sexuellen Mißbrauch oder Kokainabhängigkeit mit Enthüllungen aus ihrem eigenen Leben kommentiert, werden dem Mitteilungsakt gleichsam höhere Weihen verliehen. Es wird nicht unterschieden zwischen dem, was eine bekannte Persönlichkeit mit viel Geld und Macht ohne jegliche Konsequenzen von sich preisgeben kann, und dem, was ein normaler Mensch offenbaren kann, der nach der Talkshow zu seiner Familie, in seinen Berufsalltag und seine alte Umgebung zurückkehrt. Umgekehrt äußert ein Talkmaster mitunter gegenüber einem Geheimnis oder gegenüber demjenigen, der es preisgibt, oder gegenüber dem Adressaten zunächst Entsetzen, Bestürzung und Ablehnung. Einem Gast der *Jerry Springer Show,* der eben erfahren hat, daß die Frau, zu der er eine Beziehung hatte, transsexuell ist, dann die Hände vors Gesicht schlägt und den Gastgeber in größter Verlegenheit fragt, was er an seiner Stelle tun würde, antwortet Springer: „Ganz gewiß würde ich es nicht im Fernsehen diskutieren!" Ein Kontext der Blamage wird geschaffen, der nach dem nächsten Werbespot in einen Einheitsbrei von Verständnis und Verzeihen umgewandelt wird.

Gegen Ende einer Talkshow, in der Geheimnisse enthüllt worden sind, tritt ein Psychologe auf. Damit wird ein pseudotherapeutischer Kontext geschaffen. Die eigentliche und mühselige Arbeit, die nach der Preisgabe eines Geheimnisses geleistet werden muß, geht im nebulösen Gaukelspiel der flüchtigen und unsicheren Beziehung zu einem „Fachmann" unter, der die Rolle des Überlegenen spielt und so tut, als wisse er über das Leben von Leuten Bescheid, die er eben erst kennengelernt hat.[9] Man will uns glauben machen, daß nach der Talkshow keine Frage offenbleibt, aber wie falsch diese Behauptung ist, beweist die Tatsache, daß viele Shows mittlerweile eine „Nachsorge", ja sogar eine regelrechte Therapie anbieten, in der die Folgen aus einem Geheimnisverrat im Fernsehen verarbeitet werden.[10]

Die Zeit, die man braucht, um zu einem Geheimnis überhaupt einen angemessenen Zugang zu finden, steht in solchen Talkshows natürlich nicht zur Verfügung. In den kaum 40 Minuten einer *Montel Williams Show* erzählt ein Mann seiner Frau, daß er eine homosexuelle Beziehung hat; eine Frau bekennt ihrem Mann, daß sie eine Affäre mit ihrem Chef hat; eine andere teilt ihrem Freund mit, daß sie transsexuell ist; eine Frau enthüllt ihrem Ehemann, daß sie 20000 Dollar Schulden gemacht hat; und eine andere enthüllt ihrem Freund, daß sie vor kurzem das gemeinsame Kind abgetrieben hat. Das zweifelhafte Ethos „Laß es einfach raus" liegt diesen Shows zugrunde.

Geheimnisse in Talkshows offenzulegen hebt auch altersgerechte Grenzziehungen zwischen Eltern und Kindern auf. Kinder sitzen häufig als Zuschauer im Publikum und erfahren auf diese Weise die Geheimnisse ihrer Eltern. In einer Show hörte ein achtjähriger Junge aus dem Mund seiner Tante, daß ihn seine Mutter ausgesetzt habe, weil sie „ihn nicht haben wollte". Kinder stehen zuweilen auch als Gäste vor der Kamera und enthüllen einem Elternteil ein Geheimnis über den anderen Elternteil, ohne daß man sich Gedanken darüber macht, welches Schuldgefühl diese Kinder belastet, wenn sie gegenüber einem Elternteil unloyal sind.[11] Die Folgen für diese Kinder, ihr Schamgefühl, ihre Nöte und am folgenden Tag die Kommentare in der Schule werden keinen Augenblick bedacht.

Und schließlich degradiert dieses Ausplaudern von Geheimnissen in Talkshows unsere privatesten und intimsten Wahrheiten zu einer lukrativen Ware. Die Shows enden mit der werbenden Frage: „Haben Sie ein Geheimnis, das Sie noch niemandem anvertraut haben? Rufen Sie uns an und teilen Sie es uns mit." „Haben Sie jemanden bei einer unrechtmäßigen Handlung auf Video aufgenommen? Schicken Sie uns das Band." Für ein pikantes Geheimnis winkt ein Flugticket, die Fahrt mit einer Luxuslimousine, die Übernachtung in einem feinen Hotel. Niemand wird zwar zu einem Talkshow-Auftritt gezwungen, aber die Tatsache, daß die meisten Gäste aus der Arbeiterschicht kommen und sich eine solche Reise niemals leisten könnten, macht das Geheimniserzählen in Talkshows zu einem Pakt mit dem Teufel.

Talkshows sind ungeheuer einflußreich und haben Vorbildcharakter für die Preisgabe von Geheimnissen in unserer Kultur. Aber diese Vorbilder verbreiten zahlreiche gefährliche Mythen:

- *Schmerzliche Geheimnisse dürfen ohne Rücksicht auf feste Beziehungen eröffnet werden.*
- *Ein Geheimnis öffentlich kundzutun ist an sich schon heilsam.*
- *Alle mit einem Geheimnis verbundenen Probleme werden augenblicklich gelöst.*
- *Das Recht auf Privatsphäre wird übertrieben.*
- *Pseudointimität und Pseudogemeinschaftlichkeit können echte Verbundenheit ersetzen.*
- *Fremde haben das Recht, Sie zu beurteilen und zu tadeln, ohne Ihre ganze Geschichte zu kennen.*
- *Wenn Sie ein Geheimnis im Fernsehen ausplaudern, sind Sie augenblicklich berühmt.*
- *Fünf Minuten unverbindliche Gegenüberstellung mit einem „Fachmann", der vorgibt zu wissen, was für das Leben anderer Menschen am besten ist, können alle Probleme lösen, die ein Geheimnis geschaffen hat.*
- *Zwischenmenschliche Bindungen, Loyalität, persönliche und soziale Verantwortung haben keinerlei Bedeutung.*
- *Die Vorgeschichte eines Geheimnisses und mögliche zukünftige Konsequenzen, die sich aus der Eröffnung ergeben, können außer acht gelassen werden.*
- *Kinder jeden Alters können mit schmerzlichen Geheimnissen konfrontiert werden.*

Hat das Ausplaudern von Geheimnissen in Talkshows die Art und Weise beeinflußt, wie Sie Geheimnisse beurteilen und wie Sie mit Geheimnissen in Ihren zwischenmenschlichen Beziehungen umgehen?

Familiengeheimnisse in Fernsehmagazinen

Neben den nachmittäglichen Talkshows werden seit den neunziger Jahren abendliche „Magazin"-Sendungen ausgestrahlt. Solche Shows enthalten in der Regel drei bis vier Segmente, darunter einen Beitrag zu den Nachrichten der Woche, einen Beitrag aus der Wirtschaft oder der Innenpolitik und eine Familiengeschichte. Die Enthüllung eines Familiengeheimnisses ist häufig ein fesselndes Minidrama innerhalb der Sendung. Eingeblendete Interviewfetzen mit Familienmitgliedern und scheinbar improvisierte – in Wirklichkeit perfekt inszenierte – Filmaufnahmen der Familie in der Küche, im Wohnzimmer oder beim Gehen auf der Straße werden durch einen eingesprochenen hochpathetischen Erzählerkommentar miteinander verknüpft. Der *Inhalt* eines bestimmten Geheimnisses, seien es neue Reproduktionstechnologien, die Elternschaft oder sexueller Mißbrauch, steht gewöhnlich im Vordergrund, während die komplizierten Beziehungsstrukturen, in die dieses Geheimnis eingebettet ist, außer acht gelassen werden. Die Dramaturgie hebt den Schmerz und die Nöte derer hervor, die bisher im dunkeln gehalten wurden. Durch eine gezielte Darstellungsweise in Bild und Ton wird dem Zuschauer vorgegeben, wem er die Schuld zuzuweisen und auf wessen Seite er zu stehen hat. Mögen die Bilder auch in Farbe sein, die Geschichte ist schwarz-weiß gezeichnet, und die Rollen sind genau verteilt: hier die „Guten" und da die „Bösen". Auch fehlt ein Bezugsrahmen, der es den Zuschauern ermöglicht, kritisch über Wahrung und Offenlegung von Geheimnissen nachzudenken. Da jeder Verweis auf einen sozialen Kontext oder einen größeren kulturellen Bedeutungszusammenhang fehlt, lenken diese Sendungen unsere Aufmerksamkeit lediglich auf den brisanten Inhalt des Geheimnisses.

Betrachten wir das Beispiel eines Familiengeheimnisses, das im Jahr 1995 in zwei Magazin-Sendungen zur Sprache kam. Im *American Journal* und später auch in *20/20* wurde die Geschichte der Familie Lang erzählt. Nach Scheidung und erbittertem Kampf um die Kinder in den achtziger Jahren erhielt Marcia Lang schließlich das Sorgerecht für die beiden Kinder Chelsea und Robert junior; ihr Ex-Ehemann Bob Lang heiratete wieder. 1991, also Jahre später, teilte Marcia ihrem geschiedenen Ehemann in einem erregten Telefongespräch mit, daß nicht er der leibliche Vater der Kinder sei, sondern sein früherer Chef, Jim Pickens, mit dem sie sieben Jahre lang eine außereheliche Beziehung hatte.

American Journal leitet die Sendung mit der Ankündigung ein, daß die Zuschauer gleich ein „schockierendes" Geheimnis erfahren würden; es sei „zu einem Prozeß gekommen, der einen Präzedenzfall schaffen wird, dessen Auswirkungen amerikanische Familien noch auf Jahre hinaus zu spüren bekommen". Dann erfahren die Zuschauer von der überraschenden Eröffnung des Vaterschaftsgeheimnisses – und zwar mittels einer Konferenzschaltung zwischen Vater, Mutter und den beiden Kindern am Heiligabend, während Bob Lang, seine neue Frau und die Kinder Lebkuchen backen. Wir sehen die Kinder in Tränen ausbrechen; wir erfahren von einem Bluttest, auf dem der Sohn besteht, um herauszufinden, wer sein Vater ist; wir hören, wie Jim Pickens, der leibliche Vater, erzählt, daß seine Arztpraxis ruiniert ist und daß sich seine Familie von ihm getrennt hat, nachdem das Geheimnis enthüllt war; wir hören, daß Vater und Kinder enger zusammenwuchsen, nachdem sie das Geheimnis erfahren hatten; wir sehen, wie die Stiefmutter zum Interviewer sagt, Marcia Lang habe das Geheimnis enthüllt, weil „sie eine wirklich niederträchtige Person ist"; wir hören, wie Chelsea ihre Mutter als „herzlos" und „nachlässig" beschreibt; wir sehen, wie der Interviewer eine flüchtende Marcia Lang bis zu ihrem Wagen verfolgt und ihr nachruft, wie sie „das ihren Kindern hat antun" können, und schließlich erfahren wir, daß dieser „Skandal" bei Vater und Kindern „Schmerz und seelische Narben" hinterlassen hat.

Die Einschaltquote für diese Folge des *American Journal* muß außerordentlich hoch gewesen sein, denn wenige Monate später wurde die Geschichte der Langs in *20/20* wiederholt. Einleitend hieß es diesmal, daß wir gleich eine „Familiensaga" zu sehen bekämen, die wir „nie mehr vergessen" würden, die Geschichte einer „heimlichen Liebesaffäre" und eines „katastrophalen Geheimnisses". Die Fakten sind die alten, aber Vater und Kinder geben vollkommen andere Statements ab als im *American Journal*. Es ist diesmal keine Konferenzschaltung, sondern wir erfahren, daß der Vater den Anruf entgegennahm, während die Kinder danebensaßen und zunehmend verstört mit anhörten, was der Vater ins Telefon sprach. Nicht der Sohn habe den Bluttest veranlaßt, so die neue Version, sondern der Vater, der sich „letzte Gewißheit habe verschaffen" wollen. Vater und Tochter, heißt es jetzt, stünden sich nicht nahe, sondern hätten ein distanziertes Verhältnis; der Interviewer teilt uns mit, die „Enthüllung dieses Geheimnisses habe Vater und Tochter entzweit". Marcia Lang wird nicht auf der Straße verfolgt, sondern wir sehen Bilder, wie sie sich weigert, ein Interview zu geben. Wir erleben weiterhin mit, wie Chelsea vom Interviewer aufgefordert wird, ihre Mutter im Fernsehen zu kritisieren. Die Beziehung zwischen Bob Lang und seinem Sohn Robert dagegen wird als herzlich und innig dargestellt. Der Gerichtsprozeß, in dem Bob Lang auf Schadensersatz wegen Betrugs und auf rückwirkende Erstattung der Unterhaltszahlung für die Kinder klagte, war zur Zeit der Ausstrahlung von *20/20* mittlerweile abgeschlossen, und Bob Langs Forderungen waren abgeschmettert worden. Im *American Journal* hatte es noch geheißen, mit diesem Prozeß würde ein „Präzedenzfall" geschaffen.

In dieser Sendung stellte der Interviewer die rhetorische Frage: „Warum sollte jemand ein Geheimnis nicht für sich behalten, das beinahe das Leben dreier Menschen zerstört hätte?" Ja, warum wohl? Zu keinem Zeitpunkt und in keinem der beiden Beiträge wird uns eine Hilfestellung gegeben, dieser Frage nachzugehen. Im Gegenteil: Unser Urteil wird auf den Gegensatz von Tätern und Opfern, von richtig und falsch eingeengt. Der Moderator von *20/20,* Hugh Downs, kommentiert am Ende der Sendung: „Derart drastische und unterschiedliche Reaktionen von Sohn und Tochter – wir müssen uns fragen, wo die Gründe dafür liegen." Auf diese bedenkenswerte Frage folgt ein Werbespot.

In beiden Sendungen wird darauf verzichtet, nach den komplizierten Motiven für die Geheimhaltung zu suchen. Wird das Geheimnis aus Scham, aus Angst vor Stigmatisierung, wegen Einschüchterung, zum Schutz der eigenen Person und anderer, aus bewußter Irreführung, Überheblichkeit und Machtmißbrauch, aus Ohnmacht – oder schlicht aus einem Gefühl der Verwirrung gewahrt? Die nicht weniger komplizierten Gründe für die Enthüllung des Geheimnisses – Wut, Rachegelüste, der Wunsch, Bindungen zu zerstören, Befreiung von Schuldgefühlen, das Verlangen, eine Last von sich und anderen abzuschütteln, die ehrliche Hoffnung, Beziehungen zu heilen und neu zu knüpfen, oder das Bedürfnis, das eigene innere Gleichgewicht, die eigene Identität und Integrität wiederherzustellen – werden ebenfalls nicht dargelegt.

Es wird nicht zwischen der rücksichtslosen und der bedachtsamen und behutsamen Offenlegung eines Geheimnisses unterschieden. Fragen wie „Wer hat ein Recht darauf, über das Geheimnis Bescheid zu wissen? Wessen Leben wird durch das Geheimnis in Mitleidenschaft gezogen? Wem wird die Entscheidungsgrundlage entzogen und der Rückgriff auf notwendige Hilfsmittel verweigert, wenn das Geheimnis gewahrt bleibt?" haben in TV-Magazinen keinen Platz.

In Fernsehgeschichten über Familiengeheimnisse gibt es häufig eine Person, die jede Stellungnahme ablehnt. Eine solche Weigerung wird jedoch keineswegs als verständlicher Wunsch nach Wahrung der Privatsphäre betrachtet. Als Marcia Lang zweimal die Bitte um ein Interview abschlägt, wird der Zuschauer in dem Gefühl bestärkt, ihr Verhalten sei tadelnswert, und sie allein trage die Schuld.

Während ich diese Sendungen sah, stellten sich mir unzählige Fragen. Was zum Beispiel war während der zehnjährigen Ehe der Langs vorgefallen, wodurch es möglich wurde, eine sieben Jahre währende außereheliche Beziehung geheimzuhalten? Gab es noch andere Geheimnisse? Stammten die Langs aus Familien, bei denen in der Ehe wichtige Geheimnisse gewahrt wurden? Zwar kann ein zehn- bis zwölfminütiger Fernsehbeitrag unmöglich alle diese Hintergründe aufrollen, doch das vollständige Fehlen derartiger Informationen in solchen Sendungen legt den Schluß nahe, daß die Fernsehmacher sich darüber nicht den Kopf zerbrechen.

Besonders verblüffte mich, daß der geschlechtsspezifische Aspekt des Familiengeheimnisses der Langs nie auch nur angedeutet wurde. Seit Anbeginn der Welt haben Männer heimlich Kinder in die Welt gesetzt. Sie haben sie verlassen, sich ohne Wissen ihrer Ehefrauen um sie gekümmert oder sich auf dem Sterbebett öffentlich zu ihnen bekannt. Aber sie haben selten jenen Hohn zu spüren bekommen, mit dem eine Frau überhäuft wird, die sich Ähnliches zuschulden kommen läßt. Wenn Bob Lang das getan hätte, was Marcia Lang getan hat, und wenn er es geheimgehalten hätte, wären die Medien dann derart über ihn hergefallen wie über die Frau? Wohl kaum. In beiden Sendungen wird uns vorgeführt, wie sehr Jim Pickens darunter leidet, seine Familie und seine Arztpraxis verloren zu haben; gleichzeitig wird er als Opfer hingestellt, das, „ohne es zu wissen", zwei Kinder gezeugt hatte. Nur Marcia Lang wird als die wahre Schurkin dargestellt.

Diese einseitige Ausrichtung auf Schuld und Unschuld läßt uns keinen Raum, darüber nachzudenken, wie es mit den Beziehungen weitergeht, nachdem das Geheimnis enthüllt ist. Als Chelsea Lang von den Interviewern beider Sendungen ermuntert wird, ihre Mutter schlechtzumachen, wird kein Gedanke daran verschwendet, wie sich dieses Verhalten auf eine mögliche künftige Versöhnung mit der Mutter auswirken könnte. Geheimnisse werden losgelöst von Vergangenheit und Zukunft und ohne sozialen oder kulturellen Bezugsrahmen dargestellt.

In Fernsehmagazinen geht es vor allem darum, die Dinge so simpel wie möglich darzustellen. Was sollen wir von einem „sozialen" Vater denken, der offensichtlich seine Kinder liebt und dennoch vor Gericht rückwirkend Geldforderungen stellt, weil er ihr Leben mitfinanziert hat? Dieser Widerspruch wird zu keinem Zeitpunkt mitbedacht. Und was ist mit einer Mutter, die ihre Kinder tief gekränkt hat, indem sie das Geheimnis offenlegte, und die ihnen dennoch einen offensichtlich liebevollen Vater gab? Marcia Lang wird schlichtweg verteufelt, und niemand fordert uns auf, über die Ungereimtheiten nachzudenken.

Bekenntnisse im Fernsehen und in unserem eigenen Leben

Werden im Fernsehen Geheimnisse mit den rechten Worten und mit Einfühlungsvermögen dargestellt, werden wir als Zuschauer Zeugen einer Vielzahl verwirrender Gefühle der Betroffenen: Angst, Wut, Schuld, Scham, Trauer und Erleichterung. Wir sehen Beziehungen, die durch Schutzgewährung, Verrat, Mißtrauen und Versöhnung geprägt sind. Nutzen und Folgen, die ein Bewahren oder die Preisgabe eines Geheimnisses für den einzelnen und dessen Beziehungen haben, werden sorgfältig abgewogen, und dadurch werden wir zum Nachdenken über ähnliche Situationen in unserem eigenen Leben befähigt. Wie im wirklichen Leben bleibt vieles offen und ungelöst, nachdem ein Geheimnis enthüllt worden ist.

Die Fernsehdokumentation *Before Your Eyes: Angelie's Secret,* die im Jahr 1995 ausgestrahlt wurde, ist ein gutes Beispiel für ganz unspektakuläres Mitteilen eines Geheimnisses im Fernsehen. Die zehnjährige Angelie Dias aus Jupiter, Florida, die die fünfte Klasse besucht, hat AIDS. Geboren in Puerto Rico als Kind einer drogenabhängigen Mutter, wurden Angelie und ihr Brüderchen zur Adoption freigegeben. Ihr Bruder starb noch als Kleinkind an AIDS. Angelie und ihre Adoptiveltern hielten die Diagnose geheim – vor den besten Freunden ebenso wie vor den Spielkameraden, vor den Lehrern und dem ganzen sozialen Umfeld. Angelies Eltern helfen uns zu verstehen, wie die Entscheidung, die Diagnose für sich zu behalten, um Angelie, solange sie klein war, zu schützen, in ihrem Leben wie ein schleichendes Gift wirkte.

„Ich habe dieses Geheimnis für mich behalten", meint Angelie wehmütig, „weil ich meine Freundinnen nicht verlieren wollte."

Doch faktisch war die Familie gezwungen, innerhalb hoher Mauern zu leben, die sie von den anderen Menschen trennten. Ständig lauerte die Angst, daß das Geheimnis unversehens doch aufgedeckt werden könnte. „Wir haben Angst", sagt Angelies Mutter, „es jemandem zu sagen, der das Geheimnis nicht für sich behalten kann." Wenn die Familie sich dazu durchringt, das Schweigen zu brechen, dann müssen alle das Geheimnis erfahren; so viel ist ihnen klar.

In dem Film, der ein Jahr in Angelies Leben umspannt, werden wir Zeugen, wie sie damit ringt, ob sie das Geheimnis preisgeben soll oder nicht. Der Film ist keine künstliche Nachgestaltung der Ereignisse. Die Zeitspanne, die für die Entscheidungsfindung benötigt wurde, wird eindrucksvoll dargestellt. Gezeigt wird, daß die Eltern Angst haben, ein Geheimnis von solcher Tragweite offenzulegen, aber auch nicht mehr länger schweigen wollen. Eindringlich berichtet Angelies Mutter von dem Schmerz, vor Freunden und in der Schule lügen zu müssen. Aber den Zuschauern wird zugleich sehr handfest vor Augen geführt, wie es anderen Familien erging, die ihr schmerzliches Geheimnis offengelegt haben: Ihr Hund wurde getötet, ihr Haus niedergebrannt, sie wurden von den Nachbarn aus dem Ort vertrieben. Angelie und ihre beste Freundin Jamie „sagen einander alles", wie es unter zehnjährigen Freundinnen üblich ist – „alles", bis auf Angelies Krankheit. Ihr häufiges Fehlen in der Schule aufgrund der ärztlichen Behandlung lassen Angelies Lieblingslehrerin vermuten, daß etwas Ernstes vorliegt, aber wie viele Menschen, die ein schwerwiegendes Geheimnis ahnen, zieht sie es vor, nichts wissen zu wollen und nicht nachzufragen.

In den Sommerferien zwischen der vierten und der fünften Klasse gelangt Angelie zu einer Entscheidung. Wir erleben sie eine Woche lang in Camp Heartland, einem Ferienlager für Kinder, die HIV-positiv oder an AIDS erkrankt sind. Dort herrscht Offenheit – im krassen Gegensatz zu den Zwängen des schulischen Alltags. Uns, den Zuschauern, wird eine Welt gezeigt, in der AIDS als Krankheit gilt, die man bekämpfen kann, und nicht als Geheimnis, das man streng zu hüten hat.

Während Angelie im Ferienlager all ihren Mut zusammennimmt, hört sie, daß andere Kinder ausgesprochen positive Erfahrungen gemacht haben, als sie ihr Geheimnis erzählten. Sie spricht auch mit Kindern, die Furchtbares erleben mußten, als sie ihr Geheimnis preisgaben, auch den Verlust ihrer Freunde – wovor Angelie am meisten Angst hat.

In Szenen, in denen das Ringen um Geheimnisse im Leben des Zuschauers durchaus Raum hat, erleben wir Angelie und ihre Eltern, die sich vorstellen, wie die engsten Freunde auf die Enthüllung ihres Geheimnisses reagieren könnten. Die ersten Reaktionen bestätigen die schlimmsten Befürchtungen. Die Freunde sind verärgert. Sie distanzieren sich von der Familie. Angelies Mutter muß erleben, wie einer den Hörer auf die Gabel knallt, als sie zu erklären versucht, warum sie das Geheimnis bisher nicht preisgegeben hat. Angelies Eltern wird vorgeworfen, andere Kinder gefährdet zu haben. Eltern verbieten ihren Kindern, mit Angelie zu spielen. Eine Mutter versucht sich zu rechtfertigen: „Unser Kind wird nicht mehr mit anderen Kindern spielen dürfen, wenn es weiter mit Angelie spielt." Die Mutter von Angelies bester Freundin läßt bei ihrem Kind einen HIV-Test vornehmen. Die medizinischen Fakten bezüglich der Übertragung des HIV-Virus werden von vielen nicht berücksichtigt. Wie erleben Angelies Schmerz und Wut, als ihre beste Freundin sie links liegenläßt. Voreingenommenheit und Ignoranz, die die Geheimhaltung von AIDS fördern, werden auf niederschmetternde Weise deutlich.

Und doch geschieht noch etwas anderes. Der Pfarrer segnet die Familie von der Kanzel herab und bittet die Gemeinde um liebenden Beistand. Der Schulleiter unterstützt die Familie und ebnet Angelie den Weg, ihr Geheimnis zu offenbaren – ihr Bekenntnis wird per Schulfernseher in alle Klassenzimmer übertragen. Die Lehrer sind auf dieses Ereignis vorbereitet. Wir als Zuschauer können das schwierige Umfeld erahnen, in dem hier ein Geheimnis eröffnet wird. Die Tatsache, daß Schule und Schulleitung unterstützend und stärkend wirken und der Borniertheit Aufklärung entgegensetzen, zeigt, daß ein Geheimnis auch anders aufgenommen werden kann.

Mit einer für eine Zehnjährige außergewöhnlichen Würde und Courage und mit Unterstützung des Schulleiters, der ihr zur Seite steht, erzählt Angelie schließlich ihr Geheimnis. Ihre Klassenkameraden reagieren positiv auf ihren Mut und ihre Unerschrockenheit. „Angelie, du bist so tapfer", sagt ein Mädchen. Andere staunen darüber, wie schwierig es gewesen sein muß, das Geheimnis so lange für sich zu behalten.

Es wäre leicht gewesen, die Sendung mit den ehrlich gemeinten und mitfühlenden Reaktionen der Kinder ausklingen zu lassen, doch der Film setzt sich anschließend noch mit den vielschichtigen und komplizierten Reaktionen auseinander, die dieses Bekenntnis ausgelöst hat. Bei einem Elternabend, an dem auch Angelie und andere Kinder teilnehmen, kommt eine brisante Mischung aus Wut, Rechtfertigung, Angst, Freundschaftlichkeit, Loyalität und liebevoller Anteilnahme zutage. Ein empörter Vater will wissen, warum Angelies Familie ein Recht darauf hatte, dieses Geheimnis für sich zu behalten, und weshalb sie ihre Tochter weiterhin in die gleiche Schule schicken darf. Angelies Kinderarzt antwortet darauf, daß AIDS-Kranke ein Recht darauf haben, ihre Privatsphäre zu wahren und die Diagnose für sich zu behalten; er ist bemüht, wissenschaftlich darzulegen, was über die Übertragung des HIV-Virus bekannt ist. Aber der Vater ist offensichtlich nicht überzeugt. Wie so oft im Leben, wenn wir die Grenzen zwischen Privatem und Geheimem ausloten, gibt es keine einfachen Antworten.

Wie bei den meisten wichtigen Geheimnissen ist das Leben von Angelie und ihren Eltern noch komplizierter geworden, seit die Wahrheit bekannt ist. Manche Kinder folgen der Einladung zu ihrer Geburtstagsfeier, andere nicht. Sie verliert ihre beste Freundin, stellt aber fest, daß sie, seit sie das Geheimnis preisgegeben hat, „mehr Freunde hat als je zuvor". Aufgrund ihrer Offenheit wird die Familie von einem smarten Werbemanager bestürmt, der Angelie als Postergirl gewinnen möchte, um Geld für einen „AIDS-Fonds" aufzubringen. Ein Mädchen aus einer anderen Stadt, das ebenfalls HIV-positiv ist, hört im Fernsehen von Angelie und beschließt, ihr Geheimnis ebenfalls offenzulegen, obwohl sie und ihr Vater aus ihrem Wohnort im Nordosten der USA verjagt worden waren, nachdem sie sich offen zu der Krankheit bekannt hatten. Nachbarn unterstützen die Familie. Angelie schließt sich einer Gruppe von Jugendlichen an, die eine Tour von New York bis nach Florida machen, um vor Kindern und jungen Erwachsenen in Schulen und Kirchen offen über AIDS zu sprechen. Es bietet sich die Möglichkeit zur Gründung einer sozialen Bewegung, um dem politischen und kulturellen Kontext einer von Scham geprägten Verheimlichung entgegenzutreten. Angelie und andere, die an der Tour teilnehmen, schöpfen Kraft aus dem Umgang miteinander, um ihre Geschichte zu erzählen und ihr Geheimnis zu eröffnen.

Der Film endet mit einem Kommentar, der nachdenklich stimmt: „Seit Angelie ihr Geheimnis preisgegeben hat, ist die Zahl ihrer T-Helferzellen nicht weiter gesunken. Es geht ihr gut." Gewiß, es gibt keinen unmittelbaren Zusammenhang zwischen der Preisgabe dieses Geheimnisses und Angelies Wohlergehen, doch wir werden mit dem Wissen entlassen, daß sie und ihre Familie zu einer tieferen Ebene der Heilung vorgedrungen sind – und wir durften Zeugen sein.

Die authentische Eröffnung eines Geheimnisses

In krassem Gegensatz zu der Eröffnung von Geheimnissen in Talkshows gestaltet sich der Umgang mit Geheimnissen bei authentischer Mitteilung völlig anders :

- *Schmerzliche Geheimnisse werden in einem Umfeld stabiler Beziehungen eröffnet.*
- *Vertrauen, Loyalität und gegenseitige Verpflichtung in Beziehungen sind die notwendigen Voraussetzungen, um ein Geheimnis erfolgreich offenzulegen.*
- *Die Vergangenheit, Gegenwart und mögliche Zukunft von Beziehungen wird sorgfältig bedacht, bevor der Entschluß gefaßt wird, ein Geheimnis zu eröffnen.*

- *Bevor ein Geheimnis eröffnet wird, sucht man verläßliche Unterstützung.*
- *Das Geheimnis wird in einem Klima der Anteilnahme und des Verständnisses ausgesprochen.*
- *Die Sorge um die Auswirkungen auf andere Menschen steht gleichberechtigt neben dem Mitteilungsbedürfnis.*
- *Ein gesundes Maß an Privatsphäre wird respektiert.*
- *Die Probleme, die ein Geheimnis mit sich bringt, sind mit der Preisgabe des Geheimnisses nicht einfach gelöst; der Heilungsprozeß, während dessen man sich mit diesen Problemen auseinandersetzt, nimmt eine gewisse Zeit in Anspruch.*
- *Kinder werden ihrem Alter gemäß eingeweiht.*
- *Mut wird honoriert – bei dem, der das Geheimnis mitteilt, wie auch bei dem, der es hört.*

Wenn man ein Geheimnis erfolgreich offenlegen will, muß man das vom Fernsehen propagierte Vorbild des rücksichtslosen Erzählens und des anmaßenden, voyeuristischen Zuhörens kritisch betrachten. Ein Gegenmodell muß geschaffen werden, das durch behutsames Erzählen und bescheidenes Zuhören gekennzeichnet ist – ein Modell, das davon ausgeht, daß wir gegenseitig Zeugen des Kampfes werden, den jeder von uns mit der Wahrheit seines Lebens auszufechten hat.

6
Verbergen und Enthüllen
Alternativen und Veränderungen

Wie durch Erklärung sanft man an den Blitz
gewöhnt das Kind
so auch die Wahrheit mählich dämmern muß
sonst wären alle blind.
Emily Dickinson

Wem „gehört" mein Geheimnis? Damons Geschichte

„Als Assistenzarzt sammelte ich erste Erfahrungen in der psychotherapeutischen Praxis. Meine Patientin arbeitete in dem Krankenhaus, wo ich medizinisch behandelt worden war. Ich hatte gleich den Eindruck, daß sie schwierig war – sie ging auf Konfrontationskurs, war streitsüchtig und arrogant. Aber als sie nach wenigen Monaten Therapie in die Sitzung kam, war ich vollkommen unvorbereitet auf das, was sie sagte. Noch heute, drei Jahre später, sitzt mir der Schreck in den Gliedern."

Damons Patientin hatte seine Krankenakte gelesen. Ohne sich von irgend jemandem die Erlaubnis zu holen, verschaffte sie sich im Krankenhauscomputer Zugang zu seinen Daten. In der nächsten Therapiesitzung sah sie ihn hinterhältig an und fragte: „Na, wie steht's mit Ihren T-Helferzellen?" Sie hatte ein Geheimnis ans Tageslicht gezerrt, das er während seiner Zeit als Assistenzarzt auf keinen Fall preisgeben wollte: das Geheimnis, daß er HIV-positiv war. Unter eklatanter Mißachtung seiner Privatsphäre und der Grenzen ihrer Beziehung reklamierte sie die Mitwisserschaft an einem Geheimnis, das sie nichts anging.

Eine Fortsetzung der Therapie, in welcher Form auch immer, war damit unmöglich geworden, aber die Frau drohte, Damons Geheimnis publik zu machen, falls er seine Arbeit mit ihr abbrach. „Es war praktisch eine Erpressung durch eine psychisch zutiefst gestörte Person", berichtete Damon. „Ich wagte nicht einmal, mit meinem Supervisor darüber zu sprechen, weil ich von Anfang an geschwiegen hatte. Fast ein Jahr lang war ich gezwungen, mit dieser Frau zu arbeiten – immer mit einem Gefühl, als wäre sie meine Gefängnisaufseherin."

Diese schmerzliche Geschichte kam an den Tag, als wir uns an einem Sommermorgen über Geheimnisse unterhielten. Nach und nach sprach er dann auch über weitere beängstigende und mutige Entscheidungen in seinem Leben, bei denen es um Geheimnisse ging.

Damon wuchs als jüngstes von drei Geschwistern auf – in einer Gesellschaft, in der ein Mensch durch sein Anderssein und die Abweichung von der Mehrheit in ernste Gefahr geraten konnte. Gesetze gegen Homosexualität und familiäre, religiöse und kulturelle Tabus machten die Entscheidung, sich zu seinem Anderssein offen zu bekennen, extrem schwierig. Wie die meisten Homosexuellen wahrte auch Damon in seiner Kindheit und Jugend das Geheimnis, daß er „anders empfand".

Bevor er es nach außen trug, mußte er es sich erst einmal selbst eingestehen. „Zunächst schrieb ich es in mein Tagebuch – in verschlüsselter Form, wenn Sie sich das vorstellen können. Ich hatte furchtbare Angst, irgend jemand könnte es entdecken. Dann versuchte ich mehrere Male, es einem Therapeuten mitzuteilen. Der erste reagierte mit unergründlichem Schweigen und wechselte anschließend das Thema. Ich hatte das Gefühl, etwas angesprochen zu haben, was ich besser verschwiegen hätte. Zaghaft unternahm ich einen zweiten Anlauf und sagte einem anderen Therapeuten, daß ich ab und zu homosexuelle Phantasien zu haben glaube. Als ich seine Mißbilligung spürte, erklärte ich ihm in der darauffolgenden Woche, das stimme nicht. Er sah mich an und meinte: ‚Gut!'"

Lange Zeit fühlte sich Damon vollkommen allein. Wie viele Menschen mit Geheimnissen, die den Kern ihrer Identität betreffen, brauchte Damon den Kontakt zu anderen Homosexuellen, um sich in der Welt heimisch zu fühlen. Solchermaßen gestärkt, begann er mit Anfang 20, seiner Familie und Freunden sein Geheimnis offenzulegen. „Ich beschloß, es jeden Tag jemand anderem zu sagen. Und zwar allen, nur meinen Eltern nicht." Seine Schwester meinte: „Sag das bloß Mama und Papa nicht. Man kann ja nie wissen, vielleicht ändert es sich bei dir wieder. Wozu dann die ganze Aufregung?" Genau das hatte Damon hören wollen. „In dem Augenblick, in dem sie meine Ängste bestätigte, war ich entschlossen, es ihnen nicht zu sagen."

Monate vergingen, bis Damons Mutter ihn eines Tages zur Rede stellte. Freundlich erzählte sie von einem anderen homosexuellen jungen Mann, den sie kannte, und fragte ihren Sohn, ob er schon einmal ähnlich empfunden habe. Danach ermahnte sie ihn allerdings, es nicht zu vielen Leuten mitzuteilen, vor allem seinem Vater nicht.

Es dauerte fast ein Jahr, bis Damon den vertrautesten Freunden das Geheimnis seiner Homosexualität eröffnet hatte. Wie so häufig, führte das Unbehagen, mit dem viele auf ein solches Geheimnis reagierten, dazu, daß sie versuchten, Einfluß auf die Information zu nehmen. Damon erhielt tausend Empfehlungen der Art: „Dem und dem darfst du es keinesfalls erzählen", was seine Unsicherheit verstärkte. Wenn ein älterer Bruder oder eine ältere Schwester den Rat gibt: „Sag's bloß unseren Eltern nicht", oder wenn eine Mutter ihr Kind beschwört: „Sag das bloß nicht deinem Vater", dann ist die Frage, wer das Recht hat, ein bestimmtes Geheimnis offenzulegen, nicht mehr leicht zu beantworten. Damon brauchte mehrere Monate, bis er den Mut fand, es seinem Vater zu eröffnen. „Ich mußte mir klarmachen, daß er mein Vater und der Ehemann meiner Mutter war und daß jede dieser Beziehungen für mich äußerst wichtig war und Respekt verdiente", meinte er. Als er schließlich damit herausrückte, bemühte sich der Vater um Verständnis und ärgerte sich, daß er es als letzter erfuhr.

Ein paar Jahre vergingen, bis Damon sich einem weiteren Geheimnis zu stellen hatte: seiner HIV-Diagnose. Bei einer Untersuchung wegen einer Lymphdrüsenschwellung machte ein Arzt ohne Damons Wissen und ohne ihn um Erlaubnis zu fragen, einen HIV-Test.[1] Mehrere Krankenversicherungen und Seelsorger aus Damons Umfeld wurden über seine Krankheit informiert, *bevor* er selbst davon erfuhr. Die hinterhältige Aufdeckung seiner Krankheit durch eine Patientin Jahre später vorwegnehmend, riet ihm sein damaliger Arzt, seine Mutter lieber gleich einzuweihen, weil sie im selben Krankenhaus arbeitete und es aller Wahrscheinlichkeit nach bald erfahren würde. Damons Mutter reagierte liebevoll und fürsorglich. Doch erneut schärfte sie ihm ein, es bloß nicht dem Vater zu sagen: „Es würde ihm das Herz brechen. Du wirst ihn bestimmt überleben, deshalb braucht er es nie zu erfahren." Diesmal blieb das Geheimnis jahrelang eine Angelegenheit zwischen Damon und seiner Mutter.

„Ich gestand es nicht einmal mir selbst ein. Ich ließ es einfach nicht an mich heran.“ Dafür mußte Damon einen hohen Preis zahlen. Früher ein warmherziger und liebevoller Mensch, der gern mit anderen zusammen war und am Leben Anteil nahm, wurde er jetzt zunehmend schweigsam, distanziert, kühl und verschlossen. Er entfremdete sich allen seinen Freunden und zog sich aus dem Leben zurück, bis ihn eine neue Beziehung zwang, sich dem Geheimnis zu stellen und es auch anderen zu mitzuteilen. Gute Freunde, die dachten, er wolle nichts mehr mit ihnen zu tun haben, zeigten spontan Verständnis für sein jahrelanges Schweigen. Doch als er gegenüber seinen Geschwistern von seinem Geheimnis sprach, war ihre einzige Antwort: „Sag's bloß Papa nicht und auch nicht unseren Kindern. Sie haben dich so gern – verdirb ihnen nicht ihre Kindheit.“

„Die Entscheidung, es endlich doch meinem Vater mitzuteilen, traf ich, als mir eins klar wurde: Wenn ich eine echte Beziehung zu ihm wollte, mußte er es erfahren.“ Diesmal war der Vater ärgerlich und wütend auf alle, die empfohlen hatten, es ihm nicht zu verraten. „Ich habe den Zweiten Weltkrieg mitgemacht“, meinte er. „Ich kann alles verkraften, was du mir zu sagen hast.“

Zusammen mit Damon überlegte ich, warum seine ganze Familie wollte, daß der Vater von den Geheimnissen ausgeschlossen blieb. Der Grund war nicht etwa, daß sein Vater besonders zart besaitet oder intolerant gewesen wäre; vielmehr war der Vater in der Familie derjenige, der am stärksten emotional und direkt reagierte. Wenn er diese Geheimnisse erfuhr, dann mußten die anderen Familienmitglieder offen damit umgehen.

Damons Familie wohnte aber in einer weit entfernten Stadt. Lange Zeit konnte er daher gut mit seiner Entscheidung leben, seine HIV-Diagnose nur denen mitzuteilen, die ihn liebten und denen er etwas bedeutete, aber im beruflichen Bereich darüber zu schweigen. Nachdem sich seine Patientin unbefugt Einsicht in seine Krankenakte verschafft hatte, mußte sich Damon mit der nunmehr brüchig gewordenen Grenze zwischen „geheim“ und „privat“ auseinandersetzen. „Mein Gesundheitszustand ging zwar niemanden im Berufsleben etwas an, aber ich wußte, daß mich die Geheimhaltung für Erpressung anfällig machte“, meinte er. „Wenn ich offen damit umginge, würde niemand mehr die Macht haben, mich zu erpressen.“

Er bereitete sich auf mögliche Reaktionen vor, wenn er sein Geheimnis enthüllte. Trotzdem gab es Überraschungen. Einige zogen sich ganz zurück, andere wechselten rasch das Thema und taten so, als hätten sie sein Geheimnis nie erfahren. Manche meinten, sie selbst hätten seelischen Beistand nötiger als er. Manche verhielten sich ihm gegenüber freundlicher als je zuvor, was Damon zu denken gab. Die meisten waren wunderbar, versicherten ihn ihrer Unterstützung und Fürsorglichkeit und gingen auf seine Bedürfnisse ein.

Während Damon sein Geheimnis vielen Leuten erzählte – trotz der unterschiedlichen Reaktionen –, schöpfte er immer mehr Mut und faßte sogar den Entschluß, bei einer großen Fachtagung seinen Weg von der Geheimhaltung zur Offenlegung seines Geheimnisses zu schildern. Wie bei vielen anderen Geheimnissen, so ist auch hier die Reise damit noch lange nicht zu Ende. „Es ist nicht einfach so, daß man sich befreit fühlt, und damit basta", sagte Damon. „Der soziale Druck ist groß, aus der Sache in einem neuen Kontext wieder ein Geheimnis zu machen."

Zur Zeit setzt sich Damon mit dem Zwiespalt auseinander, ob er es seiner Nichte mitteilen soll, die jetzt 18 Jahre alt ist. Ihre Eltern haben ihn gebeten, es nicht zu tun. Wenn sie zu Besuch kommt, versteckt er seine Medikamente. Sie weiß, daß er homosexuell ist, aber von HIV war nie die Rede. Seine Nichte bekommt mit, wie ihr Vater, Damons Bruder, beim Abschied nach einem Besuch bei Damon jedesmal zu weinen anfängt. „Mir ist klar", sagte Damon, „daß ich zu meiner Nichte keine authentische Erwachsenenbeziehung haben kann, solange sie es nicht weiß. Weniger klar ist mir, wer das Recht hat zu entscheiden, ob ich es ihr sagen darf oder nicht."

Geheimnisse verbergen oder preisgeben?

Damons Geschichte führt uns zum Kern eines komplizierten Entscheidungsprozesses: Soll ein Geheimnis verborgen bleiben oder enthüllt werden? Es könnte hilfreich sein, über einige Schlüsselfragen nachzudenken.

Wenn eine Person ein Geheimnis hütet, das zunächst und vor allem ihr eigenes Leben betrifft, so „gehört" ihr dieses Geheimnis, und die Entscheidung, es für sich zu behalten oder mitzuteilen, liegt zu Recht einzig und allein bei ihr selbst.

Dabei muß man sich über die Auswirkungen Gedanken machen, die diese Entscheidung auf andere Menschen hat. Wenn man über ein Geheimnis tatsächlich die volle Verfügungsgewalt hat, benötigt man nicht die Erlaubnis anderer, um es zu eröffnen. Wenn man das Gefühl hat, man brauche die Erlaubnis von einem anderen, um ein Geheimnis offenzulegen, so sollte dies ein Signal dafür sein, daß man entweder nicht über ein Geheimnis verfügen darf oder daß man in ein Beziehungsnetz eingebunden ist, das genauer betrachtet werden muß. Wenn Ihnen Ihre beste Freundin mitteilt, sie sei pleite, so ist dies ein Geheimnis, über das Sie nicht verfügen dürfen. Wenn andererseits Sie pleite sind, brauchen Sie nicht die Erlaubnis Ihrer Schwester, um es Ihrem Vater zu sagen.

Die Entscheidung, ein Geheimnis bekanntzugeben, weckt häufig große Ängste. Phantasien darüber, wer es gut und wer es schlecht aufnimmt, können Ihre Entscheidung belasten. Solche Phantasien sind ein Anzeichen dafür, daß Sie in Ihrem Beziehungsgefüge zunächst eigene Ängste abbauen müssen, *bevor* Sie ein Geheimnis eröffnen.

Obwohl Erwachsene nicht die Billigung anderer benötigen, um ein eigenständiges Leben zu führen, wollen und brauchen die meisten von uns Zuspruch von den Menschen, die sie lieben. Das Risiko, nicht mehr akzeptiert zu werden, wenn man ein Geheimnis preisgibt, steht häufig im Widerstreit mit dem Gefühl der Einsamkeit, das sich einstellt, wenn man ein Geheimnis für sich behält.

Sie sollten sich auch nicht verpflichtet fühlen, ein Geheimnis nur deswegen zu wahren, weil andere Sie bedrängen, es nicht weiterzuerzählen. Häufig glauben andere, über ein Geheimnis verfügen zu dürfen, das in Wirklichkeit gar nicht ihres ist, geben es preis, obwohl sie kein moralisches Recht dazu haben, oder bestehen darauf, daß Sie über Ihr eigenes Geheimnis Stillschweigen bewahren.

Womöglich müssen Sie einmal genau überlegen, ob Sie allein über ein Geheimnis verfügen dürfen (wie im Fall von Damon und seiner Homosexualität) oder ob Sie dieses Geheimnis gemeinsam mit anderen „besitzen". Dies ist beispielsweise der Fall, wenn es um die Zeugung eines Kindes durch künstliche Befruchtung geht.

Wer hat ein Recht darauf, das Geheimnis zu erfahren?

Der Inhalt mancher Geheimnisse trifft den Lebensnerv anderer Menschen. Geheimnisse über die Herkunft (etwa Vaterschaft, Adoption, neue Reproduktionstechnologien), Geheimnisse über ärztliche Diagnosen, bei denen die richtige Entscheidung über Behandlung oder Vorsorgemaßnahmen nur auf der Grundlage umfassender Informationen getroffen werden können, sowie Geheimnisse über unheilbare Krankheiten – sie alle betreffen das *Recht anderer auf Information*. Obwohl Geheimnisse wie diese die Beziehungen zu anderen Menschen tiefgreifend beeinflussen, gehören sie dennoch in erster Linie in den Bereich der persönlichen Autonomie. Wenn solche Geheimnisse einer Person vorenthalten werden, die direkt von ihnen betroffen ist, handelt der Geheimnisträger nach der anmaßenden Devise: „Ich weiß am besten, was du wissen darfst – selbst in den wichtigen Angelegenheiten deines Lebens." Wenn Sie ein solches Geheimnis zurückhalten, müssen Sie damit rechnen, daß der, dem man es schließlich doch eröffnet, zunächst äußerst verärgert reagiert. Sie werden genau hinhören und diese Gefühle respektieren müssen, damit der komplizierte Prozeß in Gang gesetzt werden kann, durch den das Geheimnis in Ihre Beziehung integriert wird.

Wessen Wohlergehen ist betroffen?

Auch wenn Sie tatsächlich die alleinige Verfügungsgewalt über das Geheimnis haben, kann die Wahrung oder Eröffnung des Geheimnisses das Wohlbefinden zahlreicher anderer Menschen beeinflussen. Auch wenn jemand über das Geheimnis seiner AIDS-Erkrankung voll verfügen kann, steht dennoch die Gesundheit des Sexualpartners auf dem Spiel, wenn er ein solches Geheimnis nicht offenlegt.

Manche Geheimnisse beeinträchtigen die Handlungsfähigkeit

nahestehender Menschen. Wenn andere nicht mehr in der Lage sind, die notwendige Hilfe zu mobilisieren, oder wenn sie keine angemessene Entscheidung mehr treffen können, weil Sie ihnen Informationen vorenthalten, ist es an der Zeit zu überlegen, wie Sie das Geheimnis am besten offenlegen können. Wenn die Menschen, die Ihnen nahestehen, ihr Leben unter falschen Voraussetzungen leben, und Sie wissen das, dann stellt es einen fundamentalen Vertrauensbruch dar, wenn Sie nach wie vor darüber schweigen.

Welche Beziehungen werden durch ein Geheimnis in Mitleidenschaft gezogen?

Angenommen, Sie hüten ein Geheimnis, das die körperliche oder seelische Gesundheit anderer oder deren Entscheidungsmöglichkeiten nicht direkt beeinflußt. Trotzdem können Beziehungen dadurch in Mitleidenschaft gezogen werden. Damons HIV-Erkrankung ist sein Geheimnis. Das persönliche Wohlergehen seiner Nichte wird durch dieses Geheimnis nicht unmittelbar in Mitleidenschaft gezogen. Allerdings verhindert das Geheimnis einen ehrlichen Umgang zwischen Onkel und Nichte.

Wenn Sie über die Auswirkungen eines von Ihnen streng bewahrten Geheimnisses auf andere nachdenken, stellen Sie sich zwei Fragen: Wie wirkt sich die Geheimhaltung auf unsere Beziehung aus? In welcher Weise würde sich die Beziehung verändern, wenn ich mein Geheimnis offenlegte?

Wenn Sie die Verfügungsgewalt über ein Geheimnis, dessen Auswirkungen auf andere und auf Beziehungen bedenken, werden Sie feststellen, daß es keine Patentrezept für die Entscheidung für oder gegen eine Offenlegung gibt und keine Garantie, daß es ohne jedes Risiko abgeht. Geheimnisse existieren in einer komplizierten Geometrie. Eröffnet man ein Geheimnis, das, behält man es für sich, auf einen geliebten Menschen negative Auswirkungen hat, kann die Beziehung für eine Weile aus dem Gleichgewicht geraten.

Werden durch ein Geheimnis Prämissen in einer Beziehung verletzt?

Enge Bindungen, sei es zwischen Eheleuten, Partnern oder guten Freunden, beruhen auf gemeinsamen Prämissen darüber, was in einer guten Beziehung erlaubt oder nicht erlaubt ist. Manchmal werden diese offen erörtert, oft aber bleiben sie unausgesprochen. In Nordamerika wollen die meisten Ehepartner eine monogame Beziehung führen, ob sie es aussprechen oder nicht. Gute Freunde gehen meist davon aus, daß Geheimnisse des anderen nicht weitererzählt werden und daß keiner von beiden wichtige Angelegenheiten vor dem anderen geheimhält.

Wenn durch ein Geheimnis solche gemeinsamen Grundannahmen in Frage gestellt werden, lebt der Partner, der von dem Geheimnis ausgeschlossen ist, mit Erwartungen, die nicht mehr gültig sind. Wenn Sie glauben, daß Sie und Ihr Ehepartner Geldfragen offen und ehrlich miteinander besprechen, Ihr Partner aber ein wichtiges Geldgeheimnis für sich behält, handeln Sie unter falschen Voraussetzungen. Eine solche Anmaßung macht es dem anderen unmöglich, das Spiel des Lebens „mit offenen Karten" zu spielen.

Solche Geheimnisse werden oft deshalb gewahrt, weil der Geheimnisträger zu Recht ahnt, daß eine Enthüllung den anderen verärgern muß. Wenn Sie ein Geheimnis für sich behalten, das einem anderen Schlüsselinformationen vorenthält, die er braucht, um richtige Entscheidungen zu treffen, verletzen Sie die gemeinsamen Grundannahmen einer Beziehung.

Wie ändert sich Ihr Verhalten, wenn Sie ein Geheimnis wahren?

Müssen Sie viel Energie aufwenden, die Sie auf anderen Gebieten brauchen könnten, wenn Sie ein Geheimnis wahren? Beherrscht das Geheimnis Ihr Leben, indem es übertriebene Vorsicht und Wachsamkeit erfordert, so daß Ihre Spontaneität dabei verlorengeht? Meiden Sie Themen, die den Inhalt des Geheimnisses entfernt berühren könnten? Hat das Geheimnis dazu geführt, daß Sie nicht wahrhaben wollen, was in Ihrem Leben wirklich vor sich geht? Distanzieren Sie sich von Menschen, zu denen Sie lieber eine engere Bindung hätten? Bewirkt das Geheimnis, daß Sie lügen und in wichtigen Beziehungen das Vertrauen untergraben? Ist Ihr Leben mehr von Täuschung als von Ehrlichkeit geprägt?

Antworten Sie auf diese Fragen, und Sie werden erkennen, welchen Einfluß ein Geheimnis auf Ihr Leben hat. Wenn ein Geheimnis, das Sie wahren, verschleiert, *wer Sie eigentlich sein wollen,* dann ist es an der Zeit, sich behutsam nach einer Möglichkeit der Veränderung umzusehen.

Komplexe Motive: Geheimnisse schaffen und wahren

Als ich die Familie Katziki kennenlernte, stellte ich verblüfft fest, wie unbeherrscht Faye Katziki auf das eher unauffällige Verhalten ihrer Tochter Elena reagierte. Was mir als völlig normales und keineswegs böswilliges Über-die-Stränge-Schlagen einer Heranwachsenden erschien – zum Beispiel beim Rauchen im Mädchenklo erwischt zu werden, sich verbotenerweise die Augen zu schminken und eine Stunde später als vereinbart von einem Schulball nach Hause zu kommen –, hatte sich zu einem Kleinkrieg zwischen Faye und ihrer vierzehnjährigen Tochter entwickelt. Bei unserer ersten Sitzung brachte der Vater George seine Ratlosigkeit über die Vorgänge in seiner Familie zum Ausdruck: „Elena ist unser einziges Kind. Faye und Elena standen sich immer so nahe, aber in diesem letzten Jahr regt sich meine Frau über alles, was Elena tut, furchtbar auf." Während George das sagte, senkte Faye den Kopf und wirkt eher beschämt als ärgerlich.

Ich befragte die Katzikis nach ihrer weiteren Familie, wie immer in der ersten Sitzung. George erzählte mir bereitwillig von seinen Eltern, die in der Nähe wohnten. Sie waren griechische Einwanderer, die es zu etwas gebracht hatten und ihren Enkelkindern ausnahmslos große Liebe und Zuneigung entgegenbrachten. „Elena ist ihr absoluter Liebling, und sie haben auch Faye sehr gern. Diese ganzen Streitereien belasten sie sehr. Meine Mutter versucht, Faye zu beruhigen, aber das hilft auch nichts."

Als ich mich Faye zuwandte, um irgendwelche Einzelheiten über ihre Familie zu erfahren, spürte ich die wachsende Spannung im Raum. George rückte näher an Faye heran und legte ihr beschützend den Arm um die Schulter. „Ich habe keinen Kontakt mehr zu meinen Eltern", meinte Faye ruhig. Als ich mich nach dem Grund erkundigte, erwiderte Faye: „Darüber möchte ich nicht sprechen, wenn es Ihnen nichts ausmacht." Während Faye sprach, rutschte Elena nervös auf ihrem Stuhl hin und her. Kurze Zeit später meinte sie: „Ich habe Kopfschmerzen – könnten wir nicht für heute Schluß machen?" Zwischen Mutter und Tochter kam es zwar häufig zu Auseinandersetzungen, doch Elena wußte genau, wann sie ihre Mutter in Schutz nehmen mußte. In den beiden folgenden Sitzungen beobachtete ich wiederholt dasselbe Muster: Faye beklagte sich über eine angebliche Ungezogenheit der Tochter; Mutter und Tochter stritten sich; George sah gequält und verwirrt zu. Jedesmal wenn ich eine Frage stellte, die auch nur entfernt Fayes Leben betraf, kam Elena mit Ablenkungsmanövern zu Hilfe. Was ging hier vor? Bevor ich dies erfuhr, sollte ich noch viele vergebliche Versuche unternehmen, das Verhältnis von Faye und Elena zu entspannen.

Am Ende der vierten Sitzung fragte mich Faye, ob sie mich beim nächsten Mal allein sprechen könne. „Ich habe meinen Mann und Elena gefragt, ob sie etwas dagegen hätten, und sie waren einverstanden."

Faye kam abgespannt und tieftraurig zu unserer Sitzung. „Ich muß es jemandem sagen", meinte sie, „ich weiß mir sonst keinen Rat mehr." Schweigend hörte ich zu, wie mir Faye das Geheimnis preisgab, das ihre unverständliche Reaktion auf Elenas Verhalten erklärte, und die Tränen rollten ihr die Wangen herunter. „Mein Mann und meine Schwiegereltern wissen nichts, und Elena weiß es mit Sicherheit auch nicht – ich wurde schwanger, als ich fünfzehn war. Meine Eltern schickten mich in ein Heim für ledige Mütter, und ich mußte das Baby zur Adoption freigeben. Ich brachte einen Sohn zur Welt, den ich niemals zu Gesicht bekam. Er muß jetzt fünfundzwanzig Jahre alt sein. Ich denke jeden Tag an ihn. Und ich möchte um jeden Preis verhindern, daß Elena dasselbe passiert wie mir."

Behutsam fragte ich Faye nach weiteren Einzelheiten über ihre Jugend. Ihre Eltern waren sehr konservativ eingestellt und sehr streng. Und – ganz typisch – je mehr sie Faye einschränkten, um so mehr fand diese Mittel und Wege, sich über die Vorschriften hinwegzusetzen. In der Familie wurde über Sex nicht gesprochen. Ihre drei älteren Brüder hatten Freundinnen, aber sie selbst durfte sich nicht mit Jungen treffen. Als ein gutaussehender Mitschüler aus einer höheren Klasse sich für sie zu interessieren begann, fand sie trotzdem eine Möglichkeit, sich mit ihm zu treffen. Bei ihren Eltern gab sie an, sie besuche ihre beste Freundin. Als Faye schwanger wurde, war sie entsetzt und verriet fünf Monate lang niemandem etwas. Als ihre Eltern dahinterkamen, waren sie außer sich vor Zorn. Ihr Vater beschimpfte sie als Hure. Der Priester ihrer Pfarrgemeinde trug dafür Sorge, daß sie den Rest ihrer Schwangerschaft an einem anderen Ort verbrachte. Als sie zurückkehrte, wurde über den ganzen Vorfall nie wieder gesprochen. Nach dem Abschluß der High-School verließ sie das Elternhaus und brach den Kontakt völlig ab.

„Als ich George kennenlernte und mich in ihn verliebte, wußte ich sofort, daß ich ihm das niemals sagen könnte. Ich bin jetzt so durcheinander. Ich denke ständig daran, daß mein Sohn plötzlich vor der Tür stehen könnte. Ich wünsche mir das zwar, aber was würde dann aus meinem Leben werden?"

Allmählich fing ich an, Fayes Reaktion auf Elenas Verhalten damit in Verbindung zu bringen, was sie selbst erlebt hatte. Als die Tochter in das Alter kam, in dem Faye schwanger geworden war, fing sie an, übertriebene Wachsamkeit an den Tag zu legen. Sie erlaubte der Tochter zwar, sich mit Jungen zu verabreden, doch stets schwang die unausgesprochene Warnung vor drohender Gefahr mit. Ihr Leben war nur noch von Ängsten beherrscht: Würde der Sohn eines Tages unangemeldet bei ihr auftauchen? Würde George sie verlassen, wenn er ihr Geheimnis erfuhr? Würde Elena schwanger werden? Am Ende der Sitzung meinte Faye: „Ich kann so nicht weiterleben." Ich versprach ihr, wir würden gemeinsam ihre Situation zu verändern suchen.

Faye kam zu mehreren Sitzungen allein in meine Praxis. Als wir über ihr Leben sprachen und sie keine brüske Verurteilung, sondern nur Mitgefühl erfuhr, wurde ihr Verhalten gegenüber Elena maßvoller. Während ihre Scham schwand, wuchs ihre Bereitschaft, sich mit der Frage auseinanderzusetzen, ob sie der Familie ihr Geheimnis eröffnen könne. „Ich bin bereit, es George zu sagen", meinte Faye, „aber bei Elena habe ich meine Zweifel, und auf keinen Fall sollen es meine Schwiegereltern erfahren." Ich antwortete, nach meinen Erfahrungen würden Geheimnisse Schritt für Schritt offengelegt. Ihren Ehemann einzuweihen bedeute nicht, daß sie es auch anderen mitteilen müsse. Aber auch wenn dies ihr eigenes Geheimnis sei, gehöre ein Teil davon der Tochter – die Tatsache nämlich, daß sie einen Halbbruder hatte.

Ich war zuversichtlich, daß wir dieses Problem lösen könnten, wenn Faye über das Geheimnis erst einmal mit ihrem Mann gesprochen hatte. Ich hatte George als einen liebevollen und besorgten Ehemann erlebt, und ich bezweifelte kaum, daß es ihm gelingen würde, sich mit Fayes Jugenderlebnis abzufinden.

Ich ermunterte Faye, George alles zu erzählen, was sie mir berichtet hatte. Seine erste Reaktion war Erleichterung: „Ich wußte die ganze Zeit, daß Faye mir etwas vorenthielt, irgend etwas über ihre Familie", sagte George, als wir uns danach wiedersahen. „Eigentlich war es mir immer ein Rätsel, weshalb wir ihre Eltern nie besucht haben. Sie sind nicht einmal zu unserer Hochzeit gekommen. Ich dachte, vielleicht ist Faye sexuell mißbraucht oder verprügelt worden. Ich wußte nicht, was ich denken sollte. Ich wollte mich nicht in ihre Angelegenheiten einmischen, aber ich habe mir immer gewünscht, ihr Vertrauen zu gewinnen, so daß sie es mir sagen konnte. Sie hatte geglaubt, ich würde sie nicht mehr lieben – aber das wird bestimmt nicht passieren."

Im Verlauf meiner therapeutischen Arbeit mit den Katzikis überzeugte George seine Frau, ihr Geheimnis auch Elena mitzuteilen. Da sie aber verhindern wollten, daß Elena vor ihren Großeltern Heimlichkeiten hatte, sprachen sie auch mit Georges Eltern darüber, die sehr wohlwollend reagierten. Ich versuchte, Faye zu überreden, mit ihren Eltern wieder Kontakt aufzunehmen, aber das lehnte sie ab.

Wen schütze ich?

Ein Geheimnis kann zum eigenen Schutz, zum Schutz eines anderen Menschen und einer Beziehung oder von beidem geschaffen werden. Reden Sie sich ein, daß das Geheimnis ausschließlich einen anderen Menschen schützt? Denken Sie darüber nach, was sich ändern würde, wenn Sie das Geheimnis offenlegen, und Sie entdecken vielleicht, daß Sie mit dem Geheimnis auch sich selbst schützen.

Wenn Sie glauben, Sie könnten es „dem Vater niemals sagen" – schützen Sie dann den Vater vor einer Angelegenheit, mit der er Ihrer Meinung nach nicht zurechtkäme? Wie kommen Sie darauf, daß er diese Mitteilung nicht verkraftet? Suchen Sie intensiv nach Gegenbeispielen für den Mythos, daß es dem Vater „das Herz bricht", wenn er es erführe. Vielleicht entdecken Sie, daß Sie in Wirklichkeit sich selbst vor der Reaktion Ihrer Eltern schützen.

Vielleicht befürchten Sie, daß eine Beziehung in die Brüche geht, wenn Sie ein bestimmtes Geheimnis lüften. Faye beispielsweise war fest davon überzeugt, George zu verlieren, wenn er von ihrem Jugenderlebnis erführe. Aber was wird aus einer Beziehung, wenn das Geheimnis auf Dauer gewahrt bleibt? Wird die Beziehung durch das Geheimnis gestärkt? Wird sie von Lügen umlauert? Oder löst sie sich auf, weil das Geheimnis eine immer größere Distanz erforderlich macht?

Wenn Erwachsene als Grund für die Geheimhaltung den Schutz der eigenen Person, den Schutz anderer oder den Schutz von Beziehungen anführen, ist dies ein Indiz, daß man sich mit Beziehungsfragen befassen muß, bevor das Geheimnis bekanntgemacht wird.

Werde ich so stark eingeschüchtert, daß ich schweige?

Manche Geheimnisse werden gewahrt, weil man Angst hat und sich bedroht fühlt. Wenn Sie gerne ein Geheimnis eröffnen möchten, aber zögern, weil die Angst vor den Folgen übergroß ist, müssen Sie sich des Beistands anderer vergewissern, bevor Sie den nächsten Schritt wagen.

Wenn jemand so eingeschüchtert wird, daß er schweigt, dann mißbraucht der eine Partner in einer Beziehung seine Macht, um die Geheimhaltung zu erzwingen. Solche Macht kann sich in Form von körperlicher Bedrohung, finanziellem Druck oder emotionalem Zwang äußern. Da ein Mensch seine Machtposition nur selten freiwillig aufgibt, werden Geheimnisse, die durch ein Machtungleichgewicht unter Verschluß gehalten werden, dann enthüllt, wenn die Person, die eingeschüchtert wurde, den Zeitpunkt für gekommen hält, das Wagnis einzugehen.

Im Falle von Geheimnissen, bei denen Gefahr für Leib und Leben droht, ist der Träger des Geheimnisses oft durch Furcht wie gelähmt, weil die Preisgabe des Geheimnisses weitere Mißhandlung nach sich ziehen kann. Ein solches Geheimnis offenzulegen erfordert ein planmäßiges Vorgehen, das Sicherheit gewährleistet – bis hin zu polizeilichem Schutz und Wohnortwechsel.

Bin ich mir unschlüssig, wann ich es offenlegen soll?

Viele Geheimnisse werden „zeitlich begrenzt" geschaffen, dann aber unbegrenzt lange gewahrt, weil man nicht genau weiß, wann der richtige Zeitpunkt gekommen ist, es zu eröffnen. Wenn beispielsweise Eltern gegenüber einem Kind ein Geheimnis wahren – wann ist das Kind „alt genug", es zu erfahren? Oder ein Geheimnis entsteht im Zuge einer Familienkrise, und keiner legt es offen, nachdem sich der Sturm gelegt hat – aus Angst, daß dann erneut alles durcheinandergerät. Solcherart Zweifel und Verwirrung tragen gewöhnlich dazu bei, daß weiterhin Stillschweigen gewahrt wird.

Wahre ich ein Geheimnis aus Scham?

Ein Geheimnis mit anderen zu teilen bedeutet oft, sich mit der eigenen Scham auseinandersetzen zu müssen.[2] Wir leben in einer Zeit, in der konservative Stimmen fordern, „das Schamgefühl müsse wieder einen Platz haben", um die Menschen in ihrem Verhalten besser kontrollieren zu können, insbesondere im Bereich von Sexualität und Drogen. Nach meinen Beobachtungen spielt Scham im Ringen um Geheimhaltung nach wie vor eine große Rolle und ist oftmals der Auslöser für ein Verhalten, das üblicherweise mit mangelndem Schamgefühl verknüpft wird.

Da das Gefühl der Scham äußerst schmerzlich und lähmend sein kann, versuchen viele, es zu leugnen, indem sie Geheimnisse verschweigen. Seltsamerweise fühlen wir uns um so mehr beschämt, je mehr wir uns bemühen, die Scham durch Geheimhaltung zu vermeiden. Scham und bestimmte Geheimnisse sind in einem Teufelskreis miteinander verbunden: Je größer die Scham, desto größer die Geheimhaltung; je größer die Geheimhaltung, desto größer die Scham.

Komplexe Motive für das Offenlegen von Geheimnissen

Wie es unterschiedliche, vielfach miteinander verschlungene Beweggründe dafür gibt, ein Geheimnis zu schaffen und zu wahren, so reichen die Motive für die Offenlegung eines Geheimnisses von Rachsucht auf der einen Seite bis zu dem aufrichtigen Bedürfnis, eine Beziehung zu retten, auf der anderen Seite. Weitere Motive können hinzukommen.

Gebe ich das Geheimnis aus Verärgerung preis?

Ein bislang gehütetes Geheimnis ganz plötzlich in eine Beziehung hineinzustellen ist ein gewalttätiger Akt. Mitunter werden Geheimnisse aus Wut oder Rachsucht preisgegeben. Wenn Sie ein Geheimnis offenlegen, das nicht Ihr eigenes ist, handeln Sie womöglich aus Zorn, auch wenn Sie sich einreden, es geschehe „zum Besten" einer anderen Person.

In dem Theaterstück *Mrs. Klein* eröffnet die Tochter der berühmten Psychoanalytikerin Melanie Klein das Geheimnis vom Selbstmord ihres Bruders – mit der Absicht, ihrer Mutter wehzutun, und das aus reiner Wut, weil sie von der Mutter immer wieder gekränkt wurde. Die Enthüllung des Geheimnisses ist ihre Waffe, um sich zu rächen.

Wenn ein Geheimnis in einer Spirale wachsender Wut zur Trumpfkarte wird, dann wird die Eröffnung dieses Geheimnisses der Beziehung eher schaden als nützen.

Gebe ich das Geheimnis preis, um Loyalitätskonflikte heraufzubeschwören?

Allzu leicht werden Geheimnisse einem Familienangehörigen mit dem Ziel eröffnet, ihn gegen ein anderes Familienmitglied aufzubringen. Wenn Alan, ein geschiedener Vater, seinem halbwüchsigen Sohn Bruce das Geheimnis von der Liebesaffäre seiner Ex-Frau eröffnet, steckt dahinter die Absicht, Bruce' Loyalität zu seiner Mutter zu untergraben, auch wenn er vorgibt, ihm liege nur an einer „ehrlichen" Beziehung zu seinem Sohn.

Eröffne ich das Geheimnis, um mich selbst von einer Last zu befreien und sie anderen aufzubürden?

In meiner therapeutischen Arbeit mit Paaren habe ich häufig beobachtet, daß ein Ehepartner dem anderen von einer Affäre berichtet – nicht aus dem ehrlichen Bedürfnis, eine Beziehung zu heilen, sondern „weil ich das Schuldgefühl nicht länger ertragen konnte, daß der andere völlig ahnungslos war". Wenn das Geheimnis einer Affäre auf diese Art und Weise eröffnet wird, wünscht sich derjenige, der die Affäre hatte, meist, das Thema sei nach Preisgabe des Geheimnisses endlich vom Tisch.

Wenn Sie mit dem Gedanken spielen, ein wichtiges Geheimnis offenzulegen, und sich in Ihrer Phantasie ausmalen, Sie seien danach völlig erleichtert, der andere akzeptiere Sie voll und ganz, und die Sache sei damit ein für allemal erledigt, dann sollten Sie dies als Warnsignal betrachten. Überlegen Sie, wie stark Sie von dem Wunsch motiviert sind, Ihre Schuld auf Kosten eines anderen zu lindern. Die Folgen einer solchen Enthüllung sind fast immer komplizierter, als Sie glauben.

Eröffne ich das Geheimnis aus dem Gefühl der Selbstgerechtigkeit?

Manche meinen, sie hätten ein Wahrheitsmonopol gepachtet und dürften Geheimnisse nach Lust und Laune offenlegen – ohne Rücksicht auf die Folgen für andere. In Ibsens Stück *Die Wildente* übernimmt es Gregers, seinen alten Freund Hjalmar von der „Selbsttäuschung" zu „befreien". Ohne die Folgen zu bedenken, gibt Gregers diesem das Geheimnis preis, daß die Tochter, die er so sehr liebt, nicht sein Kind ist und daß er mit Tricks zur Heirat überredet wurde, als die Frau bereits schwanger war. Der leibliche Vater des Kindes ist in Wahrheit Gregers' Vater. Gregers' Motiv, das Geheimnis preiszugeben, ist Rachsucht, die er hinter vorgeschützter „Wahrheitsliebe" zu verbergen sucht. In diesem Schauspiel führt die selbstgerechte Preisgabe des Geheimnisses zur Katastrophe. Hjalmar stößt seine Tochter von sich, ohne ihr dafür eine Erklärung zu geben. Durch den unerklärlichen Verlust der Vaterliebe völlig vernichtet, begeht sie Selbstmord.

Dies mag ein Extrembeispiel sein, doch es zeigt, daß die Offenlegung eines Geheimnisses in der irrigen Annahme, man wisse am besten, was dem anderen nicht verborgen bleiben sollte, ebenso problematisch ist wie die Wahrung des Geheimnisses aus demselben Grund.

Möchte ich ein Geheimnis eröffnen, um meine Integrität und mein inneres Gleichgewicht wiederherzustellen?

Manche nicht offengelegte Geheimnisse vermitteln dem Betroffenen das Gefühl, mit einer Lüge zu leben. Eine Art psychische Heiserkeit blockiert die Stimme, die nur durch Offenlegung des Geheimnisses wiedergewonnen werden kann. Da viele Geheimnisse die Selbstwahrnehmung maßgeblich beeinflussen, eröffnen Sie mitunter ein Geheimnis, um Ihr Selbstgefühl als ehrlicher und aufrichtiger Mensch wiederherzustellen.

Die Enthüllung von Geheimnissen, um sich von Schuld zu befreien oder um die eigene Integrität wiederherzustellen, mag ursprünglich vom Wunsch nach Befreiung motiviert sein. Wenn wir ein Geheimnis nur deshalb offenlegen, um Schuld zu tilgen, so erwarten wir eine sofortige und endgültige Befreiung von dieser Schuld. Wenn wir Geheimnisse eröffnen, um die eigene Integrität wiederherzustellen, müssen wir uns klarmachen, daß die Preisgabe des Geheimnisses erst der Anfang ist und zu einem ehrlichen Umgang mit allen Problemen verpflichtet, die sich aus der Offenlegung ergeben.

Möchte ich das Geheimnis eröffnen, weil ich der ehrlichen Überzeugung bin, daß ein anderer ein Recht auf diese Information hat oder seine Lebenskraft dadurch gestärkt wird?

Der Inhalt eines Geheimnisses kann an den Identitätskern eines Menschen rühren. Vielleicht kommen Sie zu dem Schluß, daß eine bestimmte Person einen Anspruch auf dieses Geheimnis, also ein Recht hat, es zu erfahren. Vielleicht gelangen Sie zu der Überzeugung, daß die Offenlegung eines tief in Ihrer Familiengeschichte verborgenen Geheimnisses den Mitgliedern Ihrer Familie ein intensiveres Leben auf der Grundlage umfassenderer Information ermöglicht.

Als Alyse Butler mich aufsuchte, rang sie mit der Entscheidung, ob sie ihrem Bruder Kyle von einem Geheimnis berichten sollte, das sie seit Jahren mit sich herumtrug. Ihr Vater war im Jahr 1968 gestorben. Alyse war damals 17, Kyle 10 Jahre alt. Den Kindern teilte man mit, der Vater sei an einem Herzinfarkt gestorben. Alyse ahnte, daß er, da er jahrelang unter Depressionen gelitten hatte, Selbstmord begangen hatte. Beharrlich ging sie der Sache nach. Aber ihre Mutter blieb dabei, er sei eines natürlichen Todes gestorben. Als Alyse 20 war, wurde ihr Verdacht durch eine Tante väterlicherseits bestätigt, die sie allerdings beschwor, das Geheimnis für sich zu behalten. „Meine Tante flehte mich an, es keinesfalls Kyle weiterzusagen, weil er seinen Vater vergötterte. Bis heute habe ich mich daran gehalten. Aber jetzt sehe ich, daß Kyle sich aus Sorge um seine Gesundheit verzehrt; er hat ungeheure Angst, an einem Herzanfall zu sterben. Er macht seine Frau noch verrückt damit, und er möchte keine Kinder haben, weil er ja sterben und sie alleinlassen könnte. Seit ein paar Jahren läßt er ständig Herz und Kreislauf kontrollieren und rennt wegen jeder Kleinigkeit zum Arzt."

Während Alyse dies berichtete, wurde mir eins klar: Je näher Kyle dem Alter kam, in dem sein Vater an einem angeblichen Herzinfarkt gestorben war, desto größer wurde seine Angst, ebenfalls früh zu sterben. Er mußte die wahre Todesursache wissen, um sein eigenes Leben angemessen führen zu können.

Ich bestärkte Alyse in ihrer Vermutung und führte ihr vor Augen, daß Kyle damals 13 war und das Versprechen, das sie ihrer Tante gegeben hatte, nur dazu diente, ihn zu schonen. Wenn sie allerdings dieses Versprechen auch jetzt noch hielt, würde sie ihm nur schaden. Meines Erachtens brauche sie nicht das Einverständnis ihrer Tante, um dieses Geheimnis offenzulegen, doch aus Respekt solle sie ihr den Entschluß mitteilen. Alyse wollte ihren Bruder zur Therapiesitzung mitbringen, um ihm das Geheimnis zu eröffnen.

Bei dieser Sitzung erzählte sie Kyle alles, was sie über den Tod ihres Vaters, über seinen Selbstmord, wußte. Kyle war niedergeschmettert und zunächst ziemlich wütend, weil man ihm dies alles bisher vorenthalten hatte. Alyse erklärte, daß sie ihrer Tante ein Versprechen gegeben hatte, später aber unsicher wurde, wer ein Recht hatte, dieses Geheimnis zu erfahren. Ihre Mutter weigerte sich nach wie vor, die Wahrheit zuzugeben, und das machte Alyse nur noch unsicherer. Wir trafen uns mehrmals, um die Ereignisse beim Tod des Vaters zu rekonstruieren. Ich ermunterte die Geschwister, mit ihrer Mutter darüber zu sprechen, doch sie stritt weiterhin hartnäckig den Selbstmord ihres Mannes ab. Trotzdem schwand Kyles obsessive Angst um seine Gesundheit, und er begann, sich immer mehr für die Persönlichkeit seines Vaters zu interessieren. Kyle und Alyse besuchten zum erstenmal gemeinsam sein Grab. „Es ist schrecklich für mich, daß sich mein Vater umgebracht hat", sagte Kyle zu mir, „aber gleichzeitig fühle ich mich jetzt frei für mein eigenes Leben." Zwei Jahre nach dem Ende der Therapie erhielt ich eine Geburtsanzeige von Kyle und seiner Frau.

Möchte ich ein Geheimnis eröffnen, um eine Beziehung wiederaufzunehmen?

Bestimmte Geheimnisse führen zu Distanz, inhaltsarmen und immer wieder gleichen Gesprächen, Verlust an Begeisterung, auch zu Einsamkeit. Manchmal kann man eine brüchig gewordene Beziehung nur wiederbeleben, wenn man den Mut findet, ein Geheimnis zu eröffnen. Dann aber muß auch der Wille vorhanden sein, möglichen Schmerz, Verwirrung, Schuldzuweisung, Wut, Enttäuschung und Trauer zu bewältigen, um zu einer soliden Heilung und Wiederversöhnung zu gelangen.

Unsere Beweggründe, ein Geheimnis zu schaffen, zu wahren, zu verraten oder offenzulegen, sind zuweilen schwer faßbar. Sie betrachten Ihre Motive aus einem bestimmten Blickwinkel, während Ihr Partner sie ganz anders erlebt. Während Sie glauben, Ihre Angehörigen zu schonen, sieht Ihre erwachsene Tochter darin einen Vertrauensbruch. Genaues Hinhören auf den Standpunkt des anderen, ohne sich selbst zu verteidigen oder den anderen anzugreifen, befähigt dazu, die vielfach verflochtenen Motive zu verstehen, die einem Geheimnis anhaften. Mit dieser Einsicht, die eine Entscheidung gewiß nicht einfacher macht, kann man Geheimnisse mit der nötigen Sorgfalt und Verantwortung angehen.

Zeit zu reden, Zeit zu schweigen

Den idealen Zeitpunkt für die Preisgabe eines Geheimnisses gibt es nicht, doch mit Sicherheit gibt es günstigere und ungünstigere Zeitpunkte.

Da der Entschluß, ein Geheimnis zu eröffnen, häufig Ängste heraufbeschwört, versuchen viele Menschen, solche Gefühle zu verhindern, indem sie Hals über Kopf das Geheimnis enthüllen und sich nicht die Zeit nehmen, die Bekanntgabe sorgfältig zu planen, sich Unterstützung zu holen, sich auf mögliche Reaktionen vorzubereiten und die eigenen Reaktionen durchzuspielen.

Während meiner langjährigen Tätigkeit als Familientherapeutin war ich immer wieder überrascht, wie viele Menschen einen großen Festtag, etwa Thanksgiving oder Weihnachten, zum Anlaß wählen, ihrer Familie ein Geheimnis zu eröffnen. Alle sind an einem Ort versammelt – scheinbar eine gute Gelegenheit, die Sache sozusagen in einem Aufwasch hinter sich zu bringen. Aber derartige Familienzusammenkünfte sind an sich schon spannungsgeladen und mit jahrzehntealten guten und schlechten Erinnerungen sowie mit offenen Rechnungen befrachtet; deshalb ist dies der denkbar ungünstigste Zeitpunkt, ein Geheimnis zu eröffnen. Wenn Sie es dennoch tun, geraten Sie ins Kreuzfeuer der Familie. Man wird Sie für alle Zeiten als den Bösewicht in Erinnerung behalten, der mit der Enthüllung einer bevorstehenden Scheidung, seiner Homosexualität, von finanziellen Problemen, sexuellem Mißbrauch oder anderen Problemen „das Thanksgiving verdorben" hat. Es wird noch viel schwerer für Sie sein, Solidarität, Unterstützung oder Versöhnung zu erlangen.

In ähnlicher Weise sind größere Rituale im Lebenszyklus einer Familie, etwa Hochzeiten oder Schulabschlußfeiern, kein guter Zeitpunkt, um über ein Geheimnis zu sprechen. Als Steve Bunting die College-Abschlußfeier seiner jüngeren Schwester zum Anlaß wählte, seiner Familie kundzutun, daß er vor fast einem Jahr heimlich eine Frau mit einer anderen Glaubensrichtung geheiratet hatte, war seine Schwester empört. Sie hatte sich immer so gut mit ihrem Bruder verstanden, und Steve nahm an, sie werde ihn unterstützen. Doch sie war erbost, daß er mit seiner Enthüllung „ihren" Ehrentag verpatzt hatte, denn die ganze Aufmerksamkeit verlagerte sich jetzt von ihrer Abschlußfeier auf die skandalöse Verbindung ihres Bruders.

Feste und Feiern im Lebenszyklus vollziehen und markieren für den einzelnen und seine Familie den Übergang in einen neuen Lebensabschnitt. Da sich die Beziehungen innerhalb der Familie an einem solchen Tag verändern, laden solch gemeinsame Unternehmungen offenbar geradezu dazu ein, ein Geheimnis zu eröffnen. Wenn Sie dieser Versuchung nachgeben, dann wird der Zweck, den Sie mit der Offenlegung des Geheimnisses verfolgen, zunichte gemacht, denn der Vorgang der Offenlegung verschränkt sich mit dem feierlichen Ereignis. Damit geht entweder das Geheimnis in seiner Bedeutung unter, oder es überlagert das Ritual. Deshalb ist es in jedem Fall besser, sich an einem normalen Tag auszusprechen.

Wenn nun aber doch ein solches Mißgeschick bei einer größeren Familienfeier geschieht und Sie oder andere sich jetzt mit zerstörten Beziehungen und Vorwürfen herumschlagen müssen, verspüren Sie womöglich das Bedürfnis, mit Ihren Angehörigen ins Gespräch zu kommen. Vielleicht wollen Sie ihnen einen Brief schreiben, in dem Sie das Familienritual und den Inhalt des Geheimnisses voneinander abgrenzen. Steve Bunting ist es gelungen, sich der Unterstützung seiner Schwester zu versichern, nachdem er sich dafür entschuldigt hatte, daß er das Geheimnis ausgerechnet am Tag ihrer Schulabschlußfeier kundtat. „Ich ließ sie wissen, daß ich mir nicht genau überlegt hatte, wie sich meine Enthüllung auf ihre Feier auswirken würde. Ich war ängstlich und besorgt und war es leid, meine heimliche Heirat weiterhin für mich zu behalten. Da die ganze Familie versammelt war, erschien es mir einfacher, es jetzt loszuwerden. Aber statt dessen wurde alles nur noch schlimmer. Ich schrieb meiner Schwester einen ausführlichen Brief und erklärte ihr, es sei ein Fehler gewesen, ihre Abschlußfeier zum Anlaß zu nehmen." Nachdem Steve seiner Schwester geschrieben hatte, besuchte sie ihn, um seine Frau kennenzulernen. Die übrige Familie war wegen Steves Ungeschicklichkeit einfach zur Tagesordnung übergegangen. Als aber seine Schwester zu erkennen gab, daß sie sich mit ihm versöhnt habe und daß sie die Heirat billige, mußten auch die anderen anfangen, sich mit dem Inhalt und weniger mit dem Zeitpunkt der Mitteilung des Geheimnisses auseinanderzusetzen.

Wenn ein Mensch unheilbar krank ist und beschließt, ein Geheimnis kundzutun, möchte er vielleicht eine letzte Chance wahrnehmen, eine Beziehung zu klären oder eine unerledigte

Angelegenheit zum Abschluß zu bringen. In der Weltliteratur und in der Geschichte gibt es zahllose Beispiele für derartige Bekenntnisse auf dem Sterbebett. Auf der anderen Seite entscheiden sich vielleicht Familienmitglieder ihrerseits, einem unheilbar kranken Angehörigen ein Geheimnis zu enthüllen. Wägen Sie sorgfältig ab, wenn Sie in eine solche Lage kommen. Muß ein sterbender Ehemann wirklich wissen, daß seine Frau vor 17 Jahren eine Affäre hatte, oder macht die Frau mit einem solchen Bekenntnis nur einen letzten Versuch, sich von einer Schuld zu befreien? Zwar können seit langem schwelende Beziehungsprobleme, die geheimgehalten wurden, gelöst werden, wenn der eine Partner im Sterben liegt, aber Sie müssen sich genau überlegen, wem mit einer solchen Enthüllung gedient ist.

Begräbnisse sind häufig der Zeitpunkt, an dem Familiengeheimnisse ans Tageslicht kommen. All das, worüber nicht gesprochen werden konnte, solange die betreffende Person noch am Leben war, bricht bei deren Tod hervor. Vielleicht haben Angehörige versprochen, ein Geheimnis für sich zu behalten, und fühlen sich jetzt nicht mehr an das Versprechen gebunden.[3] Geheimnisse kommen manchmal ans Licht, wenn Briefe oder sonstige Hinterlassenschaften des Toten gefunden werden. Wenn vor, während oder unmittelbar nach einem Begräbnis Familiengeheimnisse eröffnet werden, wird der Prozeß des Trauerns sehr kompliziert.

Als Angie Alonzos übermächtiger Vater Anthony im Alter von 74 Jahren überraschend starb, reiste sie zu seinem Begräbnis nach Hause, und ihr war klar, daß sie endlich mit ihrem Bruder Tony über ein Geheimnis sprechen konnte, das sie seit über 30 Jahren belastete. Als Angie dreizehn war, wurde sie von ihrem Onkel Bernard, dem Bruder ihres Vaters, sexuell mißbraucht, und das ging zwei Jahre lang. Angie versuchte zwar irgendwann, mit ihrer Mutter darüber zu sprechen, aber diese glaubte ihr offenbar nicht und beschwor sie, es niemals dem Vater mitzuteilen. Als bald darauf die Belästigungen durch den Onkel aufhörten, überlegte Angie, ob nicht sogar ihre Mutter eingeschritten war. Ein Jahr darauf starb die Mutter. Über den Mißbrauch kam Angie nie hinweg, aber es wurde nie wieder darüber gesprochen, bis sie eine Stunde vor dem Begräbnis ihrem Bruder das Geheimnis eröffnete.

„Mir war, als klärten sich mit einem Schlag alle Geheimnisse unserer Familie", berichtete Tony. „In der Familie meines Vaters gab es Generationen von Frauen, die völlig verzweifelt waren. Man hatte das Gefühl, die ganze Familie sei verrückt geworden und jeden Augenblick könne alles auseinanderbrechen. Und dann war da die Autorität meines Vaters. Es gab so vieles, was man niemals auszusprechen wagte; er konnte uns und alles, was wir sagten, mit einem Stirnrunzeln hinwegfegen. Meine Schwester wußte, daß sie nicht reden konnte, solange er am Leben war. Es ging ja dabei um seinen Bruder. Männer waren mehr wert. Frauen galten als hysterisch. Mein Vater hätte meiner Schwester niemals geglaubt. Sie konnte nicht riskieren, ihre Erfahrungen von ihm anzweifeln zu lassen, aber jetzt, als er tot war, mußte sie sprechen."

Erst in dieser Zeit entdeckten Tony und Angie, daß Generationen von Frauen in der Herkunftsfamilie ihres Vaters sexuell mißbraucht worden waren. Anthony, der Patriarch, hatte sich zwar selbst nie an jemandem vergangen, doch er war es, der machtvoll das Stillschweigen aufrechterhielt und andere durch Einschüchterung zum Schweigen zwang.

Ich fragte Tony, wie sich die Enthüllung seiner Schwester auf seine Trauer über den Tod seines Vaters ausgewirkt habe. „Meine Trauer vollzog sich in einem anderen Zeitmaß", sagte Tony. „Zunächst empfand ich eine furchtbare Wut, daß mein Vater in seiner Rolle als Familiendespot meiner Schwester und meinen weiblichen Verwandten den ihnen zustehenden Schutz versagt hatte. Eltern sollen ihre Kinder schützen. Das geschah in unserer Familie nicht in dieser Weise. Es ist so kompliziert: Erst durch den Tod unseres Vaters konnte meine Schwester ihr Schweigen brechen. In meine Trauer über seinen Tod mischt sich die Loyalität gegenüber meiner Schwester. Ich bedaure nicht, daß sie endlich gesprochen hat; es tut mir nur leid, daß es ihr nicht früher möglich war."

Wenn Geheimnisse zum Zeitpunkt des Todes eines Familienangehörigen ausgesprochen werden, kann dies bedeuten, daß die Person, die gestorben ist, bei der Durchsetzung des Stillschweigens eine bedeutsame Rolle gespielt hat. Es ist erstaunlich zu beobachten, wie rasch ein anderes Familienmitglied in diese Rolle hineinzuschlüpfen versucht. Geheimnisse, die nach einem Todesfall eröffnet werden, können zu größerer Nähe, Offenheit und Flexibilität führen. Andererseits können aber die Familienmitglieder wieder in bereits vorher bestehende starre Allianzen zurückgedrängt werden. Dies ist oft ein guter Zeitpunkt für eine kurzzeitige Familientherapie, wenn Trauer und veränderte Familienbeziehungen zu bewältigen sind und das neu zutage getretene Wissen verarbeitet werden muß.

Es gibt genauso viele Geheimnisse wie Mittel und Wege, sie offenzulegen

Geheimnisse können anonym oder in einem festen Beziehungskontext eröffnet werden. Geheimnisse können einem Fremden mitgeteilt werden, den man nie mehr wiedersieht, oder dem Menschen, mit dem man ein Leben lang das Bett geteilt hat. In der Geschichte haben Menschen immer wieder Mittel und Wege gefunden, Geheimnisse außerhalb ihrer festen Beziehungen kundzutun. Eine solche Preisgabe kann durch das Bedürfnis motiviert sein, sich von Schuld zu befreien, Rat zu suchen, Vergebung zu erlangen, den Akt der Offenlegung zu erproben oder Einsamkeit zu lindern. Diese verschiedenen Arten des Mitteilens bergen Chancen und Gefahren.

Bekenntnishaftes Mitteilen

Geheimnisoffenbarung unter bestimmten Umständen ist durch Gesetze, Moral und kulturelle Gepflogenheiten geschützt. Die Weltreligionen haben die Methode entwickelt, daß die Gläubigen beschämende Geheimnisse einem Geistlichen anvertrauen können, sei es im Rahmen einer religiösen Zeremonie oder eines besonderen Festes. Jahrhundertelang haben praktizierende Katholiken den Beichtstuhl als Ort genutzt, Geheimnisse mitzuteilen – in der absoluten Gewißheit, daß der Priester niemandem weitererzählt, was er vernommen hat. Ein solches Mitteilen schlägt den Bogen von altbewährter Tradition zum sakralen Akt. Wenngleich nicht intendiert, kann eine kirchliche Beichte eine „Generalprobe" für die Eröffnung eines Geheimnisses in der Familie sein.

Heutzutage können wir in einer Art Zwölf-Stufen-Plan unsere

Geheimnisse einem Psychotherapeuten, Arzt und Freund darlegen. Diese weltliche „Beichte" vollzieht sich im Schutz der Vertraulichkeit. Aber wie wir am Beispiel der Krankenversichungen gesehen haben, ist diese Vertraulichkeit heute nicht mehr garantiert.

Wie die Offenlegung eines Geheimnisses im religiösen Kontext, so kann die Preisgabe in einem psychotherapeutischen Kontext der erste und einzige Akt des Mitteilens sein oder aber der erste gefahrlose Schritt vor Offenlegung des Geheimnisses in Familienbeziehungen. Wenn Sie sich zu einer Mitteilung in der Therapie entschließen, müssen Sie mit Hilfe Ihres Therapeuten klären, was als nächstes zu tun ist. Viele Therapeuten lassen entweder die Problematik weiterer Offenlegung außer acht oder ermuntern leichtfertig den Klienten zur Enthüllung, ohne zuvor eine durchdachte Strategie zu entwickeln. Wenn Sie mit einer Entscheidung um ein Geheimnis ringen, suchen Sie sich einen Therapeuten, der Erfahrungen in Familientherapie hat und in der Lage ist, Ihre weiteren Schritte behutsam zu begleiten.

Anonymes Mitteilen

Wer von uns hat noch nicht ein Geheimnis von einem Mitreisenden im Flugzeug oder im Zug erfahren? Vielleicht haben Sie selbst schon einem Fremden auf diese Art ein Geheimnis mitgeteilt. Leute, die sich nie mehr wiedersehen, geben oft Geheimnisse preis, ohne daß sie für die Folgen in einer Beziehung Verantwortung tragen müßten. Ein solches Mitteilen kann eine Möglichkeit sein, die Reaktion anderer auf etwas auszuprobieren, das Sie niemals zuvor ausgesprochen haben. Es kann der Versuch sein, sich selbst sprechen zu hören, bevor man das Geheimnis der eigenen Familie eröffnet.

Kosmetikerinnen, Friseure und Barkeeper werden oft zum Adressaten von Geheimnissen. In Schönheitssalons und Bars entsteht eine Atmosphäre, die gleichzeitig Intimität und Anonymität zuläßt. „Wenn ich bei einer Frau Maniküre mache, berühre ich sie, halte ihre Hand. Und dann fängt sie an, Dinge zu erzählen, die sie sonst niemandem anvertraut", berichtete mir die Maniküre Sara Callahan. „Eine Woche später ist alles vergessen. Glauben Sie mir, ich kenne die Geheimnisse vieler Leute."

Man sieht diese Menschen, denen man ein Geheimnis anvertraut hat, immer wieder, und trotzdem bleiben sie außerhalb des bedeutsamen Geflechts lebensbestimmender Beziehungen. Mitteilen und Zuhören geschieht ohne jegliche Verantwortung für eine bestehende Beziehung, ohne das Gefühl von Bedrohung und ohne die Zusicherung von Vertraulichkeit. Anonymes Mitteilen von Geheimnissen kann als Probelauf dienen. Es kann aber auch das erste und einzige Mal sein, daß man ein Geheimnis erzählt.

Mitteilen von Geheimnissen im Internet

Ein Vater schreibt die folgende Notiz ins Internet: „Meine Tochter hat Krebs ... Wir bereiten uns auf das Schlimmste vor; nach Auskunft des Arztes müssen wir uns darauf gefaßt machen ... Ich weiß nicht, wie ich es ihren Großeltern oder unseren Freunden sagen soll."[4] Noch ehe der Vater diese schmerzliche Nachricht der Familie und den guten Freunden mitteilt, präsentiert er sie Hunderten von namenlosen Fremden. Adoptivkinder, die nach ihren leiblichen Eltern suchen, Ehemänner, die ihre Frau verlassen wollen, Frauen, die unter Depressionen leiden, Menschen, die HIV-positiv sind – alle surfen durchs Internet und teilen ihre Geheimnisse Fremden mit, die sie niemals zu Gesicht bekommen werden.

Viele homosexuelle Jugendliche, die noch niemandem von ihrer Neigung erzählt haben, rücken zum erstenmal im Internet damit heraus. Ryan Matsuno, 17 Jahre alt, schaltete eines Nachts seinen Computer ein und tippte die folgende Nachricht ein: „Hat außer mir sonst noch jemand das Gefühl, der einzige Schwule auf diesem Planeten zu sein?" Seine Frage brachte ihm, der bis dahin noch niemandem sein Geheimnis kundgetan hatte, über 100 freundschaftliche Reaktionen. Zum erstenmal in seinem Leben fühlte er sich in einer Gemeinschaft aufgehoben. Ryan schöpfte daraus den Mut, von seinem Geheimnis gegenüber seiner Mutter zu sprechen. Seine Freunde im Cyberspace hatten ihr Geständnis schon hinter sich, und ihre Erfahrungen stärkten Ryan den Rücken.[5]

Computer sind in unser Leben getreten, und sie bieten die Möglichkeit, mit Hunderten, ja Tausenden Unbekannten Kontakt aufzunehmen. Als Kind haben Sie vielleicht ein Geheimnis auf ein Stück Papier geschrieben, es in einer Flasche verschlossen und diese dann ins Meer geworfen, ohne zu wissen, wer sie finden und die Notiz lesen würde. Und ganz gleich, wer die Flasche fand, Sie würden nie eine Antwort erhalten. Auch heute können Sie unbekannten Adressaten ein Geheimnis mitteilen, aber die zahlreichen Empfänger werden Ihnen vielleicht sogar antworten.

Ähnlich wie Talkshows im Fernsehen hat die Mitteilung von Geheimnissen per Computer dazu beigetragen, bestimmte Tabus zu brechen. Wenn Sie sich entschließen, ein Geheimnis im Internet preiszugeben, kann niemand Ihre Lebensgeschichte schützen. Niemand bereitet sie auf, niemand schreibt Ihnen vor, wem Sie sie erzählen. Wie im Fernsehen vollzieht sich auch die Mitteilung von Geheimnissen per Computer, ohne daß irgend jemand für eine bestehende Beziehung Verantwortung übernehmen müßte. Doch im Unterschied zum Fernsehen ist die Mitteilung am PC nicht in die Produktwerbung eingebunden. Die Menschen, die mit dem Modem ihre eigenen Geheimnisse versenden, sind keine Ware im Dienst eines anderen.

Die Mitteilung von Geheimnissen per Computer verschafft uns zwar Zugang zu einer Welt, in der es ungefährlich scheint, bis dahin verschwiegene Themen probeweise zur Sprache zu bringen. Doch die Preisgabe von Geheimnissen an Menschen, die keine Verantwortung tragen, hat auch ihre Grenzen. Die Mitteilung eines Geheimnisses per Computer bietet scheinbar den Schutz der Anonymität. Hat man es aber auf diese Weise nach außen getragen, verliert man die Verfügungsgewalt über dessen Inhalt.

Diese Methode der Mitteilung per Computer kann ein schmerzhafter und aufwühlender Versuch sein, ein beschämendes und peinigendes Geheimnis zu eröffnen. Es kann aber auch eine Aufforderung sein, das Geheimnis zu einer Sensationsgeschichte aufzubauschen. Wir müssen uns darüber Gedanken machen, wie solche Enthüllungen unser Unterscheidungsvermögen beeinflussen. Wenn uns Geheimnisse auf die gleiche Weise erreichen wie Kontoauszüge, Rezepte, Aktienkurse, Reisetips und vieles andere, was von tiefer Bedeutung, aber auch furchtbar banal sein kann – was müssen wir dann tun, um den Respekt vor dem Schmerz anderer Menschen zu wahren?

Manche Datennetze sind für eine bestimmte Gruppe gedacht. Die Mailing-Liste erwachsener Adoptierter etwa richtet sich ausschließlich an einen ganz bestimmten Personenkreis: an erwachsene Adoptierte, deren Partner, bedeutsame andere Personen, an Kinder bzw. Enkel, leibliche Geschwister und Personen, die von ihren leiblichen Eltern getrennt, aber nicht offiziell adoptiert wurden. Leibliche Eltern, Adoptiveltern und alle, die nicht zu dem genannten Personenkreis zählen, werden gebeten, diese Mailing-Liste nicht zu benutzen. Hier wird eine künstliche Grenze gezogen. In den Nutzungsbestimmungen zu diesem Service heißt es: „Die Nachrichten sind ausschließlich für die Subskribenten dieser Mailbox bestimmt. Bitte geben Sie keine Informationen aus dieser Mailbox weiter, es sei denn mit ausdrücklicher Genehmigung des Absenders. *Viele Teilnehmer teilen Gefühle mit, die sie nie zuvor anderen Menschen offengelegt haben, und oft sind ihre Mitteilungen streng vertraulich*" (Hervorhebung von mir).[6] Diese Hinweise werden unter der irrigen Annahme gegeben, daß alle Menschen moralisch untadelig sind, daß niemand lügt oder sich für etwas anderes ausgibt, als er ist. Vertrauen, ein Grundelement menschlicher Beziehungen, das in dauerhaften Zweierbeziehungen seinen Platz hat, wird in einem Kontext beschworen, in dem gegenseitige Verpflichtung tatsächlich reine Fiktion ist. Ist der Teilnehmer wirklich ein erwachsenes Adoptivkind? Oder ist er vielleicht ein Romanautor, ein Forscher oder ein Voyeur? Wer kann das wissen?

Wenn die wirklichen Namen benutzt werden, dann geraten die Leser dieser Mailing-Liste in die merkwürdige Lage, das Geheimnis eines anderen zu kennen, ohne daß der Betroffene davon weiß. Bei Karen Alexi beispielsweise wurde Krebs im Endstadium diagnostiziert. Sie erzählte es ihrer besten Freundin, konnte sich aber noch nicht entschließen, es auch anderen anzuvertrauen. Ihre Freundin stellte die traurige Nachricht ins Internet – in der irrigen Annahme, daß sie damit nur eine Einzelperson erreichen würde. Eine Bekannte Karens erklärte: „Ich würde sie gern anrufen und ihr sagen, daß ich mit ihr fühle, aber sie hat ja keine Ahnung, daß ich von ihrer Krankheit weiß. Was soll ich machen?"

Die Mitteilung per Computer kann Geheimnisse also auch ohne die Erlaubnis des Betroffenen öffentlich machen. Ohne Ihr Wissen werden Ihre Krankenakten womöglich an Forscher, pharmazeutische Unternehmen, Gesundheitsämter oder Marktanalysten verhökert.[7] Damit sind Ihre ganz persönlichen medizinischen Informationen nicht mehr nur eine vertrauliche Angelegenheit zwischen Ihnen und Ihrem Arzt. In Maryland wird jeder Kontakt zwischen einem Patienten und einem Arzt im Computernetz des Staates registriert. Das im Jahr 1996 vom US-Kongreß verabschiedete Krankenversicherungsgesetz erlaubt die Einrichtung einer großen medizinischen Datenbank, die zu Zwecken der Zahlungsabwicklung, der Forschung und anderer nicht näher bezeichneter Ziele ohne Wissen oder Einverständnis der Patienten angelegt wird.[8] In vielen Teilen der USA werden die Krankenakten in einen Computer eingespeist, den jeder Krankenhausangestellte ohne Wissen und ohne Zustimmung des Betroffenen einsehen kann. Vor dem Betroffenen selbst jedoch werden solche Unterlagen geheimgehalten, wenn der Arzt meint, es sei ihm nicht „zuträglich", darüber informiert zu sein. Dieselben Computer, die das Mitteilen von Geheimnissen für alle ermöglichen, indem sie alle auf die gleiche Ebene stellen, begünstigen eine autoritäre Hierarchie, die uns den Zugang zu unseren eigenen Geheimnissen verwehrt.

Die Computertechnologie hat sich in der Tat schneller entwickelt als unsere Fähigkeit, eine adäquate Ethik zu schaffen oder entsprechende Gesetze zu erlassen. Gleichzeitig spielen Computer eine immer intimere Rolle in unserem Leben. Bevor Sie den Computer benutzen, um ein Geheimnis mitzuteilen, sollten Sie genau überlegen, was Sie sich eigentlich davon erwarten. Sind Sie sich im klaren darüber, inwieweit Sie noch alles in der Hand haben, wenn Sie ein Geheimnis auf diesem Weg offengelegt haben? Kann eine Computer-Gemeinschaft ein Ersatz für familiäre und freundschaftliche Beziehungen oder ein Schritt dorthin sein?

Erzwungenes Mitteilen

Ebenso wie Menschen mitunter derart eingeschüchtert werden, daß sie schweigen, werden sie auch gezwungen, ein Geheimnis mitzuteilen. Eine neuere Form erzwungener Mitteilung ist das „Outing", wenn etwa das Geheimnis eines Homosexuellen ohne dessen Erlaubnis und gegen dessen Willen mitgeteilt wird. Ist eine Person erst einmal „geoutet", dann hat sie keine Kontrolle mehr über ihr Geheimnis, und es bleibt ihr nichts anderes übrig, als es auch anderen mitzuteilen.[9] Diese Art der Mitteilung von Geheimnissen geschieht häufig um einer bestimmten „Sache" willen, allerdings werden dabei die persönlichen Dimensionen ignoriert, die stets mit einem Geheimnis verknüpft sind. Die Offenlegung eines Geheimnisses ist vorrangig an zentrale Aspekte einer Person und ihrer Beziehungen geknüpft. Erzwungene Mitteilung zerreißt diese Bindung.

Um erzwungene Mitteilung handelt es sich dann, wenn ein anderer Ihr Geheimnis weitererzählt, bevor Sie selbst dazu bereit sind. Sie sehen sich gezwungen, ein Geheimnis offenzulegen, weil Sie sich bedroht oder erpreßt fühlen. Dabei ist es wichtig, zwischen erzwungener Mitteilung und Beeinflussung zu unterscheiden. Wenn Ihre „beste" Freundin Ihnen droht, Ihrem Mann ein Geheimnis zu enthüllen, das Sie ihr anvertraut haben, so handelt es sich um Zwang. Wenn sie mit Ihnen darüber diskutiert und alle guten Gründe dafür darlegt, das Geheimnis zu eröffnen, so macht sie ihren Einfluß auf Sie geltend. Um Zwang handelt es sich auch dann nicht, wenn die Sicherheit eines anderen auf dem Spiel steht, etwa wenn Sie das Geheimnis eines anderen offenlegen, weil andernfalls ein Mensch in schwere seelische oder körperliche Gefahr gebracht wird.

Planvolles Mitteilen

Wenn Sie sich entschlossen haben, ein Geheimnis zu eröffnen, müssen Sie über Mittel und Wege nachdenken, es behutsam zu tun.
Um rücksichtsloses Mitteilen zu vermeiden und sich auf ein planvolles Mitteilen vorzubereiten, könnte die folgende Übung hilfreich sein.
1. Überlegen Sie, welche Vor- und Nachteile die Bekanntgabe eines Geheimnisses für jeden einzelnen in Ihrem engsten Familien- und Freundeskreis hat.
2. Überlegen Sie, welche Vor- und Nachteile das Eröffnen eines Geheimnisses für jede einzelne Beziehung in Ihrem engsten Familien- und Freundeskreis hat (beispielsweise für Sie und Ihre Mutter; Sie und Ihren Vater; Ihre Mutter und Ihren Vater; Sie und Ihren Bruder; Ihren Bruder und Ihre Mutter; Ihren

Bruder und Ihren Vater; Sie und Ihren Mann; Sie und Ihre Tochter; Ihren Mann und Ihre Tochter; Sie und Ihre beste Freundin und so weiter).

3. Überlegen Sie, welche Vor- und Nachteile die Mitteilung eines Geheimnisses für Ihre ganze Familie hat.

Diese Übung versetzt Sie in die Lage, sich die mögliche zukünftige Gestaltung Ihres Beziehungsgeflechts vorzustellen. Auf diese Weise bedenken Sie nicht nur die Katastrophen, die wir uns oft als Folge der Offenlegung eines Geheimnisses ausmalen, sondern auch die positiven Folgen. Sie werden erkennen, an welcher Beziehung gearbeitet werden muß, bevor Sie ein Geheimnis eröffnen. Sie werden ein Gespür dafür bekommen, wie Sie Ihren Vorsatz, das Geheimnis mitzuteilen, nutzen können, um Unterstützung aufzubauen. Wenn Ihr Geheimnis sich beispielsweise vor allem auf Ihre Mutter auswirkt, wäre es dann nicht vielleicht eine gute Idee, es zuerst Ihrer Schwester zu sagen? Wenn Sie sich die Preisgabe des Geheimnisses und deren Auswirkungen vorstellen, erhalten Sie ein geschärftes Gespür für die Möglichkeiten, wie Sie in Ihrer Familie aufrichtige Beziehungen aufbauen.

Nur wenige Geheimnisse sind mit der einmaligen Offenlegung ein für allemal erledigt. Viele Geheimnisse erfordern mehrmalige Mitteilung. Geheimnisse, die die eigene Identität betreffen – etwa Homosexualität, die Frage nach der Elternschaft oder Krankheit –, können jedesmal, wenn Sie eine neue wichtige Beziehung aufbauen, erneut zur Debatte stehen. Geheimnisse, die kleineren Kindern mitgeteilt wurden, müssen vielleicht nochmals detaillierter mitgeteilt werden, wenn die Kinder größer sind. Denken Sie auch daran, daß die Mitteilung eines Geheimnisses neue Grenzziehungen erforderlich macht, die den Bereich des Privaten abstecken. Wenn Sie ein Geheimnis innerhalb der Familie offenlegen, müssen Sie es nicht gleich der gesamten Nachbarschaft erzählen. Was geheim war, wird in den Raum des Privaten überführt.

Wenn man ein Geheimnis planvoll eröffnet, bedeutet das

nicht, daß sich damit die Folgen vermindern oder daß sich Probleme und Beziehungen automatisch und wie von Zauberhand zum Besseren hin verändern. Wir leben in einer Zeit der allgemeinen Beschleunigung, und deshalb erwarten wir auch, daß menschliche Probleme rasch gelöst werden müssen. Die Entscheidung darüber, was man mit einem Geheimnis macht, ist jedoch nur der allererste Schritt eines umfassenden Prozesses. Im zweiten Teil dieses Buches werden wir sehen, daß ein erfolgreicher Mitteilungsprozeß zur Vertiefung und Bereicherung von Beziehungen führt.

Teil II

Geheime Übergänge

7
Persönliche Geheimnisse

Ich hatte beschlossen, keinesfalls einen Gentest machen zu lassen; ich brauchte es nicht zu wissen. Ich würde die ganze Nacht fahren, um heimzukommen – um sozusagen zu meinem eigenen Nichtwissen heimzukommen. Darauf hatte ich ein Anrecht.

C. Siebert über die Entscheidung, die genetische Veranlagung zu einer unheilbaren Herzkrankheit testen zu lassen

Das ist mein Alptraum – ich bin durch heterologe Insemination gezeugt worden, folglich wird mir die eine Hälfte meiner Identität immer verborgen bleiben. Ich bin wütend und verwirrt und voller Fragen. Von wem habe ich meine Augen? Warum diese Geheimniskrämerei? Wer hat meiner Familie eingeredet, daß meine biologischen Wurzeln nicht wichtig seien?

M. R. Brown

Bei AIDS geht es um ein noch intimeres und persönlicheres Problem, um das Recht, etwas vor sich selbst zu verbergen – mit anderen Worten, ein Geheimnis vor sich selbst zu haben.

Alida Brill

„In meiner Kindheit und Jugend gab es viele Geheimnisse in meiner Familie", erzählte mir Kathleen Ellington. „Bis heute kenne ich sie nicht alle. Wir wohnten in einer Kleinstadt, wo mein Vater ein angesehener Geschäftsmann und Kommunalpolitiker war. Er war viel unterwegs. Ich vermute, daß er Affären hatte. Heute weiß ich, daß meine Mutter Alkoholikerin war. Darüber wurde allerdings nie gesprochen. Nach außen hin führten meine Eltern eine glückliche Ehe.

Wir Kinder durften keine Fragen stellen und keine Bemerkungen über unsere Familie machen. Als Teenager fing ich an, selbst verschiedene Dinge zu verheimlichen." Bei einer Sitzung an einem Herbstabend vertraute mir die heute Achtunddreißigjährige ein Geheimnis an, das sie 25 Jahre lang für sich behalten hatte.

„Als ich 13 war, übten das gesprochene Wort und das Theaterspiel große Faszination auf mich aus. Eine gute Freundin von mir nahm Sprechunterricht, und ich wollte mich ihr anschließen. Als ich meine Eltern darum bat, sagten sie nein, obwohl sie den Unterricht ohne weiteres hätten bezahlen können. Mein Vater meinte, das sei Geldverschwendung, niemand müsse lernen, wie man spricht. Meine Mutter schloß sich seiner Meinung an und sagte, wenn ich Sprechunterricht nähme, würde alles gekünstelt klingen, was ich von mir gäbe. In meiner Familie wurde so viel vertuscht, daß mir heute die Sorge meiner Mutter um das Gekünstelte völlig abstrus vorkommt."

Aber sie war entschlossen, trotzdem Sprechunterricht zu nehmen. Sie arbeitete als Babysitter, um sich den Unterricht selbst zu finanzieren. Rasch wurde ihr klar, daß sie auf diese Weise nicht das nötige Geld zusammenbekam, und sie begann, die Familien, bei denen sie Kinder hütete, zu bestehlen. „Ich war sehr vorsichtig. Ich stahl immer nur kleine Beträge, damit es nicht auffiel. Aber da ich bei vielen Familien arbeitete, kam trotzdem einiges zusammen. Ich habe es nie jemandem erzählt, und ich bin nie erwischt worden." Als sie genug Geld zusammen hatte, begann Kathleen, heimlich Sprechunterricht zu nehmen.

„Meine Eltern haben es nie erfahren. Ich verstand es geschickt, sie darüber zu täuschen, wohin ich ging. Meine Sprechlehrerin war sehr zufrieden mit mir, und ich war stolz auf mich, aber ich konnte es niemanden wissen lassen. Das ging so, bis ich wegzog und das College besuchte", erzählte Kathleen. Auf dem College, wo sie weder Kinder hüten noch Sprechunterricht nehmen konnte, fand sie andere Möglichkeiten widersprüchlichen Verhaltens: Einerseits verübte sie kleine Ladendiebstähle, während sie sich gleichzeitig bei sozialen Aktivitäten auf dem Campus engagierte. Heute arbeitet Kathleen als Sprechlehrerin mit jungen Mädchen. Nicht ohne Betroffenheit erzählte sie mir: „Ein- oder zweimal im Jahr stehle ich in einem Laden einen kleinen unbedeutenden Gegenstand. Bis heute war das mein Geheimnis."

Wie können wir Kathleens Geschichte verstehen? Bei unserem Gespräch haben wir Zusammenhänge hergestellt, die ihr selbst bisher verborgen geblieben waren.

Sie stammte aus einer Familie, in der es gleichzeitig sichtbaren Stolz und unsichtbare Scham gab. Ohne daß es ihr klar gewesen wäre, spiegelten sich diese Widersprüche in allem, was sie tat, wider. Ein Knoten aus verschiedenartigen Fäden zog sich immer fester zusammen. Kathleen stahl, um ihre Stimme auszubilden. Um ihr Sprechtalent weiterzuentwickeln, mußte sie über ihren Unterricht und die Mittel und Wege, wie sie ihn sich ermöglichte, Stillschweigen bewahren. Ich wies Kathleen darauf hin, daß ihr drängender Wunsch, als junges Mädchen Sprechunterricht zu nehmen, und ihre Berufswahl, Sprechlehrerin zu werden, durchaus Sinn ergaben, speziell bei einem Menschen aus einer Familie, in der Schweigen und Verleugnung alles durchdringt. Sie war verblüfft: „Warum habe ich nie darüber nachgedacht?“ Als ich ihr von meiner Arbeit mit Kindern und Jugendlichen erzählte, die auf Familiengeheimnisse mit kleineren Diebstählen in Läden oder zu Hause reagieren, nickte sie stumm.

Wie viele Menschen, die mit persönlichen Geheimnissen im Umfeld familiärer und gesellschaftlicher Geheimnisse leben, war Kathleen nicht in der Lage, bestimmte Zusammenhänge wahrzunehmen. Das Stehlen – ein Geheimnis, um das nur sie selbst wußte – war mit Familiengeheimnissen verflochten, deren Existenz sie ahnte, und es war mit einem Wissen über sich selbst verknüpft, zu dem sie noch keinen Zugang hatte.

Bei Kathleen waren zweierlei persönliche Geheimnisse im Spiel; die einen verbarg sie vor anderen, und die anderen verbarg sie vor sich selbst.

Geheimnisse, die wir für uns behalten

Jeder von uns hat viele Geschichten, die wir ohne weiteres anderen mitteilen. Es handelt sich um Erinnerungen, die wir in unterschiedlichen Zusammenhängen immer wieder erzählen. Durch sie definieren und gestalten wir unser Selbst in der Öffentlichkeit. Andere Geschichten sind nur für einen bestimmten Personenkreis gedacht, zum Beispiel für Familienangehörige und gute Freunde, wobei die Mitteilung dieser Geschichten einen Wendepunkt in einer Ehe, einer Beziehung, einer Freundschaft markiert. Man wird vertrauter, verletzlicher und offener gegenüber dem anderen, und die Reaktionen derer, die uns zuhören, beeinflussen unser Selbstgefühl. Wieder andere Geschichten bleiben im geheimsten Winkel des Herzens verborgen; das sind Geschichten, die wir noch keiner Menschenseele erzählt haben.

Als Paddy McGarrity mit 31 Jahren zum erstenmal zu mir kam, bemerkte ich sofort, daß er sich an jedem anderen Ort lieber aufgehalten hätte als in einem Therapiezimmer. Sein Vorgesetzter bei der Baufirma hatte ihn aufgefordert, einen Termin mit mir zu vereinbaren. Paddy hatte das Gefühl, daß ihm keine andere Wahl blieb. Kurz bevor er zu mir kam, hatte er auf der Baustelle mit einem Kollegen eine Schlägerei angefangen. Entschlossen, sich mit seinem „Jähzorn" auseinanderzusetzen, blieb er dennoch äußerst vorsichtig und erzählte mir nur das Allernotwendigste über sein Leben. Ich erfuhr, daß er aus Irland stammte und jetzt in der Bronx lebte. Alles andere blieb in unserem Gespräch unerwähnt. Er weigerte sich, über seine Familie, seine Freunde, sein früheres und jetziges Leben zu sprechen. „Ich bin hergekommen, um darüber zu reden, wie ich meinen Jähzorn beherrschen kann. Das ist mein Problem. Machen wir also damit weiter."

Was spielte sich im Leben dieses Mannes ab, daß er so auf der Hut war? Woche für Woche kam er zu mir und arbeitete sorgfältig „an seiner Wut", sperrte sich aber gleichzeitig dagegen, mir mehr als die oberflächlichsten Einzelheiten über sein Leben mitzuteilen. Drei Monate lang respektierte ich die Grenzen, die er zog, und brachte ihm Techniken bei, wie man Jähzorn eindämmen kann. Als Paddy zwei Zwischenfälle innerhalb einer Woche schilderte, bei denen er Streit vermieden und den Eindruck gewonnen hatte, daß er mit seiner Wut besser umgehen konnte, nahm ich an, unsere Arbeit sei abgeschlossen. Zu meiner Überraschung bat Paddy um einen weiteren Termin.

„Stimmt es", fing er an, „daß Sie das, was ich Ihnen erzähle, niemandem weitersagen dürfen?" Nachdem ich ihm die Grenzen der Schweigepflicht erläutert hatte, sah er mich an und sagte: „Ich bin illegal im Land." Und in den nächsten zwei Stunden schüttete er mir sein Herz aus und erzählte mir die Geschichte seiner Einwanderung aus Irland vor drei Jahren und seines illegalen Aufenthalts in New York.

Paddy bewältigte das Leben ohne Papiere, indem er vor sich und vor anderen so tat, als hätte er kein Geheimnis. „Ich kenne viele Leute, die herkommen und ihren Namen ändern. Am Ende wissen sie nicht mehr, wem sie was über sich erzählt haben. Deshalb habe ich beschlossen, meinen Namen zu behalten. Ich verhalte mich so, als wäre ich legal hier. Hier kennt niemand die Wahrheit." Dieses Geheimnis zu wahren kostete ihn seine ganze

Kraft. Er lebte isoliert, weil er beobachtet hatte, daß Arbeitskollegen von Freunden nach einem Streit bei der Einwanderungsbehörde angezeigt worden waren. Seine Mutter hatte Verwandte in Brooklyn, aber er hatte sich nie bei ihnen gemeldet, weil er fürchtete, daß eine kleine Meinungsverschiedenheit sie veranlassen könnte, die Behörde zu informieren. Seit drei Jahren verzichtete er darauf, mit einer Frau auszugehen. Er hatte ein abgeschlossenes Studium und träumte davon, Lehrer zu werden, aber er arbeitete auf dem Bau, weil man dort ohne Versicherungskarte leichter einen Job bekam. In Irland hatte er Banjo gespielt und war in Musikkneipen aufgetreten. Hier ging er jeden Tag nach der Arbeit heim in sein Einzimmerapartment und machte die Tür hinter sich zu. Weiterbildung kam nicht in Frage. „Ich bin hergekommen, weil ich mir mehr Chancen erhofft habe als in Irland. Statt dessen lebe ich wie in einem Käfig."

Kurz bevor er zum erstenmal zu mir gekommen war, hatte er erfahren, daß seine Mutter in Irland sehr krank war. Er konnte nicht heimreisen, um sie zu besuchen. „Mein Aufenthaltsvisum ist längst abgelaufen. Ich glaube immer noch, daß ich hier sein will, obwohl ich das Gefühl habe, als hätte ich diesen Gedanken so lange mit mir herumgetragen, daß ich nicht mehr sicher bin, was ich überhaupt glaube. Ich weiß nur, daß ich nicht heimfahren kann, wenn ich jemals wieder hierherkommen will."

Ich fragte ihn, was ihn nun veranlaßt habe, mir schließlich doch noch sein Geheimnis anzuvertrauen? „Sie haben mich nicht gedrängt, und Sie haben akzeptiert, was ich Ihnen über mein Ziel bei dieser Therapie gesagt habe. Ich wollte meinen Jähzorn in den Griff bekommen. Ich vertraue Ihnen, soweit man überhaupt einem Menschen vertrauen kann." Als ich ihn fragte, wie ich ihm jetzt helfen könne, antwortete er, das wisse er auch nicht recht. Er habe mir nur seine Geschichte erzählen wollen, er habe einfach einen anderen Menschen gebraucht, der über sein Leben Bescheid wußte. Ich glaube, er brauchte die Bestätigung seiner Erfahrung – eine Vergewisserung, die sich nur einstellt, wenn ein anderer Mensch unsere Geschichte hört, wenn das Selbstgespräch nicht mehr ausreicht.

Als ich einen weiteren Termin vereinbaren wollte, zögerte er und versprach, sich zu melden. Mehrere Wochen verstrichen. Er hatte kein Telefon, und ich konnte es nicht riskieren, ihn an der Arbeitsstelle anzurufen. Ich habe nie wieder von ihm gehört.

Paddys Geschichte geht zwar nur ihn an, ist aber ein Beispiel für das Leben von Männern und Frauen, die ohne Papiere aus Mexiko, Südamerika, Asien, Irland und anderen Ländern in die Vereinigten Staaten kommen und dann im Verborgenen leben müssen. Nicht anders als die legal Eingewanderten kommen manche aus einer ausweglosen Lage, andere flüchten vor einem Terrorregime, und wieder andere suchen wie Paddy die Chance für ein besseres Leben. Durch ihr Geheimnis sind sie der Ausbeutung und der Erpressung preisgegeben, ihre Arbeits- und Ausbildungschancen sind eingeschränkt, und sie führen ein Leben, das von Furcht und Mißtrauen beherrscht wird.[1]

Wenn wir Geheimnisse bewahren, um andere zu schützen

Nicht alle Geheimnisse, die wir bewahren, dienen nur dem Selbstschutz. Manchmal geht es auch darum, einen anderen zu schützen. Diese Loyalität kann bis über den Tod hinaus andauern. Derartige Geheimnisse zu hüten engt uns ein. Statt einander in unserer ganzen Vielschichtigkeit und unseren Widersprüchen kennenzulernen, zu tolerieren und anzunehmen, klammern wir uns an allzu schlichte Klischees.

Jeremiah Simms war 45 Jahre alt, als er meinen therapeutischen Rat suchte. Er war Afroamerikaner und in einer Kleinstadt im Mississippi-Delta aufgewachsen. Inzwischen war er promovierter Mathematiker und lehrte an einer Universität im Staat New York. „Seit ich vor 27 Jahren zum Studieren von zu Hause fortging, war ich nicht mehr dort", berichtete er bei unserem ersten Gespräch. Er stellte sich als einen Menschen dar, der im Leben klare, präzise Lösungen schätzt.

Jeremiah wuchs als Einzelkind bei seinem Vater und dessen Mutter auf. Seine Eltern waren nie verheiratet gewesen. Zunächst lebte er bei seiner Mutter, doch als er vier Jahre alt war und seine Mutter einen anderen Mann heiratete, zog er zu seinem Vater und seiner Großmutter. „Meine Großmutter hatte meinen Vater allein großgezogen. Sein Vater hatte eine weitere Familie in der Nähe. Im Leben meiner Großmutter gab es nie einen anderen Mann. Sie widmete sich ganz meinem Vater, und er lebte sein Leben lang mit ihr zusammen", erzählte Jeremiah.

Unsere Therapie begann, kurz nachdem seine Großmutter mit 93 Jahren gestorben war. Jeremiah war traurig und unruhig, und seine Frau schlug vor, er sollte einen Therapeuten aufsuchen. Als ich ihn nach dem Grund dafür fragte, erklärte er, sie mache sich Sorgen um ihn und sei bestürzt, weil er nicht zur Beerdigung seiner Großmutter in die Heimatstadt gefahren war.

Als ich ihn genauer kennenlernte, erzählte er mir viele Geschichten über seine Großmutter. Besonders betonte er, wie sie ihn unterstützt und seine Ausbildung gefördert hatte. Er war fest überzeugt, daß er ohne sie im Leben nie so viel erreicht hätte. „Mein Vater hat nur drei Klassen besucht. Die Schule hat ihm nichts bedeutet. Er wollte, daß ich nach der achten Klasse aufhöre. Grannie hat sich ihm widersetzt und darauf bestanden, daß ich zur High School gehe." Doch die High School kostete Geld, weil die Schüler Uniformen tragen und ihre Bücher selbst kaufen mußten. Jeremiahs Familie war arm, und sein Vater weigerte sich, ihm Geld für die Schule zu geben. „Ich weiß nicht, wie sie es geschafft hat, aber Grannie hat das Geld aufgetrieben. Ich hatte nur eine Uniform und nicht zwei wie die meisten anderen Kinder, aber Grannie hat dafür gesorgt, daß sie immer sauber war. Und sie hat mir Geld für Bücher gegeben. Es war das einzige Mal, daß ich einen Streit zwischen ihr und meinem Vater erlebt habe."

Jeremiah erzählte seine Geschichte ruhig und fast emotionslos. Warum war dieser Mann 27 Jahre lang nicht in seine Heimatstadt zurückgekehrt? Warum hatte er während dieser Zeit seine Großmutter nur zweimal gesehen – einmal, als sie zu seinem College-Abschluß in den Norden kam, und dann noch einmal, als er sie zu seiner Hochzeit einlud? Und warum war er nicht zur Beerdigung jener Frau gefahren, die sich so energisch für seinen schulischen und beruflichen Erfolg eingesetzt hatte? Es dauerte noch viele Monate, bis wir die Gründe gemeinsam herausgefunden hatten.

Zu Beginn unserer Arbeit vertiefte sich Jeremiahs Trauer. Während ich annahm, der Tod seiner Großmutter habe ihn zutiefst getroffen, wollte er nach wenigen Sitzungen gar nicht mehr über sie sprechen. Er war zwar daran interessiert, die Therapie fortzusetzen, wirkte aber zunehmend unnahbar. Als ich ihn fragte, ob er einverstanden sei, seine Frau für eine oder zwei Sitzungen dazuzubitten, stimmte er zu. Wenn ich in der Therapie vor einem Rätsel stehe, erweist sich in aller Regel, daß der Klient sich öffnet, wenn andere mit einbezogen werden.

Bei unserer nächsten Sitzung berichtete mir Sandra Baker-Simms von ihrer wachsenden Sorge um ihren Mann. „Irgend etwas belastet ihn. Ich weiß nicht, was es ist. Ich weiß auch nicht, ob ihm selbst klar ist, worum es sich handelt. Er ist traurig und schweigsam. So habe ich ihn noch nie erlebt. Das ist alles so gekommen, seit seine Großmutter gestorben ist, aber was es auch sein mag, er redet nicht darüber." Während seine Frau sprach, machte Jeremiah ein verblüfftes Gesicht. Allmählich kam mir der Gedanke, daß mit dem Tod seiner Großmutter bei ihm etwas Unerledigtes an die Oberfläche gekommen war und daß er dafür erst noch Worte finden mußte.

Bei meiner nächsten Sitzung erklärte ich ihm, daß uns beim Tod eines anderen Menschen, oft noch irgend etwas belastet, was wir gern gesagt oder gefragt hätten, und so schlug ich ihm vor, einen Brief an seine Großmutter zu schreiben. „Der Brief ist nur für Sie bestimmt. Sie brauchen ihn niemandem zu zeigen, wenn Sie nicht wollen." Mit kummervoller Miene meinte Jeremiah, er wolle darüber nachdenken und mich anrufen.

Ein Monat verstrich, bevor Jeremiah eine weitere Sitzung mit mir vereinbarte. Er hatte zwar den Brief nicht geschrieben, aber er hatte darüber nachgedacht, ihn zu schreiben. Er erklärte mir, er sei nach wie vor sehr traurig, aber sein Gefühl war nach außen hin nicht erkennbar. Er meinte, Sandra sei sehr verständnisvoll, aber er befürchtete, daß sie die Geduld verlieren könnte. Ich riet ihm, sich Zeit zu lassen.

Drei Wochen später kam er zu unserem nächsten Termin. Mit zitternden Händen holte er einen zusammengefalteten Brief aus der Brusttasche. Er gab ihn mir, aber ich meinte, es sei besser, mir den Brief vorzulesen. Er willigte ein und begann:

„Liebe Grannie,
ich möchte Dir danken, weil Du es mir ermöglicht hast, zur Schule zu gehen. Ohne dich hätte ich nie die High School und das College besuchen und promovieren können. Ich weiß, daß Du hart für mich gearbeitet hast, und ich hoffe, daß Du stolz auf mich warst. Andere haben mir gesagt, Du seist stolz auf mich, obwohl Du es nie selbst gesagt hast."

An dieser Stelle hielt Jeremiah inne und sah mich an. „Ich habe das noch nie jemandem erzählt. Es steht nicht in meinem Brief, aber seit ich den Brief begonnen habe, muß ich unaufhörlich daran denken. Ich habe all die Jahre darüber nachgedacht. Immer wenn ich Schottenmuster sehe, fällt es mir wieder ein."

Ich wartete ruhig ab, während Jeremiah sprach. „Ich muß fünf oder sechs gewesen sein. Wenn mein Vater abends mit seinen Freunden wegging, kam meine Großmutter in einem Bademantel mit Schottenmuster aus der Dusche. Sie legte sich zu mir ins Bett, öffnete ihren Bademantel und sagte, ich solle an ihren Brüsten saugen. Nach einer Viertelstunde ging sie wieder." Als Jeremiah das erzählte, liefen ihm Tränen über die Wangen, und er ballte die Fäuste.

An diesem Nachmittag berichtete er, er habe noch keinem Menschen diese Geschichte anvertraut, weil er seine Großmutter schonen wollte und die Leute nicht schlecht von ihr denken sollten. Anhänglichkeit und Dankbarkeit waren einfach zu groß. Im Laufe unseres Gesprächs kam ein weit komplizierteres Bild von der Großmutter zutage. Sie war einsam und ohne Freunde, und sie hatte den Entschluß gefaßt, für Jeremiahs Ausbildung zu sorgen. Er sollte ein besseres Leben haben, als sie selbst oder ihr Sohn es je hatten, aber sie wußte wenig über die sonstigen Bedürfnisse eines Kindes. „Ich bin mir sicher, daß sie nicht die Absicht hatte, mich zu mißbrauchen", sagte Jeremiah. „Ich glaube fast eher, daß sie überhaupt keine Ahnung hatte, was ein Kind denkt oder fühlt."

Die Großmutter hatte ihn nicht angewiesen, dieses Geheimnis zu hüten; aber er wußte genau, daß er es nicht weitererzählen durfte. Als er sieben wurde, kam seine Großmutter nicht mehr zu ihm ins Bett. Bis zu ihrem Tod nahmen diese Erinnerungen nur einen sehr kleinen Raum seines Bewußtseins ein. „Seit sie tot ist, habe ich in Gedanken viele Gespräche mit ihr geführt, und sie drehen sich alle um diese Sache."

Auch als Erwachsener bewahrte Jeremiah Stillschweigen – nicht zuletzt deshalb, weil er viel über sexuellen Mißbrauch von Kindern gehört und gelesen hatte. „Was in diesen Büchern stand, traf auf mein Leben und meine Erfahrung schlichtweg nicht zu. Ich führe eine sehr glückliche Ehe, habe ein erfülltes Berufsleben und Sinn für Humor. Außerdem bin ich ein guter Vater. Ich trinke nicht, nehme keine Drogen, habe keine Eßstörungen oder was diese Bücher sonst noch prophezeien. Auch Déjà-vu-Erlebnisse kenne ich nicht. Ich leide einfach nicht an Dysfunktionen", meinte er lachend, und seine Stimmung hellte sich allmählich auf. „In einem fort hörte ich: ‚Du bist nur so krank wie deine Geheimnisse.' Diese Geschichte hat mich wahrhaftig gequält, aber für krank habe ich mich nie gehalten." Als er in der populärwissenschaftlichen Literatur las, wie er sich zu fühlen hatte, wurde sein Geheimnis nur noch tiefer verschüttet. Er befürchtete, andere würden, falls er sein Geheimnis offenbarte, sein Leben in einer Weise interpretieren, die einfach nicht seiner Erfahrung entsprach. „Mein Erlebnis war zu kompliziert, als daß es eine Aufteilung in ‚Täter' und ‚Opfer' erlaubt hätte. Wahrscheinlich trifft das auf viele Menschen zu."

Sein persönliches Geheimnis bereitete ihm bis zum Tod der Großmutter kaum Schwierigkeiten im Alltag. Da er nicht fähig war, die Widersprüche im Leben der Großmutter und in der Beziehung zu ihm offenzulegen, und da sich nun nicht mehr die Möglichkeit bot, diese Widersprüche in direktem Kontakt mit ihr aufzulösen, wurde er zunehmend niedergeschlagen. Als er das Geheimnis mitteilte, zunächst mir und anschließend seiner Frau Sandra, traten weitere Veränderungen ein. Nach 27 Jahren reiste er zum erstenmal wieder in seine Heimatstadt und besuchte das Grab seiner Großmutter, wo er den Brief laut vorlas und ihr dann mit sorgsam gewählten Worten mitteilte, daß er ihr verziehen habe.

Mehrere Monate später kamen Jeremiah und Sandra zu einer Nachbesprechung. Seine Depression hatte sich vollkommen verflüchtigt. Sie planten, zusammen mit den Kindern an einem Familientreffen teilzunehmen – eine jährliche Zusammenkunft, die Jeremiah stets gemieden hatte.

Wenn wir Geheimnisse bewahren, um andere zu manipulieren

Als Rebecca und Sam Underwood zu mir zur Behandlung kamen, berichteten sie, sie könnten es nicht abwarten, ihr gutgehendes Polstermöbelgeschäft zu verkaufen und sich in Kalifornien zur Ruhe zu setzen. „Ich würde lieber heute als morgen wegziehen", sagte Sam, „aber Rebecca macht sich Sorgen um unseren Sohn Ira, und um die Wahrheit zu sagen, er braucht so viel Geld, daß der Ruhestand in immer weitere Ferne rückt."

Der 31jährige Sohn der Underwoods hatte, wie mir die Eltern versicherten, „einen guten Job", aber im Lauf der letzten drei Jahre hatte er sich mindestens einmal im Monat aus Geldnot an sie gewandt. Jedesmal wanderte umgehend ein Scheck von Philadelphia, wo Rebecca und Sam wohnten, zu Ira nach Pittsburgh. Ein Jahr zuvor hatten sich die Eltern vorgenommen, ihm nicht mehr aus der Klemme zu helfen. Aber als Ira wieder einmal in „Not" war – etwa einen Monat bevor sie mich aufsuchten –, entdeckten sie, daß beide ihm jeweils heimlich Geld geschickt hatten. Dieser Vorfall veranlaßte das Ehepaar, zur Therapie zu kommen.

Bei unserem ersten Gespräch erfuhr ich außerdem, daß der Sohn erst nach drei Fehlgeburten und einer Totgeburt zur Welt gekommen war. „Als ich Ira bekam, war mir klar, daß ich ihm alles geben würde, was in meiner Macht stand", berichtete Rebecca. Offenbar war Ira in dem Bewußtsein aufgewachsen, ein ganz besonderer Mensch mit vielen Vorrechten zu sein.

Ich wurde neugierig, was in Iras Leben vor sich gehen mochte. Die Eltern erzählten mir, er verdiene 54 000 Dollar im Jahr und komme dennoch mit seinem Geld nie aus. „Eine Krise folgt auf die andere", erklärte Rebecca. „Er hat viel zu tun. Da vergißt er zum Beispiel, seine Strafzettel zu bezahlen, und im letzten Monat wurde schließlich sein Auto von der Polizei abgeschleppt. Er ist sehr gutmütig. Einmal hat er einer Freundin seine Kreditkarte überlassen, und sie hat für mehrere tausend Dollar damit eingekauft. Ich wollte nicht, daß er soviel Zinsen bezahlen muß, da habe ich ihm das Geld vorgestreckt. Ich bin sicher, daß er es uns eines Tages zurückzahlt." Während Rebecca sprach, schüttelte Sam stumm den Kopf.

Ich fragte Sam und Rebecca, ob ihr Sohn Probleme mit Drogen oder Glücksspiel haben könnte, aber sie meinten, das sei völlig ausgeschlossen. „Ira hat ein abgeschlossenes Studium", erklärte Sam. Ich lachte und erwiderte, er wäre nicht der erste Universitätsabsolvent, der Drogen nimmt oder Glücksspiel betreibt, aber sie blockten jede Nachfrage rasch ab. Dann fragte ich, ob sie bereit seien, Ira zu unserem nächsten Treffen einzuladen. Sam und Rebecca stimmten zu, aber es sollte noch eine Weile dauern, bis ihr Sohn auftauchte. Zu seinen zahlreichen Geschichten über

Geldnöte kamen alsbald Entschuldigungen hinzu, warum er nicht zur Therapiesitzung mit seinen Eltern kommen könne.

Im Lauf der gemeinsamen Arbeit in den nächsten zehn Wochen beschlossen Sam und Rebecca, daß sie ernsthaft aufhören wollten, Ira weiterhin Geld zu schicken. Mit seinen 31 Jahren sollte Ira selbst für seinen Lebensunterhalt aufkommen. Zudem hatte Sam, kurz bevor ich das Ehepaar kennenlernte, einen leichten Herzanfall gehabt, und sie waren fest entschlossen, sich nun zur Ruhe zu setzen. Gemeinsam schrieben sie Ira einen Brief und teilten ihm ihre Entscheidung mit. Schon nach zwei Tagen rief Ira an; er war schon wieder in der Klemme. Zum erstenmal schlugen ihm die Eltern seine Bitte um Geld ab.

Neun Tage später riefen sie mich zutiefst verstört an. Iras Telefon war abgestellt worden. Er war seit drei Tagen nicht an der Arbeitsstelle erschienen. Sie hatten einen Nachbarn angerufen, der berichtete, Iras Auto sei nirgends zu sehen. Rebecca vertraute mir an, sie habe immer befürchtet, er werde sich umbringen, wenn sie je aufhören sollte, ihm Geld zu schicken. Sie riefen die Polizei an, fuhren nach Pittsburgh und suchten ihn bei seinen Freunden. Nach zehn Tagen voller Angst und Sorge erfuhr Sam von einem Freund des Sohnes, daß er bei einem anderen Freund wohnte. Es stellte sich heraus, daß er absichtlich untergetaucht war, um seine Eltern zu erschrecken, damit sie ihm wieder Geld schickten. Nun machten sie ihm energisch klar, daß er sich mit ihnen in meiner Praxis einfinden müsse, und er stimmte widerwillig zu.

Zu Beginn unserer Sitzung behauptete Ira beharrlich, seine „Geldangelegenheiten", wie er sich ausdrückte, seien unbedeutend. „Ich weiß nicht, was das Theater soll", sagte er und sah erst mich und dann seine Eltern zornig an. „Ihr habt mir immer einen kleinen Zuschuß geschickt, wenn ich ihn brauchte. Das hat sich erst mit dieser Therapiegeschichte geändert." Wie wir zuvor abgesprochen hatten, legten Sam und Rebecca dem Sohn in aller Ruhe eine Abrechnung über alle Beträge vor, die sie ihm im Lauf der vergangenen drei Jahre geschickt hatten. Sie hatten sich selbst vorher keine Rechenschaft darüber abgelegt und mußten nun entsetzt feststellen, daß sie ihm fast 36 000 Dollar hatten zukommen lassen. Ira wurde immer nervöser und bemerkte lachend, er habe „sein Erbe eben früher bekommen". Ich rechnete schon fast damit, daß Sam und Rebecca mitlachten, aber diesmal schwiegen sie.

Über eine Stunde lang stellten sich die Eltern ruhig und beharrlich einer Konfrontation mit ihrem Sohn, und schließlich begann Ira zu zittern. An mich gewandt sagte er: „Ich habe Schulden, hohe, sehr hohe Schulden." Abwechselnd trotzig und flehentlich, aber offensichtlich sehr verängstigt, gestand Ira seinen Eltern endlich seine Spielleidenschaft. Er schuldete einem Kredithai mehrere tausend Dollar. Mit seinem Gehalt kam er gerade so über die Runden, und das Geld von seinen Eltern brauchte er, um die Zinsen für den Kredit zu zahlen – und um weiterzuspielen.

Rebecca und Sam waren wie vor den Kopf geschlagen. „All diese Geschichten", sagte Rebecca, „wenn du uns wegen Geld angerufen hast – das war alles gelogen." Ira war rasch mit Ausreden bei der Hand, aber seine Eltern unterbrachen ihn. Sam sah mich an und meinte: „Wir haben jetzt viel Arbeit vor uns."

Etwa ein Jahr lang kamen Sam, Rebecca und Ira regelmäßig zu mir. Ira schloß sich den Anonymen Spielern an. Er zog in eine wesentlich billigere Wohnung um und schränkte seinen luxuriösen Lebensstil deutlich ein. Mit Hilfe eines Finanzberaters konnte er einen normalen Kredit aufnehmen. Die Familientherapie konzentrierte sich darauf, die Beziehung des erwachsenen Sohnes zu seinen Eltern neu zu gestalten. Während Ira darum rang, sich ein selbstverantwortliches Leben aufzubauen, ging es Sam und Rebecca darum, ihn zur Verantwortung zu ziehen. Wir mußten Jahre der Lüge und Ausbeutung durchleuchten, bis in Iras Jugend zurück. Ira hatte eine High School der oberen Mittelschicht besucht und sich dort einer Gruppe von Jugendlichen angeschlossen, die ihn davon überzeugten, seine Eltern anzulügen sei die einzige Möglichkeit, „Schikanen" zu vermeiden. Sams und Rebeccas Bereitschaft, ihrem Sohn alles zu glauben, was er ihnen auftischte, und ihr unbedingter Wunsch, ihm das Leben leicht zu machen, schuf in Verbindung mit Iras Lügen ein Netz manipulativer Geheimnisse.

Als ich Sam und Rebecca zum letztenmal sah, schenkte ich ihnen das gerahmte Bild eines Blankoschecks mit der Bildunterschrift „Schutzgeld – hier nicht mehr zu haben". Ich schlug vor, sie sollten es in ihrem neuen Haus in Kalifornien an die Wand hängen. „Es könnte sein", sagte ich, „daß Sie in Zukunft hin und wieder eine kleine Erinnerungshilfe brauchen."

Geheimnisse, die wir vor uns selbst verbergen

Ein Mensch mit einer unheilbaren Krankheit spricht immer wieder davon, „gesund zu werden", und stirbt vielleicht sogar, ohne sich einzugestehen, was geschieht. Ein anderer, der das Risiko einer Erbkrankheit trägt, für die es keine Heilung gibt, beschließt, auf einen Test zu verzichten, und zieht es vor, mit der offenen Frage und nicht mit der Gewißheit zu leben.[2] Ein alkoholkranker Familienvater beharrt darauf, ein aufrechter Bürger ohne Suchtproblem zu sein, weil er jeden Tag zur Arbeit geht. Eine Frau, die von Beruhigungsmitteln abhängig ist, denkt, der Arzt würde ihr die Tabletten wohl nicht verschreiben, wenn sie Schaden anrichten würden. Eine Mutter ignoriert bei Nacht die verräterischen Geräusche und die Tatsache, daß ihr Mann nicht neben ihr im Bett liegt, weil sie ihn verlassen müßte, wenn sie sich dem Problem des Inzests stellte. Ein heranwachsendes Mädchen, das aufgrund einer schweren Eßstörung dahinsiecht, macht sich und ihrer Familie vor, sie sei modisch schlank. Ein junger Mann aus einer konservativen, kirchentreuen Familie ist unfähig, sich einzugestehen, daß er sich zu Männern hingezogen fühlt.

Wir Menschen besitzen die erstaunliche Fähigkeit, uns nicht einzugestehen, was wir wissen. Wir übersehen, was wir mit eigenen Augen sehen. Indem wir Offensichtliches verfälschen, täuschen wir uns selbst und zahlen zuweilen dafür einen hohen Preis, weil unser Wohlbefinden und unsere Beziehungen beeinträchtigt werden.

Wir hüten Geheimnisse vor uns selbst, indem wir uns dafür freiwillig entscheiden, etwas nicht wissen zu wollen, oder indem wir passiv irgend etwas verdrängen. Mangelnde Bereitschaft, bestimmten Dingen auf den Grund zu gehen, lähmende Furcht, Selbstrechtfertigung, die Befriedigung eigener Bedürfnisse, das geheime Einverständnis anderer und überwältigender Anpassungsdruck können dazu führen, daß wir Geheimnisse vor uns selbst haben.

Jonathan Whiteson war 32 Jahre alt, als er bei meinem Kollegen, dem Familientherapeuten und Psychiater Gary Sanders,[3] eine Therapie begann. Als er 18 Jahre alt war, wurde bei ihm eine schwere Form der Epilepsie diagnostiziert. Er litt unter heftigen Anfällen, so daß er nicht berufstätig sein konnte und gezwungen war, bei seinen Eltern zu wohnen. Medikamentös konnte zwar die

Häufigkeit, nicht aber die Schwere der Anfälle vermindert werden, die mit Bewußtlosigkeit und Erinnerungslücken einhergingen. Jonathan hatte etwa einmal im Monat einen schweren Anfall.

Während er zu einer intensiven Untersuchung im Krankenhaus lag, beobachtete das Pflegepersonal bei ihm einen Anfall, obwohl die Messung der Hirnwellen keinerlei Anzeichen dafür erkennen ließ. Daraufhin wurde Gary Sanders als psychologischer Berater hinzugezogen.

Zu Anfang erkundigte er sich bei Jonathan nach dem ersten Anfall und fragte insbesondere, was sich damals in seinem Leben abgespielt hatte. Daraufhin berichtete dieser zögernd und unter Qualen von einem Vorfall, den er noch niemandem anvertraut hatte. Auf der High School hatte sich Jonathan in einen Mitschüler verliebt, seinen besten Freund, der ähnlich für ihn zu empfinden schien, obwohl sich beide auch mit Mädchen trafen. Aber als Jonathan versuchte, eine intimere Beziehung aufzubauen, griff sein Freund ihn an. Jonathan war verwirrt und am Boden zerstört und schämte sich so abgrundtief, daß er keinem Menschen davon erzählte. Kurz nach diesem Vorfall hatte er seinen ersten „epileptischen" Anfall und wurde so krank, daß er nicht einmal an seiner eigenen Schulabschlußfeier teilnehmen konnte, zu der sich beide ursprünglich mit zwei Mädchen verabredet hatten.

Die nächsten 15 Jahre lang verbarg Jonathan das Geheimnis seiner Homosexualität sowohl vor anderen als auch vor sich selbst. Seine Krankheit schien ihn zu zwingen, sich nicht weit von zu Hause zu entfernen. Er fühlte sich einem unabhängigen Leben nicht gewachsen.

Nach den Anfällen litt er häufig unter Gedächtnisstörungen und vergaß alles, was sich in den Tagen vor dem Anfall ereignet hatte. Ein erheblicher Teil seines Lebens war aus seinem Bewußtsein ausgeblendet. Er traf sich weiterhin mit Frauen, die nach Ansicht seiner Familie und seiner Kirche „passend" waren, aber es entwickelte sich keine Beziehung. Er gab sich schwulenfeindlich und war davon überzeugt, daß Schwule und Lesben schwach, krank und minderwertig seien. Auf diese Weise konstruierte er sich ein Leben, in dem wesentliche Dimensionen seiner Persönlichkeit nicht ausgelebt wurden. Seine Anfälle waren nicht die Folge von Epilepsie, sondern eher das Resultat eines seelischen Gewittersturms.

Während der gemeinsamen Arbeit stellte Gary Sanders behutsam Jonathans Geheimhaltung vor sich selbst in Frage. Sobald dieser die qualvolle Entscheidung getroffen hatte, die Geschichte zu erzählen, die er bisher für sich behalten hatte, konnte er das Geheimnis nicht länger vor sich selbst verbergen. Zum erstenmal konnte er sich selbst annehmen und zulassen, daß er mehr über sein eigenes Leben wußte und wahrnahm. Wie häufig zu beobachten ist, beherrschte auch hier ein vergiftendes Geheimnis die gesamte Existenz. Jonathan akzeptierte den Richtspruch seiner Familie und seiner Kirche gegen die Homosexualität, und dafür bezahlte er einen schrecklichen Preis und nahm schwerste Schäden für seine Gesundheit und seine Befähigung zu einem selbstverantwortlichen Erwachsenendasein in Kauf. Aber mit Gary Sanders' Hilfe erkannte er, daß ihm andere Möglichkeiten blieben. Als er seine Homosexualität nicht mehr vor sich und vor den ihm nahestehenden Menschen geheimhielt, blieb er von seinen Anfällen nach und nach verschont.

Wie in Jonathans Fall wurzeln Geheimnisse, die man sich selbst nicht eingesteht, häufig in einem sozialen Umfeld, das die Anpassung an eine sehr engstirnige Vorstellung vom Leben und von menschlichen Beziehungen fordert. Wenn uns Strafe droht, sobald wir von der Kultur der Mehrheit abweichen, verbergen wir unsere Andersartigkeit. Der Anpassungsdruck, verbunden mit der Strafandrohung für Auflehnung, kann dazu führen, daß die innere Realität eines Menschen ausgelöscht wird. Wenn man aus einer Familie stammt, in der konventionelles Verhalten und Gehorsam die obersten Tugenden sind, wird man wahrscheinlich jede Abweichung vom „Familienprogramm" zunächst vor anderen und schließlich vor sich selbst verbergen.

Das geheime Einverständnis bei persönlichen Geheimnissen

Persönliche Geheimnisse sind zwar im Innern eines Menschen angesiedelt, aber man braucht häufig das geheime Einverständnis anderer, um sie zu wahren. Als bei meiner therapeutischen Arbeit mit der Familie Underwood Iras Geheimnis ans Licht kam, gaben die Eltern zu, sie hätten bereits vermutet, daß manches an Iras sogenannten Finanzkrisen nicht der Wahrheit entsprach.

Keiner von beiden hatte mit dem anderen darüber gesprochen, vielmehr unterdrückten sie ihren Verdacht und scheuten sich, ihn laut auszusprechen und die Behauptungen ihres Sohnes in Zweifel zu ziehen.

Manches, was wir selbst nicht wahrhaben wollen, ist für andere offensichtlich. Wenn ein Mensch, den wir lieben, sich ein gefährliches Geheimnis nicht eingesteht und wir uns entscheiden zu schweigen, sollten wir überlegen, warum wir uns scheuen, Stellung zu beziehen.

Als mich Penny James, 25 Jahre alt, und ihr Verlobter Victor Buckingham, 32, drei Monate vor ihrer Hochzeit aufsuchten, erklärten sie einmütig, sie hätten keine Probleme. Den Termin mit mir hatten sie, wie Victor angab, auf Anregung ihres Pfarrer vereinbart; beide hielten es für richtig, seinen Empfehlungen zu folgen. In allen Einzelheiten schilderten sie mir die geplante Hochzeit, die einer Darstellung im Gesellschaftsmagazin *Bride's* würdig gewesen wäre, während ich mich mit Pennys sinnfälligem, aber unausgesprochenen Geheimnis konfrontiert sah. Da saß eine junge Frau, die 1,65 groß und nur um die 43 Kilo schwer war. Als ich im Verlauf des Gesprächs fragte, ob sie Gewichtsprobleme habe, versicherte mir Penny rasch, sie wolle vor der Hochzeit noch weitere zwei Kilo abnehmen! Victor blickte aus dem Fenster, als Penny erklärte, sie sei immer noch ein wenig zu rundlich für ihr Hochzeitskleid.

Schon nach wenigen Sitzungen stellte sich heraus, daß Penny sich ihre schwere Magersucht nicht eingestand, während ihre Eßstörung für ihren gesamten Verwandten- und Freundeskreis ein offenes Geheimnis war. Doch keiner verlor je ein Wort darüber, daß die junge Frau allmählich dahinschwand.

Penny hatte sich ein Jahr zuvor mit Victor verlobt. Damals wog sie 59 Kilo. Ihre Mutter und ihre zukünftige Schwiegermutter kritisierten sie wegen ihres angeblichen Übergewichts und hofften, sie werde bis zur Hochzeit abnehmen. Sowohl Penny als auch Victor stammten aus wohlhabendem Elternhaus, und ihre Verlobung galt bei Verwandten und Freunden als die „ideale Verbindung". Victor war Investment-Banker und verdiente sehr gut. Penny hatte ihr Studium an einem Frauen-College abgeschlossen. Obwohl sie hochintelligent war, sollte sie keiner Erwerbstätigkeit nachgehen. Man erwartete von ihr, daß sie sich genauso wie Mutter und Großmutter ihrem schönen Heim und der Arbeit in Wohltätigkeitsverbänden widmete. Indem Penny immer dünner wurde, paßte sie sich einerseits dem Weiblichkeitsideal ihrer Familie an und zeigte andererseits stillschweigend auf, wie grotesk dieses Ideal war.

Zu Anfang unserer Arbeit bauten Penny und Victor gemeinsam eine undurchdringliche Front auf. „Alle unsere Freunde sagen, wir seien das beste Paar, das sie kennen", behauptete Penny. „Wir streiten nie. Immer sind wir einer Meinung. Wir passen perfekt zusammen." Nachdem sie das gesagt hatte, tätschelte ihr Victor den Kopf, als wäre sie ein kleines Kind oder ein Haustier.

Die Macht von Pennys Geheimnis und Victors geheimem Einverständnis zeigte sich, als ich vorschlug, mit beiden Einzelgespräche zu führen. Von da an wurde die Situation chaotisch. Beide sagten ihre Einzeltermine bei mir ab. Sie „vergaßen" vereinbarte Termine, oder sie kamen gemeinsam, weil es so „leichter" sei. Indem ich Einzelgespräche anregte, stellte ich den Mythos in Frage, der besagte, sie hätten keine Konflikte und Pennys körperlicher Zustand sei kein Anlaß zur Sorge. Schließlich bat ich sie, mich gemeinsam mit dem Pfarrer aufzusuchen, der sie zu mir geschickt hatte. Meine Entscheidung, noch einen Dritten hinzuzunehmen, ermöglichte beiden, eine andere Version von ihrem Lebens zu hören als die, die sie einander immer wieder gaben.

Bei dem Gespräch mit Penny, Victor und Reverend Allenby fragte ich den Geistlichen, warum ihm das Brautpaar Sorge bereitet habe. Zunächst zögernd, antwortete er, daß er hilflos mitansehen mußte, wie Penny im Laufe des letzten Jahres immer mehr abgemagert sei. Als er versucht habe, seine Sorge um Penny ihren Eltern und Victor mitzuteilen, habe man ihn nicht ernst genommen. Während er erzählte, er kenne Penny seit ihrer Geburt und Taufe und habe beobachtet, wie sie zu einer klugen und begabten jungen Frau herangewachsen sei, begann Penny zu weinen. „Mein Leben ist zu Ende", schluchzte sie. „Ich möchte weiterstudieren, und zwar Anthropologie. Ich möchte Dozentin an der Universität werden. Nichts davon werde ich je tun können."

Victor machte ein erstauntes Gesicht. „Ich dachte, du willst dasselbe wie ich", sagte er ärgerlich. „Du hast mich angelogen." Er stand auf und wollte hinausgehen, aber ich bat ihn, abzuwarten und zuzuhören.

Bei dem Gespräch an diesem Nachmittag kam heraus, daß Penny völlig aus den Augen verloren hatte, was sie eigentlich wollte. Ihre ganze Aufmerksamkeit galt ihrem Gewicht und ihrem Körper, mit dem angeblich etwas nicht stimmte. Während sie immer mehr abmagerte und niemand dagegen protestierte, verstärkte sich Pennys Überzeugung, sie sei nichts wert. Da sie das Gefühl hatte, über ihr Leben nicht selbst bestimmen zu können, wurden Nahrung und Essen zur einzigen Möglichkeit, ihr Leben scheinbar selbst zu kontrollieren. Als die Familie und Victor ihren Gewichtsverlust begrüßten, reagierte sie mit immer seltsameren Essensritualen; dazu zählte auch eine lange Liste von Speisen, gegen die sie „allergisch" zu sein glaubte, Speisen, die nicht zusammen gegessen werden durften, und Speisen, die einander nicht berühren durften. Sie erklärte, eine Mahlzeit müsse eine gewisse Zeitspanne in Anspruch nehmen, und sie weigerte sich, in Restaurants zu essen. Niemand ließ darüber eine Bemerkung fallen oder stellte diese Rituale in Frage.

Mit Taten und nicht mit Worten brachte Penny ihren Schmerz zum Ausdruck. Da ihr niemand zuhörte oder antwortete, wußte sie bald selbst nicht mehr, was sie empfand und was sie tat, bis ihre Verleugnung bei unserem Gespräch schließlich Sprünge bekam. Sie hatte sich selbst nicht eingestanden, daß sie unter lebensbedrohlicher Magersucht litt und daß dieses Geheimnis von ihrer Familie, ihrem Verlobten und dessen Familie, den Werten ihres sozialen Umfelds und der allgemeinen Vorstellung von einer „guten" Hausfrau gestützt wurde.

Die Therapie mit Penny und Mitgliedern ihrer Familie war langwierig. Wie in vielen Familien, in denen Eßstörungen wie Anorexie und Bulimie auftreten, waren hier echte Individualität und schmerzlich unterdrückte Wünsche sehr lange durch einen Schleier von Perfektionismus, schönem Schein, Status und Schicklichkeit verhüllt. Ich mußte Penny und ihre Familie immer wieder daran erinnern, daß Penny beinahe den Tod in Kauf genommen hätte, um die Erwartungen ihrer Familie und Freunde nicht zu enttäuschen.

Ebenso wie ihre Magersucht waren ihre Wünsche und Ziele im Leben ihr selbst und ihren Angehörigen verborgen geblieben. Im Kampf gegen die Magersucht mußte sie sich den Plänen widersetzen, die ihre Eltern für ihr Leben entworfen hatten. Sie löste die Verlobung und zog sich damit den Zorn beider Familien zu.

Die Familie James war seit mehreren Generationen bestrebt, Konflikte um jeden Preis zu vermeiden. Pennys verheimlichte Eßstörung hatte zu einer Zeit den Status quo aufrechterhalten, als radikale Änderungen nötig gewesen wären. Während Penny allmählich zu sich selbst fand, hatte ihre Familie mit anderen Problemen zu kämpfen. Gegen Ende der Therapie verließ Penny das Elternhaus und nahm das Studium im Fach Anthropologie auf. Zehn Monate später kamen die Eltern James zu mir – zum erstenmal in ihrer langen und größtenteils stillen Ehe hatte Pennys Mutter eigene Meinungen geäußert und ihrem Mann widersprochen.[4]

Jonathan Whiteson wie auch Penny James wollten sich Geheimnisse nicht eingestehen, die ihr Wohlbefinden schwer beeinträchtigten. Beide waren bereit, ihre Gesundheit zu opfern, um sozialen Normen zu entsprechen, die gar nicht zu ihnen paßten. Je mehr sie sich darum bemühten, sich einer Lebensführung anzupassen, die sie nicht durchhalten konnten, desto mehr verloren sie das Wissen über sich selbst, bis ihnen die wesentlichsten Aspekte ihres eigenen Lebens verborgen blieben. Und wie bei vielen Menschen, die sich etwas vormachen, protestierte keiner, niemand stellte kritische Fragen, was da vor sich ging, oder reagierte in irgendeiner Form, so daß sich der Knoten der Heimlichkeiten immer enger zog.

Es gibt Geheimnisse über die eigene Person, durch die andere gefährdet werden. Wenn es dabei um Alkohol, Drogen, Glücksspiel, ungeschützten Geschlechtsverkehr oder um durch Geschlechtsverkehr übertragbare Krankheiten geht, kann die Blindheit eines Menschen denen, die ihm nahestehen, wie auch flüchtigen Bekannten Schaden zufügen. Anders als persönliche Geheimnisse, die auf einem überwältigenden Anpassungsdruck beruhen, entspringen solche Geheimnisse einer undisziplinierten Lebenseinstellung. Hier wird bewußt die Entscheidung gefällt, etwas nicht wissen zu wollen, ohne Rücksicht auf die Folgen für andere. Wer jemals ein solch gefährliches Geheimnis nicht wahrhaben wollte, weiß, daß er, sobald sich der Schleier lüftet, viel tun muß, um die beschädigten Beziehungen wieder zu heilen.

Mütter, Babys und AIDS-Test: Das Dilemma eines persönlichen Geheimnisses

Sandra Balik ist Oberschwester in einem Gesundheitszentrum. Sie hat mir davon berichtet, wie sie eine Patientin zu Beginn der Schwangerschaft dazu überredete, einen AIDS-Test zu machen. „Sie ließ den Test durchführen, aber das Ergebnis hat sie nicht abgeholt", erzählte Sandra. „Ich habe sie mehrmals darauf angesprochen, aber sie hat sich immer wieder neue Ausreden einfallen lassen. Schließlich sagte ich zu ihr: ‚Ich dachte, Sie wollten Ihren HIV-Befund wissen.' Die Frau sah mich scharf an und antwortete: ‚Nein, *Sie* wollten ihn wissen.'"

Bei der Frage, ob und wie man Neugeborene auf das HIV-Virus testen sollte, wird das ethische Dilemma um die Wahrung persönlicher Geheimnisse sehr deutlich. Ist das Ergebnis positiv, heißt das nicht unbedingt, daß das Baby mit dem Virus infiziert ist. Tatsächlich sind 75 Prozent der Neugeborenen nicht infiziert, sondern tragen nur die Antikörper ihrer Mutter in sich. Nach einigen Monaten wird bei diesen Kindern der Test negativ ausfallen. Aber die Mütter der Babys mit positivem Testergebnis sind auf jeden Fall HIV-infiziert. Kurz gesagt, wer Babys testet, führt in Wirklichkeit einen Test für die Mütter durch, aber ohne deren Wissen.

Was zunächst als das persönliche Geheimnis einer Frau erscheint, die darauf verzichtet, sich Klarheit über ihren HIV-Befund zu verschaffen, ist in Wirklichkeit ein Zeichen für das unerbittliche Stigma und für die Angst, mit denen diese Krankheit behaftet ist. Wenn AIDS eine Krankheit wie jede andere wäre, gäbe es wahrscheinlich weniger Geheimnisse darum. Statt dessen müssen junge Mütter, die mit HIV infiziert sein könnten, nicht nur die Diagnose einer lebensverkürzenden Krankheit bewältigen, sondern sich darauf gefaßt machen, daß sie von ihrer gesamten Umgebung verurteilt werden. Das persönliche Geheimnis, das eng mit dem Problem des vorgeschriebenen HIV-Tests für Neugeborene verknüpft ist, illustriert nur zu deutlich, daß man nachforschen muß, wo persönliche Geheimnisse eigentlich lokalisiert sind. Auch wenn es den Anschein hat, daß sie nur in *einer* Person angesiedelt sind, beschränken sich ihre Bedeutung und ihre Folgen selten auf den einzelnen. Familie, Nachbarn und auch Institutionen drängen sich in dieses persönliche Geheimnis hinein.

Die politische und gesellschaftliche Neuorientierung in diesem Bereich zeigt in schmerzlicher Weise, daß persönliche Geheimnisse kaum jemals nur den Geheimnisträger betreffen. Hinter dem erwähnten Geheimnis stehen gegensätzliche Beurteilungen der Beziehung zwischen Mutter und Kind, zwischen der Schwangeren und ihrem Arzt, zwischen der Regierung und den in Armut lebenden Frauen. In der extrem polarisierten Debatte zwischen AIDS-Aktivisten und Politiker geht die enorme ethische Vielschichtigkeit der Problematik und der daraus erwachsenden praktischen Folgen rasch unter. Vertrauen wir darauf, daß Mütter zum Besten ihrer Kinder handeln, oder nicht? Setzen wir dieses Vertrauen in manche Mütter und in andere nicht? Schützen wir das Vertrauensverhältnis zwischen Arzt und Patientin oder nicht? 98 Prozent aller schwangeren Frauen, die an Vorsorgeuntersuchungen in staatlichen Krankenhäusern teilnehmen, stimmen einem HIV-Test zu, nachdem sie über die Vorteile und Risiken aufgeklärt worden sind. Sollte sich also die Gesetzgebung und die Sozialpolitik von den 2 Prozent leiten lassen, die einen Test ablehnen?[5] Und wie soll die Regierung entscheiden, welche Informationen einer Frau gegeben, vorenthalten oder aufgedrängt werden – ob sie es will oder nicht? Dieses spezielle Geheimnis ist ein gutes Beispiel für den Konflikt zwischen der Bereitschaft eines Menschen, über sich etwas in Erfahrung zu bringen, und dem Recht eines anderen, darauf zu bestehen, ihm diese Information bekanntzumachen, ob der Betroffene damit einverstanden ist oder nicht.

Wenn AIDS-Tests, wie bisher üblich, anonym durchgeführt werden, stehen Statistiken über HIV/AIDS zur Verfügung. Diesen entnehmen wir zum Beispiel, daß 7000 von 2,5 Millionen Babys in den USA, die im Jahr 1995 getestet wurden, anfangs HIV-positiv waren. Von diesen 7000 waren etwa 2000 tatsächlich mit dem Virus infiziert.[6] Solche Erhebungen geben der einzelnen Mutter keinen Aufschluß über ihr Baby. Kritiker haben deshalb die anonymen Tests mit den in Kapitel 4 geschilderten Tuskegee-Experimenten verglichen.

Die politische Debatte konzentriert sich darauf, ob Einzelstaaten oder die US-Regierung Gesetze erlassen sollen, die einen HIV-Test für Neugeborene und darüber hinaus die Aufklärung der Mutter über das Ergebnis vorschreiben – ob sie es will oder nicht. Auf beiden Seiten dieses Dilemmas geht es um die Geheimhaltungspflicht. Entweder ist die Regierung im Besitz von Informationen, die sie den Müttern vorenthält, oder die Information wird auch solchen Frauen aufgedrängt, die es gar nicht wissen wollen.

AIDS-Aktivisten, die an vorderster Front arbeiten, haben mir versichert, daß die überwältigende Mehrheit der Schwangeren, mit denen sie in Kontakt kommen, über ihren HIV-Befund informiert werden wollen, damit sie das Beste für ihre Kinder tun können. Andererseits gibt es eine kleine Minderheit von Frauen, die es einfach nicht wissen wollen. Eine noch kleinere Untergruppe dieser Frauen gefährdet möglicherweise ihre Kinder.

Ein Zwangstest, wie ihn Politiker vorschlagen, so erklärten mir die Aktivisten, beruht auf einer Vorstellung von der Frau, die entweder ein Monster sein muß, dem das Wohlergehen des Babys gleichgültig ist, oder die so dumm ist, daß ihr die Regierung vorschreiben muß, was sie tun soll. Die AIDS-Aktivisten betonen, daß ein Zwangstest Schwangere von den notwendigen Vorsorgeuntersuchungen, bei denen auch Beratung angeboten wird, abschrecken könnte. Außerdem wären dann schwangere Frauen die einzige Bevölkerungsgruppe, für die ein HIV-Test gesetzlich vorgeschrieben ist.

Es entbehrt nicht einer gewissen Ironie, daß eben jene Politiker, die den Zwangstest fordern, gleichzeitig erklären, der Gesetzgeber sollte sich nicht in das Leben der Bürger einmischen. Offenbar werden die persönlichen Geheimnisse mancher Staatsbürger geschützt und der „Privatsphäre" zugeordnet, während bei den Geheimnissen anderer das „Recht der Öffentlichkeit auf Information" geltend gemacht wird.

Haben Sie ein Recht darauf, sich ein Geheimnis nicht einzugestehen?

Die unklare Situation bezüglich des Tests Neugeborener wirft Fragen bezüglich der Umstände auf, unter denen Sie sich ein Geheimnis nicht eingestehen, das anderen schaden könnte.

- *Wann betrifft es nur Sie persönlich, wenn Sie sich etwas nicht eingestehen, und wann werden andere dadurch geschädigt?*

- *Wenn Sie sich bewußt dafür entscheiden, etwas nicht wissen zu wollen, und andere von dieser Entscheidung berührt werden, welche Verantwortung tragen Sie dann?*
- *Wer hat ein Recht, Ihnen die Entscheidungsfreiheit, ob Sie etwas wissen wollen oder nicht, zu nehmen? Die Familie? Freunde? Ärzte? Die Regierung?*

Geheimnisse um die eigene Person: Lernen, mit einem Rätsel zu leben

Die US-amerikanische Kultur nährt den Glauben, daß letztlich alles in Erfahrung zu bringen sei. In der zweiten Hälfte des 20. Jahrhunderts hat die populäre Psychologie die Idee propagiert, Selbsterkenntnis sei die Voraussetzung für ein zufriedenes Leben. Selbsthilfeliteratur und die Philosophie des New Age locken mit dem falschen Versprechen, wir müßten nur fleißig und lange genug an uns arbeiten, um ein vollkommenes Bewußtsein unserer selbst zu erlangen. Neuartige Gentests locken sogar mit der zweischneidigen Verheißung, uns über unsere Zukunft aufzuklären.

Bei all dem werden die Grenzen der Selbsterkenntnis kaum richtig eingeschätzt. Es kann sich als unmöglich erweisen, an bestimmte Informationen über uns selbst heranzukommen. Ein Versuch, bestimmte Geheimnisse zu lüften, kann in die Sackgasse führen: Gesetzliche oder institutionelle Vorschriften können im Wege stehen, oder Angehörige, die Aufschluß geben könnten, sind verstorben. Vielleicht gelangen Sie zu der Überzeugung, daß Sie im Leben besser zurechtkommen, wenn Sie über bestimmte Informationen – etwa die Wahrscheinlichkeit einer Krankheit – nicht verfügen. Viele Menschen sind gezwungen, mit Geheimnissen zu leben – oder sie tun es aus freien Stücken.

Cara Feldston war 27 Jahre alt, als sie zu mir in die Therapie kam. Sie hatte mit 19 ihr College-Studium abgebrochen. Ich erfuhr die Geschichte einer jungen Frau, die seit mehreren Jahren ein unstetes Leben führte. Jobs, Beziehungen und Freundschaften, alles war bei ihr nur von kurzer Dauer gewesen. Auf die Frage nach den möglichen Ursachen dieser Lebensweise erwiderte Cara: „Ich bin durch heterologe Insemination entstanden – was erwarten Sie da anderes?“

Cara berichtete mir, sie habe mit 14 Jahren herausgefunden, daß ihr leiblicher Vater ein Samenspender war. Ihre Eltern hatten sich entschlossen, die Tochter über ihre Herkunft im dunkeln zu lassen. Von der künstlichen Befruchtung erfuhr sie durch eine Tante, die auf den Vater wütend war. Als Cara ihre Eltern zur Rede stellte, sagten sie ihr die Wahrheit. Sie erzählten von ihrem beiderseitigen innigen Kinderwunsch, der durch die Unfruchtbarkeit von Caras Vater zunichte gemacht wurde.

Cara meinte, jetzt verstehe sie auch, warum die Eltern das Geheimnis für sich behalten hatten: Sie wollten einerseits die Tochter vor dem Gefühl der Andersartigkeit und andererseits den Vater vor Minderwertigkeitsgefühlen schützen. Aber damals war sie wütend auf ihre Eltern. Ihre Pubertät verlief stürmisch. Ohne weitere Fragen zu stellen, ging Cara stillschweigend davon aus, daß sie mit 18 Jahren Einzelheiten über den Spender herausbekommen würde – sie hatte eine adoptierte Cousine, die in diesem Alter ihre leibliche Mutter wiederfand.

Als Cara mit 18 Jahren aufs College ging, nahm sie sofort mit dem Labor Kontakt auf, an das sich ihre Eltern gewandt hatten. Sie fand rasch heraus, daß anhand der Akten eine Identifizierung ihres Vaters nicht möglich war. Sie würde niemals Einzelheiten über ihren leiblichen Vater erfahren. Im Lauf der nächsten neun Jahre war sie von dem Problem wie besessen. Sie konnte kaum noch an etwas anderes denken. Gerade zu der Zeit, zu der sich ein junger Mensch der Ausbildung, der Berufswahl und dem Aufbau einer Partnerschaft widmen sollte, war in Caras Leben kein Platz für andere Dinge außer der Frage nach ihrem leiblichen Vater. Als sie zu mir kam, war sie wütend, deprimiert und erschöpft.

Zu Beginn unserer gemeinsamen Arbeit zeigte ich ihr, daß ich den Verlust, den sie erlebt hatte, ernst nahm. In den vergangenen neun Jahren hatte jeder, der Cara kannte, ihr erklärt, sie solle die Sache „vergessen“, sie solle „sich nicht weiter damit beschäftigen“ und man könne „nicht ändern, was nicht zu ändern ist“. All diese Ratschläge brachten Cara dazu, sich schlecht zu fühlen, weil es ihr schlecht ging. Sie reagierte darauf, indem sie sich von den wohlmeinenden Freunden und Angehörigen zurückzog, so daß sie, als ich sie kennenlernte, ziemlich isoliert lebte. Ich bat sie, mir ein Symbol für ihren Verlust mitzubringen. Sie brachte mir eine kleine Marmorschatulle, die keine sichtbare Öffnung hatte. „Das ist mein Leben, und ich komme nicht rein, ganz gleich, was ich mache", erklärte sie.

Allmählich und behutsam stellte ich ihre Vorstellung in Frage, daß eine Schatulle, die sich nicht öffnen ließ, ihr ganzes Leben enthielt. Ich forderte sie auf, verschiedene Dinge außerhalb der Schatulle zu betrachten, die ebenfalls zu ihrem Leben gehörten. Ich fragte sie, ob sie jemanden kenne, der mit seiner eigenen Lebensgeschichte voll und ganz vertraut sei, und schlug ihr vor, mit Freunden über Lebensbereiche zu sprechen, die ihnen Rätsel aufgaben. Dabei stellte sie dann fest, daß ihr Rätsel zwar größere Bedeutsamkeit hatte als die meisten anderen, daß es aber in jedem Menschenleben Aspekte gab, die nicht zu ergründen waren. Zu ihrer Überraschung erzählte ihr eine Arbeitskollegin, daß sie sich bewußt dagegen entschieden hatte, in Erfahrung zu bringen, ob sie eine genetische Veranlagung für Brustkrebs habe. Sie sprach mit einer alten Freundin, einer Adoptierten, die nach langer Suche feststellen mußte, daß ihre leibliche Mutter verstorben war. Informationen über ihren leiblichen Vater herauszubekommen erwies sich als unmöglich. Cara räumte schließlich ein: „Mein Verstand sagt mir zwar, daß ich nicht der einzige Mensch bin, dem so etwas widerfährt, aber ich habe mich immer so gefühlt, als wäre ich es."

Jahrelang hatte sie sich eingeredet, sie sei ganz anders als ihre Familie. Ich bat sie, genauer hinzusehen und zu untersuchen, inwiefern sie ihrer Familie ähnelte und inwiefern nicht. Außerdem regte ich an, anderen Personen, die sie kannte und die mit ihren leiblichen Eltern aufgewachsen waren, dieselbe Frage zu stellen. Die krassen Unterschiede, die sie bei sich selbst wahrnahm, wurden dadurch allmählich relativiert.

Ein wichtiger Teil der Therapie war das Briefeschreiben. Ich schlug Cara vor, Briefe an ihren leiblichen Vater zu schreiben, um ihren Gefühlen Ausdruck zu geben und Fragen zu stellen, und da sie auch etwas von ihm in sich habe, könne sie auch seine Antwortbriefe an sie entwerfen. Diese „Korrespondenz" erwies sich als entscheidender Durchbruch in unserer Arbeit. „Mein leiblicher Vater wird immer ein Phantom bleiben, und doch kann ich, wenn nötig, mit ihm Verbindung aufnehmen", sagte Cara später. „Ich hatte ihn idealisiert und angenommen, daß ihn zu finden die Lösung für alle meine Probleme im Leben sei. Jetzt glaube ich, daß er wahrscheinlich ein Student war, der Geld brauchte – er hat mir die Hälfte meines genetischen Materials gegeben, aber ich bin doch viel mehr als eine einzelne Spermazelle!"

Ich bat sie, mit ihren Eltern eingehender über die Entscheidung zu sprechen, durch Samenspende ein Kind zu bekommen. Sie hatte seit ihrem vierzehnten Lebensjahr dieses Thema nicht mehr angeschnitten, es sei denn, um ihrem Ärger Luft zu machen. Ihre Mutter schilderte ihr, wie es gewesen war, als sie vor fast 30 Jahren herausgefunden hatte, daß ihr Mann unfruchtbar war. Ihr Gynäkologe hatte ihr geraten, ihren Mann anzulügen, die Insemination durchführen zu lassen und es vor ihm geheimzuhalten, aber dieses Ansinnen hatte sie abgelehnt. Der Vater erzählte ihr, wie sehr er sich geschämt hatte, weil man ihm das Gefühl vermittelte, kein ganzer Mann zu sein. Als Cara die Geschichte ihrer Eltern hörte, sah sie sich nicht mehr ausschließlich als einziges Opfer.

Allmählich konnten wir ihrem Dilemma eine andere Bedeutung abgewinnen. „Ich wünsche mir zwar immer noch, daß man anders damit umgegangen wäre", meinte Cara, „aber jetzt ist mir klar, daß meine Eltern aus dem, was ihnen gegeben war, das Beste gemacht haben. Ich werde in nächster Zeit ehrenamtlich mit Pflegekindern arbeiten." Als wir die Therapie abschlossen, war sie bereits wieder ans College zurückgekehrt und hatte die Verbindung zu ihrer besten Freundin von der High-School wiederaufgenommen.

Sie wird niemals alles über ihren leiblichen Vater erfahren. Erbliche Krankheiten und ihre ethnischen Wurzeln werden ihr immer zur Hälfte verborgen bleiben; auch die Frage, ob sie Halbgeschwister hat, wird sich nie klären lassen. Dennoch ist das Geheimnis, das ihre Existenz beherrschte, als ich sie kennenlernte, jetzt als bedeutsamer Teil ihres Lebens integriert. Oft heißt es, wenn wir nur hart genug an den psychischen Problemen in unserem Leben arbeiteten, könnten wir sie irgendwann „abschließen". Aber bei der Offenlegung von persönlichen Geheimnissen geht es oft weniger um einen Abschluß als um eine Erweiterung und eine Wiederaufnahme von Beziehungen, zunächst mit uns selbst und dann mit den Menschen, die uns etwas bedeuten.

8
Chance und Gefahr
Vertrauen und Geheimnisse in Paarbeziehungen

Um eine aufrichtige Beziehung zu dir zu haben, muß ich nicht alles verstehen oder dir alles sofort sagen, und ich kann auch gar nicht im voraus alles wissen, was ich dir sagen muß. Das heißt, daß ich meistens darauf erpicht bin, mich nach der Möglichkeit sehne, es dir zu sagen ... Wir beide wissen, daß wir stets versuchen, die Möglichkeiten der gemeinsamen Wahrheit zu erweitern. Die Möglichkeit, miteinander zu leben.

Adrienne Rich

Ehe- und Familientherapeuten gehören stets zu den ersten, die auf den sozialen Wandel aufmerksam werden. Noch bevor ein Trend in den Blickpunkt der Öffentlichkeit gerät, beobachten wir dessen unmittelbare Auswirkungen auf das Alltagsleben der Paare, mit denen wir zu tun haben. Neue Probleme dringen in das Sprechzimmer des Therapeuten vor, alte treten zurück. Und die Erwartungen, die Paare an ihre Beziehung stellen, wandeln sich radikal.

Vor 25 Jahren arbeitete ich fast ausschließlich mit Ehepaaren, die jeweils aus einem der beiden folgenden Gründe zur Therapie kamen: Entweder befanden sie sich in einer Krise, häufig im Zusammenhang mit der Aufdeckung einer Affäre, oder sie brauchten Hilfestellung bei der Entscheidung, ob sie zusammenbleiben oder sich scheiden lassen sollten. Das war Anfang der siebziger Jahre, als die Vorstellung von der sogenannten „offenen Ehe" alte Gesellschaftsideale über den Haufen warf und zahlreiche Ehen in die Brüche gingen. Glaubensregeln und der traditionelle Wert der Familie, deretwegen viele schlechte Ehen weiterbestanden, wurden in Frage gestellt. Zusammenzubleiben war früher ein gesellschaftliches und kirchliches Gebot gewesen; nun sah man darin zunehmend eine persönliche Entscheidung. Eine Paartherapie zu machen oder sich scheiden zu lassen war jetzt kein Tabu mehr.

Ende der siebziger bis in die achtziger Jahre hinein wurde ich immer häufiger von Paaren konsultiert, die ihre Beziehung verbessern wollten. Diese Paare kamen zur Therapie, noch bevor eine größere Krise ausbrach oder einer der Partner an Scheidung dachte. Der von der Frauenbewegung erreichte Wandel – unter anderem die Berufstätigkeit der Frau, der Aufschub des Kinderwunsches und die Neugestaltung der Beziehung zwischen Mann und Frau in Beruf und Familie – stellte für Paare der Mittelschicht und oberen Mittelschicht eine beispiellose Herausforderung dar. Bis dahin geheimgehaltene Probleme wie Sexualität, Abtreibung, Fehlgeburt, Unfruchtbarkeit und Geld kamen jetzt neben der bereits bekannten Frage nach außerehelichen Affären in den Therapiesitzungen zur Sprache. Gleichzeitig verloren Geheimnisse wie vorehelicher Geschlechtsverkehr und uneheliche Geburt fast vollständig an Bedeutung.

Außerdem wurde ich immer öfter von Paaren, hetero- wie auch homosexuellen, aufgesucht, die ohne Trauschein zusammenlebten. Häufig wollten sie sich den Schwierigkeiten in der Beziehung stellen und diese auflösen, bevor sie eine tiefere Bindung eingingen. Daß sie vor der Ehe, oder ohne je zu heiraten, zusammenlebten, hielten die meisten heterosexuellen Paare nicht länger vor ihren Verwandten geheim. Dagegen hatten gleichzeitig viele männliche und weibliche homosexuelle Paare mit Beziehungsproblemen zu tun, weil sie vor dem Dilemma standen, ob sie das offene Gespräch mit ihren Angehörigen wagen sollten.

Im Lauf der letzten zehn Jahre kamen auch immer häufiger Paare zu mir, die im Hinblick auf Konfession, ethnische oder soziale Herkunft unterschiedlich waren. Wenn diese Paare zur ersten Therapiesitzung kommen, führen sie ihre Probleme selten auf diese Aspekte zurück. Oft machen sie aus diesen Unterschieden vor sich selbst und vor dem anderen ein Geheimnis. Zu Beginn der Beziehung fühlen sie sich vielleicht gerade wegen der Unterschiede zueinander hingezogen, aber offen mit den Abweichungen umzugehen erscheint ihnen zu gefährlich. Wie viele frischverliebte Paare genießen sie in vollen Zügen, was sie verbindet. Aber indem sie potentiellen kulturellen und religiösen Konflikten aus dem Weg gehen, legen sie unbewußt eine Zeitbombe, die später mit Gewißheit hochgeht.

In jüngster Zeit erhalte ich auch Therapieanfragen von Paaren, die sich noch nicht lange kennen – sowohl von jungen Menschen als auch von Vierzig- oder Fünfzigjährigen, die nach 20 oder 25 Jahren Ehe wieder einen Partner suchen. Warum kommen sie schon jetzt zu mir – ein halbes Jahr, drei Monate oder sogar einen Monat, nachdem sie sich kennengelernt haben?

Ich glaube, die Antwort auf diese Frage ist in den Umwälzungen in unserer heutigen Gesellschaft zu suchen; anscheinend wird dank dieser Umwälzungen selbst Paaren, die sich gerade gefunden haben, abverlangt, Informationen auszutauschen und Geheimnisse offenzulegen, die sie früher wesentlich länger für sich behalten hätten.

Ich lerne dich kennen – und zwar gründlich

Bill Monsey (32) und Karen Stillman (34) waren seit vier Monaten zusammen, als sie zu einigen Therapiesitzungen bei mir kamen. Keiner von beiden war verheiratet gewesen, und sie hatten auch keine Heiratspläne für die nahe Zukunft. Beide waren mit ihrem Beruf zufrieden, und jeder hatte eine schöne Wohnung; nicht einmal ein Zusammenleben zogen sie in Betracht. Doch hatten sie sich sehr gern und hielten es für möglich, eine feste Beziehung aufzubauen. Bill erklärte, weshalb sie mich aufsuchten: „Wir haben das Gefühl, daß wir an einem toten Punkt angelangt sind. Wir wissen beide nicht, wie wir mit unserer Beziehung weiterkommen sollen. Wir gehen miteinander aus und haben Spaß, aber unsere Gespräche bleiben ganz oberflächlich."

Ich fragte, wie sie sich kennengelernt und was sie aneinander so anziehend gefunden hätten. Karen lachte und sagte: „Wir haben uns bei einer Tanzparty für Singles kennengelernt und den ganzen Abend über unsere bisherigen sexuellen Erfahrungen gesprochen – womöglich mit mehr Ausschmückungen, als es der Wirklichkeit entsprach! Mir gefiel seine Aufrichtigkeit, aber wir wußten nicht so recht, wie es danach weitergehen sollte. Ich habe eine sehr enge Beziehung zu meiner Mutter, und als ich ihr von diesem Gespräch erzählte, meinte sie: ‚Als dein Vater und ich uns kennenlernten, hatten wir keine sexuelle Vorgeschichte zu besprechen.' Meine Mutter hat ihre Ansichten über den Aufbau einer Beziehung von ihrer Mutter übernommen. An wem soll ich mich nun orientieren?"

Wie viele andere frischverliebte Paare standen Bill und Karen vor einem Dilemma. In einer Zeit der Bedrohung durch AIDS,

Hepatitis und andere durch Sexualverkehr übertragbare Krankheiten tauscht man Informationen über frühere Beziehungen, die man vielleicht niemals – oder weniger ausführlich und gewiß erst viel später – erzählt hätte, schon bei der ersten oder zweiten Begegnung aus. Lange bevor sich so etwas wie Vertrauen aufgebaut hat, werden intime sexuelle Geheimnisse ausgebreitet – ganz zu schweigen von der schrecklichen Vorstellung, daß der andere mit anderen Partnern im Bett liegt. Man kann sich nicht an Erfahrungen früherer Generationen orientieren, hat keine kulturellen Vorbilder für den Aufbau einer Beziehung, die mit der Preisgabe bedeutungsschwerer Geheimnisse *beginnt*, anstatt allmählich darauf zuzusteuern.

„Seltsam", erklärte Karen, „obwohl Bill so viel über meine sexuelle Vorgeschichte weiß, habe ich nicht das Gefühl, daß er mich wirklich kennt. Ich habe ihm manches über meine Vergangenheit erzählt, was ziemlich schmerzlich war, aber eigentlich gab es gar keinen Grund, ihm dieses Vertrauen überhaupt entgegenzubringen. All dies gleich am Anfang zu erzählen hat uns eine Illusion von Intimität vermittelt. Wenn wir jetzt miteinander ausgehen, soll alles harmlos und oberflächlich bleiben. Ich möchte, daß sich unsere Beziehung entwickelt, aber ich habe das Gefühl, sie ist erstarrt."

Weder Karen noch Bill hatten jemals eine sexuell übertragbare Krankheit gehabt. Sie waren beide nicht HIV-positiv. Beide hatten in populären Zeitschriften viel über Beziehungen in den neunziger Jahren gelesen. Indem sie versuchten, verantwortungsbewußt zu handeln und aus ihrer sexuellen Vorgeschichte kein Geheimnis zu machen, gerieten sie in eine verzwickte Lage. Karen hatte das Gefühl, daß sie zu früh zu viel preisgegeben hatte; jetzt wollte sie sich auf eine – wie sie meinte – normalere Anfangsphase des Kennenlernens zurückziehen. Bill dagegen meinte, alles müsse erlaubt sein, weil sie einander schon so viele intime Details erzählt hatten. „Ich möchte Karen alles über mein Leben erzählen, aber ich habe nicht den Eindruck, daß sie es hören will, und ganz bestimmt ist sie selbst nicht zu derselben Offenheit bereit", klagte er. Die Beziehung, in der Geheimnisse zu früh preisgeben worden waren, hatte sich rasch polarisiert: Je mehr Bill offenlegen wollte, desto mehr wollte Karen verbergen.

Während der wenigen Therapiestunden, die wir hatten, bat ich

Karen und Bill, darüber nachzudenken, was es für sie bedeutete, sich heute als Erwachsene kennenzulernen und nicht als Teenager, als sie erste Erfahrungen mit dem anderen Geschlecht machten. Wir sprachen darüber, daß wir in einem gesellschaftlichen Kontext leben, der eine Enthüllung bestimmter Geheimnisse erzwingt, lange bevor eine Beziehung so tragfähig geworden ist, daß sie diese Enthüllungen auch verkraftet. Die Verwirrung, die Karen und Bill empfanden, verstand ich voll und ganz. Ich glaube, eine solche Verwirrung entsteht dann, wenn zutiefst persönliche Geheimnisse zu früh preisgegeben werden, so daß die Beziehung eher oberflächlich bleibt und keine starke Basis gewinnt. Durch den modernen Mythos, daß brisante Inhalte aus dem Kontext einer innigen und einfühlsamen Beziehung herausgelöst werden können, wird der Austausch sexueller Geheimnisse unter Fremden ermuntert – das typische Talkshow-Phänomen. Da viele Paare, die sich gerade kennengelernt haben, Offenheit mit der Preisgabe sexueller Erlebnisse verwechseln, erzählen sie einander mehr, als eine noch junge Beziehung aushält.

Karen erkannte scharfsichtig, daß sie sich beide durch die Preisgabe ihrer sexuellen Vorgeschichte keineswegs besser kennenlernten, wie Bill gerne glauben wollte. Ich schlug ihnen vor, jeweils die Geschichte ihrer ersten Begegnung niederzuschreiben und diesen Bericht in einer Schublade aufzubewahren, sich gleichzeitig aber zu bemühen, einander wirklich genauer kennenzulernen. In einem symbolischen Akt machten sie die Geheimnisse, die zu früh offengelegt worden waren, vorübergehend wieder „geheim".

Wir vereinbarten einen neuen Termin sechs Monate später. Als sie in die Therapiestunde kamen, waren sie entspannt, und ihre Zuneigung war gewachsen. Sie fühlten sich wohl miteinander und sprachen inzwischen auch davon, daß sie zusammenleben wollten. Der alte Kampf darum, wieviel preisgegeben werden sollte, war durch einen entspannteren Prozeß des allmählichen Kennenlernens abgelöst worden. Die Geheimnisse blieben in der Schublade.

Wie viele Paare, so bemühten sich auch Karen und Bill aufrichtig darum, die neuen Beziehungsregeln der neunziger Jahre zu beherzigen. Frischverliebte Paare begegnen sich heute in einem sozialen Kontext, der im Hinblick auf Geheimnisse und Offenheit von Widersprüchen belastet ist. Noch vor zehn Jahren war es unwahrscheinlich, daß man sich schon bei der ersten Begegnung über frühere Freunde und Freundinnen austauscht. Aber heutzutage wird die öffentliche Safer-Sex-Propaganda als Aufforderung, zu reden statt zu handeln, mißverstanden.

Gewiß gewinnt man den Eindruck, der andere, den man gerade kennengelernt hat und der kein Geheimnis aus seiner sexuellen Vergangenheit macht, sei vertrauenswürdig. Oder doch nicht? Der aufrichtige Wunsch, verantwortungsbewußt zu handeln, kann einen dazu treiben, sich viel zu früh zu öffnen, nur um dann festzustellen, daß die Informationen gegen einen verwendet werden. Hört man sich die Geständnisse eines neuen Partners an, so kann sich auf der Gefühlsebene romantische Leichtgläubigkeit einschleichen, während sich auf der Verstandesebene gleichzeitig ein pragmatischer Zynismus breitmacht.

Wenn wir eine neue Beziehung aufbauen, entdecken wir, was ein anderer Mensch mit unseren Geheimnissen anstellt. Was man von sich erzählt und was man lieber für sich behält, spielt bei einer neuen Beziehung eine besonders wichtige Rolle. Ob die Bekenntnisse freundlich oder unfreundlich aufgenommen werden, ob sie respektiert oder verraten werden, ob das Vertrauen erwidert wird – all das sagt ungeheuer viel über den Menschen, den man gerade kennenlernt. Nie zuvor in der Vergangenheit waren Enthüllungen derart belastet von Fragen nach Gesundheit, lebenslanger Krankheit, Risiken für die spätere Fruchtbarkeit oder sogar Lebenserwartung. Und nie zuvor hatte die Frage von Aufrichtigkeit und Unaufrichtigkeit zu Beginn einer Beziehung größeres Gewicht.

Wenn Bekenntnisse gefährlich werden

Als Nicole Sondergard zur Einzeltherapie zu mir kam, kämpfte sie um Orientierung in einer Beziehung, in der sie unter Druck gesetzt wurde, Geheimnisse offenzulegen.

Nicole war 22 Jahre alt, als sie mit ihrem 27jährigen Freund Allan Cermak in eine gemeinsame Wohnung zog. Sie hatten sich ein Jahr zuvor kennengelernt und lebten seit einem halben Jahr zusammen, als Nicole mich aufsuchte. Ihre Familien wohnten weit entfernt. Sie hatten sich verlobt, kurz bevor Nicole ihren ersten Termin mit mir vereinbarte.

„Ich dachte, ich kenne Allan, aber in letzter Zeit ist er mir so völlig fremd", berichtete sie. „Bevor wir zusammenzogen, meinte er, wir sollten über unsere früheren Beziehungen reden. Ich hielt nicht viel von dieser Idee, aber Allan bestand darauf, das sei ein Zeichen des Vertrauens. Er behauptete, wenn ich ihm nicht alles über meine früheren Freunde erzählte, dann hieße das, ich sei nicht bereit, mit ihm zusammenzuleben.

Anfangs schien sich dadurch nicht viel zu ändern, aber seit mir Allan den Verlobungsring angesteckt hat, spricht er nur noch von meinen früheren Freunden und stellt mir Fragen. In letzter Zeit fängt er an, mir zu folgen, wenn ich zur Arbeit gehe oder mich mit einer Freundin treffe. Es ist, als hätte er alles, was ich ihm anvertraut habe, an sich genommen und etwas Häßliches daraus gemacht."

Nicole erzählte, daß sie mehrere Freunde und intime Beziehungen hatte, bevor sie Allan kennenlernte, Allan hingegen nur eine feste Beziehung, und diese eine Freundin hatte ihn wegen eines anderen Mannes verlassen, bevor er Nicole kennenlernte. Jetzt benutzte Allan alles, was Nicole ihm berichtet hatte, um sie zu bestrafen. Unaufhörlich wollte er immer neue Einzelheiten über ihre früheren Beziehungen hören. Wenn sie darauf einging, wurde er wütend. Wenn sie ihm die Antwort schuldig blieb, wurde er ebenfalls wütend. Ich bat Nicole, ihn zur Therapie mitzubringen, aber er weigerte sich.

Meine Arbeit mit Nicole konzentrierte sich auf die Bedeutung von Vertrauen in einer Beziehung. Als wir uns näher kennenlernten, wurde mir klar, daß Nicole kaum Anlaß hatte, großes Vertrauen in Allan zu setzen, als sie ihm von ihrer Vergangenheit erzählte. Warum hatte sie sich nicht auf ihren Instinkt verlassen, der ihr sagte, wieviel sie preisgeben konnte? „Ich wurde dazu erzogen, mich den Wünschen von Männern zu beugen", erklärte sie. „Mein Vater war der Herr im Haus, auch mein Bruder bekam seinen Willen. Meine Mutter erzog mich dazu, von Männern Befehle entgegenzunehmen. Als ich von zu Hause auszog, begann ich das alles in Frage zu stellen, aber mir ist es immer schwergefallen herauszufinden, was ich wirklich will. Als ich die Beziehung mit Allan anfing, bin ich einfach davon ausgegangen, daß ich das wollte, was er wollte."

Nicole und Allan hatten zwar viel Spaß miteinander, als sie sich kennenlernten, aber im Grunde wußte Nicole bis zu dem Tag, an dem sie zusammenzogen, sehr wenig über ihn. Einige seiner Bemerkungen über Frauen lösten Unbehagen bei ihr aus, aber er gab diesen Kommentaren immer eine witzige Wendung und schalt Nicole wegen ihrer angeblichen Humorlosigkeit. Sie hatten sich immer nur zu zweit getroffen und nie etwas gemeinsam mit anderen unternommen. Daß Allan nur Augen für sie hatte, fand sie anfangs sehr romantisch. Sie dachte nie darüber nach, warum er sonst keine Freunde hatte, und sie hatte keine Gelegenheit festzustellen, wie Allan zu seiner Familie stand. Kurz gesagt, als Nicole ihm Geheimnisse über ihre sexuelle Vorgeschichte offenlegte, setzte sie sich naiv einem hohen Risiko aus, denn es war völlig ungewiß, ob diese Informationen bei ihm gut aufgehoben wären. Ihre Annahme, daß Allan vertrauenswürdig sei, erwies sich als falsch. Nicole löste ihre Verlobung mit Allan, als er anfing, sie körperlich zu bedrohen.

Anders, als in der populären Lebenshilfeliteratur behauptet wird, führt die Mitteilung von Geheimnissen an sich noch nicht zu größerer Intimität. Im Gegenteil, der Zwang, Episoden aus dem eigenen Leben preiszugeben, bevor man dazu bereit ist, vertieft eher die Kluft. Wenn einer der Partner neugierig herumschnüffelt, statt zu warten, bis der andere von sich aus erzählt, schleicht sich von Anfang an Mißtrauen in die Beziehung ein. Wie Nicole schmerzlich feststellen mußte, hatte der Inhalt ihrer Geheimnisse nur untergeordnete Bedeutung, denn Allan ging es in erster Linie darum, sie zu kontrollieren. Je mehr sie ihm erzählte, um so hilfloser fühlte er sich paradoxerweise und um so eindringlicher forderte er dann, weitere belanglose Einzelheiten zu erfahren. Die Preisgabe von Geheimnissen führte nicht zu Nähe und Vertrauen, sondern vielmehr zu Bespitzelung, Verdächtigungen und Mißtrauen.

Bindung und Geheimnisse

Ich habe bei der Arbeit mit Paaren beobachten können, wie durch Offenlegen eines sehr gefährlichen Geheimnisses jahrelanges Vertrauen zerstört wurde, so daß wirklich nichts mehr zu retten war. Bei anderen Paaren habe ich erlebt, daß Geheimnisse mit identischem Inhalt erzählt wurden und beide Partner daraufhin eine bis dahin unvorstellbare Nähe und Vertrautheit erlebten.

In all den Jahren meiner Arbeit als Paartherapeutin habe ich erfahren, daß es nur wenige unumstößliche Regeln gibt, wenn es um Geheimnisse geht. Geheimnisse zwischen einer Frau und einem Mann, zwei Frauen oder zwei Männern in einer Paarbeziehung können Nähe und Geborgenheit schaffen und Grenzen abstecken. Andererseits können solche Geheimnisse das Paar zum gegenseitigen Schutz so stark aneinanderschmieden, daß Angst oder Ausbeutung überhand nehmen.

Wenn ein Partner irgend etwas vor dem anderen geheimhält, können die unterschiedlichsten Motive dahinterstehen – von gesunder Selbstabgrenzung bis hin zu zynischer Heuchelei. Einerseits bereiten Geheimnisse zuweilen den Boden für Mißtrauen, andererseits ist es ein Zeichen großen Vertrauens, wenn dem anderen das Recht zugebilligt wird, bestimmte Geheimnisse für sich zu behalten. Wenn Sie zum Beispiel wissen, daß Ihr Partner sich niemals an Ihrem Tagebuch vergreifen würde, auch wenn Sie es gut sichtbar liegen lassen, oder daß Ihre Privatschublade nicht durchwühlt wird, dann haben Sie und Ihr Partner oder Ihre Partnerin erkannt, wie sehr Geheimnisse dazu beitragen, Intimität und Vertrauen zu schaffen. Hier handelt es sich um Geheimnisse, die der andere offenkundig hütet, im Gegensatz zu Geheimnissen, deren Existenz an sich geheim ist.[1] Sie stecken das persönliche Territorium innerhalb einer Beziehung ab. Zuweilen wird in dieses Terrain brutal eingebrochen, aber viele Paare kommen stillschweigend oder ausdrücklich überein, die individuellen Grenzen zu respektieren. Aus diesem Respekt erwächst ein großes Vertrauen darauf, daß die privaten Erinnerungen oder geheimen Gedanken des Partners dem anderen keinen Schaden zufügen. Wenn wir lernen, in einer Paarbeziehung mit solchen Geheimnissen zu leben, löst sich die stets vorhandene Spannung zwischen dem Wunsch, alles zu wissen, und dem Eingeständnis, daß es unmöglich ist, alles zu wissen.

Ich habe auch Paare kennengelernt, die hartnäckig behaupten, sie hätten keine Geheimnisse voreinander, nur um später festzustellen, daß ihre Forderung, alles zu erzählen, jegliche Individualität zunichte macht.[2] Der moderne romantische Ehrenkodex verlangt den Verzicht auf Geheimnisse und lockt uns mit dem Mythos, daß es möglich sei, einen anderen Menschen ganz und gar zu kennen. Doch wenn mir die Partner in einer Beziehung erklären, sie hätten keine Geheimnisse voreinander, verspüre ich immer ein leichtes Unbehagen. Keine Geheimnisse – das heißt, keine Abgrenzung, kein unabhängiges Selbst, keine privaten Briefe oder Tagebücher, kein Raum für eigene Träume, nichts Rätselhaftes. Wenn sich zwei „Ichs“ in einem „Wir“ auflösen, wenn Gedanken, Phantasien und Handlungen immer im Plural stehen, verschwindet die Freude am Unterschied. Eigene Beziehungen zu anderen Menschen – zu Familienangehörigen und Freunden –, die belebend auf die Paarbindung wirken könnten, sind untersagt.

Paare, die „keine Geheimnisse“ voreinander haben, kommen häufig zur Therapie, weil ihre Beziehung langweilig und trist geworden ist. Das Geheimnisverbot erstickt die individuelle Initiative schon im Keim, und Überraschungen werden unmöglich. Oder aber die Paare suchen mich auf, weil ein Partner diese Regeln verletzt hat.

Für viele Paare ist der Verzicht auf Geheimnisse eher Mythos als Wirklichkeit. Verstellung und ein Mangel an Aufrichtigkeit schleichen sich ein. Einen Außenstehenden überrascht es kaum, aber für die Paare, die einander „alles erzählen“, bedeutet es häufig einen Schock, daß ausgerechnet die Wahrung eines Geheimnisses den Weg zu einem neuen Selbstgefühl bahnen kann. Wird jedoch die implizite oder explizite Übereinkunft eines Paares, sich alles zu erzählen, einseitig gebrochen, kommt es zu einer Ehekrise, und es bedarf großer Anstrengungen, bis sich ein neues Gleichgewicht einstellt.

Andererseits werde ich von Paaren konsultiert, die ein „Leichentuch“ von zehn, zwanzig oder dreißig Jahren Schweigen über sich gebreitet haben. Solche Paare erleben Kälte, Einsamkeit und das beherrschende Gefühl, dem eigenen Lebenspartner völlig unbekannt zu sein. So vieles ist so lange Zeit *nicht* gesagt worden, und Geheimnisse sind zum *modus operandi* der Beziehung geworden. Wenn ich die Partner frage, was sie den anderen gerne wissen lassen möchten, beginnt eine langwierige, oft unheimliche Reise, bei der seit Jahren verborgene Gedanken, unausgesprochene Gefühle und unbekannte Reaktionen ans Licht kommen.

Viele Geheimnisse hängen mit Macht, Machtlosigkeit und Machtkämpfen zusammen. Ich habe Paare kennengelernt, bei denen der eine Partner sein Geheimnis benutzt, um in anmaßender Weise Macht auszuüben. Das Pochen auf Rechte, Lügen, Arroganz und Verachtung stehen hinter der anmaßenden Behauptung: „Ich weiß am besten, was du wissen solltest und was nicht" – und zwar im Hinblick auf so wesentliche Bereiche wie Sexualität und Geld. Das Verhältnis der Geschlechter in einem Kulturkreis findet in solchen Geheimnissen häufig seinen Ausdruck, wenn etwa Ehemänner für sich das Recht beanspruchen, geschäftliche und finanzielle Angelegenheiten vor ihren Frauen zu verheimlichen. Vertrauen, Ehrlichkeit und Einfühlungsvermögen werden zugunsten von Kontrolle und Dominanz geopfert.

Bei anderen Paaren versucht ein Partner verzweifelt, durch sein Geheimnis die eigene Schwäche zu überwinden. Es überrascht nicht, daß Frauen, die geschlagen oder in anderer Weise unterdrückt werden, immer mehr Geheimnisse vor ihren Männern haben.

In weniger schlimmen Situationen kann ein vorübergehendes Geheimnis zu einem neuen Machtgleichgewicht führen. Jahrelang hatte Selma Alexander ihren Ehemann Henry gedrängt zu verraten, wie hoch das Vermögen der Familie war. Immer wieder kam es zum Streit, weil sie ihn aufforderte, die Finanzen offenzulegen. Aber jedesmal wies er sie kühl ab und erklärte, das sei seine Angelegenheit, und solange sie gut versorgt werde, müsse sie keine Einzelheiten wissen. Schließlich teilte ihm Selma gelassen mit, sie werde für ein paar Wochen verreisen, sich von unterwegs zwar regelmäßig melden, aber ihm nicht genau angeben, wo sie sich aufhielt. Als sie zurückkehrte, hatte er einen Termin mit seinem Steuerberater vereinbart, um seine Frau über alle Einzelheiten ihrer finanziellen Situation aufzuklären. Durch ein kurzlebiges Geheimnis stellte Selma klar, daß sie nicht länger bereit war, Auskünfte zu erbetteln, und definierte ihre Beziehung neu, indem sie ebenfalls das Recht in Anspruch nahm, gewisse Dinge für sich zu behalten.

Ich meine, daß Paare in einer erfüllten, lebendigen und dauerhaften Beziehung ein vielschichtiges Repertoire für den Umgang mit Geheimnissen entwickeln. Statt sich an eindimensionale Regeln zu klammern wie „Geheimnisse zu haben ist immer schlecht" oder „Erzähl mir niemals..." oder „Frauen (Männer) sollten dieses oder jenes vor ihrem Partner (ihrer Partnerin) geheimhalten", schaffen diese Paare in ihrer Beziehung einen Raum, in dem es möglich ist, sich verletzlich zu zeigen und zugleich die persönliche Intimsphäre zu wahren. Sie sind bereit, die

Spannung zwischen Reden und Schweigen, zwischen Individualität und Intimität auszuhalten, so daß die Beziehung, um diese Aspekte bereichert, weiterleben kann.

Geheimnisse mit einem Partner erforschen

Echte Bindung erfordert den bewußten Umgang mit Geheimhaltung. Wie beurteilen Sie Geheimnisse, und wie denkt Ihr Partner darüber? Welche Regeln galten in Ihrer jeweiligen Herkunftsfamilie, und welche Erfahrungen haben Sie dort mit Geheimhaltung gemacht? Haben Sie je darüber gesprochen, oder ist das Thema „Geheimnisse" selbst tabu, ein Geheimnis? Aufgeschlossene Paare können sich mit folgenden Fragen zum Thema „Geheimnisse in Beziehungen" auseinandersetzen.

- *Gibt es Themen, die ich oder wir besser niemals anschneiden sollten? Woher weiß ich, daß es sich tatsächlich so verhält? Haben wir uns aus Erfahrung darauf geeinigt, daß bestimmte Bereiche tabu sind, oder unterstelle ich meiner Partnerin/meinem Partner irgend etwas?*
- *Respektieren wir, daß jeder von uns Geheimnisse hat?*
- *Vertrauen wir darauf, daß jeder von uns Geheimnisse haben darf, die keinen Schaden anrichten?*
- *Wie hoch ist der Preis des Schweigens für unsere Beziehung?*
- *Wie hoch ist der Preis der Enthüllung eines Geheimnisses?*
- *Übernehme ich die Verantwortung für die Auswirkungen, die bestimmte Geheimnisse, die ich für mich behalte, und andere, die ich offenlege, auf meine Beziehung haben?*
- *Was erwarte ich von mir und meinem Partner, wenn es um Geheimnisse geht?*
- *Wo sind die Grenzen des Verzeihens, wenn schmerzliche Geheimnisse aufgedeckt werden?*

Geheimnisse, die eine Beziehung erschüttern

Deborah Canaby (37) suchte mich zur Einzeltherapie auf. Ich versuchte, etwas über ihr Leben herauszufinden, doch sie sprach ausschließlich über ihren 45jährigen Ehemann Jack. Seit acht Monaten verhielt er sich unnahbar und unzugänglich. Entweder blieb er abends lange im Büro, oder er hielt sich im Fitneß-Center auf. Wenn Deborah versuchte, mit ihm über ihre Beziehung zu sprechen, äußerte er sich unklar oder tat ihre Fragen ab. Kurz bevor Deborah zu mir kam, hatte Jack eine Schulaufführung ihres Sohnes versäumt, weil er angeblich im Stau steckengeblieben war. Als ich Deborah fragte, was ihrer Meinung nach vor sich ging, faßte sie Jacks Verhalten mit dem gängigen Begriff „Midlife-Crisis" zusammen.

Sie schilderte das beinahe typische Verhalten eines Mannes, der eine außereheliche Beziehung hat – Zurückhaltung zu Hause, Büropartys, bei denen Ehepartner „nicht erwünscht" waren, jede Menge neue Kleidungsstücke, überraschend viele mehrtägige Geschäftsreisen. Doch auf meine Frage, ob sie glaube, daß Jack untreu sei, sagte sie, das könne sie sich nicht vorstellen. „Wir haben eine sehr starke Bindung, und Jack würde so etwas nie tun. Sie kennen ihn nicht. Er würde mich nie anlügen."

Doch als ich mehrere Wochen später Jack zu einer Einzelsitzung einlud, stellte ich fest, daß er Deborah tatsächlich anlog und daß er schon seit Monaten eine Affäre hatte. Jack hatte die Vorstellung, daß ich eine Paartherapie mit ihm und Deborah machen sollte, während er seine heimliche Beziehung fortsetzte. Ich erklärte ihm, unter solchen Umständen sei eine Paartherapie reine Heuchelei. Man kann nicht gleichzeitig an einer Ehe arbeiten und eine heimliche Liebschaft fortführen. „Wenn ich mit Ihnen und Deborah spreche und dabei Ihr Geheimnis wahre, wäre das nur eine weitere Dreiecksbeziehung", erklärte ich ihm. Ich bot an, mit ihm allein zu arbeiten, während er sich überlege, was er tun wolle. Er müsse Deborah fragen, ob sie bereit sei zu warten, während wir eine Kurztherapie mit Einzelsitzungen machten.

Nach sechs Sitzungen beschloß Jack, seiner Frau das Geheimnis seiner Affäre offenzulegen. Die Ehe geriet erwartungsgemäß in eine Krise, und wir kamen wieder zusammen, um zu klären, was passiert war und was als nächstes geschehen sollte. Jack beendete seine Affäre nach wenigen Wochen, aber die eigentliche Arbeit, eine neue Basis für die Ehe aufzubauen, dauerte noch über ein Jahr.

Als ich das Paar näher kennenlernte, stellte ich fest, daß beide bisher jegliche Differenzen und Meinungsverschiedenheiten vermieden hatten. Deborah kam aus einer Familie, in der die Eltern laute, furchterregende Streitigkeiten ausgetragen hatten. Zu Jack fühlte sie sich hingezogen, weil er eine so stabile und vorsichtige Lebenseinstellung hatte. Sie war entschlossen, um jeden Preis eine Ehe voller Frieden und Harmonie zu führen. Jacks Eltern waren in nicht enden wollender Trauer befangen, weil sie ihren ersten Sohn, Jacks älteren Bruder, verloren hatten; er war mit 15 Jahren bei einem Autounfall ums Leben gekommen. Der Unfall hatte sich unmittelbar nach einem Streit zwischen dem Bruder und seinem Vater ereignet. Jack war acht gewesen, als sein großer Bruder starb, und nach der Beerdigung wurden daheim weder der Todesfall noch der Streit, der ihm vorangegangen war, je wieder erwähnt. Aber die Eltern zogen Jack in dem Glauben auf, nichts sei einen Streit wert und das Leben sei zu zerbrechlich und gefährdet, als daß man einen Wutausbruch riskieren dürfe.

Während ihrer 16jährigen Ehe war ein Problem nach dem anderen unter den Teppich gekehrt worden. Was Deborah für Harmonie hielt, erlebte Jack als Heuchelei. „Jahrelang habe ich Deborah über alles, was mich glücklich macht, etwas vorgelogen. Als ich meine Affäre anfing, war das nur ein kleiner Schritt zu einer größeren Lüge."

Wie häufig zu beobachten ist, war Jacks Affäre mit zahlreichen anderen Geheimnissen verknüpft. Sie begann in dem Jahr, als sein Sohn 15 Jahre alt wurde, also das Alter erreichte, in dem Jacks Bruder gestorben war. Der unausgesprochene Kummer seiner Eltern über den Verlust hatte Geheimhaltung zu einer Lebenseinstellung werden lassen. Deborahs Verleugnung hatte ebenfalls tiefere Wurzeln. Es stellte sich heraus, daß ihr Vater häufig untreu gewesen war. Er hatte für ihre Mutter stets deutliche Hinweise hinterlassen, die jedesmal zu einer gewaltigen Explosion führten, gefolgt von einer stürmischen Versöhnung, ohne daß sich an der Beziehung grundsätzlich etwas änderte. „Meine Mutter hat ihr Leben lang hinter meinem Vater herspioniert, und er hat ihr sein Leben lang Anlaß zum Mißtrauen gegeben. Selbst als es auf der Hand lag, was mit Jack los war, entschloß ich mich wegzuschauen."

Während unserer gemeinsamen Arbeit schufen sich Deborah und Jack eine neue Grundlage für ihre Ehe. Ein wichtiger Teil der Therapie war das Briefeschreiben; sie schrieben einander, was sie eigentlich wollten, und offenbarten bis dahin verborgene Gedanken, Wünsche, Bedürfnisse und Gefühle. Die Briefe verschafften ihnen die Freiheit herauszufinden, was sie tatsächlich empfanden. Die Eheleute waren so daran gewöhnt, Differenzen zu überspielen, daß ich ihnen das persönliche Gespräch ersparen wollte, bei dem ständig einengende verbale und nonverbale Reaktionen erfolgten. Das Briefeschreiben ließ ihnen genug Zeit zum Nachdenken, bevor sie antworteten. Über Streitpunkte, die zuvor verdrängt worden waren, wurde nun verhandelt. Die Beziehung wurde jetzt nicht mehr durch Lügen erstickt, und sie konnten es zulassen, über ihre Streitpunkte zu sprechen.

Nicht alle Ehen überleben eine Affäre und nehmen wie bei Jack und Deborah neue Gestalt an. Wenn eine außereheliche Beziehung ans Licht gekommen ist, steht die schwierige Entscheidung an, wie man mit essentiellen Geheimnissen umgeht. Mißtrauen und Verdächtigungen können sich als ständige Bettgenossen ins Schlafzimmer eines Paares einschleichen. Wenn ein Paar nicht in der Lage ist, mit einer Affäre fertig zu werden, geht die entscheidende Fähigkeit verloren, zwischen Privatsphäre und Verheimlichung zu unterscheiden. In dem paradoxen Bestreben, Vertrauen wiederaufzubauen, fühlt sich der Partner, der eine Affäre hatte, gezwungen, jeden flüchtigen Gedanken mitzuteilen. Gleichzeitig kann es vorkommen, daß der betrogene Partner, von Zweifeln und Vorsicht getrieben, dem anderen hinterherschnüffelt und jedes Schweigen als Bedrohung mißversteht. Natürlich lassen sich daraufhin manche Paare scheiden, während andere nie über die Affäre hinwegkommen und die Beziehung erstarrt. Bei der Supervision der Paartherapie von Hilda und George Marren erlebte ich eine Ehe, die in einer lange zurückliegenden Affäre steckengeblieben war.

Die Vergangenheit begraben

Als Hilda und George zur Paartherapie kamen, sahen beide mitgenommen, erschöpft und älter aus, als sie waren. Hilda schilderte ihren Alltag als „Überforderung"; als Hilfskraft in einer Schul-Cafeteria und Mutter von drei Kindern hatte sie einen langen Arbeitstag. George war als LKW-Fahrer häufig unterwegs. Wenn sie zusammen waren, entbrannte oft ein hitziger und heftiger Streit.[3] Diese Auseinandersetzungen entzündeten sich in der Regel an irgendeiner Kleinigkeit – den Kindern, Geld, den Schwiegereltern, Sex, Arbeit oder mangelnden sozialen Kontakten – und eskalierten rasch zu einem, wie Hilda sagte, „Streit um die Vergangenheit". Wiederholte erbitterte Wortgefechte, die weder frühere noch derzeitige Probleme lösten, bildeten den Kern der Beziehung. Als ich mich erkundigte, was der „Streit um die Vergangenheit" bedeutete, erklärte George rasch: „Wir haben schon einmal eine Therapie gemacht, meine Frau und ich, und der Therapeut hat uns dazu gebracht, über die Vergangenheit zu reden. Das hat alles nur noch schlimmer gemacht! Wir haben die Therapie abgebrochen. Bleiben wir doch bei der Sache, wegen der wir jetzt hier sind." Während er sprach, nickte Hilda zustimmend.

Hilda und George hatten ihre neue Therapeutin in eine schizophrene Situation gebracht. Sie führten sie in Versuchung, einem scheinbar wichtigen Geheimnis nachzuforschen, warnten sie aber gleichzeitig, es zu tun. Offenbar war im Leben dieses Paares etwas geschehen, das bis in die Gegenwart ungelöst geblieben war. Sie waren mit dem Geheimnis vertraut und weigerten sich, es in der Diskussion offen zu erörtern. Sie stellten klar, daß „es", was immer dies auch gewesen sein mochte, vor langer Zeit passiert und nun vorüber war. Anstatt respektlos zu versuchen, Hilda und George das Geheimnis zu entlocken, beschäftigte sich die Therapeutin in der verbliebenen Zeit damit, die Bedeutung und die Auswirkungen des Geheimnisses zu erforschen. Wie konnte das, was damals geschehen war, das Paar heute noch so entzweien? Wer wußte noch Bescheid? Schuf das Geheimnis eine enge Verbindung zu einem Dritten? Was für ein Leben hatten sie vor dem geheimnisvollen Ereignis geführt? Wie sähe ihr Leben und ihre Beziehung aus, wenn es das quälende Geheimnis nicht gäbe? Wenn dieses Geheimnis verschwunden wäre, was würde an seine Stelle treten?

Als Hilda und George zur nächsten Sitzung erschienen, begannen sie sofort, über ihre Streitereien zu klagen, über ihre Unfähigkeit, irgend etwas auszuhandeln, über die Unmöglichkeit, einen Konflikt zur beiderseitigen Zufriedenheit zu lösen. Sie erwähnten auch, wie wichtig das alte Geheimnis bei diesem Streit sei. George betonte noch einmal: „Aber wir werden hier nicht über die Vergangenheit reden."

Zu ihrer beider Überraschung stimmte die Therapeutin zu. „Für heute abend", sagte sie, „habe ich mir überlegt, daß wir eine Grenzlinie um die Vergangenheit ziehen, daß wir sie abgrenzen und ihr einen angemessenen Platz zuweisen könnten." George und Hilda sahen sie seltsam an, als sie ihnen je ein Blatt Papier und einen Stift gab und sie bat, ein paar Minuten aufzuwenden, um das Ereignis aus der Vergangenheit aufzuschreiben, das sie bis heute so stark in seinen Bann hielt.

Zunächst zögerte George und fragte: „Wie kann man die Vergangenheit aufschreiben? Die Vergangenheit gibt es einfach, und was mich betrifft, hätte sie nie stattfinden sollen." Hilda erkundigte sich: „Wollen Sie so herausfinden, ob wir über ein- und dasselbe sprechen?" Als die Therapeutin erwiderte, sie hätte nicht vor, sich anzuschauen, was sie aufschrieben, wurden Hilda und George immer neugieriger. Schließlich meinte George: „Für mich ist die Vergangenheit alles, was *seit damals* passiert ist." Die Therapeutin antwortete: „*Damals* – genau, ich möchte Sie bitten, über damals zu schreiben."

Mehrere Minuten lang schrieben George und Hilda konzentriert. Als sie fertig waren, bat die Therapeutin sie, ihre Papierbögen zusammenzufalten, so daß sie in ein kleines Kästchen paßten, das sie in die Sitzung mitgebracht hatte. Ihr schmerzliches Problem wurde symbolisch kleiner gemacht. Dann gab sie den beiden Packpapier, Klebeband und eine Schleife und bat sie, das Kästchen einzupacken. George wickelte das Kästchen ein und gab es Hilda, die eine Schleife binden sollte. Hilda machte sich an die Arbeit, dann hielt sie inne und sah ihren Mann an. „Oh, nein", sagte sie, „um *das Ding* binde ich keine hübsche Schleife!" Was immer es war, das seit Jahren für Ärger und Distanz gesorgt hatte, befand sich jetzt in dem Kästchen, immer noch verborgen, aber einen Schritt von der Beziehung entfernt.

Die Therapeutin ging hinaus und kam mit einer großen Schaufel zurück. „Hätten Sie Lust, das Ding hinter der Klinik zu begraben?" fragte sie. George und Hilda waren verblüfft. „Es ist dunkel draußen. Es ist Januar", protestierte Hilda. „Sie haben recht – der Boden ist bestimmt gefroren", erwiderte die Therapeutin, „aber ich glaube, Sie beide können gut graben."

George und Hilda lachten, als sie hinausgingen und anfingen, abwechselnd ein Loch in den gefrorenen Boden zu buddeln. Als sie das Kästchen beerdigten, wurden sie wieder ernst. Unaufgefordert entschuldigten sie sich mit leiser Stimme beim anderen.

Als sie wieder hereinkamen, fragte die Therapeutin, ob sie bereit wären, an ihrem Streit etwas zu verändern, bevor sie zum nächsten Termin kämen. Wären sie einverstanden, falls bei einem Streit einer von beiden die Vergangenheit erwähnen sollte, sich in ihr Auto zu setzen und an die Stelle zu fahren, wo das Kästchen beerdigt war, um den Streit dort zu beenden? George und Hilda wohnten etwa 25 Minuten von der Klinik entfernt. Sie lächelten einander verschmitzt an und stimmten diesem absurden Vorschlag zu.

Das Ehepaar suchte die Therapeutin vier Wochen später wieder auf. Zu Anfang der Sitzung erzählten sie ihr alles, was sie im Lauf des Monats gemeinsam unternommen hatten, auch Besuche bei den Schwiegereltern und Ausflüge mit den Kindern, die zuvor zu großem Streit geführt hatten. Sie sahen fröhlicher aus und strahlten eine Zuversicht aus, die zuvor in der Therapie nie aufgekommen war. Die Therapeutin erkundigte sich, wie oft sie zur Klinik gefahren seien. George antwortete: „Wir waren überhaupt nicht hier." Und Hilda bemerkte: „Wir haben oft gestritten und gut gestritten. Aber sobald einer von uns die Vergangenheit ausgraben wollte, sagte der andere: ‚Fahren wir!' Und dann mußten wir lachen und haben eine Lösung für den jetzigen Streit gefunden."

Ein altes, schmerzliches, entzweiendes Geheimnis war endlich beerdigt worden. Dieses Geheimnis hatte George und Hilda zu einem Paar gemacht, das über die Vergangenheit stritt. Worte hatten offenbar nicht ausgereicht, als sie jahrelang Tag für Tag versuchten, das Geheimnis, das ihre Beziehung auffraß, durch Reden, Streiten und lautes Schimpfen zu bannen. Unveränderliche Aufteilungen in Schurke und Opfer, richtig und falsch, Teufel und Engel durchdrangen jedes Gespräch. Befreit von dem alten langweiligen Streit, der nur bittere Erinnerungen heraufbeschwor und Reue, Wiedergutmachung und Verzeihen verhinderte, waren Hilda und George nun in der Lage, Probleme zu lösen, gemeinsam zu lachen und das Zusammensein zu genießen wie seit vielen Jahren nicht mehr.

Männliche und weibliche homosexuelle Paare: Wenn sich nur einer „outet"

Menschen mit homosexuellen Neigungen müssen in einem sozialen Umfeld leben, das von Homophobie und Heterosexismus geprägt ist. Zu diesem Umfeld gehören eine restriktive Gesetzgebung, Gerichtsentscheidungen, die lesbischen Müttern das Sorgerecht entzogen haben, Gesetze, die gleichgeschlechtlichen Paaren Heirat und Adoption untersagen, und eine regelrechte Homosexuellenhetze. Beim amerikanischen Militär geht man nach der Devise vor „nicht fragen, nicht weitersagen", was sowohl die Heuchelei auf höchster Regierungsebene fördert als auch die Geheimhaltung kennzeichnet, die den Alltag von Homosexuellen prägt. Solche Geheimhaltung schleicht sich natürlich auch in die Beziehungen von männlichen und weiblichen Homosexuellen ein, die damit zurechtkommen müssen, in einer Zeit zu leben, in der sich einerseits neue Möglichkeiten der Offenheit zeigen und gleichzeitig aufgrund realistischer Befürchtungen Geheimhaltung weiterhin erforderlich sein kann.[4]

Anders als viele andere Geheimnisse ist das Geheimnis der Homosexualität nicht durch einmaliges Erzählen aus der Welt geschafft. Die Entscheidung für Geheimhaltung oder Offenheit muß immer wieder neu getroffen werden. Darf ein homosexueller Mann bei der Arbeit ein Foto von sich und seinem Freund auf den Schreibtisch stellen? Kann eine lesbische Frau ihren Kolleginnen, die sie für eine alleinstehende heterosexuelle Frau halten, von einem aufregenden Wochenendausflug mit ihrer neuen Partnerin erzählen? Darf ein homosexuelles Paar, das die Weihnachtstage bei der Familie des einen Partners verbringt, einander nur umarmen, wenn am Weihnachtsmorgen die Geschenke ausgetauscht werden? Und wie wirkt es sich auf das Zusammensein aus, wenn ein Paar mit einem Streit um die Geheimhaltung leben muß, der aus dem Kern seiner Beziehung erwächst?[5]

Als Sara-Jean Parkman und Emma Farthing zum erstenmal meinen Rat suchten, standen sie kurz vor der Trennung. Beide waren Mitte 30 und hatten sich vier Jahre zuvor, kurz nach Sara-Jeans Scheidung, kennengelernt. Emma sah sich seit ihrer Teenager-Zeit als Lesbe, während Sara-Jean zum erstenmal eine Beziehung zu einer Frau hatte. Im gemeinsamen Haushalt lebte Sara-Jeans achtjähriger Sohn Danny.

Seit die beiden Frauen zusammenlebten, stritten sie sich wegen einer bestimmten Sache. Emma wollte, daß Sara-Jean ihrer Familie und ihren Freunden mitteilte, daß sie homosexuell war und eine Beziehung mit Emma hatte. Sara-Jean weigerte sich vehement. „Ganz zu Anfang habe ich verstanden, daß es Zeit braucht", sagte Emma, „aber wir sind nun vier Jahre zusammen, und es hat sich nichts verändert. Ihre Mutter glaubt, daß wir nur die Wohnung teilen. Sie lädt Sara-Jean und Danny zu sich ein, aber ich werde ausgeschlossen. Wenn ich will, daß wir einen freien Tag ganz normal bei uns zu Hause verbringen, klappt das nicht, weil Sara-Jean ihre Mutter besuchen muß. Ich habe es meiner Familie vor 15 Jahren gesagt. Sie akzeptieren mich, und sie akzeptieren Sara-Jean und Danny. Jetzt ist Sara-Jeans Mutter krank, und die ganze Familie erwartet, daß sie alles stehen- und liegenläßt und für die Mutter sorgt, weil sie keinen Ehemann hat, um den sie sich kümmern müßte. Das hat das Faß zum Überlaufen gebracht!"

Während Emma sprach, schaute Sara-Jean weg. Dann erwiderte sie ärgerlich: „Ich habe es so satt, daß sie mir sagt, wie ich leben und wie ich mit meiner eigenen Familie umgehen soll. Ich kenne meine Verwandten. Ich würde sie verlieren. Mein Ex-Mann würde versuchen, mir Danny wegzunehmen, da bin ich mir sicher."

Unsere erste Sitzung fand gerade in der Woche statt, als eine lesbische Mutter in den Südstaaten das Sorgerecht für ihren Sohn an die eigene Mutter verlor. Ob Sara-Jeans Befürchtungen begründete Sorge oder übertriebene Katastrophenangst waren, blieb abzuwarten. Offensichtlich war allerdings, daß diese beiden, die einander liebten, einen erbitterten Kampf um ihre Vorstellungen von Geheimhaltung und Offenheit austrugen. Ihre Angriffe waren sehr persönlich geworden, und beide hatten völlig aus den Augen verloren, daß die Ursachen ihres Konflikts in unserer Gesellschaft zu suchen waren, die Homosexualität tatsächlich bestraft.

Ich erkundigte mich, wie Emmas Coming-out verlaufen war.

„Haben Sie Ihr Geheimnis schlagartig offengelegt?" fragte ich. „Oder war es eine allmähliche Entwicklung, die sich im Lauf der Zeit vollzogen hat?" Diese Frage führte sie in eine Zeit zurück, bevor sie Sara-Jean kannte, als ihr die Entscheidung, anderen Menschen und insbesondere ihren Angehörigen von ihrer lesbischen Veranlagung zu erzählen, Angst einflößte. Emma erzählte, und Sara-Jean hörte eine Geschichte, die ihr unbekannt war, eine Geschichte, bei der es um schwierige Entscheidungen, angstvolle Erwartungen und die Furcht ging, Angehörige zu verlieren. Wenn in einer Beziehung ein fundamentales Problem stark polarisiert wird, ist im Gespräch häufig kein Platz mehr für komplizierte Geschichten, Zweifel und Mehrdeutiges. Bei meiner Arbeit mit den beiden ging es teilweise darum, dort, wo zu stark vereinfacht worden war, das Komplizierte wieder einzuführen.

Obwohl Emma von anderen lesbischen Frauen viel Unterstützung bekam, hielt sie ihre sexuelle Identität vor ihrer Familie geheim, bis sie weit über 20 war – also erheblich länger als Sara-Jeans vier Jahre. Ihre Angehörigen waren Unitarier und durchaus aufgeschlossen für das Anderssein, im Gegensatz zu Sara-Jeans streng christlich geprägter Familie. Wie bei allen Homosexuellen war Emmas Coming-out kein einmaliges Ereignis, sondern erforderte in jeder neuen sozialen Situation eine erneute Entscheidung. Obwohl sie Sara-Jean unter Druck setzte, ihrer Familie die Wahrheit zu sagen, mußte sie einräumen, daß es in ihrem Leben auch jetzt noch Orte und Beziehungen gab, in denen sie ihre homosexuelle Veranlagung geheimhielt. Ich deutete an, daß dies Lebensbereiche seien, in denen sie ihre Privatsphäre schützte.

Emmas Angehörige hatten sich durchaus verständnisvoll gezeigt. Wie es häufig vorkommt, hatten sie schon lange vermutet, daß Emma lesbisch war, warteten aber darauf, daß sie das Thema selbst ansprach. Da sie für unterschiedliche Lebensentwürfe aufgeschlossen waren, konnten sie Emma unterstützen. Niemals stand die Drohung im Raum, den Kontakt abzubrechen. Ich fragte Emma, wie es um die Bereitschaft, „Unterschiede zu akzeptieren", in Sara-Jeans Familie stünde. „Ich verstehe, was Sie meinen", sagte Emma. „Ich hatte nur das Gefühl, daß sie mich in Wirklichkeit nicht liebt, wenn sie ihrer Familie nicht von uns erzählen will."

Sara-Jeans homosexuelle Neigungen, die sich gerade erst innerhalb der Beziehung entfalteten, waren in Emmas Augen keine

Angelegenheit mehr, die nur Sara-Jean allein etwas anging, sondern wurde zur Feuerprobe ihrer Bindung. Es war äußerst wichtig, Sara-Jeans Zeitplanung zu akzeptieren und ihr Raum zum Nachdenken und zur Überprüfung der Beziehung zu ihrer Familie zu geben. Sara-Jean hatte ihrerseits auf Emmas Kritik und Forderungen reagiert, indem sie sich wehrte und die positiven Chancen eines offenen Gesprächs mit jemandem aus ihrer Familie gar nicht mehr wahrnahm. Jede machte der anderen so viele Vorwürfe und fühlte sich so mißverstanden, daß ihre zuvor innige und liebevolle Beziehung kalt und bitter wurde. Beide hatten vergessen, daß sie in dem engen Rahmen einer Kultur aufeinander reagierten, die ihnen mit Ausgrenzung drohte.

Ich bat Emma, Sara-Jean nicht mehr unter Druck zu setzen, damit sie in Ruhe überlegen konnte, was sie im Verhältnis zu ihrer Familie tatsächlich unternehmen wollte. Solange Sara-Jean das Gefühl hatte, daß sie Emma ohnehin verlieren würde, sah sie keinen Sinn darin, ihre Familienkontakte aufs Spiel zu setzen. Allmählich begriff Emma, daß Sara-Jeans Konflikt um das Coming-out gegenüber ihrer Familie zwar Auswirkungen auf die Beziehung zu ihr hatte, daß aber das Geheimnis Sara-Jean allein gehörte. Sie mußte die schwierige Arbeit mit ihrer Familie allein bewältigen. Und sie würde das Risiko der Ehrlichkeit viel eher auf sich nehmen, wenn sie von Emma unterstützt und nicht angegriffen wurde.

Außerdem bat ich die beiden Frauen, an die Zukunft zu denken und sich ihr Leben als einzelne Individuen und als Paar vorzustellen, wenn Sara-Jean ihrer Familie die Wahrheit sagte – oder sie weiterhin verschwieg. Dieser Streitpunkt beherrschte das Leben der beiden und drängte alles andere zurück. Durch die von mir angeregte Übung konnten sie dem aufgebauschten Problem nicht mehr soviel Aufmerksamkeit schenken und andere Lebensbereiche wieder mehr in den Vordergrund rücken. Als sie sich die Zukunft ausmalten, konnten sie sich vieles vorstellen, was nicht davon abhing, ob Sara-Jean ihrer Familie die Wahrheit sagte: miteinander ausgehen, Freundschaften pflegen, Kurse besuchen, beruflich weiterkommen, Danny großziehen, auf Reisen gehen. Der Streit darüber, wann, ob und wie Sara-Jean mit ihrer Familie sprach, verlor an Bedeutung.

Ich arbeitete fast zwei Jahre mit den beiden Frauen. Nach einigen Monaten beschloß Sara-Jean, das Geheimnis ihrer jüngeren

Schwester Cathy preiszugeben. Diese zeigte sich verständnisvoll, riet aber Sara-Jean, ihrer Mutter nichts zu sagen. Statt zu explodieren, wie sie es zuvor vielleicht getan hätte, hörte sich Emma an, was Cathy zu sagen hatte, obwohl sie anderer Meinung war.

Danach entschied sich Sara-Jean, es ihrer besten Freundin Susan zu erzählen, die sie seit der Kindheit kannte. Da Susan sowohl Sara-Jeans Mutter als auch ihren Exmann kannte, schlug ich vor, sie zu einer unserer Sitzungen einzuladen, um einen anderen Standpunkt zu hören. Emma hörte aufmerksam zu, als Susan die rigide Haltung von Sara-Jeans Familie und die Rachsucht ihres Exmanns schilderte. Es stand außer Frage, daß er das Sorgerecht für Danny beantragen würde, wenn er erfuhr, daß Sara-Jean mit einer Frau zusammenlebte. Susan machte außerdem deutlich, daß es viele andere Probleme in der Beziehung Sara-Jeans zu ihrer Mutter gab, denen man sich widmen mußte, bevor Hoffnung bestand, daß Sara-Jeans Bekenntnis wohlwollend aufgenommen würde.

Mit meiner Unterstützung begann Sara-Jean, die Beziehung zu ihrer Mutter mit größerer Offenheit zu gestalten. Zunächst beschäftigte sie sich mit einigen anderen Fragen, die zwischen beiden standen, unter anderem mit ihrer Scheidung, die zum Tabuthema geworden war. Ich arbeitete zwar vorwiegend mit Sara-Jean, aber Emma nahm an allen Sitzungen teil. Dadurch konnte sie bald deutlicher erkennen, was Sara-Jean durchmachte, und sie als ihre Verbündete unterstützen. Als sich Sara-Jean schließlich entschloß, es ihrer Mutter zu sagen, war ihr klar, daß sie deren Billigung weder suchen noch erwarten durfte. „Ich sagte zu meiner Mutter, daß die Sache zu wichtig sei, um sie vor ihr geheimzuhalten, daß ich sie respektiere und auch von ihr erwarte, mich und meine Lebensentscheidungen zu respektieren", erzählte Sara-Jean. „Ich bat sie, Rücksicht auf meine Privatsphäre zu nehmen, was Dannys Vater betraf."

Anfangs reagierte Sara-Jeans Mutter feindselig. Mehrere Monate lang wollte sie ihre Tochter nicht sehen, sprach allerdings am Telefon mit ihr. Zunächst tat sie, als hätte sie nicht gehört, was ihre Tochter ihr mitgeteilt hatte. Sie wollte Sara-Jean dazu animieren auszugehen, um „einen neuen Vater für Danny" kennenzulernen. Ich machte Sara-Jean und Emma darauf aufmerksam, daß die Mutter eine vollkommen unerwartete Information verarbeiten mußte und Zeit brauchte, um eine neue Seite an ihrer Tochter zu begreifen. „Manche Geheimnisse", sagte ich, „muß man immer wieder offenlegen, bis sie wirklich gehört werden."

Sara-Jean war bei unseren Sitzungen wütend und durcheinander, es gelang ihr aber, gegenüber ihrer Mutter ruhig zu bleiben und darauf zu bestehen, daß sie ihr zuhörte. Sara-Jeans Mutter zeigte sich nie so aufgeschlossen wie Emmas Eltern. Sie hielt Kontakt zu ihrem Enkel, behandelte das Paar jedoch mit kühler Höflichkeit und besuchte die beiden nie in ihrer Wohnung. Nur weil ein Geheimnis offengelegt ist, heißt das noch nicht, daß alle Beziehungsprobleme gelöst sind. Als wir die Therapie beendeten, bat ich Emma und Sara-Jean eindringlich, jene Aspekte von Sara-Jeans Herkunftsfamilie lebendig zu halten, die sie positiv fanden, und sich nicht völlig Emmas Familie und deren Verhaltensweisen anzuschließen, weil sie dort eher akzeptiert wurden.

„Ich dachte, wir kennen einander wirklich": Wenn Paare aus verschiedenen Kulturen oder Religionen Geheimnisse wahren

Zu Beginn meiner Tätigkeit als Familientherapeutin waren Mischehen noch eine Seltenheit. Gelegentlich kam ein irisch-amerikanisches oder ein italoamerikanisches Paar zu mir, das aber die Konfession verband, ein protestantisch-katholisches oder ein jüdisch-christliches Paar. Aber heute habe ich ständig mit konfessionell und ethnisch gemischten Paaren zu tun, zum Beispiel mit jüdisch- bzw. arabisch-amerikanischen, latino- oder irisch-amerikanischen Paaren oder mit Männern und Frauen aus der Arbeiterklasse, die mit Partnern aus sehr reichen Elternhäusern verheiratet sind. Diese Unterschiede der Hautfarbe, der ethnischen oder sozialen Herkunft und Religion sind auch bei homosexuellen Paaren gang und gäbe. Die Zeit, in der die Wahl des Ehepartners vor allem durch die eigene Herkunft bestimmt wurde, ist für viele Menschen vorbei. Mit Ausnahme ausgesprochen kirchentreuer Familien kommt es heute auch nicht mehr vor, daß aus der bloßen Existenz von gemischt-konfessionellen Ehen ein Geheimnis gemacht wird.

Anfangs durch die Andersartigkeit des Partners angezogen, übertünchen viele Paare verschiedener Herkunft die kulturellen Unterschiede mit einer dünnen Schicht von Harmonie. Streitigkeiten mit Verwandten und Konflikte mit religiösen Institutionen verleiten die Partner häufig dazu, nur auf das zu achten, was sie verbindet. Konflikte um religiöse, ethnische und soziale Unterschiede gleichen einem Vulkan: Sie schwelen unter der Oberfläche, brechen regelmäßig wegen trivialer Alltagsprobleme aus, führen vielleicht ein- oder zweimal im Jahr zur Urlaubszeit zu Eruptionen oder entzünden sich an der Frage der Kindererziehung.

Wenn gemischte Paare zum erstenmal zu mir in die Praxis kommen, schieben sie ihre Konflikte häufig auf alles mögliche, nur nicht auf ihre kulturellen und religiösen Unterschiede. Diese sind zu einem Geheimnis geworden, das beide kennen, aber nicht offen eingestehen. Der Mythos vom amerikanischen Schmelztiegel, kombiniert mit dem Glauben an das von seinem historischen und kulturellen Kontext losgelöste Individuum, kann Eheleute veranlassen, radikal unterschiedliche Lebenseinstellungen auf eine persönliche Eigenart zurückzuführen. Umfassendere kulturelle Zusammenhänge werden nicht wahrgenommen.

Als Simon und Alexis Kaplan zum erstenmal in meine Praxis kamen, machten beide aus ihrem Ärger keinen Hehl. Noch bevor ich sie fragen konnte, weshalb sie mich aufsuchten, legten sie mir dar, wie sich ihre Streitigkeiten um praktisch jeden Aspekt des Alltagslebens drehten. Obwohl einer dem anderen die Schuld gab, meinte Alexis, daß nach jedem längeren Streit Simon seinen Standpunkt durchsetze. In selbstgerechtem Ton, aber ohne Befriedigung gab Simon zu, daß die meisten ihrer „kleinlichen" Streitigkeiten zu seinen Gunsten ausgingen.

Das Paar war seit 14 Jahren verheiratet und hatte drei Kinder: Jon (13), Cara (11) und Samuel (7). Der Konflikt hatte sich kurz nach Jons Geburt eingeschlichen, eskalierte jedoch im vergangenen Jahr. „Seit Jon 13 geworden ist, streiten wir über alles, was er tut", erklärte Alexis. „Vermutlich stimmt es, daß Teenager alles noch schlimmer machen." Simon sah seine Frau wütend an, als sie das sagte. Drehte sich dieser Ehekrieg tatsächlich darum, das Familienleben mit einem heranwachsenden Kind zu gestalten? überlegte ich. Was ging sonst noch vor sich? Als ich den beiden vorschlug, die Geschichte ihrer Beziehung zu rekonstruieren, und mich zunächst nach der Zeit erkundigte, als sie sich kennenlernten, trat an die Stelle des eingeübten Streits rasch eine Spannung und Trauer, die viel echter wirkte.

„Wir haben uns am Boston College kennengelernt", berichtete Simon. „Ich war dort, weil ich ein Stipendium hatte, und Alexis, weil es eine katholische Hochschule war." Das war die erste Anspielung auf ihr unterschiedliches Glaubensbekenntnis. Alexis griff den Faden auf und erzählte von der starken Anziehungskraft, die jeder auf den anderen ausübte. „Er war gescheit, witzig und sehr liebevoll – ganz anders als die Jungen, die ich auf der High School getroffen hatte. Meine Eltern schickten mich aufs Boston College, damit ich dort einen katholischen Mann zum Heiraten kennenlernte. Statt dessen lernte ich einen jüdischen Mann kennen und verliebte mich so sehr, daß ich überzeugt war, die unterschiedliche Religion würde keine Rolle spielen, und das war auch wirklich der Fall. Dieses Problem haben wir frühzeitig gelöst, aber jetzt sind wir bei allen anderen Themen verschiedener Meinung."

Als Simon und Alexis beschlossen zu heiraten, wurden sie von ihren Eltern vor den bevorstehenden Schwierigkeiten gewarnt. Wie würden sie ihre Kinder aufziehen? Wie würden sie mit Traditionen und Feiertagen umgehen? Wie ihre religiösen Überzeugungen miteinander in Einklang bringen? In früheren Zeiten war es üblich, daß bei solchen Paaren einer der Partner konvertierte, aber Simon und Alexis heirateten in den achtziger Jahren, und sie fühlten sich frei, ihren eigenen Glauben zu behalten. Simon erklärte sich einverstanden, daß die Kinder katholisch erzogen wurden. „Es war die einzige Möglichkeit, ihren Priester dazu zu bringen, daß er an unserer Trauung teilnahm. Damals erschien mir das ziemlich unerheblich", bemerkte Simon.

Simon und Alexis hatten eine schöne überkonfessionelle Trauung und begannen ihr gemeinsames Leben voller Hoffnung. „Als Jon geboren wurde, fingen wir an zu streiten. Wir gingen damals zu einem Therapeuten, der uns erklärte, daß wir deshalb stritten, weil wir gerade Eltern geworden waren. Er versicherte uns, daß alles von allein wieder in Ordnung kommen würde", sagte Alexis. „Aber so war es nicht – alles ist seither immer schlimmer geworden."

Ich fragte Simon, was es für ihn bedeutet habe, seinen Sohn taufen zu lassen. Noch bevor er antworten konnte, versicherte mir Alexis, das sei kein Problem für Simon, ihre Streitereien drehten sich um andere Dinge, nie um Religion. Ich wiederholte meine Frage an Simon; er wurde puterrot und sagte: „Bei der Entscheidung, in welchem Glauben unsere Kinder großgezogen werden, habe ich nachgegeben, und damals habe ich mich entschlossen, bei anderen Streitpunkten zwischen uns auf keinen Fall nachzugeben." Offensichtlich schockiert von seiner Bemerkung, sagte Alexis: „Das habe ich nicht gewußt. Mir war nicht klar, daß du so denkst."

13 Jahre lang hatte Simon ein Geheimnis daraus gemacht, was er wegen ihrer unterschiedlichen Religionszugehörigkeit empfand. Am Sonntagmorgen, wenn Alexis mit den Kindern zur Kirche ging, widmete er sich seiner Arbeit. Am Sonntagnachmittag lief der Streit in der Regel heftiger ab, aber sie führten das darauf zurück, daß sie „zu viel Zeit miteinander" verbrachten. Kurz vor Jons dreizehntem Geburtstag, dem Zeitpunkt der jüdischen Bar Mizwa, eskalierte ihr Streit. Weder Alexis noch Simon hatten diesen Zusammenhang wahrgenommen.[6]

Unsere Arbeit konzentrierte sich auf die erste tiefergehende und offene Diskussion ihrer religiösen Unterschiede, die dieses Paar je geführt hatte. Simons Gefühle waren Alexis verborgen geblieben, und darüber hinaus war die Religion selbst zum Tabu geworden. Sie sprachen niemals über das Judentum oder den Katholizismus. Jeder wußte sehr wenig über den Glauben des anderen. Als sie sich kennenlernten, hatte Simon erklärt, das Judentum habe für ihn nur „kulturelle Bedeutung", und seither nahm Alexis an, die Religion spiele für Simon keine Rolle. Daß er an ihren kirchlichen Bräuchen nicht teilnahm, deutete sie als Ausdruck seiner religiösen Indifferenz und nicht als Zeichen seines enormen Unbehagens.

„Als ich mich einverstanden erklärte, unsere Kinder katholisch aufzuziehen, war mir nicht klar, was das für mich bedeutete. Damals wußte ich nicht, wie ich meine Gefühle zum Ausdruck bringen sollte. Ich hatte ein Versprechen gegeben; welchen Sinn hatte es also überhaupt noch, darüber zu reden? Allmählich überlegte ich mir, daß man zwar überkonfessionell heiraten kann; aber wie sieht eine überkonfessionelle Beerdigung aus? Ich fühlte mich in meiner eigenen Familie einsam und wußte nicht, was ich dagegen tun sollte", bemerkte Simon traurig.

Jede Woche gab ich dem Paar eine Hausaufgabe mit, die dazu dienen sollte, diesen zuvor unzugänglichen Bereich ihrer Beziehung zu öffnen. Sie lasen Bücher, nahmen sich Zeit zum Gespräch und besuchten zum erstenmal gemeinsam einen Gottesdienst. Nachdem Simons Geheimnis ans Licht gekommen war, stritten sie seltener. Im Laufe der gemeinsamen therapeutischen Arbeit wurde ein Punkt erreicht, an dem Alexis befürchtete, Simon würde seine Zusage zur katholischen Erziehung der Kinder zurücknehmen. „Ich habe vor 14 Jahren mein Wort gegeben", sagte Simon, „das werde ich jetzt nicht brechen. Aber ich will, daß unsere Kinder auch erfahren, woran ich glaube." Simon war entschlossen, seinen Kindern seine eigene Geschichte und die Geschichte seiner Familie über die Generationen hinweg nahezubringen.

Die religiösen Unterschiede mit den Kindern zu besprechen war schließlich noch schwieriger als die Arbeit, die Simon und Alexis zu bewältigen hatten, um den Tabubereich gemeinsam zu öffnen. Die Kinder wußten, daß ihr Papa „jüdisch" war, aber sie hatten keine Ahnung, was das eigentlich bedeutete. Allmählich ging Alexis auf, daß auch sie zur Geheimhaltung beigetragen hatte, weil ihr das leichter fiel, als sich den Unterschieden zu stellen und sie den Kindern zu erklären. „Die Harmonie in unserer Familie war mir äußerst wichtig. Wenn ich schon mit Simon bei unseren Streitereien keine Harmonie erreichen konnte, war ich froh, daß ich wenigstens, was den Glauben meiner Kinder betraf, in Harmonie lebte. Ich glaube, ich habe oft weggeschaut."

Als sie sich kennenlernten, konzentrierten sie sich wie viele andere junge Paare heutzutage stark auf die Gegenwart. Ihre jeweilige kulturelle, religiöse und historische Herkunft schien in weite Ferne gerückt zu sein und nur für die Eltern und den Klerus eine Rolle zu spielen. Ebenso wurde bald jedes Gespräch über die Zukunft, bei dem es um religiöse Fragen ging, unmöglich. Ohne Zugang zu Vergangenheit und Zukunft stritten sie über jede Kleinigkeit des Alltagslebens. Diese Auseinandersetzungen waren zugleich eine Ablenkung von und eine Art Statthalter für entscheidendere, aber unausgesprochene Unterschiede.

Ehepartner unterschiedlicher Religion, Hautfarbe, Kultur oder sozialer Herkunft müssen ganz bewußt dafür Sorge tragen, daß die Unterschiede nie zu Geheimnissen werden. Es ist allzu leicht, die Unterschiede oberflächlich abzuhandeln, als würde es ausreichen, Gerichte aus dem anderen Kulturkreis zu essen – nur um dann festzustellen, daß die Magenschmerzen, die man bekommt, auf tiefergehende, nicht beleuchtete Unterschiede zurückgehen. Besonders verlockend ist die Vorstellung, daß eine Ungleichverteilung von Macht und Einfluß in der Außenwelt aufgrund von Hautfarbe, sozialem Status und Kultur dann aufgehoben würde, wenn ein Paar sich umarmt. Wenn aber solche Ungleichheiten nicht wahrgenommen und ausdrücklich geklärt werden, gären sie unter der Oberfläche und kommen oft bei Anlässen zutage, die damit scheinbar in keinerlei Zusammenhang stehen.

Wenn soziale Unterschiede geleugnet werden

Als Janice und Ian Lankton mich aufsuchten, standen sie kurz vor der Trennung. Ian sagte, ihre Probleme hingen samt und sonders mit der Respektlosigkeit zusammen, die er von Janice' Familie erfuhr. Sie behandle ihn „wie einen Bürger zweiter Klasse", und Janice stehe bei ihrer Familie nicht zu ihm. Janice erklärte hingegen, Ian sei „überempfindlich". Nach zehn Jahren sollte er sich damit abgefunden haben, was für eine Art von Humor in ihrer Familie herrschte.

Dieses Gespräch fand an einem kalten Januartag statt, und zwar kurz nach einem Krach im Haus von Janice' Eltern, wo das Paar die Weihnachtstage verbracht hatte. „Jedes Jahr ist es dasselbe", sagte Ian. „Wir besuchen zu Weihnachten meine Schwiegereltern. Für ihre eigenen Kinder und die Ehepartner der anderen Kinder halten sie schöne Geschenke bereit, und ich bekomme irgendeinen Plunder. Dieses Jahr haben sie mir ein Aufziehspielzeug geschenkt. Es war eine solche Demütigung, da habe ich meiner Wut freien Lauf gelassen."

Als ich Janice fragte, was sie davon halte, meinte sie verlegen, dieses Geschenk sei nur ein Scherz gewesen. Im Lauf des Gesprächs erfuhr ich außerdem, daß das Ehepaar die Ferien immer bei Janice' Familie verbrachte und daß die Familien der beiden anderen Schwiegersöhne dazu stets eingeladen waren, Ians Eltern und seine Brüder hingegen nicht. Auf meine Frage, warum dies so sei, erwiderte Janice, Ians Eltern würden sich im Haus ihrer Eltern „unbehaglich fühlen", und „überhaupt wohnen sie zu weit weg". Als ich versuchte, der Ursache dieses Unbehagens auf den Grund zu gehen, schwiegen beide.

Ian und Janice waren erfolgreiche Juristen. Sie hatten sich an einer renommierten Universität kennengelernt. Beide waren weiß und protestantisch. Erst als ich mich nach dem Beruf und der Herkunft der Eltern erkundigte, traten die sozialen Unterschiede zutage. Janice' Vater besaß ein großes Fertigungsunternehmen, das er von seinem Vater geerbt hatte. Janice war in einer exklusiven Vorortsiedlung in Connecticut aufgewachsen. Sie hatte ebenso wie ihre Schwestern Privatschulen besucht. Sie nahmen an prachtvollen Debütantinnenbällen teil, und es wurde von ihnen erwartet, den „richtigen" Mann zu heiraten. Als Janice den Wunsch äußerte, Jura zu studieren, wandte die Mutter ein, das sei für ihr weiteres Leben nicht erforderlich. Aber ihr Vater meinte, sie könnte Justitiarin in seiner Firma werden, was sie auch tat.

Ians Vater war der erste in seiner Familie gewesen, der einen High-School-Abschluß machte. Er war Automechaniker in einer Fahrzeugfabrik und wurde schließlich Vorarbeiter. Die Mutter war Kindergärtnerin in einer Tagesstätte. Ian war in einem Arbeiterviertel in Cleveland aufgewachsen. Seine beiden älteren Brüder wurden ebenfalls Automechaniker. Alle Hoffnungen der Familie ruhten auf Ian, dem jüngsten, der als einziger aus der Familie studieren sollte. Als sein Vater einen Kredit aufnahm, um das Jurastudium zu finanzieren, erklärte er, ein Studium sei das einzige, wofür es sich lohne, sich zu verschulden.

Da es in Amerika nicht erlaubt ist, über soziale Unterschiede zu reden, und da außerdem der Mythos existiert, durch ein Hochschulstudium gehöre man automatisch der Mittelschicht an, verleugnen Ehepaare häufig, daß sie verschiedenen sozialen Schichten entstammen. Bei Janice und Ian waren die sozialen Unterschiede sogar gewaltig. Im Lauf unserer Gespräche hörte Ian zum erstenmal, daß Janice' Eltern versucht hatten, ihr diese Heirat auszureden. „Ich dachte, es würde ihn verletzen, das zu erfahren", sagte Janice. „Jedenfalls habe ich mich durchgesetzt. Ich wollte, daß Ian meine Eltern mag und sie nicht für snobistisch hält."

Sämtliche Hochzeitsvorbereitungen übernahm Janice' Mutter. Ians Verwandtschaft wurde zwar eingeladen, aber offenkundig an den Rand gedrängt. Ian war verletzt, verlor aber vor Janice kein Wort darüber. Nach der Hochzeit sahen sich die beiden Familien nie wieder. Ian wohnte im Osten, und die geographische Entfernung diente als Vorwand, seine Familie nur selten zu besuchen. Es gibt viele Gründe, warum Angehörige den Kontakt zueinander verlieren, aber ich stelle oft fest, daß ein nicht eingestandener sozialer Auf- oder Abstieg zum Bruch beiträgt.

Als ich eine Bemerkung über ihre unterschiedliche soziale Herkunft machte und die Frage aufwarf, wie sich dies auf die Beziehung auswirke, warf Janice rasch ein, sie und Ian verdienten gleich viel, und er gehöre jetzt derselben Schicht an wie sie. Auf meine Frage, was sie jeweils als Erbe von ihren Eltern zu erwarten hätten, schaute Janice weg, und Ian begann zu weinen. „Ich weine nicht wegen des Geldes", sagte er. „Ich weine, weil ich meine eigene Familie so schlecht behandelt habe, um bei Janice zur Familie zu gehören. Es ist, als hätte ich meine Angehörigen kaltgestellt. Ich rufe selten an und besuche sie nicht. Ich habe mich nie wegen meiner Herkunft geschämt, bis ich Janice kennengelernt habe." Als Ian das sagte, wirkte Janice bestürzt. Sie hörte hier zum erstenmal, wie ihr Mann über ihre unterschiedliche Herkunft und seine Beziehung zu seiner Familie dachte.

Noch einmal fragte ich, wie ihre unterschiedliche Klassenzugehörigkeit die Beziehung beeinflusse. Es stellte sich heraus, daß Janice Ian oft kritisierte, manchmal auch in herabsetzender Weise. Sie suchte seine Kleidung aus und machte ihm Benimmvorschriften, wenn sie ausgingen. Die Entscheidung, welche Schule die Kinder besuchten, hatte sie getroffen, ohne ihn einzubeziehen. Sie plante die Ferien der Kinder und wählte ihre Freunde aus. „Ich weiß, daß ich mich zurückgenommen habe", erklärte Ian. „Ich bin davon ausgegangen, daß sie es wegen ihrer Herkunft besser weiß." In wichtigen und unwichtigen Fragen wurde die Beziehung der Eheleute durch soziale Unterschiede geprägt, die aber gleichzeitig völlig unausgesprochen blieben. Janice fühlte sich privilegiert, ohne dieses Gefühl je in Frage zu stellen, während Ian litt und eine unklare Scham empfand. Daraus entstand eine Beziehung, in der Ian ständig im Hintertreffen war.

Das Geheimnis der sozialen Unterschiede offenzulegen, ein Geheimnis, das Janice und Ian und jeder andere in ihrem Verwandten- und Bekanntenkreis kannte, aber nie zur Sprache brachte, war erst der Anfang unserer Arbeit. Viele Monate lang packten wir gemeinsam aus, was in der Beziehung von Anfang an unausgesprochen geblieben war. Janice wußte so gut wie nichts über Ians Familie. Sie übersah völlig, daß diese Familie auf ihre Leistungen stolz sein konnte; dieses Thema wurde einfach ausgeklammert. Ian mußte den Kontakt zu seiner Familie wiederaufbauen. Der erste Schritt bestand darin, seiner Frau von seiner Familie zu erzählen. Als nächstes besuchte er seine Eltern und seine Brüder, um mit ihnen darüber zu sprechen, daß er aus ihrem Leben verschwunden war, und um sich zu entschuldigen und seine Trauer darüber zum Ausdruck zu bringen.

Wir brauchten auch Zeit, um darüber zu sprechen, welche Wertvorstellungen Janice und Ian teilten und welche nicht. Zum Beispiel war Ian keineswegs damit einverstanden, daß seine Kinder exklusive Privatschulen besuchten, aber er hatte sein Unbehagen nie ausgesprochen. „Mir gefällt es nicht, daß sie nur andere reiche Kinder kennenlernen. Die staatliche Schule in unserem Viertel ist hervorragend. Janice hat immer so getan, als wüßte sie mehr über Schulbildung als ich, und ich habe mich einfach gefügt. Ich möchte, daß sich das ändert." Der Schulwechsel der Kinder führte zur ersten von zahlreichen Auseinandersetzungen, die Janice mit ihren Eltern führen mußte. Zu guter Letzt machte Janice ihren Eltern klar, daß sie Ian und seine Familie mit demselben Respekt zu behandeln hatten wie ihre beiden anderen Schwiegersöhne und deren Familien. Die verschwägerten Familien blieben sich zwar fremd, aber Janice und Ian begannen, die Ferien abwechselnd bei seiner und bei ihrer Familie zu verbringen. Und auch wenn Janice' Eltern nicht schlagartig ein herzliches Verhältnis zu Ian gewannen, so hörten sie doch wenigstens auf, ihn respektlos zu behandeln.

Wenn süße Geheimnisse bitter werden: Trennung und Scheidung

Geheimnisse beeinflussen das Zusammenleben eines Paares, doch wenn es zur Trennung kommt, spielen sie ebenfalls eine entscheidende Rolle. Die Aufdeckung von Ehebruch und Lügen ist häufig der Anlaß zur Trennung. Es kommt vor, daß ein Ehepartner, der sich trennen will, aber nicht recht weiß, wie er die Sache angehen soll, mit der Geheimhaltung schludert, so daß die Partnerin einen Seitensprung „entdeckt". Auch wenn kein Ehebruch im Spiel ist, kann sich das große Schweigen einstellen. Man hat sich einander immer weniger zu sagen, immer mehr bleibt unausgesprochen. Ich habe oft den Schock des Ehemanns miterlebt, wenn die Ehefrau erklärte, sie habe seit Monaten oder gar Jahren an Trennung gedacht, ihre Pläne aber geheimgehalten.

Paare teilen während ihres Zusammenlebens eine Unzahl von Geheimnissen miteinander, sind aber stillschweigend oder ausdrücklich übereingekommen, diese Geheimnisse nicht ohne gegenseitiges Einverständnis preiszugeben. Ich kenne Paare, die aus Furcht, daß ein wesentliches Geheimnis ans Licht kommen könnte, länger zusammengeblieben sind, als ihnen gutgetan hat. Während einer Trennung oder Scheidung ist nicht auszuschließen, daß alle früheren Versprechungen über Geheimhaltung in den Wind geschlagen werden. In der Hitze des Gefechts werden gemeinsame Geheimnisse, deren man sich schämt und die einen verletzlich machen, zur Angriffswaffe. Der Inhalt solcher Geheimnisse kann geringfügig sein und außer als Symbol für die Vertrautheit des Paares keine besondere Rolle spielen. Andere Geheimnisse – zum Beispiel im Zusammenhang mit Krankheiten, Unfruchtbarkeit, Sexualität oder der Abkunft der Kinder – fallen schwer ins Gewicht. Dringen sie nach außen, wird damit deutlich, daß eine besondere Verbindung zwischen zwei Menschen irreparabel zerstört ist.

Für Paare, die vor der Trennung oder Scheidung stehen

Paare, die mitten in der Trennung oder Scheidung stehen, zeigen sich zwar meist nicht von ihrer besten Seite, aber es ist wichtig, Ruhe zu bewahren und zu bedenken, welche bleibenden Auswirkungen ein Geheimnisverrat hat. Wenn dadurch der Partner bestraft oder Rache geübt werden soll, kann das weitreichende Folgen haben und jede Möglichkeit zukünftiger Kooperation verbauen. Deshalb ist es sicher hilfreich, sich über die Beweggründe und die Folgen der Offenlegung eines Geheimnisses einige Fragen zu stellen:

- *Wem gehört das Geheimnis? Ein Geheimnis über das Leben Ihres Partners gehört ihm. Überlegen Sie, wie Ihr früherer Partner oder Ihre Partnerin reagieren würde, wenn Sie um die Erlaubnis bäten, es anderen zu erzählen. Wenn Sie glauben, daß Ihnen die Erlaubnis verwehrt würde, behalten Sie das Geheimnis für sich!*

- *In welchem Zusammenhang ist das Geheimnis entstanden? Denken Sie daran zurück, wann Sie übereingekommen sind, das Geheimnis zu wahren. War es Bettgeflüster, ein Augenblick tiefer Scham, eine Enthüllung, die gegenseitiges Vertrauen geprägt und gestärkt hat? Wenn Sie an eine Zeit der Zärtlichkeit zurückdenken, in der ein Geheimnis entstanden ist, kann sich der Wunsch relativieren, es zu Rachezwecken zu benutzen.*
- *Welches Versprechen haben Sie einander ursprünglich in bezug auf dieses Geheimnis gegeben? Wenn Sie übereingekommen sind, die Sache vertraulich zu behandeln, muß eine Änderung dieser Vereinbarung abgesprochen werden, es sei denn, das Geheimnis bringt Sie oder Ihre Kinder oder andere in Gefahr.*
- *Wie hoch ist der Preis für diesen Vertrauensbruch?*
- *Welches sind Ihre Beweggründe, das Geheimnis gerade jetzt offenzulegen?*
- *Wenn Sie nach der Trennung Kinder gemeinsam aufziehen müssen, welche Auswirkungen hat dann die Preisgabe des Geheimnisses auf Ihre künftige Zusammenarbeit im Interesse der Kinder?*

Wissen kann tatsächlich Macht bedeuten, aber wenn Sie Geheimnisse im Machtkampf während einer Trennung oder Scheidung einsetzen, bringt Ihnen das wahrscheinlich nur einen Pyrrhus-Sieg ein.

Jeder Übergang im Leben eines Paares erfordert neue, nicht eingeübte Tanzschritte im Muster der Choreographie von Geheimhaltung und Offenheit. Intimpartner gehen eine Bindung ein, indem sie etwas von sich preisgeben. Aber einander durch Geheimnisse, die man wahrt, und Geheimnisse, die man teilt, wirklich kennenzulernen dauert ein Leben lang.

9
Zwischen Aufrichtigkeit und Vorsicht
Geheimnisse zwischen Eltern und kleineren Kindern

Nach einiger Zeit hörte Miranda (neun Jahre) auf zu weinen und sprach, immer noch schwer atmend, darüber, wie isoliert sie sich fühlte. „Ich soll euch alles erzählen, aber ihr wollt mir überhaupt nichts sagen", beklagte sie sich.
„Wir haben dir gesagt", erwiderte ich und verbarg meinen Kummer unter einer Fassade der Gelassenheit, die ich vortäusche, wenn ich den Anschein erwecken will, alles unter Kontrolle zu haben, „daß wir mit dir reden, sobald wir wissen, was als nächstes passiert."
„Das meine ich nicht ... Ich will jetzt alles wissen. Ich bekomme Angst, wenn ihr mir nicht sagt, was los ist."
„Aber es ist nichts los", entgegnete ich begriffsstutzig.
„Warum redest du dann so viel mit Papa, und niemand redet mit mir?"

Kathy Weingarten

Andrew und Cathy Bloom waren seit drei Monaten bei mir zur Paartherapie, doch in der laufenden Sitzung rückte ein anderes Problem in den Vordergrund: Cathys jüngere Schwester Agnes war von ihrem Mann Saul geschlagen worden. Cathy hatte am Tag zuvor einen Notruf vom Arzt ihrer Schwester erhalten. „Ich konnte nicht glauben, was ich da hörte", sagte Cathy traurig. „Wir wußten, daß sie Schwierigkeiten hatten", fügte Andrew hinzu, „aber so etwas war noch nie vorgekommen." Agnes lag jetzt im Krankenhaus, und aus dem ganzen Land kamen die Verwandten angereist. Wir hatten einen Großteil der Sitzung darüber gesprochen, wie Cathy und Andrew mit dieser Krise umgehen konnten, als Cathy die Frage aufwarf, was sie ihren Kindern sagen sollten.

Agnes und Saul hatten ein sehr gutes Verhältnis zu den beiden Kindern von Andrew und Cathy: Serena (7) und Paulette (9). Die Mädchen unternahmen häufig Ausflüge mit Tante und Onkel und übernachteten oft bei ihnen. „Wie sagen wir es unseren Töchtern?" fragte Cathy. „So etwas ist in unserer Familie noch nie vorgekommen. Das passiert im Fernsehen, es passiert in anderen Familien. Unsere Mädchen mögen Saul sehr gern. Meine Mutter möchte ihnen sagen, daß meine Schwester einen Unfall hatte, aber damit fängt das große Lügen und Vertuschen an."

Cathy und Andrew legten bei der Erziehung ihrer Töchter Wert darauf, einerseits ehrlich zu sein und sie andererseits zu beschützen. „Wir weichen keiner ihrer Fragen aus", sagte Andrew, „schirmen sie aber gegen die unangenehmen Seiten des Lebens ab. Offen gesagt, bin ich immer wieder überrascht, was die Kinder in diesem Alter schon in der Schule lernen. Wir schalten oft den Fernseher aus, aber wenn sie Freunde besuchen, kommen sie nach Hause und erzählen von einer Nachmittags-Talkshow, die sie gesehen haben, und fragen: ‚Was ist eine Prostituierte?' Da wird unser Grundsatz der Ehrlichkeit wirklich überbeansprucht. Ich habe das Wort ‚Prostituierte' vielleicht mit 15 Jahren zum erstenmal gehört."

Andrews Bemerkung erinnerte mich wieder daran, wie kompliziert das Thema „Offenheit und Geheimhaltung" für Eltern kleiner Kinder inzwischen geworden ist. Als Kind hörte ich immer wieder: „Zieh die Ohren ein", und wurde dann aus dem Zimmer geschickt, während die Erwachsenen über geheimnisvolle Dinge redeten. (Natürlich schlich ich mich oft zur Treppe, spitzte die Ohren und wahrte mein Geheimnis über ihre Geheimnisse.) Wenn ich Kinder heute frage, was die Redewendung „Zieh die Ohren ein" bedeutet, sehen sie mich verständnislos an.

Themen, die in meiner Kindheit tabu waren – Sex, Fortpflanzung, Adoption, schwere Krankheiten, Scheidung, Drogen, Gewalt –, werden den Kindern von heute tagtäglich aufgetischt. Das repressive Schweigen von einst und die strengen Grenzen, die zwischen Eltern und Kindern gezogen wurden, sind inzwischen durch das Gegenteil ersetzt worden. Die heutigen Eltern werden mit den Heilsversprechungen der „Offenheit" bombardiert, und in den Medien liest und hört man ständig warnende Geschichten über die entsetzlichen Folgen „mangelnder Kommunikation". Eine junge Mutter brachte bei mir das Dilemma zum Ausdruck, vor dem viele Eltern ihrer Generation stehen: „Meine Kinder sind meine Freunde, aber dann frage ich mich: Soll ich meinem zehnjährigen Kind erzählen, was ich meiner 35jährigen besten Freundin erzähle?" Zweifellos hätten ihre eigenen Eltern ihre Kinder nicht als ihre „Freunde" bezeichnet, und die Auseinandersetzung darum, was man den Kindern erzählen soll, hätte gar nicht stattgefunden.

In Workshops frage ich oft die Teilnehmer: „Welche Geheimnisse hatten Ihre Eltern vor Ihnen, als Sie klein waren? Läßt sich das mit dem vergleichen, was Sie heute vor Ihren Kindern geheimhalten?" Was mich bei diesen Gesprächen am tiefsten berührt, ist die große Orientierungslosigkeit, die Eltern erleben, wenn sie sich mit dem Erbe des Schweigens aus ihrer eigenen Herkunftsfamilie und dem neuen kulturellen Imperativ der Offenheit um jeden Preis auseinandersetzen. *Sie wissen, daß die Kinder zu beschützen heute heißt, sie zu informieren, und nicht, ihnen Informationen vorzuenthalten.* Aber wie und wann sollten bestimmte Themen wie „Sexuelle Belästigung" und „Illegale Drogen" zur Sprache kommen? Orientierungshilfen aus der Vergangenheit, als Kinder vor der Wirklichkeit des Erwachsenendaseins leicht geschützt werden konnten, sofern eine Familie das wollte, sind in der heutigen Zeit nahezu wertlos – angesichts der Übersättigung durch die Medien, einer wachsenden Sensationslust bei den Nachrichtensendungen und dem mühelosen Internet-Zugang selbst für kleine Kinder. Die derzeitige Verwirrung um die Frage, was Kinder erfahren und was sie nicht erfahren sollten, zeigt sich in der schlichten Forderung nach V-Chips und Zensur im Internet – als könnten wir in das goldene Zeitalter zurückkehren, als die Eltern noch Einfluß darauf hatten, was die Kinder sahen und hörten. Dieselbe Verwirrung liegt den Patentrezepten zugrunde, die von manchen Erziehungsexperten angeboten werden: „Was soll man einem Kind im Alter von drei, vier, fünf, sechs Jahren erzählen?" Die wesentlichen Fragen bleiben unbeantwortet: Welchem Kind in welcher Familie? In welchem Tonfall? Unter welchen sozialen Bedingungen? Einem Kind einfach Fakten beispielsweise über Drogen oder Sex zu liefern ist nicht dasselbe wie das wesentlich komplexere Zusammenspiel von Sinn, Gefühl, Werten, Ethik und Familiengeschichten.[1]

Bei all diesen Expertenratschlägen fehlt auch eine differenzierte Debatte darüber, wie das soziale Umfeld einer bestimmten Familie die Gedanken, Gefühle und Handlungen von Eltern beeinflußt. Als Andrew und Cathy Bloom an diesem Tag meine Praxis verließen, hatten sie beschlossen, die Tatsache der ehelichen Gewalt in ihrem Verwandtenkreis mit ihren kleinen Töchtern zu besprechen. Die Blooms pflegten intensive soziale Kontakte. Ihre besten Freunde hatten sie bereits beschworen, kein Geheimnis aus der Sache zu machen. Als Eltern fanden sie große Unterstützung. Noch am selben Tag wurde ich mit einer isoliert lebenden Mutter konfrontiert, die fest entschlossen war, ihrer zehnjährigen Tochter ihre Geheimnisse vorzuenthalten.

Eine Mutter, die zuviel wußte, und eine Tochter, die zuwenig wußte

Cleo Robinson (41), eine alleinerziehende afroamerikanische Mutter, mußte mit ihrer zehnjährigen Tochter Latesha im vergangenen Monat dreimal zur Notaufnahme ins Krankenhaus fahren. Im Lauf der letzten anderthalb Jahre hatte sich Latesha auf verschiedene Weise immer wieder selbst Verletzungen beigebracht – sich Schnittwunden an Armen und Beinen zugefügt, sich die Wimpern ausgerissen, sich nach einem Sprung von einer hohen Veranda den Ellbogen gebrochen. Cleo wohnte mit Latesha in einer der schlimmsten Gegenden von Brooklyn, wo Latesha als Schlaflied allzuoft Pistolenschüsse hörte und wo auf den Straßen Crack-Fläschchen herumlagen. Bei unserem ersten Gespräch bemerkte Latesha in einem Tonfall, in dem mir ein anderes Kind von einem Nachmittag bei ihrer Freundin erzählt hätte: „In letzter Zeit hat es nicht besonders viele Schießereien gegeben."

Die Ärzte der Notaufnahme hatten die Familie zu mir geschickt, einerseits weil sie sich um Latesha Sorgen machten und andererseits, weil sie durch Cleos Zorn eingeschüchtert waren. Als die beiden zum erstenmal zu mir kamen, konnte Cleo ihre Wut auf Latesha kaum bändigen. Dieser Wut lag aber ein unausgesprochener Schmerz zugrunde, und ich war überzeugt, daß auch Latesha ihn wahrnahm. Doch nach außen hin zeigte sich Cleo unerbittlich. Sie warf ihrer Tochter immer wieder vor, „sich selbst zu ruinieren". Latesha saß teilnahmslos da und ließ den Wutausbruch ihrer Mutter über sich ergehen. Offenbar hatte sie all das schon mehr als einmal gehört. Was Latesha noch nie gehört hatte, aber gewiß ahnte, war die Lebensgeschichte ihrer Mutter.

Ich schlug Cleo vor, ein wenig von ihrer Herkunft zu erzählen, damit ich besser verstand, aus welchen Verhältnissen sie stammte und welche Einflüsse das Leben von Mutter und Tochter mitbestimmten. Sie weigerte sich. Ich versuchte, etwas über ihr Leben herauszufinden, aber sie verwies mich sofort wieder auf Latesha. Als ich nach dem Vater des Kindes fragte, erklärte sie kalt: „Er ist von der Bildfläche verschwunden", und wechselte rasch das Thema. Als beide nach der ersten Sitzung aufstanden, um zu gehen, machte ich eine Bemerkung über eine rote AIDS-Schleife, die Cleo am Mantel trug. Cleo meinte: „Das ist ein Thema für ein andermal." Nach der Sitzung dachte ich bei mir, daß Latesha ein Kind war, das viel zu viel über Drogen und Gewalt vor seiner Haustür wußte und viel zu wenig über seine eigene Familie.

Kurz nach der Sitzung rief mich Cleo an. „Könnten wir uns allein treffen?" fragte sie. „Es gibt verschiedenes, was ich Ihnen sagen muß, aber nicht vor Latesha." Ich sollte also in Cleos Geheimnisse eingeweiht werden. Daß diese Geheimnisse für Lateshas Probleme von Bedeutung waren, konnte ich mir vorstellen; aber würde ich Cleo bewegen können, das auch einzusehen, oder würde ich, ohne es zu wollen, zu ihrer Verbündeten im Verschweigen werden?

„Ich wurde von meiner Großmutter aufgezogen, der Mutter meiner Mutter", fing Cleo an. „Latesha weiß das, aber sie weiß nicht, warum. Sie ist sehr leicht zu beeinflussen, und ich möchte sie nicht auf dumme Gedanken bringen." Dann erzählte sie mir, ihre eigene Mutter sei heroinabhängig gewesen und an einer Überdosis gestorben, als Cleo mit Latesha schwanger war. „Meine Mutter hat sich selbst zerstört. Latesha ist erst zehn, und sie ist auf dem besten Weg, dasselbe zu tun. Ich bin sicher, es ist nur eine Frage der Zeit, und sie nimmt auch Drogen. Meine Mutter hieß Loretta Mae – ich nannte mein Baby Latesha Mae, aber sie weiß nicht, daß ich sie nach meiner Mutter genannt habe. Jetzt glaube ich, ich hätte es nicht tun sollen. Sie hat ihre Schwächen geerbt." Ich antwortete, ich könnte mir vorstellen, daß sie ihre Tochter so nannte, weil sie auch gute Erinnerungen an ihre Mutter hatte, und fragte mich, ob Latesha diese Erinnerungen kannte.

„Wir sprechen nicht über meine Mutter", erklärte Cleo mit Nachdruck.

An diesem Nachmittag trat noch vieles aus Cleos Leben zutage, worüber sie mit Latesha nicht sprach. Latesha hatte einen

Halbbruder, der mit 16 Jahren verschwunden war, als sie selbst erst drei war. „Sicher erinnert sie sich nicht an ihn", meinte Cleo, „außerdem habe ich alle Fotos von ihm weggeräumt." Lateshas Vater, der einzige Mann, den Cleo je wirklich geliebt hatte, verließ sie, als sie mit Latesha schwanger war. Cleo wußte, daß er in derselben Stadt lebte, aber er besuchte sie nie, schickte kein Geld und hatte Latesha noch nie gesehen. Da Latesha nie nach ihrem Bruder oder ihrem Vater fragte, hatte Cleo sich eingeredet, diese Männer spielten für ihre Tochter keine Rolle. Wie viele andere Kinder hatte Latesha gelernt, welche Themen sie nicht anschneiden und welche Fragen sie nicht stellen durfte.

Ein junger Mann, den Cleo als inoffizielle Pflegemutter mitaufgezogen hatte, war anderthalb Jahre zuvor an AIDS gestorben – kurz bevor Latesha begonnen hatte, sich Verletzungen zuzufügen. Cleo weinte, als sie von ihm sprach, von ihren verzweifelten Versuchen, ihn von den Drogen wegzubekommen, und von seinem anonymen Tod in einem städtischen Krankenhaus. Dann sagte sie: „Ich bin mir ziemlich sicher, daß Latesha nicht merkt, wie traurig ich bin – ich kann das gut verbergen." Wie konnte ich Cleo also dazu bewegen einzusehen, daß Latesha ihre Trauer nicht nur bemerkte, sondern tief mitfühlte, sie aber nicht begreifen konnte? Die überwältigenden Verluste, die Cleo erlitten hatte, belasteten jeden Augenblick ihres Zusammenlebens mit Latesha, und doch wurden diese Verluste mit keinem Wort eingestanden. Am Ende der Sitzung behauptete Cleo beharrlich, Lateshas selbstschädigendes Verhalten sei der beste Beweis dafür, daß sie mit diesem Wissen nicht umgehen könne.

Diese Befürchtung, daß ein offengelegtes Geheimnis für ihr Kind alles nur noch schlimmer machen würde, teilen viele Eltern. Kleinen Kindern ein Geheimnis vorzuenthalten ist anfangs oft ein Schutzmechanismus. Doch ein Geheimnis zu wahren, um ein Kind zu schützen, kann sich bitter rächen. Wenn ein Geheimnis Verstellung, Täuschung, Lügen und Ausweichmanöver nach sich zieht, schaltet sich bei Kindern ein Seismograph ein. Heranwachsende Kinder, die verwirrende Botschaften ihrer Eltern zu deuten versuchen, zahlen dafür einen hohen Preis, weil ein Großteil ihrer Kraft und Aufmerksamkeit darauf verwendet wird, mit einem Rätsel zu leben. Wenn die Mutter oder der Vater heftige, aber unerklärliche Emotionen zeigen und sich anstrengen, diese Gefühle zu verbergen, bereitet das den Kindern Kummer und Sorgen. Mitunter betätigen sie sich sogar als Detektive, entwickeln komplizierte Phantasien, machen sich Vorwürfe oder produzieren schmerzhafte Symptome.

Latesha beobachtete Tag für Tag, wie traurig ihre Mutter war. Und Tag für Tag tat Cleo so, als sei alles in Ordnung. Was ihre Mutter äußerte, wurde für Latesha immer unglaubwürdiger. Gleichzeitig wurde das Urteilsvermögen des Mädchens ständig in Frage gestellt. Sah sie wirklich, was sie zu sehen glaubte? Was hatte der spürbare Kummer der Mutter zu bedeuten? Angesichts dieser Verwirrung begann Latesha, sich Verletzungen zuzufügen. Ihr Verhalten war eine ausdrucksstarke Metapher für den unausgesprochenen und uneingestandenen Schmerz und die Trauer ihrer Mutter.

Wenn das Verhalten eines Kindes indirekt auf das Vorhandensein oder den Inhalt eines Geheimnisses verweist, reagieren Eltern häufig so wie Cleo. In einem Teufelskreis befangen, erfüllte Lateshas Selbstschädigung die Funktion, Cleo unaufhörlich an den Drogenmißbrauch ihrer eigenen Mutter zu erinnern. Cleos unkontrollierte Wut (die einen Arzt in der Notaufnahme veranlaßte, sie als „unfähige Mutter" zu bezeichnen) war meines Erachtens eine gefährliche Mixtur aus fehlgeleitetem Zorn und der überwältigenden Angst, daß Latesha dem in der Familie vorgezeichneten Weg der Selbstzerstörung folgen könnte. Meine Aufgabe bestand darin, Cleo zu unterstützen, damit sie diese Gefühle entwirren und ihre Tochter als Verbündete und nicht als Feindin betrachten konnte.

Jede weitere Sitzung mit Cleo brachte noch mehr Geschichten zutage, die sie bisher noch niemandem erzählt hatte. Ihre Eltern waren zwar heroinabhängig, waren aber auch talentierte Sänger gewesen, die in kleinen Clubs im ganzen Land auftraten. Als Cleo 15 war, wurde ihr Vater ermordet. Der Täter wurde nie gefaßt. Kurz darauf erwartete Cleo ein Kind, und die Großmutter setzte sie vor die Tür. Für kurze Zeit nahm sich ihre Mutter zusammen, stellte ihren Drogenkonsum ein und kümmerte sich um Cleo. Diesem Zeitraum schenkte ich im Gespräch mit Cleo große Aufmerksamkeit, und dabei erfuhr ich viel über die Stärken ihrer Mutter. Niemand hatte mit Cleo je über die guten Eigenschaften ihrer Mutter gesprochen. Als Kind hörte sie nur die vernichtende Kritik der Großmutter an ihrer Mutter. „Meine Großmutter hat mir viel zuviel über meine Mutter erzählt, als ich noch ganz klein war", sagte Cleo. „Als ich drei oder vier war, bekam ich zu hören: ‚Deine Mutter ist drogensüchtig. Deine Mutter ist eine Hure.' Ich hatte keine Ahnung, was das bedeutet, aber ich wußte, daß es etwas Schlimmes war. Es gab mir das Gefühl, selbst schlecht zu sein. Ich war entschlossen, meinem eigenen Kind das nicht anzutun." Das war ein weiteres Teil des Puzzles. Die Erfahrung, als kleines Kind zu viele Dinge zu hören, die mit Ärger und Vorwürfen zu tun hatten, führte Cleo zu der Überzeugung, sie müsse Latesha vor jeder Beunruhigung schützen.

Wenn Cleo an den Punkt gelangen sollte, an dem sie sich zumindest vorstellen konnte, ihre zahlreichen schmerzlichen Geheimnisse mit Latesha zu teilen, mußten wir eine besser strukturierte und umfassendere Sicht ihrer Familiengeschichte entwickeln. Cleo war mit einem sehr platten und einseitigen Bild ihrer Mutter aufgewachsen. Es hatte schöne Zeiten mit ihrer Mutter gegeben, als sie Cleo häufiger besuchte und freundlich und liebevoll mit ihr umging, aber darüber durfte kein Wort verloren werden. Niemand sprach jemals über die Umsiedlung der Familie aus dem Süden, wo sie als fromme, kirchentreue Arbeiter fest zusammengehalten hatten, in den Norden, wo der Zusammenhalt verlorenging und die Familie verarmte und zerfiel. Cleo, die wie alle kleinen Kinder einen ichbezogenen Standpunkt einnahm, stellte sich vor, ihre Familienverhältnisse seien einzigartig und außerordentlich beschämend. Sie war fest überzeugt, sie könne Latesha diese Schande ersparen, indem sie ihr all das vorenthielt. Ich erklärte Cleo, daß die Schande meiner Meinung nach in verborgenen Winkeln wachse und im Schweigen gedeihe. „Latesha empfindet Ihre Scham", sagte ich, „aber im Augenblick hat sie keine Möglichkeit zu verstehen, worum es überhaupt geht."

Gemeinsam zählten wir die Talente ihrer Mutter auf und betrachteten, wie diese in Cleo und in Latesha weiterlebten. Cleos Mutter hatte Gedichte geschrieben. Latesha hatte vor kurzem in der Schule einen Preis für ein Gedicht gewonnen. Allmählich war das Geheimnis um Loretta Maes Leben, ein Geheimnis, das Cleo nur auf deren Drogenmißbrauch bezogen hatte, vielschichtiger geworden, und seltsamerweise wurde es nun leichter, darüber zu reden.

Ich fragte Cleo, ob sie zu einer Sitzung mit Latesha bereit sei, bei der wir gemeinsam besprechen wollten, was „Überleben" und „Selbstzerstörung" für den einzelnen und für Beziehungen bedeutete. Ich gab der Überzeugung Ausdruck, daß beides in ihrer Familie und in ihrer Umgebung nebeneinander seinen Platz hatte. Sie war einverstanden.

Zu Beginn der Sitzung stellten wir eine Liste mit Begriffen zusammen, die „Überleben" und „Selbstzerstörung" definierten. Latesha schrieb die Wörter auf eine Tafel. Zum erstenmal, seit wir uns kannten, arbeiteten Mutter und Tochter gemeinsam an einer Aufgabe. Verblüfft sah ich, wie sich in Cleos Definitionen ihr Leben spiegelte. *Überleben* war für sie gleichbedeutend mit „Kampfbereitschaft, Unbeugsamkeit, Sturheit". Und tatsächlich hatten ihr diese Eigenschaften geholfen zu überleben. Latesha setzte außerdem „Stärke, Vorsicht, Mut und Feminismus" auf die Liste. Gemeinsam definierten sie *Selbstzerstörung* als „Sucht, schlechte Angewohnheiten und Selbstschädigung". Cleo fügte „Gejammere" hinzu. Dann sah Latesha ihrer Mutter ins Gesicht und sagte: „Setz auch ‚Traurigkeit' und ‚Depression' auf die Liste."

Ich regte an, über Menschen zu sprechen, die beide kannten und die so etwas wie „Überlebenskünstler" waren. Latesha erzählte zunächst von einer Freundin, die bei ihrer Großmutter leben mußte, weil ihre Mutter Crack nahm. Cleo fing an zu weinen, und Latesha weinte sofort mit. Als ich Latesha fragte, was passiert sei, antwortete sie: „Ich weine, weil Mami weint." Cleos langgehegte Überzeugung, daß Latesha „nichts merkt", brach in sich zusammen. Während Cleo weinte, fragte Latesha ruhig: „Was ist los, Mami?" Unter Tränen – und zum allerersten Mal – sagte Cleo: „Ich denke an meine Mutter." Im Lauf der nächsten Dreiviertelstunde erzählte Cleo Latesha von Loretta Mae. Das war das erste von vielen Gesprächen, sowohl in der Therapie als auch zu Hause, bei denen es um Cleos Mutter, Lateshas Vater und ihren Halbbruder, Cleos Pflegesohn und viele andere Angehörige und Freunde ging. Latesha fügte sich nach dieser Sitzung nie wieder eine Verletzung zu.

Gemeinsam besprachen wir vielerlei Möglichkeiten, mit Geheimnissen umzugehen. Wir erstellten einen Familienstammbaum, und Cleo erzählte viele Geschichten über ihre Angehörigen. Manches war schmerzlich, aber vieles handelte von Hoffnung, Mut und Beharrlichkeit. Cleo achtete darauf, Latesha begreiflich zu machen, daß sie an den schlimmen Ereignissen in der Familie weder die Schuld trug noch etwas wiedergutzumachen hatte. Wir schauten uns Familienfotos an, unter anderem Bilder von Lateshas Vater und Bruder, die das Kind noch nie gesehen hatte. Cleo ging mit Latesha auf den Friedhof an das Grab ihrer eigenen Eltern, um für sie zu beten. Wir sprachen auch über manches, was sich vielleicht nie aufklären würde, zum Beispiel das Schicksal von Lateshas Halbbruder. Ich bemerkte dazu, daß es Geheimnisse gibt, die uns das Leben vorenthält, und Geheimnisse, die uns andere Menschen vorenthalten. Die zahlreichen Verluste in Cleos Leben kamen ans Licht und wurden damit zugänglich für Gespräche und Heilung.

Kinder und ihre Geheimnisse

„Was ist nach deiner Erinnerung das erste Geheimnis, das du vor deinen Eltern hattest?" fragte ich meine 83jährige Mutter. Ohne eine Sekunde zu zögern, erzählte sie mir, daß sie im Alter von fünf Jahren vom Pferd des Eiswagens umgestoßen worden war. „Ich durfte dem Eiswagen nicht nahe kommen. Aber es war einfach zu verlockend. Es war ein heißer Tag in Chicago, und ich wollte das Eis aufheben, das auf den Gehsteig gefallen war. Ich bückte mich vor dem Pferd, es schüttelte den Kopf und stieß mich auf die Straße. Ich wußte, daß ich es meiner Mutter nicht erzählen durfte, weil sie mir immer gepredigt hatte, ich sollte nicht zu nahe herangehen. Das Geheimnis währte nicht sehr lange – Freunde von mir gingen zu meiner Mutter und haben es ihr verraten."

Während meine Mutter erzählte, erinnerte ich mich, wie ich diese Geschichte vor 45 Jahren von meiner Großmutter gehört hatte. Sie war Teil einer ganzen Sammlung von Geschichten, die ich heute unter dem Titel *Schlimme Sachen, die meine Mutter angestellt hat* zusammenfassen würde. Im Bericht meiner Großmutter fehlte allerdings jeder Hinweis darauf, daß meine Mutter den Vorfall geheimgehalten hatte.

Die meisten Eltern vermuten Geheimnisse vor allem bei Teenagern, aber schon Dreijährige haben zuweilen Geheimnisse vor ihren Eltern. Wenn ich in Workshops frage: „Was war das erste Geheimnis, das Sie vor ihren Eltern verborgen haben, und wie war diese Erfahrung für Sie?" höre ich meistens Geschichten über Fünf- und Sechsjährige, die die berauschende, teils befreiende, teils Schuldgefühle hervorrufende Möglichkeit eigener Gedanken und Handlungen entdecken, die geheim blieben, es sei denn, man entschied sich, davon zu erzählen. Kindheitsgeheimnisse geben uns den Maßstab dafür, wie „erwachsen" wir schon sind. Werden wir mit einer Situation allein fertig, ohne unsere Eltern ins Vertrauen zu ziehen?

Meine Kollegin und Freundin Janine Roberts berichtet von einem Ereignis in ihrem sechsten Lebensjahr: „Mein Vater hatte einen großen, ganz besonderen Kasten in seiner Werkstatt im Keller. Er war in viele kleine Fächer unterteilt, die jeweils unterschiedliche Nägel und Schrauben enthielten. Wir durften da nichts anfassen, aber eines Tages beschloß ich, einmal nachzuforschen. Es dauerte nicht lange, und der Inhalt des ganzen Kastens lag auf dem Fußboden. Hunderte von Nägeln und Schrauben! Ich brachte Stunden damit zu, alles sorgfältig zu sortieren und wiedereinzuräumen. Da war ich sehr stolz und kam mir richtig erwachsen vor. Niemand würde etwas merken. Natürlich hatte ich nicht alles richtig eingeordnet. Als mein Vater nach Hause kam, fragte er, wer in seiner Werkstatt gewesen sei. Ich hütete mein Geheimnis, aber ich war schrecklich enttäuscht, daß ich nicht alles richtig einsortiert hatte. Und ich war ziemlich sicher, daß er mich in Verdacht hatte." Im Lauf von wenigen Stunden war dank einem Geheimnis aus der sechsjährigen Janine eine fast erwachsene Sechzehnjährige und schließlich wieder eine Sechsjährige geworden.

Die Nachfolger Freuds haben lange Zeit die These verfochten, die ersten Geheimnisse von Kindern drehten sich um Sexualität, doch in Wirklichkeit umfassen die ersten Geheimnisse von Kindern ein wesentlich breiteres Spektrum. Sie bringen Tiere mit nach Hause, die sie dann verstecken, sie stehlen in der Schule Farbstifte, um eine größere Auswahl zu haben, sie nehmen Geld aus dem Wunschbrunnen, spüren im November die versteckten Weihnachtsgeschenke auf, tauschen in der ersten Klasse ihr Pausenbrot, sehen verbotene Fernsehsendungen – die Liste ließe sich beliebig verlängern. Oft ist der jeweilige Inhalt des Geheimnisses weniger wichtig als das Selbstgefühl, das wir dabei entwickeln. Auch Geheimnisse, durch die wir Ungezogenheiten vor den Eltern verbergen, so daß wir uns ein wenig schuldig fühlen, vermitteln gleichzeitig das Gefühl, unabhängig Entscheidungen treffen zu können. Geheimnisse zu bewahren trägt dazu bei, daß sich kleine Kinder als eigenständige Personen mit eigenen Gedanken und Gefühlen wahrnehmen können. Indem sie materielle und seelische Verstecke finden, entdecken sie auch das autonome Selbst. Fairneß und Mogelei, Recht und Unrecht, Angst und Mut, Selbstrechtfertigung und Schuldgefühle sind in diesen Verstecken zu Hause, wenn Kinder mit Geheimnissen experimentieren.

Bestimmte Geheimnisse, die wir mit Geschwistern und Freunden teilen, gehören zu unseren ersten Erfahrungen mit Vertrauen und Intimität. Als ich acht Jahre alt war, wurde ich eines Abends wegen eines Vergehens, an das ich mich natürlich nicht mehr erinnere, ohne Nachspeise vom Eßtisch in mein Zimmer geschickt. Allerdings werde ich nie vergessen, daß mir mein 14jähriger Bruder später am Abend heimlich Kekse brachte. Wenn ich heute, 45 Jahre später, an den Vorfall zurückdenke, empfinde ich immer noch deutlich, wie es war, das Verständnis und die Zuneigung meines Bruders zu spüren, während wir gemeinsam unsere Eltern hereinlegten.

Kinder schließen Geheimpakte oder Blutsbruderschaft, sie erfinden Geheimcodes und schließen sich zu Clubs mit geheimen Losungen zusammen, nur um zu entdecken, wie Geheimnisse Beziehungen gestalten, und um sich eine eigene Welt ohne Erwachsene zu schaffen. Vielleicht machen Kinder ihre ersten Erfahrungen mit Verrat, wenn solche Geheimnisse von einem anderen ausgeplaudert werden. Die meisten von uns erinnern sich an Erfahrungen mit dem „Du hast doch versprochen, nichts zu sagen" – sei es auf der einen oder der anderen Seite des Pakts.

Erpressung unter Geschwistern

„Ich sprühte Farbe an unsere Hauswand, als ich sieben war", erzählte Alice Holder, heute 35 Jahre alt, als wir eine Therapiesitzung mit ihrem 40jährigen Bruder Jeff vorbereiteten. „Jeff wußte, daß ich es war. Mein Vater war wütend, und der Täter mußte sich auf Prügel gefaßt machen. Ich sagte nichts, und Jeff auch nicht. Aber ich habe einen hohen Preis bezahlt. Jeff nannte mich seine ‚Sklavin' und drohte, ich müßte tun, was er verlangte, sonst würde er mich verraten. Ich erinnere mich an diese Begebenheit, weil sie über unsere Beziehung Bände spricht. Mein Leben lang habe ich zugelassen, daß mich Jeff vor dem Zorn unserer Eltern beschützt, und dafür hat er mich zu seinem Vorteil ausgenutzt."

Durch Geheimnisse lernen Kinder, daß Wissen im Miteinander der Familie unzulässige Macht verleihen kann. Eltern sind oft erstaunt über die Machenschaften und Manipulationen unter Geschwistern, wenn es um Geheimnisse geht. Wenn niemand eingreift, kann die heimliche Drohung, das Geheimnis des Bruders oder der Schwester preiszugeben, zur „Geschwisterfolter" führen, wie eine Frau es einmal nannte.

Die Grenzen der Loyalität

„Befolge ich nur, was meine Familie von mir verlangt, oder handle ich nach meinen eigenen Überzeugungen?" Diese Frage, die für Erwachsene so manche Therapiestunde ausfüllt, stellt sich für ein Kind, wenn es Geheimnisse hütet, die den Grundsätzen der Familie zuwiderlaufen. Kleine Kinder müssen lernen, daß in den Familien tatsächlich unterschiedliche Grundsätze gelten, mit je eigenen Bräuchen, Gewohnheiten und Vorstellungen von „richtig" und „falsch". Anlaß für Streit mit der eigenen Familie, der das „Programm" der Familie in Frage stellt, ergibt sich oft aus Geheimnissen.

Als ich zehn war, durfte ich in Chicago nicht ohne meine Eltern mit der Hochbahn fahren. Geena, meine beste Freundin, war elf. Da sie sich in der Stadt völlig frei bewegen durfte, sah sie absolut keinen Grund, warum ich nicht mit ihr Hochbahn fahren sollte. Wir schmiedeten tagelang Pläne für eine Fahrt in die Innenstadt, die wir ohne Wissen meiner Mutter unternehmen wollten. Damals konnte ich es zwar noch nicht benennen, aber die Schmerzen in meiner Brust waren offensichtlich die ersten Anzeichen von Beklemmung, die ich erlebte.

Die Nacht vor unserer heimlichen Unternehmung verbrachte ich bei Geena. Ich konnte nicht schlafen und brachte keinen Bissen hinunter. Wie konnte ich nur mit Geena ein Geheimnis haben, das die Regeln meiner Eltern brach? Noch ein Geheimnis bedrückte mich. Wie konnte ich meiner besten Freundin vorenthalten, daß ich zu große Angst vor der Fahrt hatte? Der Konflikt war überwältigend und überforderte mein Seelenleben als Zehnjährige ein wenig. Kurz bevor der Zug im Bahnhof einfuhr, brach ich in Tränen aus, rannte weg und rief meine Mutter an. Damals siegte die Loyalität gegenüber meiner Familie, und Geena hat mir das nie verziehen. Heute aber sehe ich diesen Vorfall als den ersten Versuch einer Zehnjährigen, sich abzugrenzen. Dies ist meine früheste Erinnerung daran, daß ich es mir auch nur vorzustellen wagte, die Vorschriften meiner Eltern, die mein Verhalten außer Haus betrafen, zu übertreten. Für die meisten von uns sind Kindheitsgeheimnisse ein erster Versuch der Rebellion.

Manchmal ermöglicht ein Geheimnis einem Kind, zwischen widerstreitenden Loyalitätsbindungen einen Ausgleich zu schaffen – zwischen der Familie, Freunden und sich selbst. Die zehnjährige Kathrine erlebte 1944 in der neutralen Schweiz die beklemmende Atmosphäre des Zweiten Weltkriegs. Als ältestes von vier Geschwistern war sie zu Hause mit zweierlei Problemen konfrontiert: der äußerst schwierigen Schwangerschaft der Mutter mit dem fünften Kind und der freiwilligen Tätigkeit des Vaters als Luftschutzwart. Inmitten dieser täglichen Konfrontation mit Leben und Tod entdeckte Kathrine eine Insel des Friedens und der Freude.

„Ich erinnere mich, daß ich oft von daheim geflüchtet bin, um mit meiner besten Freundin Maria zusammenzusein", erzählte mir Kathrine. „Sie wohnte mit ihrer deutschen Großmutter väterlicherseits, ihrer tschechischen Mutter und ihrem schweizerischen Vater in einem schönen zweistöckigen Haus ganz in der Nähe. Maria war meine liebe Freundin, und ich fühlte mich zu ihrer Familie und deren Lebensweise hingezogen, die ganz anders als unsere war. Sie saßen stundenlang beim Abendessen, wo es österreichische und böhmische Speisen gab, die ich liebte. Sie redeten und redeten. Und sie waren musikalisch. Im Eßzimmer stand ein Klavier, und nach dem Essen spielte ein Familienmitglied klassische Musik, und die anderen sangen. Zur damaligen Zeit machte in unserer Familie niemand Musik.

Aber auch auf diesem fröhlichen, scheinbar perfekten Familienidyll lag ein Schatten. Marias Vater und ihre Großmutter traten offen für Hitler ein. Als sie die Kriegsmeldungen im Radio hörten, wurde Kathrine klar, daß ihre Gastgeber darauf hofften, Deutschland werde die Schweiz annektieren. Kathrines Eltern machten ihrem Ärger Luft, wenn Hitler im Radio zu hören war, Marias Familie jubelte. „Ich hatte meine Freundin gern", sagte Kathrine, „und ich mochte das gute Essen und die Musik bei ihr zu Hause. Wenn meine Familie ihre politische Einstellung gekannt hätte, wäre es das Ende unserer Freundschaft und meiner

Besuche bei Maria gewesen, das war mir klar. Also behielt ich das Geheimnis für mich. Irgendwie zog ich in Gedanken zwischen diesen beiden Welten eine feinsäuberliche Trennungslinie."

Als der Krieg vorüber war, kam das Geheimnis ans Licht. Während der Entnazifizierung in der Schweiz wurde Marias Vater verhört. Er gab zu, daß er mit den Nazis sympathisierte, entschuldigte dies aber mit der Loyalität gegenüber seiner deutschen Mutter. Kathrine und ihre Eltern lasen den Bericht darüber in der Lokalzeitung. Kathrines Eltern erklärten, das wundere sie nicht. Sie hätten schon immer vermutet, daß er Faschist sei, aber es sei ihnen wichtig gewesen, daß ihre Tochter die Freundin Maria nicht mit deren Vater und Großmutter in einen Topf warf. „Obwohl meine Eltern es mir auch jetzt noch erlaubten, konnte ich irgendwie nicht mehr mit Maria befreundet bleiben, nachdem das Geheimnis aufgedeckt war", sagte Kathrine.

Solange Kathrine das Geheimnis wahrte, hatte sie die Möglichkeit, in zwei grundverschiedenen Welten zu leben und beide zu lieben. Diese Freundschaft war nur möglich, solange sie daheim nicht über die politische Einstellung von Marias Familie sprach, die der Einstellung ihrer Familie vollkommen zuwiderlief. Als das Geheimnis herauskam, brachte Kathrine es nicht mehr fertig, mit solchen weltanschaulichen Gegensätzen zu jonglieren und zwischen ihnen einen Ausgleich zu finden. Nun konnte man die Fortsetzung ihrer Freundschaft mit Maria als Verrat auffassen, und zwar sowohl gegenüber ihrer Familie als auch gegenüber den Menschen in ihrem Umkreis, die so viel erduldet hatten, um dem Nazi-Regime standzuhalten.

Viele Geheimnisse, die Kinder schaffen und wahren – und am Ende vielleicht enthüllen –, tragen zur Entwicklung ihres Selbstgefühls bei. Durch diese Geheimnisse gewinnen Kinder ein erstes Verständnis von Grenzen in Beziehungen, von Zwangslagen, in die man durch Loyalitäten und Verpflichtungen anderen gegenüber geraten kann, und von den vielschichtigen Aspekten des Lügens und der Ehrlichkeit gegenüber Verwandten und Freunden. Dank solcher Geheimnisse lernen Kinder, auf innere Kraftquellen zurückzugreifen und sich in einer Weise mit Zwiespältigkeiten auseinanderzusetzen, wie es keine elterliche Ermahnung und kein schulischer Lehrplan jemals vermitteln könnte. Aber nicht alle Geheimnisse haben eine so positive Wirkung. Manche Kinder hüten Geheimnisse, die sie niederdrücken, ihre Entscheidungsfreiheit einengen und ihre seelische Entwicklung hemmen.

Die geheime Last

„Auf dem Weg zu meinem Freund Arthur nahm ich die Abkürzung über einen leeren Parkplatz", erinnerte sich Kirk Brownley. „Plötzlich rannte eine Frau, die ich noch nie gesehen hatte, auf mich zu und fing an, mit ihrem Stock auf mich einzuprügeln. In einem fort schrie sie, ich sei respektlos. Schließlich konnte ich entkommen, aber da hatte sie mich schon übel zugerichtet. Ich war damals elf. Mir war vollkommen klar, daß ich nicht einfach heimgehen und meinem Vater und meiner Mutter erzählen konnte, was passiert war. Ich log und sagte, ich sei hingefallen, und das war's dann. Selbst heute noch, wenn ich mit Ihnen darüber rede, spüre ich, wie verängstigt und allein ich mich damals fühlte."

Kirk war 47, als er mir diese Geschichte in der Therapie erzählte. Er quälte sich mit seiner Unfähigkeit, anderen zu vertrauen und sich auf Menschen zu verlassen, die ihm nahestanden. Als ich ihn nach einem Kindheitsgeheimnis fragte, fiel ihm sofort dieser Zwischenfall ein. „Was meinen Sie, warum haben Sie sich entschlossen, es weder Ihrem Vater noch Ihrer Mutter zu sagen?" fragte ich. „Ich dachte, ich hätte es verdient, ganz gleich, was mir zustieß. Während meiner ganzen Kindheit habe ich zu hören bekommen, ich sei böse. Wenn ich Probleme in der Schule hatte, selbst wenn es gar nicht meine Schuld war, bestraften mich meine Eltern zu Hause noch einmal. Obwohl ich mir nicht vorstellen konnte, was ich angestellt hatte, mußte ich doch etwas getan haben, wenn mich diese Frau verprügelte. Ich habe zwanzig Jahre gebraucht, um zu dem Schluß zu kommen, daß sie verrückt war und daß ich nichts auf dem Kerbholz hatte."

In Kirks Geschichte wird der tiefe Schmerz spürbar, der mit den Geheimnissen mancher Kinder verbunden ist. Kirks Vater war ein Alkoholiker, der seine Launen an den Kindern ausließ. Manchmal war er freundlich und liebevoll, und im nächsten Augenblick konnte er einen Wutanfall bekommen. Seiner Mutter blieb wenig Kraft für ihn und seine jüngere Schwester. Er erlebte viel zu früh, daß er sich auf seine Eltern nicht verlassen konnte.

In seiner Welt konnte man sich Erwachsenen nicht gefahrlos anvertrauen oder sich auf ihren Beistand verlassen. Da es keinen Erwachsenen gab, der ihm Schutz geboten hätte, behielt er als Kind viele Geheimnisse für sich. Da sich niemand auf seine Seite stellte, seine Wahrnehmungen zurechtrückte oder ihm eine andere Sichtweise angeboten hätte, verstärkte sich sein Gefühl, er sei schlecht, Erwachsene seien unzuverlässig, und die Welt sei gefährlich. Nach 35 Jahren und vielen gescheiterten Beziehungen begannen wir in der Therapie damit, diese Einstellung zu überprüfen. Zum erstenmal in seinem Leben fand Kirk die Möglichkeit, Geheimnisse mitzuteilen.

Kinder verbergen schädliche und gefährliche Geheimnisse aus vielerlei Gründen. Manche, so wie Kirk, erleben bald, daß sie sich auf ihre Eltern nicht verlassen können. Andere Kinder wahren Geheimnisse, weil ihnen klar ist, daß ihre Eltern aufgrund von psychischen Krankheiten, Sucht oder akuter seelischer Not äußerst verletzlich sind. In der Familientherapie habe ich oft mit Eltern zu tun, die das Schweigen ihrer Kinder oder ihre scheinbare Tüchtigkeit für Reife halten, während sich diese in Wirklichkeit bemühen, für ihre Eltern zu sorgen, und sich dabei mehr abverlangen, als sie in ihrem Alter leisten können. Ich habe mit Sechs- und Siebenjährigen gesprochen, die in großer Angst erleben, daß der Vater arbeitslos ist oder sich die Mutter Tag für Tag in ihr Schlafzimmer zurückzieht. Dennoch zeigen diese Kinder zu Hause und in der Schule nur tadelloses Benehmen. Da sie gelernt haben, ihre Gedanken, Fragen und Gefühle für sich zu behalten, kommen sie mit unerklärlichen Symptomen wie Bauchschmerzen, Kopfweh oder Schlaflosigkeit zu mir in die Therapie.

Andere Kinder behalten Geheimnisse für sich, weil sie ihre Eltern nicht enttäuschen wollen. Kinder, von denen mehr erwartet wird, als sie zu leisten imstande sind, bekommen Schuldgefühle. Wenn ein Schüler bei Prüfungen mogelt, Schulnoten fälscht, schlechtes Betragen verheimlicht und seine guten Leistungen überbetont, sollten die Eltern überdenken, was sie von ihrem Kind eigentlich erwarten.

Der neunjährige Stevie Fortuna kauerte auf seinem Sitz, hatte die Hände vors Gesicht geschlagen und die Knie an die Brust gezogen. Seine Mutter Eva erzählte mir zu Beginn der Sitzung, wie bestürzt sie gewesen sei, als sie vor zwei Tagen entdeckte, daß alle Wochenzeitungen, die Stevie austragen sollte, in ihrer Garage in der Mülltonne gelandet waren. Stevie war das älteste von drei Kindern. Sein Vater hatte die Familie vor anderthalb Jahren verlassen und war zu seiner Freundin gezogen. Als Eva Stevie als ihren „kleinen Mann“ bezeichnete, beobachtete ich, wie er sich noch mehr einrollte und praktisch in der Ecke der Couch verschwand.

Stevie war ein ausgezeichneter Schüler, ein guter Sportler, ein toller großer Bruder für seine zwei kleinen Schwestern und gab seiner Mutter immer nur Anlaß, stolz auf ihn zu sein. Als Eva ihm vorschlug, Zeitungen auszutragen, stand außer Frage, daß er den Job übernahm. Jetzt war Eva erschrocken, wütend und enttäuscht. „Was hat das zu bedeuten?“ fragte sie in flehendem Ton. „Wird er jetzt auch so verantwortungslos wie sein Vater?“ Stevie hörte sich den Wortschwall seiner Mutter schweigend an.

An diesem Tag unterhielt ich mich noch eine Weile allein mit ihr, um sie zu beschwichtigen und mehr über ihr derzeitiges Leben zu erfahren. Tagsüber arbeitete sie in einer Kindertagesstätte, wo sie für ihre beiden kleinen Töchter Freiplätze erhielt. Unterhalt für die Kinder bekam sie nicht.

Nach dem Abendessen besuchte sie Kurse in Krankenpflege. Sie hatte einen Teenager als Babysitter eingestellt, aber offensichtlich verließ sie sich darauf, daß sich Stevie um seine Geschwister kümmerte. Mit seinen neun Jahren hatte er eine übergroße Verantwortung zu tragen, bereitete das Abendessen für seine Schwestern zu, brachte sie ins Bett und las ihnen vor. Anschließend machte er seine Hausaufgaben und blieb wach, bis sein Mutter nach Hause kam. Was mochte dieses verantwortungsbewußte Kind veranlassen, sich so untypisch zu verhalten?

Ich erklärte Eva, ich hätte den Eindruck, Stevie wolle ihr zu erkennen geben, daß er mit dem Zeitungaustragen nicht zurechtkam, könne es ihr aber nicht direkt sagen. „Er hat die Zeitungen in der Garage gelassen, wo Sie sie finden würden“, sagte ich. „Wenn Kinder uns etwas ohne Worte mitteilen, tun sie das oft, weil sie unsere Hilfe brauchen.“

Als Stevie wieder hereinkam, bat ich ihn, die Route für das Austragen der Zeitungen für mich aufzuzeichnen. Eva und ich beobachteten schweigend, wie Stevie Wohnblöcke und Häuser zeichnete, sorgfältig die Straßennamen und Hausnummern einsetzte, die Dächer mit Buntstift ausmalte und die Gärten ausschmückte. Bei einem Haus angelangt, hielt er inne und saß eine

Zeitlang ruhig da. Dann griff er zum Stift und zeichnete einen grimmig aussehenden Hund mit langen weißen Zähnen.

„Dieser Hund ist größer als die Menschen, die du gezeichnet hast", bemerkte seine Mutter nachdenklich. In diesem Augenblick brach der sonst so gelassene kleine Junge zusammen. Unter Tränen erzählte er seiner Mutter, der Hund habe ihn jedesmal angeknurrt und nach ihm geschnappt, wenn er mit der Zeitung herankam. Evas „kleiner Mann" war plötzlich wieder neun Jahre alt, wie es sich gehörte. Stevie hatte solche Angst vor dem Hund, daß er einfach aufhörte, die Zeitungen auszutragen. Gleichzeitig war er so besorgt, die Mutter zu enttäuschen, daß er seine Ängste verschwieg. Mit der einem Kind eigenen Logik warf er die Zeitungen in die Mülltonne in der Garage, wo seine Mutter sie auf jeden Fall entdecken würde. „Ich habe mir gedacht, wenn du wütend auf mich wirst, könnte ich einfach aufhören, Zeitungen auszutragen, und brauchte dir nicht zu sagen, daß ich mich vor dem Hund fürchte", meinte Stevie.

Die Aufdeckung von Stevies Geheimnis erklärte zwar sein rätselhaftes Verhalten, aber das war erst der Anfang unserer Arbeit. Stevies Geheimnis wies den Weg zu vielen Fragen, die Eva und ihre Familie angingen. Er brauchte die Chance, neun Jahre alt zu sein, und nicht 19 oder 39. Nachdem er seiner Mutter von seiner heimlichen Angst vor dem Hund erzählt hatte, konnte er ihr auch andere Ängste anvertrauen – normale Ängste eines Neunjährigen, dessen Vater urplötzlich die Familie verlassen hat. Eva schraubte ihre Erwartungen an Stevie auf ein realistisches Maß herunter. Stevie durfte von nun an Fehler machen, ohne das Gefühl zu haben, er müsse sie vor seiner Mutter verbergen. Er verhielt sich weiterhin sehr verantwortungsvoll, aber die Pflichten, die er übernahm, entsprachen seinem Alter. Evas eigene Stärken kamen immer mehr zum Vorschein. Immer wieder stellte ich die Klischeevorstellung in Frage, die Eva in ihrem Verwandtenkreis hörte und aus den Medien aufgriff, daß alleinerziehende Mütter keine normalen Kinder, insbesondere Söhne, großziehen könnten. Wir arbeiteten mehrere Monate miteinander, und schließlich verklagte Eva ihren Ex-Mann und erhielt erstmals den Unterhalt für die Kinder, der ihr zustand.

Wenn Kinder gefährliche Geheimnisse hüten

Ellen Padulla war 27 Jahre alt, als sie mich zur Beratung aufsuchte. „Ich kann keine Freundschaften aufbauen, meine Beziehungen zu Männern dauern nie länger als drei Verabredungen, ich schlafe schlecht, und wie Sie sehen, habe ich Übergewicht." All das sprudelte in den ersten Minuten unserer Sitzung aus ihr heraus. Dann verstummte sie. Meine freundlichen Fragen wurden nur durch Nicken oder Schulterzucken beantwortet. Ellen erinnerte mich an viele Klientinnen und einige Klienten, die ich im Lauf der Jahre kennengelernt hatte: Sie waren chronisch depressiv, überängstlich, belastet durch Probleme mit Alkohol, Drogen, Eßstörungen oder anderem selbstschädigenden Verhalten, befangen in einem Lebenskampf, der reich an Mühe und arm an Freude war. Ellen und ich brauchten elf Sitzungen, bis sie ihr Geheimnis, das sie bisher noch niemandem enthüllt hatte, den sexuellen Mißbrauch in ihrer Kindheit, auch nur andeutete.

In den vergangenen Jahren haben wir entdeckt, daß allzu viele Kinder sich durch Angst und Einschüchterung gezwungen sehen, Geheimnisse für sich zu behalten.[2] Das Geheimnis der Kindesmißhandlung und des sexuellen Mißbrauchs wird geschaffen und aufrechterhalten, weil Erwachsene ihre Macht über Kinder ausnutzen. Unter diesen Umständen fühlen sich Erwachsene berechtigt, Geheimhaltung zu verlangen, während die Kinder glauben, das Geheimnis wahren zu müssen. Eltern, die ihre Kinder mißhandeln, nehmen sich das Recht zur Verheimlichung heraus, und die mißhandelten Kinder fürchten die Folgen der Offenlegung.[3] Solche Folgen sind beispielsweise weitere Strafen, Gewalt gegen andere Familienmitglieder oder gegen Haustiere, die Vernichtung von persönlichem Eigentum oder das Auseinanderbrechen der Familie.

Sehr kleine Kinder, die sexuell mißbraucht werden, erhalten komplizierte Botschaften über die Verheimlichung. Eine solche Botschaft lautet etwa: „Du bist etwas ganz Besonderes für mich, und wenn du es sagst, ist dieses besondere Verhältnis zerstört." Daneben wird dem Kind zu verstehen gegeben: „Du mußt das geheimhalten, weil es deine Schuld ist, daß es passiert, und wenn es jemand erfährt, wirst du bestraft." Das Geheimnis konserviert ein verzerrtes Gefühl des Privilegiertseins und gleichzeitig ein entstelltes Schamgefühl.

Wenn Kinder Geheimnisse verbergen, können Zwang und Bedrohung zwar eine entscheidende Rolle spielen, aber dieselben Kinder empfinden häufig den starken Drang, den Täter zu schützen. Liebe und Haß, Zärtlichkeit und Gewalt, Loyalität und Unzuverlässigkeit, Schutz und Unrecht sind oft miteinander verwoben. Am Ende einer Therapiesitzung zeichnete ein kleines Mädchen ein Bild von ihrem sexuell gewalttätigen Vater. Darunter schrieb sie: „Ich hab ihn lieb. Ich bin so wütend, weil er mir das angetan hat."[4]

Ich habe in der Therapie mit erwachsenen Frauen gearbeitet, die als kleine Kinder sexuell mißbraucht wurden und nie explizit zu hören bekamen, sie müßten das Geheimnis wahren, und die dennoch wußten, was sie zu tun hatten. In manchen Fällen ist der Täter der einzige Erwachsene, der die Familie versorgt. In anderen Fällen ist der „gute" Elternteil emotional unerreichbar, oder der Täter ist der einzige Mensch im Leben des Kindes, der ihm überhaupt Aufmerksamkeit schenkt.

„Ich wußte einfach, daß es schlecht war", bekannte Ellen schließlich. Ihr Onkel hatte begonnen, sie zu mißbrauchen, als sie fünf war, und es dauerte an, bis sie elf war. „Meine Mutter saß zwei Zimmer weiter und las Zeitung. Wußte sie es? Keine Ahnung. Aber ich erinnere mich, daß ich mir dachte: Welchen Sinn hätte es, wenn ich es ihr sage? Mein Vater hatte uns schon verlassen. Ich glaube, ich wußte, daß sie mich nicht richtig schützen oder sich um mich kümmern konnte."

Ellens Onkel unterstützte die Familie auch finanziell. Wenn sie jemandem verraten hätte, was vor sich ging, würde ihre restliche Familie auch noch auseinanderbrechen, das war ihr klar.

Kleine Kinder halten gefährliche Geheimnisse vor dem nicht beteiligten Elternteil verborgen, den sie als verletzlich oder unzuverlässig erleben. Wenn andere offensichtlich wissen, daß ein Kind mißhandelt oder sexuell mißbraucht wird, und nicht einschreiten, sieht das Kind rasch ein, daß es wenig Sinn hat, das Geheimnis offenzulegen. Niemand wird es schützen. Schlimmer noch, vielleicht wird man ihm vorwerfen, es bilde sich das Ganze nur ein oder erfinde Lügengeschichten.

Wenn Kinder ein gefährliches Geheimnis enthüllen, brauchen sie die Beziehung zu einem vertrauenswürdigen Erwachsenen. Als erstes muß es darum gehen, den Mißbrauch zu beenden und das Kind körperlich in Sicherheit zu bringen. Aber das ist nur der

Anfang eines viel längeren Wegs, der zu seelischer Sicherheit und verläßlichen Beziehungen führt. Therapeuten und andere Betreuer, denen Kinder das Geheimnis eines Inzests offenlegen, müssen das Erlebnis des Kindes ernst nehmen und ihm Zeit lassen, darüber zu sprechen. Kinder müssen wissen, daß fürsorgliche Erwachsene in ihrem Leben ihnen den Freiraum lassen, *alle* ihre widersprüchlichen Gefühle und Überzeugungen zu erforschen und auszudrücken; andernfalls verschließen sie sich und schaffen neue Geheimnisse um Gefühle, die nach ihrem Eindruck niemanden interessieren.[5]

Geheimnisse, Kinder und Scheidung

Zerwürfnisse in der Familie aufgrund von Trennung und Scheidung sind ein Nährboden für Geheimnisse auf beiden Seiten der Trennlinie zwischen den Generationen.

Wenn eine Ehe kurz vor dem Zusammenbruch steht, müssen Eltern die schwierige Entscheidung treffen, was sie ihren Kindern sagen. Während meiner 25jährigen Arbeit als Familientherapeutin habe ich erlebt, welchen Schaden extreme Geheimhaltung, aber auch übertriebene Offenheit anrichten kann.

Es gibt Eltern, die ihren Kindern viel zu wenig sagen und ihnen abverlangen, in einer spürbar gefühlsbeladenen und gespannten Atmosphäre zu leben, ohne daß offen besprochen wird, was in der Familie vor sich geht. Die Eltern sind oft nicht in der Lage, sich selbst einzugestehen, was los ist, und so erscheint es ihnen unmöglich, mit den Kindern darüber zu sprechen. Dennoch wissen auch sehr kleine Kinder Bescheid, wenn ihre Eltern vor der Trennung stehen. Häufig bringen Eltern ihre Kinder in die Therapie – aus Sorge um Symptome, die im Grunde eine Reaktion auf die Verwirrung um die Ehe von Mama und Papa sind. Eine Mutter sagte mir: „Unser Sohn ist erst drei, aber wenn wir streiten, was jetzt jeden Tag vorkommt, rennt er herbei, stellt sich zwischen mich und meinen Mann und schreit: ‚Hört auf! Hört auf!' Wir erklären ihm, es sei alles in Ordnung, was natürlich nicht stimmt. Und dann schiebt er uns aufeinander zu und sagt: ‚Umarmen!' Wir wollen einander aber nicht einmal anfassen, und dann bekommt mein Sohn einen Wutanfall." In Familien, wo eisiges Schweigen an die Stelle hitziger Auseinandersetzungen getreten ist, nehmen es die Kinder oft auf sich, ihre

Eltern durch schlechtes Benehmen zusammenzubringen. Den Kindern weiszumachen, es sei alles in Ordnung, wenn sie mit eigenen Augen sehen, was vor sich geht, oder überhaupt die Auskunft zu verweigern, während der Ehekrieg tobt, verschlimmert nur ihre Not.

Andere Eltern sagen ihren Kindern viel zuviel. Sie vertrauen ihnen die Eheprobleme der Erwachsenen an, kündigen ihren Kindern an, sie wollten sich trennen, noch bevor sie es dem Ehepartner gesagt haben, machen einander schlecht und verlangen von den Kindern, für sie Partei zu ergreifen. Seltsamerweise führt die Überlastung durch zu große Offenheit dazu, daß die Kinder ihrerseits ihre wahren Gefühle verbergen. Eine Frau erzählte mir: „Mein erstes Geheimnis? Ich war vier und sagte meiner Mutter, daß ich meinen Vater hasse, weil er uns verlassen hatte. Aber ich habe ihn nie gehaßt – ich habe ihn geliebt. Meine Mutter hat ihn gehaßt, und das wollte sie auch von mir hören."

Während die Trennung oder Scheidung abläuft, müssen die Eltern im Umgang mit ihren Kindern eine Gratwanderung zwischen Verheimlichung und Offenheit machen. Eltern, die so tun, als verstünden sie sich gut, während sie insgeheim vor Wut kochen, sorgen nur für Verwirrung: Wenn Mama und Papa sich so gut verstehen, warum trennen sie sich dann? Eltern, die ihre Kinder ins Vertrauen ziehen, sämtliche Einzelheiten des zerrütteten Ehelebens vor ihnen ausbreiten und von ihnen erwarten, daß sie Partei ergreifen, bringen sie in einen unzumutbaren Loyalitätskonflikt. Sie sehen zwar, daß die Eltern leiden, aber man muß ihnen immer wieder versichern, daß es nicht ihre Aufgabe ist, den Schmerz zu heilen. Sie brauchen klare Informationen, vor allem darüber, was mit ihnen geschehen wird. Sie müssen wissen, wo die beiden Elternteile wohnen und bei wem sie leben werden. Sie müssen wissen, wann sie mit dem anderen Elternteil zusammensein können. Sie brauchen, so gut es geht, einen regelmäßigen und zuverlässigen Terminkalender. Veränderungen im Hinblick auf Einkommen, Wohnverhältnisse, Ferien und Feiertage und anderes sollte man kleinen Kindern in einer Form erklären, die für sie verständlich ist. Wenn beide Elternteile in der Lage sind, gemeinsam mit den Kindern zu besprechen, was in der Familie geschieht, ist es weniger wahrscheinlich, daß heimliche Allianzen zwischen dem einen Elternteil und den Kindern gegen den anderen entstehen.[6]

Kinder wollen wissen, warum sich ihre Eltern scheiden lassen. Wenn sie uns auffordern, die näheren Umstände zu erklären, bieten sich ungezählte Möglichkeiten der Schuldzuweisung und Selbstrechtfertigung. Dann ist es an der Zeit, in Ruhe über die späteren Konsequenzen für den ehemaligen Ehepartner und die Eltern-Kind-Beziehung nachzudenken. Wer Informationen an die Kinder gibt, um damit Pluspunkte im Kampf gegen den früheren Partner zu sammeln, trägt dazu bei, daß sich die Beziehungen nach der Scheidung verschlechtern.

Die Scheidung ist ein Ereignis, aber was noch wichtiger ist, sie ist ein Prozeß. Da sich die Familienbeziehungen während und nach einer Scheidung wandeln, verändert sich immer auch die Entscheidung darüber, was man den Kindern mitteilt. Zwei erwachsene Menschen, die eine Beziehung beenden, interpretieren zweifellos das Vorgefallene unterschiedlich. Kleine Kinder sind kaum, wenn überhaupt, in der Lage, die Nuancen und vielschichtigen Probleme zu begreifen, die mit dem Eheleben und dem Scheitern einer Beziehung verknüpft sind. Es ist ein mühseliger Prozeß, sich Klarheit darüber zu verschaffen, welche Informationen die Kinder angehen und was den Erwachsenen vorbehalten bleibt; und für diese Entscheidung gibt es kein Patentrezept. Bei neun von zehn Paaren, die zu mir kommen, sehe ich beispielsweise keinerlei Veranlassung, warum sie ihren Kindern von der außerehelichen Beziehung erzählen sollten, die zur Scheidung beigetragen hat. In einer der zehn Familien haben die Kinder aber womöglich so viele Anhaltspunkte entdeckt, daß es sie viel mehr bedrücken würde, wenn man ihnen die Wahrheit verschwiege, als wenn sie eine Bestätigung für ihre Wahrnehmung erhielten.

Wenn Eltern bereit sind, zum Wohl ihrer Kinder zu kooperieren, arbeite ich mit ihnen in der Therapie an der Entscheidung, welche Informationen die Kinder über die Ursachen der Scheidung erhalten sollen. Wir sehen das als einen Prozeß, der sich im Lauf der Zeit vollzieht.

- Welche Informationen müssen die Kinder jetzt erhalten?
- Was kann vorübergehend geheimgehalten und später, wenn das Kind älter ist, offengelegt werden?
- Was gehört ausschließlich zur Intimsphäre und sollte nie mit den Kindern besprochen werden?

Wenn sich die Eltern darüber einigen können, was sie ihren Kindern wann mitteilen, ist es weniger wahrscheinlich, daß jeder der beiden versucht, die Kinder auf seine Seite zu ziehen, was nur Schaden anrichten kann. Auch wenn Kinder nicht gerne hören, daß manche Dinge sie nichts angehen, können sie doch einsehen, welche Unterschiede zwischen Verheimlichung und Wahrung der Privatsphäre bestehen. Und sobald ein Thema tatsächlich vom Tisch ist, sind die meisten Kinder in der Lage, die Sache mit einer gewissen Erleichterung den Erwachsenen zu überlassen.

Opfer im Scheidungskrieg

Als ich die achtjährige Jessie Bonhart kennenlernte, hatte sie gerade angefangen zu stottern. Ihre Eltern Paul und Sally hatten sich zwei Jahre zuvor scheiden lassen. Sie wurden zu mir geschickt, nachdem ein psychologisches Gutachten ergeben hatte, daß Jessie überängstlich war. Jessie wohnte bei ihrer Mutter und besuchte ihren Vater an jedem zweiten Wochenende. Bei unserer ersten Sitzung waren die Spannungen zwischen ihren Eltern deutlich zu spüren; der eine widersprach nahezu allen Behauptungen des anderen. Dennoch schien Jessie, ihr einziges Kind, mit der Situation gut zurechtgekommen zu sein – bis sie anfing zu stottern. Was hatte sich nun alles im Leben des kleinen Mädchens verändert?

Als ich mit Paul und Sally Einzelgespräche führte, war ich überwältigt von den Schuldzuweisungen und dem Zorn der Expartner. Beide behaupteten, sie würden diese Gefühle vor Jessie verbergen und die Beziehung ihrer Tochter zum anderen Elternteil unterstützen. „Hat sich in letzter Zeit irgend etwas geändert?" fragte ich Paul. „Ja, ich denke schon", sagte Paul. „Ich habe aufgehört, meine Beziehung mit Anne vor Jessie zu verheimlichen. Als wir uns scheiden ließen, habe ich zwar versprochen, daß ich Anne von Jessie fernhielte, aber das ist zwei Jahre her, und es ist einfach lächerlich. Anne und ich leben jetzt zusammen, aber ich habe Jessie gebeten, es ihrer Mutter nicht zu verraten, weil ich keinen Ärger will."

Als ich mit Sally sprach, entdeckte ich die andere Seite der Gleichung. Nach jedem Wochenendbesuch horchte Sally Jessie aus: „Was habt ihr gemacht? Wohin seid ihr gegangen? Wen habt ihr getroffen? Wer war bei Papa?" Sally war immer noch verletzt und wütend, weil Paul während der Trennung eine Beziehung mit Anne angefangen hatte. Bei der Scheidungsmediation verlangte Sally, Paul solle versprechen, Anne von Jessie fernzuhalten. Bei dieser Abmachung wurde kein Zeitlimit vereinbart, und es war nicht vorgesehen, sich später noch einmal mit der Frage zu beschäftigen. Sally war überzeugt, daß Paul sein Wort brechen würde. Und so setzte sie Jessie als Spionin ein. Die Achtjährige hörte ihren Papa sagen: „Erzähl es Mama nicht", und von Mama hörte sie: „Sag mir, was Papa macht."

Ich holte Paul und Sally zu einem gemeinsamen Gespräch und erklärte ihnen, daß Jessies Stottern die perfekte Metapher für das darstellte, was sie im Augenblick erlebte. Sie war ein kleines Kind und wurde von den beiden Menschen, die sie auf der Welt am meisten liebte, gleichzeitig aufgefordert, zu reden und nicht zu reden. Nur die Eltern konnten ihre Tochter aus der Zwickmühle befreien, indem sie eine neue Abmachung trafen.

Zunächst arbeiteten wir drei Monate lang zusammen, konzentrierten uns anfangs auf Probleme, die bei der Scheidung offengeblieben waren, und befaßten uns dann mit der Frage, welche Einstellungen sie nun zwei Jahre nach der Scheidung hatten. Beiden Elternteilen lag Jessies Wohlergehen am Herzen, so daß es leichter war, das Mädchen aus der Schußlinie zu holen, als bei manch anderen geschiedenen Paaren. Paul erklärte sich bereit, keine Geheimnisse mehr mit Jessie zu teilen, und Sally versprach, ihre Tochter nicht mehr nach jedem Besuch auszuhorchen. Als diese Pläne in die Tat umgesetzt wurden, hörte Jessie auf zu stottern.

Außerdem arbeitete ich einige Zeit mit Sally allein, um ihr zu helfen, sich mit Pauls neuer Beziehung abzufinden. Ich erkundigte mich, was sie an den Wochenenden unternahm, die Jessie bei ihrem Vater verbrachte. Meistens besuchte sie ihre eigene Mutter, die sogar noch Öl ins Feuer goß und Sally ermunterte, Jessie ins Kreuzverhör zu nehmen. Es stellte sich heraus, daß sich damit Erlebnisse aus Sallys Kindheit nach der Scheidung ihrer Eltern wiederholten. Gemeinsam überlegten wir, wie sie ihre Mutter zu größerer Zurückhaltung bewegen könnte. Sally wollte, daß Paul mehr Zeit mit Jessie verbrachte, und wir handelten einen wöchentlichen Abendbesuch aus, und Sally konnte während dieser Stunden an einem Kurs teilnehmen. Als unsere

Hauptarbeit erledigt war, kamen Sally und Paul noch zwei Jahre lang alle drei Monate zu mir, um das offene Gespräch zwischen den Erwachsenen fortzusetzen und das Kind aus der Schußlinie zu halten.

Acht Grundsätze für Eltern, die sich scheiden lassen

- *Trennen Sie Ihre eigenen Gedanken und Gefühle gegenüber Ihrer Exfrau/Ihrem Exmann von den Gedanken und Gefühlen Ihres Kindes gegenüber dem anderen Elternteil. Während der Scheidung befürchten Eltern häufig, die Loyalität und Zuneigung ihrer Kinder zu verlieren, und fordern deshalb, daß die Kinder nur einen Standpunkt äußern. Wenn Sie von Ihren Kindern verlangen, nur so zu denken und zu fühlen wie Sie selbst, werden sie ihre wahren Empfindungen verbergen.*
- *Nehmen Sie sich Zeit zu überlegen, was Ihre Kinder über die Ursachen der Scheidung wissen sollen. Die akute Krise der Scheidung führt oft dazu, daß manches leichtsinnig erzählt wird, was sich dann nicht mehr zurücknehmen läßt. Das Leben ist lang, und höchstwahrscheinlich haben Sie noch beim Schulabschluß, bei Hochzeiten und bei den Geburtstagsfeiern der Enkelkinder mit Ihrer Exfrau/Ihrem Exmann zu tun.*
- *Halten Sie eine frühere Ehe und Scheidung nicht vor Ihren Kindern geheim. Irgendwann kommen sie dahinter und erleben eine tiefe menschliche Enttäuschung. Bringen Sie das Thema im Alltag zur Sprache, wenn die Kinder noch klein sind.*
- *Machen Sie Ihr Kind nicht zu Ihrer Vertrauensperson. Suchen Sie sich andere Erwachsene – eine gute Freundin oder einen guten Freund, einen nahen Angehörigen, einen Therapeuten oder eine Therapeutin –, die diese Rolle ausfüllen. Kindern aus geschiedenen Ehen bekommt es am besten, wenn sie Kinder bleiben können und nicht den Schmerz ihrer Eltern teilen müssen.*

- *Machen Sie Ihren Kindern den Unterschied zwischen Privatsphäre und Geheimhaltung bei der Scheidung begreiflich. Viele Fragen gehen nur die Erwachsenen an.*
- *Machen Sie nach der Scheidung gegenüber Ihren Kindern kein Geheimnis aus den besseren Zeiten Ihrer Ehe. Viele Familiengeschichten gehen verloren, wenn eine Ehe scheitert, so daß die Kinder eine verquere Vorstellung von Beziehungen unter Erwachsenen bekommen. Kinder sollten um die anfängliche Liebesgeschichte ihrer Eltern wissen, wenn es je eine gegeben hat. Zu hören, was die Eltern früher aneinander gemocht und geschätzt haben, hilft den Kindern, die Verbundenheit mit beiden Elternteilen aufrechtzuerhalten, wenn das möglich ist.*
- *Halten Sie echte Sicherheitsbelange nicht vor Ihren Kindern geheim. Wenn Ihre Exfrau/Ihr Exmann Probleme mit Alkohol oder Drogen hat, müssen Ihre Kinder wissen, wie sie damit umgehen sollen.*
- *Führen Sie Abschieds- und Ankunftsrituale ein, wenn die Kinder zwischen den Wohnungen der Elternteile pendeln. Eltern und Kinder, die sich einen Tag, ein Wochenende, eine Woche oder länger nicht sehen, brauchen Möglichkeiten, auf dem laufenden zu bleiben, ohne daß dabei die Grenzen der Privatsphäre verletzt werden. Einigen Sie sich über die Form, wie Sie einander Geschichten über die getrennt verbrachte Zeit erzählen. Ihre Kinder möchten genauso gern hören, was Sie gemacht haben, wie Sie erfahren möchten, was Ihre Kinder erlebt haben. Aber achten Sie darauf, die Kinder nicht über den Expartner auszuhorchen.*

Krankheit in der Familie

Die sechsjährige Ramona Baez kam zu ihrer wöchentlichen Spieltherapiestunde bei einer Psychologin. Wie bei jedem Besuch ging sie sofort auf die Spielzeugkiste zu, holte das kleine Stethoskop heraus und legte es ihrer Therapeutin um den Hals.

„Du bist die Frau Doktor", verkündete sie mit Nachdruck. „Das Baby ist sehr krank. Wo ist die Medizin? Dem Baby geht es schlechter." Bald wurde sie sehr wütend auf die „Frau Doktor". Sie begann zu schreien: „Du bist keine gute Frau Doktor. Du hilfst dem Baby nicht." Und kurz darauf löste sie sich in Tränen auf. Ramonas Mutter hat AIDS. Vermutlich wird über die Diagnose nicht gesprochen.

Wie in vielen Familien, in denen ein Mitglied an einer lebensbedrohlichen Krankheit leidet, glaubten Ramonas Angehörige, sie könnten dieses Wissen vor dem Kind geheimhalten. Die Motive für die Geheimhaltung waren komplex. Sie wollten das Kind schützen. Sie wußten nicht, ob Ramona in der Lage gewesen wäre, das Geheimnis für sich zu behalten. Und die Mutter fürchtete sich vor den Fragen ihrer kleinen Tochter: „Wird sie fragen, wie ich die Krankheit bekommen habe? Wird sie fragen, ob ich bald sterbe?"

Kinder erfahren zwar häufig als letzte von einer schweren Krankheit, aber meistens wissen sie längst Bescheid, wenn man es ihnen endlich mitteilt. Kinder offenbaren ihr belastendes Wissen beim Spielen. Ramonas Verhalten beim „Doktorspielen" hing davon ab, wie gut oder wie schlecht es der Mutter in der betreffenden Woche ging. Andere Kinder malen Bilder, in denen die Information steckt. Ein kleiner Junge „wußte nicht", daß sein Vater Rückenmarkskrebs hatte. Als man ihn bat, sein Haus zu zeichnen, malte er einen Grabstein in den Vorgarten. Auf die Frage, was das bedeute, sagte er: „Mein Hund ist schwer krank und könnte bald sterben." Die Familie hatte keinen Hund. Ein Leben mit der unaussprechlichen Krankheit von Vater oder Mutter, Oma oder Opa, Bruder oder Schwester manifestiert sich bei manchen Kindern als körperlicher Schmerz. Ein kleines Mädchen, dem man verschwieg, daß seine Mutter an Brustkrebs litt, kam täglich ins Büro der Schulkrankenschwester, weil sie „Schmerzen in der Brust" hatte. Andere Kinder verschaffen, da sie wissen, was sie nicht wissen dürfen, ihrem Konflikt durch Wutausbrüche Luft, die sich oft gegen Freunde oder Lehrer richten. Ein Junge, der im Büro des Rektors saß, nachdem er ein anderes Kind geschlagen hatte, wurde gefragt: „Was ist leichter, wütend sein oder Angst haben?" Der Junge – dessen Vater seine AIDS-Diagnose bisher geheimgehalten hatte – erwiderte: „Wütend sein natürlich."

Wenn eine Krankheit zuschlägt, fehlen den Eltern oft einfach die Worte, um zu erklären, was geschehen ist. Durch Fernsehfilme werden wir über die Krankheit der Woche informiert, aber diese Geschichten handeln von der Familie anderer Leute. Noch in der Generation unserer Väter wurden die Namen vieler Krankheiten entweder gar nicht ausgesprochen oder nur im Flüsterton, wenn die Kinder nicht dabei waren. Heute müssen sich Eltern mit einem Dilemma herumschlagen: Die Medien überschwemmen uns mit Gerede über Krebs, Herzerkrankungen, die Alzheimersche Krankheit, Diabetes, Schlaganfall und HIV/AIDS, aber wir haben selbst kaum Erfahrung darin, wie man mit Kindern über solche Krankheiten in der eigenen Familie sprechen kann. Wenn wir eine Krankheit mit beschönigenden Worten umschreiben, halten wir sie scheinbar auf Distanz. Eine Krankheit beim Namen zu nennen, zuerst vor sich selbst und dann vor den Kindern, macht sie realer.

Wie bei vielen schmerzlichen Geheimnissen müssen Erwachsene die Sache zuerst einmal selbst seelisch verkraften, bevor sie eine Krankheit mit ihren Kindern besprechen. Oft müssen sie mit Verachtung, Scham und Selbstvorwürfen fertigwerden.Und sie müssen sich auf die bohrenden Fragen der Kinder vorbereiten. Häufig lautet die Frage, die hinter ihren Fragen steht: „Was wird aus mir?" Wenn eine lebensbedrohliche Krankheit geheimgehalten wird, bleibt diese entscheidende Frage unbeantwortet, sie wird verleugnet, man befaßt sich nicht damit. Heute gibt es viele Programme, die mit HIV/AIDS-Kranken arbeiten und Eltern darüber beraten, wie sie das Geheimnis ihren Kindern mitteilen können. Das mildert einerseits den Streß, mit einem so schwerwiegenden Geheimnis leben zu müssen, und ermöglicht es andererseits den Eltern, die Versorgung ihrer Kinder für den Fall zu planen, daß sich die Krankheit verschlimmert.

Wer kleine Kinder in das Geheimnis einer Krankheit einweiht, steht vor einem weiteren Dilemma: Wer soll und darf es sonst noch erfahren? Selbst sehr kleine Kinder kämpfen zuweilen mit diesem Problem. Der siebenjährige Kevin erklärte einem Assistenzarzt: „Meine Mutter nimmt AZT." „Was glaubst du, was das ist?" fragte der junge Arzt. Das Kind dachte kurz nach und erwiderte: „Affe-Zoo-Tasse." – „Warum nimmt sie das?" – „Sie hat AIDS, aber ich soll das nicht wissen, also sagen Sie's nicht weiter", sagte der Junge.

Wenn eine Krankheit bekannt wird und dies für die Familie den Verlust von Wohnung, Arbeit, Freundschaften oder für das Kind das Verwiesenwerden von der Schule bedeuten könnte, brauchen kleine Kinder Hilfe, um die Belastung der Abschirmung nach außen ertragen zu können. Einerseits ist es wichtig, darüber zu reden, welche Informationen in der Familie bleiben müssen, andererseits brauchen Kinder auch einen Ort, zum Beispiel in der Therapie oder bei einem vertrauten erwachsenen Freund, wo sie gefahrlos besprechen können, was mit ihnen und ihrer Familie geschieht.

Kinder haben ein Recht zu erfahren, ob sie selbst oder ein anderer in der Familie an einer schweren Krankheit leiden. Wenn sie selbst eine lebensbedrohliche Krankheit haben, wissen sie rasch Bescheid. Sie erraten, was Krankenhausaufenthalte, Arztbesuche, Medikamente, die sie einnehmen müssen, und die offenkundige, aber unausgesprochene Trauer bedeuten, die in der Familie herrscht. Wenn eine solche Krankheit vor einem Kind geheimgehalten wird, wächst sein Mißtrauen gegenüber Erwachsenen gerade dann, wenn es sie am meisten braucht.[7]

Was Kinder auf jeden Fall wissen sollten

Bestimmte Geheimnisse dürfen Kindern nicht vorenthalten werden. Informationen über ihre genetische Veranlagung, über Adoption, Vaterschaft und die Zusammensetzung der Familie, wie etwa die Existenz von Halbgeschwistern, die an einem anderen Ort wohnen, stehen Kindern zu. Wenn es den Eltern gelingt, mit diesen Fragen zufriedenstellend umzugehen, stellen sie fest, daß sich die Sache nicht mit ein oder zwei Gesprächen abhandeln läßt, sondern Bestandteil des ständigen Dialogs im Familienalltag wird.

Viele Eltern nehmen sich vor, dem Kind das Geheimnis um die Adoption oder die Elternschaft zu eröffnen, wenn es ein bestimmtes Alter erreicht hat. Doch oft verstreicht dann der vorgesehene Zeitraum, ohne daß es zu einem entscheidenden Gespräch kommt. Da es immer schwerer wird, das Geheimnis offenzulegen, gewinnt es übergroße Dimensionen. Wenn ein Kind andererseits von dem Augenblick an, wenn seine neuen Eltern es in die Arme schließen, weiß, daß es adoptiert wurde, kommt es gar nicht erst zum Konflikt in der Frage, wie und wann dieses Geheimnis mitgeteilt werden sollte. Es wird nie eine Zeit geben, in der das Kind nichts von der Adoption gewußt hat. Das Thema kann nie zum Tabu werden. Genauere Informationen – die Einzelheiten der Adoption, die vielschichtigen Gedanken und Gefühle aller Beteiligten – können im Lauf der Zeit immer wieder in die Gespräche der Familie einfließen, jeweils abgestimmt auf die Bereitschaft des Kindes, mehr zu erfahren.[8]

Was halten wir geheim, was legen wir offen?

Eltern kleiner Kinder stehen immer wieder vor der schwierigen Entscheidung, was sie geheimhalten und was sie offenlegen sollen. Die eigenen Beweggründe zu erkennen und eine Entscheidung zu treffen ist zuweilen eine heikle Sache.

- *In welchem Fall schützen Sie Ihre Kinder vor Informationen, die sie möglicherweise überfordern?*
- *In welchem Fall schützen Sie sich selbst vor den bohrenden, unbequemen Fragen der Kinder?*
- *Geht es bei der Offenlegung eines bestimmten Geheimnisses mehr um Ihr Bedürfnis, es zu erzählen, als um das Bedürfnis der Kinder, es zu hören?*
- *Eröffnen Sie ein Geheimnis, damit sich Ihr Kind um Sie kümmern kann? Kinder glauben oft, sie hätten die Verantwortung dafür, das Problem, das in einem vergiftenden Geheimnis steckt, in Ordnung zu bringen. Es muß für die Kinder völlig klargestellt werden, daß sie, ganz gleich, um welches Problem es geht und welche indirekten Folgen daraus erwachsen, weder die Schuld daran tragen noch die Aufgabe haben, es zu lösen.*
- *Bringt es Ihre Familie in Gefahr, wenn das Geheimnis nach außen dringt? Wenn ja, dann sollten sehr kleine Kinder, die noch kein Verständnis für die Privatsphäre der Familie, für Grenzen oder den Unterschied zwischen drinnen und draußen entwickelt haben, keine Einzelheiten erfahren. Wenn man ein Kleinkind oder Kindergartenkind bittet, ein Ge-*

heimnis außer Haus nicht zu erzählen, verlangt man etwas von ihm, was es gar nicht begreifen kann. Da aber auch kleine Kinder den offenkundigen Kummer in der Familie spüren und die Orientierung verlieren, wenn dieser Kummer verleugnet wird, sollten Sie nach Möglichkeiten suchen, Trauer oder Wut einzugestehen, während Sie dem Kind gleichzeitig versichern, daß Sie diese Gefühle bewältigen.

- *Geht die Angelegenheit nur Erwachsene etwas an? Wenn ja, sollten Sie einen anderen Erwachsenen in das Geheimnis einweihen – Ihren Partner, eine gute Freundin, einen Therapeuten – und Ihren Kummer bewältigen. Unsere Kinder beobachten uns sehr genau. Wenn sie sehen, daß wir unsere Probleme in die Hand nehmen, widmen sie sich wieder ihrem eigenen Leben.*

Um Kindern Geheimnisse offenzulegen, brauchen wir ein ganzes Repertoire an Fähigkeiten und Strategien. Märchenbücher, Fotos, Filme oder gemeinsame Unternehmungen bieten häufig Möglichkeiten, das Thema auf unkomplizierte Weise anzuschneiden. Ein behutsames, geplantes Erzählen, für das man sich genug Zeit nimmt, spielt eine große Rolle. Der Weg aus dem Verborgenen in die Offenheit erfordert gewöhnlich viele Gespräche.

Kinder nehmen eine Information nicht in derselben Weise auf wie Erwachsene. Eltern haben mir oft erzählt, daß brisante Informationen, die sie geheimhielten, für ihr Kind keine große Bedeutung zu haben schienen. „Ich habe ihm gesagt, daß ich mich von seinem Vater trenne, und er ist einfach zum Spielen rausgegangen", klagte eine Mutter. Jedes Kind nimmt neue und möglicherweise belastende Informationen auf seine je eigene Art auf. Fragen kommen oft später, ohne Zusammenhang mit der ursprünglichen Mitteilung.

Kinder wachsen und verändern sich ständig. Die Entscheidung, etwas vor einem Kind geheimzuhalten, ist nie endgültig. Ihm ein Geheimnis zu eröffnen ist immer nur der erste Schritt. Wie wir im nächsten Kapitel sehen werden, nehmen Geheimhaltung und Enthüllung neue und brisante Formen an, wenn die Kinder älter sind.

10
Geheime Ermittlungen
Geheimnisse zwischen Teenagern und Eltern

Die Pubertät ist die Zeit der tiefen Nachdenklichkeit, und das dabei Gedachte wird so gut wie nie bekannt oder publik. Die Ergebnisse der jugendlichen Gedankenexperimente bleiben, wie die Gedankenexperimente selbst, in der Regel geheim. Das alles macht sehr viel Mühe, es ist eine schwierige Zeit, alles scheint sich nur noch um das eigene Innenleben zu drehen. So lernen Jugendliche, die Geheimnisse wahren, praktisch als Nebenprodukt ihrer Gedankenexperimente und ihrer psychischen Irrungen und Wirrungen viel über die Struktur von Sprache, Denken und Handeln.

Thomas J. Cottle

Das Mädchen, das nichts für sich behalten konnte

Andrea saß auf der Couch in meinem Büro, hatte die Beine übereinandergeschlagen und sah viel jünger aus als ihre 16 Jahre. Ihre Mutter Rachel war völlig erschöpft und hatte sich ganz dicht neben Andrea niedergelassen.

Die körperliche Nähe stand im Widerspruch zu der explosiven Spannung, die offensichtlich zwischen beiden herrschte. Unter Tränen beklagte sich Rachel: „Es war wieder genau dasselbe. Sie hat nach Bier gerochen und sich von einer Freundin heimfahren lassen, obwohl ich ihr gesagt habe, sie soll mich anrufen, damit ich sie abhole. Wie oft müssen wir das noch durchexerzieren? Ich würde am liebsten alles hinschmeißen." Mit abgewandtem Gesicht flüsterte Andrea: „Warum mußt du alles wissen, was ich mache? Nicht einmal meine Gedanken gehören mir."

Ich kannte sie und ihre alleinstehende Mutter schon seit ein paar Monaten. Jede Sitzung lief auffällig nach dem gleichen Schema ab. Andrea verletzte die Spielregeln, und ihre Mutter reagierte wütend, gekränkt und enttäuscht. Einmal kam die Tochter zu spät nach Hause, in der nächsten Woche schwänzte sie die Schule, dann wieder trank sie Alkohol, und eine Woche später ließ sie Broschüren über Empfängnisverhütung herumliegen, so daß ihre Mutter sie finden mußte. Als käme es ihr auf eine plumpe Provokation an, unterhielt sie sich am Telefon so laut mit ihren Freundinnen, daß ihre Mutter alles mitanhören mußte. Häufig ließ sie ihr Tagebuch offen daliegen, den wachsamen Blicken ihrer Mutter ausgesetzt.

Was zwischen Mutter und Tochter vor sich ging, wirkte auf den ersten Blick wie die üblichen Reibereien zwischen Jugendlichen und Eltern. Aber die Zusammenstöße gingen über das normale Maß hinaus. Andrea war offenbar entschlossen, ihre Mutter in allen Einzelheiten über ihre Lebensweise aufzuklären, während sie ihr gleichzeitig vorwarf, sie mische sich in alles ein. Die üblichen Teenagertricks schien sie nicht zu beherrschen. Wenn sie eine Grenze überschritt, konnte sie das vor ihrer Mutter offenbar nicht länger als 30 Sekunden geheimhalten. Die Mutter wiederum reagierte auf den kleinsten Schritt ihrer Tochter in Richtung Unabhängigkeit, zum Beispiel, wenn sie zum Einkaufen das Haus verließ, ohne vorher Bescheid zu sagen, mit übertriebener Angst, Erregung und Verzweiflung. Was ging hier vor?

Da Rachel zugab, ihre Tochter habe einen recht netten Freundeskreis, bat ich diese zu vergleichen, wieviel ihre Mutter über ihr Leben, ihre innersten Gedanken, ihre täglichen Unternehmungen wußte und wieviel die Eltern ihrer Freundinnen über ihre Kinder wußten.

„Machen Sie Witze? Meine Freundinnen sagen mir dauernd, daß ich meiner Mutter viel zuviel erzähle. Sie können vor ihren Eltern Geheimnisse haben, und niemand regt sich darüber auf. Jedesmal, wenn ich auch nur versucht habe, meiner Mutter irgend etwas zu verheimlichen, fühle ich mich auf einmal ganz schrecklich, und dann muß ich es ihr sagen. Ich glaube, das bedeutet, daß wir uns nah sind, aber manchmal wäre mir ein bißchen weniger Nähe auch recht."

Rachel meinte, daß sie sich hin und wieder wünschte, über die Unternehmungen ihrer Tochter nicht so genau Bescheid zu wissen. Ihr eigenes Leben würde dann in ruhigeren Bahnen verlaufen, aber immer wenn sie versuche, sich zurückzuziehen, fände Andrea Mittel und Wege, um sie über ihre neuesten oder bevorstehende Eskapade in Kenntnis zu setzen. Außerdem räumte sie ein, daß sie sich schreckliche Sorgen machen würde, wenn sie nicht wüßte, was Andrea tat oder dachte.

Als ich andeutete, es gäbe doch auch andere Möglichkeiten

der Vertrautheit zwischen Mutter und Tochter, wechselte Rachel hastig und voller Angst das Thema und fing wieder an, Andrea auszuschelten.

„Die meisten Teenager, die ich kenne, schaffen es, bestimmte Dinge für sich zu behalten, ‚süße Geheimnisse' zu hüten", warf ich ein. „Auf diese Weise kann man sich ein wenig von der eigenen Familie abgrenzen – das ist eine Art Generalprobe fürs Erwachsenwerden. Woher", überlegte ich laut, „kommt in dieser Familie die Vorstellung, daß eine 16jährige ihrer Mutter alles sagen müßte?"

Augenblicklich schlug die Atmosphäre im Raum um. Rachel fing an zu weinen. Aber ich sah nicht wie sonst Tränen der Enttäuschung, sondern wurde Zeugin eines tiefen Kummers. Andrea beeilte sich, ihre Mutter zu beruhigen, aber ich gebot ihr behutsam Einhalt. „Lassen Sie Ihrer Mutter ein bißchen Raum", sagte ich. Nach ein paar Minuten begann Rachel zu erzählen.

„In meiner Kindheit und Jugend habe ich immer zu hören bekommen: ‚Du mußt uns alles sagen. Bitte, hab keine Geheimnisse vor uns. Wenn wir gewußt hätten, wo Anna an diesem Tag war, hätte sie mit uns fliehen können – weil sie uns nichts gesagt hat, ist deine Tante Anna ums Leben gekommen. Wir hatten keine Wahl, wir mußten fort.' Meine Eltern haben den Holocaust überlebt. Sie sind geflohen und haben sich versteckt, als die Gestapo die Leute zusammentrieb. Meine Tante Anna, die ältere Schwester meiner Mutter, war ein eigensinniger Teenager. Ständig gab es Streit mit ihr, aber sie hat immer geheimgehalten, wo sie hinging und mit wem sie zusammen war. An diesem letzten Tag mußten sie ohne sie gehen – niemand wußte, wo sie steckte. Niemand hat sie je wiedergesehen. Andrea ist nach ihr benannt, wissen Sie. Meine Mutter meint, sie sind sich sehr ähnlich, aber ich sage ihr immer, daß sie sich keine Sorgen zu machen braucht, daß mir Andrea alles sagt."

Während ihre Mutter erzählte, wirkte Andrea überrascht und erschrocken. „Ich habe noch nie etwas von einer Tante Anna gehört. Warum habt ihr mir das nicht erzählt?" Im Lauf der Jahre hatte Andrea all die Familiengeschichten über die Erfahrungen der Großeltern als Überlebende des Holocaust gehört, und sie nahm an, daß die ganze Familie entkommen sei. Hinter der Grundregel, keine Geheimnisse zu haben, stand ein Geheimnis, das 35 Jahre lang in einem Labyrinth aus Schuldgefühlen und

Angst verborgen lag; nun war es ans Licht gekommen. Wie so oft war auch hier das Geheimnis gleichzeitig in die Geschichte eines ganzen Volkes und in die spezielle Erfahrung einer Familie eingebettet.

Rachel erklärte, sie sei mit all diesen Geschichten über Tante Anna großgeworden, und diese hätten ihr solche Angst gemacht, daß sie sich entschloß, Andrea nichts davon zu sagen. Sie nahm auch ihrer Mutter das Versprechen ab, darüber zu schweigen, und redete ihr ein, es sei weniger wahrscheinlich, daß Andrea in Annas Fußstapfen trete, wenn sie nichts über ihre Großtante wüßte. Statt dessen wuchs Andrea in einer Atmosphäre auf, die von der angstvollen, aber rätselhaften Forderung durchdrungen war, „alles zu erzählen", und dies hinderte sie daran, die normalen Schritte zur Entwicklung einer eigenen Persönlichkeit zu tun.

Die Pubertät ist eine Zeit, in der sich Heranwachsende in ersten vorsichtigen Schritten von der Familie entfernen. In vielen anderen Kulturen wird der Übergang von der Kindheit zur Jugend und zum Erwachsenendasein durch Rituale erleichtert. Häufig umfassen solche Rituale kulturell sanktionierte Akte der Geheimhaltung. Der junge Mensch wird dabei vorübergehend an einen abgelegenen Ort gebracht, wo ihm geheimes Wissen über das Erwachsenenleben mitgeteilt wird. Dieses Wissen an kleinere Kinder weiterzugeben ist verboten. Essentielle Geheimnisse sind mit dem Lebenszyklus verwoben. In unserer Kultur fehlen solche Übergangsrituale, aber die Geheimhaltung ist dennoch ein entscheidender Aspekt für die Entwicklung der Jugendlichen. Wenn Teenager ein Verhalten ausprobieren, das sie den Eltern verschweigen, wird eine neue Grenze zwischen den Familienmitgliedern geschaffen, und das aufkeimende Selbstgefühl des Jugendlichen kann sich entfalten.

Da Andrea als Teenager nicht die Fähigkeit entwickeln konnte, Geheimnisse zu schaffen und zu wahren, blieb sie in einer engen Beziehung zu ihrer Mutter gefangen, die weder Eigenständigkeit noch auch nur zeitweiligen Abstand erlaubte. Das unausgesprochene Verbot, Geheimnisse zu haben, verhinderte, daß Andrea lernte, sich auf andere Menschen außerhalb der Familie zu verlassen. Ein wesentliches Element für ein erfolgreiches Durchleben der Jugendjahre – das Erproben von Autonomie mit einem Sicherheitsnetz – stand nicht zur Verfügung. In einer Familie, in der Geheimnisse gleichbedeutend mit Verschwinden und Tod waren, hatte Rachel ihrer Tochter – in dem irregeleiteten Versuch, sie zu schützen – ein wesentliches Geheimnis vorenthalten. Dies gehört zu den seltsamen Widersprüchen bei Geheimnissen.

Essentielle Geheimnisse oder gefährliche Geheimnisse?

Die Teenager der neunziger Jahre leben mit ihren Geheimnissen in einem ganz anderen Umfeld als ihre Eltern oder Großeltern. Die essentiellen Geheimnisse Jugendlicher vor ein oder zwei Generationen – zum Beispiel Zigaretten rauchen und dann hektisch das Haus durchlüften, bevor die Eltern nach Hause kommen, oder einen Schluck Alkohol probieren und die Flasche mit Wasser auffüllen – wirken geradezu erheiternd altmodisch in einer Zeit, in der 50 Prozent aller High-School-Schüler berichten, daß sie sich mindestens alle zwei Wochen betrinken. Die Woodstock-Generation, die ihre Eltern mit Marihuana und „freiem" Sex schockierte, muß sich heute mit Heranwachsenden auseinandersetzen, die mit demselben Verhalten ein viel größeres Risiko eingehen. Im Zeitalter sexuell übertragbarer Krankheiten und immer gefährlicherer Drogen können gewisse Geheimnisse, die Teenager hüten, tatsächlich tödliche Gefahren bergen.

Die Eltern, mit denen ich darüber spreche, sind oft unsicher, wieviel Privatsphäre sie ihrem Teenager gefahrlos zubilligen können, und fürchten die Bedeutung von Geheimnissen im Leben ihrer Kinder. Ihre Verwirrung manifestiert sich häufig in einem nicht nachvollziehbaren Hin- und Herschwanken zwischen unnötiger Einmischung – zum Beispiel bei eher belanglosen Themen wie Kleidung und Frisur der jungen Menschen – und völliger Zurückhaltung in anderen Bereichen, in denen sich Eltern engagieren sollten, wie Sexualaufklärung, Empfängnisverhütung, Umgang mit Alkohol und Drogen.

Es ist sehr schwierig geworden, zwischen essentiellen und gefährlichen Geheimnissen zu unterscheiden, weil heutzutage viele Jugendliche vor ihren Eltern Dinge geheimhalten, die schweren seelischen Schaden anrichten und tödlich enden können – wie massiven Alkohol- und Drogenmißbrauch, Vergewaltigung, Selbstmordversuche und Überfälle durch Gleichaltrige oder Fremde. Nach Schätzungen der Polizei verschweigen es

60 Prozent aller Teenager ihren Eltern, wenn sie auf der Straße oder im Einkaufszentrum ausgeraubt werden. Dies sind keine Geheimnisse, die man 20 Jahre später am Mittagstisch scherzhaft zum Besten gibt.

Gleichzeitig scheuen sich Eltern zunehmend, ihre heranwachsenden Kinder über Bereiche zu befragen, in denen Schweigen äußerst gefährlich werden kann. Da das normale Geheimhaltungsbedürfnis von Jugendlichen nicht richtig verstanden wird – zumal in einer Gesellschaft, in der die Beziehungen zwischen Teenagern und Eltern häufig gespannt sind –, kommt es zu einer Entfremdung zwischen den Generationen. Oft werden Themen gemieden, die eigentlich offen angesprochen werden müßten.

Wenn wir zu einer besonnenen, kreativen Haltung kommen und sinnvolle Reaktionen auf Jugendliche und ihre Geheimnisse in der heutigen Zeit entwickeln wollen, müssen wir vieles bedenken. Die sozialen und wirtschaftlichen Verhältnisse einer Familie, ihre Wertvorstellungen und Überzeugungen, die in die ethnische und soziale Herkunft und in die Familiengeschichte eingebettet sind, sowie die Biographie beider Elternteile, die in ihrer Jugend ebenfalls Geheimnisse hatten, nehmen Einfluß auf den Umgang mit Geheimnissen.

Geheimnisse von Jugendlichen – gestern und heute

Nehmen Sie sich ein wenig Zeit, um über Ihre eigene Jugend nachzudenken:

- *Waren Sie als Jugendliche/r in der Lage, etwas vor Ihren Eltern zu verbergen?*
- *Welche Geheimnisse haben Sie für sich behalten?*
- *Wie haben Ihre Eltern reagiert, wenn sie eines Ihrer Geheimnisse entdeckten?*
- *Hatten Sie vor Ihrer Mutter andere Geheimnisse als vor Ihrem Vater? Wodurch war der Unterschied zu erklären?*
- *Welche Beziehung hatten Sie zu Ihrer engsten Vertrauensperson?*
- *Hatten Sie Geheimnisse mit oder vor Ihren Geschwistern?*

- *Inwiefern lassen sich die Geheimnisse, die Sie früher hatten, mit denen vergleichen, die Ihr Teenager heute vor Ihnen hat?*
- *Wie lassen sich die Geheimnisse, die Ihre Eltern vor Ihnen hatten, mit denen vergleichen, die Sie vor Ihrem heranwachsenden Kind haben?*

Die geheime Last: Der Preis der Loyalität

Gregory Richards war 15 Jahre alt, als sein Vater seine angesehene Stellung als leitender Bankangestellter verlor; der Grund dafür waren seine wachsenden Alkoholprobleme. Gregory wußte zwar, daß sein Vater trank, doch die Kündigung hielt man anfangs vor ihm geheim. Der Vater war tief beschämt und gedemütigt durch den plötzlichen Verlust von Status und Einkommen und bat Gregorys Mutter, weder den Kindern noch sonst jemandem zu erzählen, daß er entlassen worden war und jetzt als Taxifahrer arbeitete. Jeden Morgen verließ er in Anzug und Krawatte das Haus, als ginge er ins Büro. Statt dessen fuhr er zum Taxiunternehmen, wo er sich umzog und sich in sein Taxi setzte. Gregory spürte die gewaltigen Spannungen zwischen seinen Eltern, aber er wagte nicht zu fragen, was der Grund war, bis er eines Tages seinen Vater am Steuer eines Taxis sah. Völlig verwirrt stellte er seine Mutter zur Rede. Sie gestand ihm, daß der Vater entlassen worden war, allerdings, wie in der Familie üblich, brachte sie das Alkoholproblem des Vaters nicht zur Sprache. Da Gregory merkte, wie sehr die Mutter sich schämte, erkundigte er sich nicht nach den finanziellen Auswirkungen für die Familie oder nach anderen Einzelheiten.

Jetzt war er in das Geheimnis eingeweiht, aber seine Eltern schärften ihm ein, mit den jüngeren Geschwistern, seinen Freunden und anderen Familienangehörigen nicht darüber zu reden. Gregory lernte also, daß Familienloyalität Doppelzüngigkeit und Betrug erforderte, was schlimme Folgen für sein Verhalten hatte.

Zu einer ganz brisanten Situation kam es eines Abends, als Gregory mit seinen Freunden in der Stadt unterwegs war. Sie winkten ein Taxi herbei, und es zeigte sich, daß sein Vater am Steuer saß. Dieser tat so, als kenne er Gregory nicht, und bedeutete ihm, sich genauso zu verhalten. Nach diesem absonderlichen Zwischenfall begann Gregory, die Schule zu schwänzen, beschimpfte seinen Vater und nannte ihn einen Lügner und Drückeberger. Aus den Verbalattacken wurden bald handfeste Schlägereien zwischen Gregory und seinem Vater. Gleichzeitig hütete Gregory weiterhin das Geheimnis, und die Aufmerksamkeit der Familie wurde nun von den Kernproblemen – dem Alkoholismus, der finanziellen Situation und den beruflichen Problemen des Vaters – abgelenkt und richtete sich auf „Gregorys Gewaltausbrüche", wie sie es nannten.[1]

Heranwachsende sind voll und ganz in der Lage zu begreifen, daß es notwendig sein kann, Grenzen zu ziehen und zuweilen durch Geheimnisse die Privatsphäre zu schützen oder die Familie vor fremder Einmischung abzuschirmen. Aber man darf von einem Teenager nicht erwarten, Geheimnisse zu hüten, die tagtäglich Täuschungs- und Ausweichmanöver erfordern oder zwischen dem Kind und einem Elternteil, den Geschwistern, anderen Angehörigen oder Freunden eine Kluft schaffen. Wenn man von einem Jugendlichen fordert, die eigene Entwicklung zu opfern und die Energie, die eigentlich für Freundschaften, Schule und Freizeit gebraucht würde, in das Verschweigen eines Familienproblems zu stecken, dann verlangt der Erwachsene zuviel von dem Kind.

Gelegentlich zieht ein Elternteil das heranwachsende Kind ins Vertrauen und gibt ihm erschütternde Geheimnisse preis, die einen Jugendlichen überfordern. Besonders vergiftend wirken Geheimnisse, die ein Elternteil einem Teenager mit der Auflage mitteilt, sie dem anderen Elternteil zu verschweigen. Geheimnisse, die von einem Jugendlichen verlangen, Angehörige zu betrügen, um anderen Loyalität zu beweisen, verzerren die Bedeutung des Vertrauens in Beziehungen. Und so fragt sich ein Jugendlicher: „Wie kann ich bei den Menschen, die mir am meisten bedeuten sollen, gleichzeitig vertrauenswürdig und nicht vertrauenswürdig sein? Wenn ich Papas Affäre geheimhalte, was sagt das über meine Beziehung zu Mama? Wenn ich es Mama verrate, was sagt das über meine Beziehung zu Papa?" Zuweilen finden Teenager einen dritten Weg aus der Misere: Sie verweisen mit ihrem Verhalten auf den Inhalt des Geheimnisses, bleiben dabei aber zweideutig.

Sara Morrison (17) war eine Musterschülerin, zweite Klassensprecherin und wollte studieren – bis ihr Vater ihr anvertraute, daß er eine außereheliche Beziehung hatte, ihr aber verbot, dies der Mutter weiterzusagen. Ihr Vater weihte sie nicht nur in alle Einzelheiten seiner Liebschaft ein, sondern beklagte sich auch bitter über seine Ehe und sein unbefriedigendes Sexualleben mit Saras Mutter. Außerdem deutete er an, daß es sich nur um eine von vielen Affären handelte, die er im Lauf der Jahre vor seiner Frau geheimgehalten hatte.

Innerhalb kurzer Zeit ging es mit Saras schulischen Leistungen rapide bergab. Sie machte mit ihrem Freund Schluß, blieb abends häufiger lange aus und lernte andere Jungen kennen, die ihre Ausbildung abgebrochen hatten. Provozierend ließ sie ihre Eltern wissen, daß sie nicht nur sexuell aktiv war, sondern auch mit verschiedenen Freunden schlief. In einem fehlgeleiteten Versuch, ihrer Mutter das Geheimnis des Vaters mitzuteilen, ohne ihr Wort zu brechen, opferte Sara ihr eigenes Wohlbefinden.

Ein Geheimnis mit Mutter oder Vater teilen

Wenn ein Elternteil ein heranwachsendes Kind ins Vertrauen zieht, kann das, wie wir gesehen haben, für den Jugendlichen einen schrecklichen Loyalitätskonflikt nach sich ziehen. Aber was geschieht, wenn das Kind mit einem Geheimnis zur Mutter kommt und sagt: „Bitte, erzähl es Papa nicht"?

Auch für diesen Fall gibt es kein Patentrezept. Der spezifische Inhalt des Geheimnisses, die eingeschliffenen Verhaltensmuster in der Familie, die Erfahrungen, die eine Mutter selbst als Jugendliche mit Geheimnissen gemacht hat, und die Auswirkungen auf die derzeitigen Familienbeziehungen und das Wohlergehen des einzelnen – all dies ist zu berücksichtigen, wenn man übereinkommt, gemeinsam ein Geheimnis zu wahren. Wenn zum Beispiel die Mutter Stillschweigen darüber wahrt, daß die Tochter eine Abtreibung vornehmen ließ, wie wirkt sich das auf ihre Beziehung zum Vater aus? Wie beeinflußt es dessen Beziehung zu seiner Tochter? In der einen Familie hat die Weigerung der Mutter, das Geheimnis zu wahren, möglicherweise zur Folge, daß der Vater die Tochter schlägt. In einer anderen Familie kann das Schweigen der Mutter dazu führen, daß die Tochter auf die Unterstützung des Vaters verzichten muß. Angenommen, ein Sohn vertraut seinem Vater an, daß alle seine Freunde auf Partys

Alkohol trinken, fügt aber hinzu: „Erzähl es Mama nicht, wir wissen ja, wie sie sich dann aufregt." Ist es in der Familie schon lange üblich, der Mutter brisante Informationen vorzuenthalten? Wird sie als „hysterisch" abgestempelt, obwohl sie im Grunde gerade deshalb so heftig reagiert, weil man ihr ständig Informationen vorenthält? Oder wünscht sich der Sohn nur eine zeitweilige Unterstützung, während er nach einer Möglichkeit sucht, Schwierigkeiten aus dem Weg zu gehen?

Manchmal besprechen Teenager wichtige Fragen mit einem Elternteil, ohne um Geheimhaltung zu bitten. In diesem Fall sollten es sich Mutter oder Vater sorgfältig überlegen, bevor sie Geheimhaltung gegenüber dem anderen Elternteil vorschlagen oder gar fordern. Welche Botschaften über Scham und die Sexualität einer jungen Frau erhält eine 18jährige, wenn ihre Mutter meint, der Vater dürfe nicht erfahren, daß sie sexuell aktiv ist, weil es „ihm sonst das Herz bricht"? Welchen Druck übt ein Vater auf seinen Sohn aus, wenn er ihm vorschreibt, die schlechten Noten bei der Aufnahmeprüfung für die Universität müßten vor der Mutter geheimgehalten werden, während er die Prüfung wiederholt?

Sobald ein Elternteil verspricht, das Geheimnis des heranwachsenden Kindes zu hüten, ist es wichtig, daß das Versprechen gehalten wird – oder aber, daß man mit dem Kind neu darüber verhandelt. Im anderen Fall bekäme der Jugendliche das Gefühl, Vater oder Mutter nicht vertrauen zu können – ausgerechnet in einer Zeit, in der Zuverlässigkeit und Verantwortlichkeit in Beziehungen besonders wichtig sind. Wird ein solches Versprechen gebrochen, dann wird die Mitteilung des Geheimnisses häufig ebenfalls geheimgehalten, was schließlich zu einer Lähmung der Familienbeziehungen führen kann. Als die 14jährige Ellen Downey mit ihren Freunden beim Ladendiebstahl erwischt wurde, bat sie die Mutter inständig, es dem Vater nicht zu verraten. Sie liebte ihren Vater über alles und fürchtete seinen Zorn wie auch seine Enttäuschung. Innerhalb weniger Stunden informierte die Mutter den Vater und nahm ihm das Versprechen ab, Ellen nicht erkennen zu geben, daß er es wußte. Da sich der Knoten des Schweigens immer enger zog, war es nicht möglich, auf Ellens Ladendiebstahl angemessen zu reagieren.

Geheimhalten oder nicht?

Wenn Ihr heranwachsendes Sie Kind bittet, ein Geheimnis zu wahren, muß sorgfältig abgewogen werden:

- *Würde es Ihr Kind in Gefahr bringen, wenn das Geheimnis gewahrt wird? Geheimnisse wie Bulimie, Drogenmißbrauch oder Selbstmordabsichten können Sie nicht für sich behalten, ohne Ihr Kind zu gefährden und sich und Ihre Familie von den notwendigen Hilfsmaßnahmen abzuschneiden.*
- *Trägt das Geheimnis dazu bei, Familiengewohnheiten aufrechtzuerhalten, die problematisch oder wenig sinnvoll sind? Wenn beispielsweise Sie und Ihre Tochter gewohnheitsmäßig Ihrer Frau kritische Informationen vorenthalten, kann jedes Geheimnis zwischen Ihnen beiden eine neue Variante dieser Dreiecksbeziehung darstellen.*
- *Denken Sie an Ihre eigene Jugend zurück. Wie haben Ihre Eltern reagiert, wenn Sie ihnen ein Geheimnis anvertrauten? Möchten Sie sich genauso oder anders verhalten?*
- *Denken Sie voraus. Wie wird sich dieses Geheimnis in Zukunft auf die Beziehungen in der Familie auswirken?*
- *Handelt es sich um ein zeitweiliges Geheimnis, wodurch Ihr Kind die Möglichkeit erhält, in geschützter Atmosphäre eine Lösung zu finden? Zum Beispiel wollen viele Teenager Geheimnisse um ihre sich entfaltende Sexualität mitteilen. Wenn ein Elternteil solche Informationen gelassen aufnehmen und sich zu zeitweiliger Geheimhaltung verpflichten kann, entsteht eine Atmosphäre, die Raum für behutsame Fragen und Unterstützung bietet.*

„Das geht dich nichts an": Teenager und Privatsphäre

„Sie macht mich wahnsinnig. Sie liest meine Post, fragt immer, wo ich gewesen bin, will alle Einzelheiten wissen, wenn ich mit einem Mann ausgehe, belauscht meine Telefongespräche." Dieses Klagelied stammt nicht etwa, wie man meinen könnte, von einer 16jährigen, sondern von deren alleinerziehender Mutter. Karen Bolling hatte als Einzelkind 15 Jahre lang mit ihrer Mutter Ellen allein gelebt. In vielfacher Hinsicht lebten sie mehr wie Schwestern als wie Mutter und Tochter zusammen. Karen hatte die irrige Vorstellung, daß alle Details im Leben ihrer Mutter auch sie etwas angingen.

In unserer Kultur ist die Pubertät eine Phase, in der sich die Intimsphäre erweitert. Wie das im einzelnen aussieht, ist in jeder Familie wieder anders und hängt oft vom ethnischen und sozialen Hintergrund und der jeweiligen Einstellung zur Privatsphäre ab. Wohlhabendere Familien können es sich in der Regel leisten, einem Teenager ein eigenes Zimmer zu geben. In weniger wohlhabenden Familien ist die Privatsphäre durch eine eigene Kommode, eine Schublade oder einen Schuhkarton voller persönlicher Dinge definiert. Das Tagebuch ist häufig ein zentrales Symbol für die Privatsphäre von Jugendlichen, denn in ihm sind Gedanken und Vorstellungen niedergeschrieben, die sie ganz für sich behalten wollen. Nach meiner Erfahrung gibt es kaum elterliche Übergriffe, die Teenager mehr aus der Fassung bringen als das unbefugte Lesen ihres Tagebuchs.

Viele Eltern machen sich Sorgen, wenn ihre heranwachsenden Kinder eine Privatsphäre aufbauen. „Was hat er zu verbergen?" Es ist wichtig, über die Privatsphäre zu reden und abzusprechen, welche Bereiche im Leben des Jugendlichen als privat anzusehen sind. Ist zum Beispiel das eigene Zimmer tabu? Dürfen die Eltern geschlossene Schubladen oder Schränke öffnen? Wie steht es mit Tagebüchern? Briefen von Freunden? Telefongesprächen? In ähnlicher Weise ist es hilfreich, wenn Eltern klarstellen, was sie in ihrem Leben als Privatbereich betrachten. Viele Teenager haben die Vorstellung, daß in dem Maße, wie ihr Anspruch auf Privatsphäre wächst, der Anspruch ihrer Eltern schrumpft und daß es zum Erwachsenwerden gehört, alles zu wissen, was sich im Leben anderer Erwachsener tut.

Wenn ich mit Eltern und ihren jugendlichen Kindern arbeite, bin ich oft Zeugin heftiger Auseinandersetzungen, die sich auf die Grenzziehung zwischen Privatsphäre und Verheimlichung konzentrieren. Auf den Protest einer empörten 15jährige – „Wie kannst du es wagen, meine Schubladen zu durchwühlen?" – folgt die Antwort der nicht minder erbosten Mutter: „Das ist mein Haus, und ich sehe mir an, was ich will." Wenn sich die Wogen geglättet haben, versuche ich, die wichtige Unterscheidung zwischen Verheimlichung und Privatsphäre zur Sprache zu bringen, und rufe den Teenagern und ihren Eltern in Erinnerung, daß wirklich private Angelegenheiten auf beiden Seiten der Generationsgrenze weder die Sicherheit bedrohen noch den Zugang zu den Informationen verbauen, die für das eigene Leben bedeutsam sind.

Es gibt allerdings auch Geheimnisse bei Jugendlichen, die ihre Eltern erfahren müssen, weil sie eine potentielle Gefahr darstellen. Die Antwort „Das geht dich nichts an" darf Eltern nicht davon abhalten, Geheimnissen über Drogen- und Alkoholmißbrauch, Gewalt, Erpressung oder Selbstmordgedanken und -pläne auf den Grund zu gehen. Auch wenn Angst rasch in Vorwürfe und Beschuldigungen umschlägt, hören Jugendliche viel eher auf ihre Eltern, wenn sie deren Sorge spüren.

Jugendliche fragen mich manchmal: „Warum sollte ich meinen Eltern etwas über mein Leben erzählen? Sie halten ja auch vor mir geheim, was in ihrem Leben passiert." So wie Eltern wissen müssen, ob ihr Teenager ein gefährliches Geheimnis vor ihnen verbirgt, muß dieser in Geheimnisse eingeweiht werden, die sein Leben unmittelbar beeinflussen. Seelische Konflikte bei Jugendlichen können verborgene Familientabus zum Ausdruck bringen. So wurde bei einer Untersuchung mit jungen lateinamerikanischen Mädchen, die einen Selbstmordversuch hinter sich hatten, festgestellt, daß die Mütter sämtlicher Mädchen als Teenager ebenfalls einen Selbstmordversuch unternommen und dies später vor ihren Töchtern geheimgehalten hatten.[2] Auch in diesen Familien zeigt sich, daß psychische Störungen und Verhaltensauffälligkeiten bei Teenagern häufig auf zentrale Familiengeheimnisse verweisen und zugleich davon ablenken.

Wenn Geheimnisse gefährlich werden

Wenn Kinder zu Jugendlichen heranwachsen, ist es an der Zeit, daß Eltern die Geheimnisse, die sie ihren Kindern bislang vorenthalten haben, neu überdenken und miteinander besprechen. Die meisten Eltern halten beschämende Vorfälle in ihrer eigenen Herkunftsfamilie vor ihren Kindern geheim. Gewiß darf man von kleinen Kinder nicht erwarten, daß sie mit Geschichten von Selbstmord, Mord oder schwerer Mißhandlung in ihrer Familiengeschichte zurechtkommen. Möglicherweise reagieren sie mit Entsetzen oder scheinbar reifer Sorge um ihre Eltern. Aber den Heranwachsenden hilft ein erweitertes Repertoire von Familiengeschichten, um über ihr sich entwickelndes Selbstgefühl Klarheit zu bekommen. Wenn solche Geschichten nicht in das Familienleben eingewoben werden können und statt dessen geheim bleiben, gewinnen sie eine Macht, die in keinem Verhältnis zur Gesamtheit der Familiengeschichte steht, und man muß sogar damit rechnen, daß gerade gefährliche Geheimnisse, die einem Jugendlichen vorenthalten werden und daher nicht näher untersucht werden können, mit großer Wahrscheinlichkeit im Leben des Jugendlichen neu inszeniert werden.

Am Telefon sagte mir Mrs. Jankowski voller Angst und unter Tränen: „Meine Tochter ist weggelaufen. Schon zum drittenmal. Ihr Vater will die Polizei verständigen – ich weiß nicht, was ich machen soll." Als ich später mit Coras Eltern zusammensaß, erfuhr ich die Einzelheiten ihrer Ausbruchsversuche. Anders als andere jugendliche Ausreißer, die zu Freunden oder Verwandten gehen, brachte sich Cora jedesmal, wenn sie weglief, in Gefahr. Beim erstenmal war sie, als die Polizei sie fand, von ihrem neuen Freund geschlagen worden. Bei der letzten Eskapade war sie in einem Obdachlosenheim gelandet. Was ging in dieser allem Anschein nach soliden Mittelschichtfamilie vor, das die Tochter zu solchen Verzweiflungstaten trieb?

Bald wurde mir klar, daß der Zorn, die Verbitterung und die Uneinigkeit der Eltern weit über den aktuellen Konflikt mit Cora hinausreichten. „Letztes Jahr bin ich für eine Weile fortgegangen", berichtete Coras Mutter. „Den Kindern haben wir gesagt, daß ich eine Reise mache. Ich habe einfach Zeit zum Nachdenken gebraucht. Cora hat mich gefragt, ob das die Trennung sei, aber ich habe ihr versichert, das sei nicht der Fall." Die Eltern standen kurz vor einer erneuten Trennung, als Cora auszureißen begann.

Mich interessierte, wie diese Familie die räumliche Trennung als Mittel der Problemlösung einsetzte. Übernahm Cora vielleicht einfach eine Familientaktik? „Ich glaube, ich habe es mit einer Familie zu tun, in der die Leute ‚weglaufen' – wer ist eigentlich sonst noch weggelaufen?" Der Vater machte ein verblüfftes Gesicht und lachte gezwungen. Dann kam eine Geschichte nach der anderen ans Licht – von Angehörigen beider Seiten der Familie, die weggelaufen waren. Häufig wechselten die Verwandten jahrelang kein Wort miteinander. Mr. Jankowskis Vater hatte die Familie verlassen und sich nie wieder gemeldet. Mrs. Jankowskis Großvater war aus der polnischen Armee desertiert und nach Amerika gegangen. Erwachsene Geschwister schufen räumlich und emotional eine größtmögliche Distanz zueinander. Die Verwandten kamen auch an Feiertagen nicht zusammen und standen nicht zur Verfügung, wenn Hilfe benötigt wurde. „Wieviel weiß Cora über diese Geschichten?" fragte ich. Mr. Jankowski erklärte, da man zu den Angehörigen keinen Kontakt habe, rede man auch nicht über sie. Die Eltern hatten Cora und den anderen vier Kindern von all dem nie etwas erzählt. Die Familiengeschichte an sich war ein Tabuthema. Diese Familie lebte permanent in einem Zustand des „Weglaufens".

An diesem Nachmittag unterhielten wir uns zweieinhalb Stunden lang und begannen auszupacken, was in dieser Familie so lange im Verborgenen geblieben war. Am Ende dieser ersten Sitzung verflogen allmählich die Wut und die Enttäuschung der Eltern über ihre Tochter. Die Mutter bemerkte: „Wenn ich darüber nachdenke, was in unseren beiden Familien passiert ist, kann ich es viel besser verstehen, daß Cora ausreißt. Das war unsere einzige Strategie, mit Schwierigkeiten umzugehen – ich glaube, sie ahnte das irgendwie, auch wenn wir es ihr nie erzählt haben." Als ich die Eltern zwei Tage später wiedersah, erzählten sie mir, daß Cora telefonisch mit ihnen Kontakt aufgenommen hatte. Ich bat sie, ihr beim nächsten Telefongespräch zu sagen, daß sie keineswegs das einzige Familienmitglied sei, das bisher weggelaufen war – daß es sich vielmehr um eine „Familieneigenschaft" handle. Beim nächsten Gespräch mit den Eltern erklärte sich Cora bereit, sie in meiner Praxis zu treffen, um die Rückkehr nach Hause zu besprechen. An diesem Punkt konnten wir unsere gemeinsame Arbeit beginnen und neue Methoden entwickeln, das Leben zu meistern.

Offenlegen von Geheimnissen nach einer Trennung

Die 40jährige Una Parker und ihre drei heranwachsenden Kinder Arthur (18), Tamara (16) und Edward (15) suchten mich zur Familientherapie auf, weil sich Tamaras Sozialarbeiter an der Schule wegen ihres unregelmäßigen Schulbesuchs Sorgen machte. Als ich die Familie im Wartezimmer begrüßte, sah ich eine erschöpfte Mutter in Begleitung von drei Teenagern, die alle einen Walkman-Kopfhörer trugen. Wie ich bald herausfinden sollte, waren die Kopfhörer eine deutliche Metapher für die Distanz und Einsamkeit in dieser Familie.

Bei unserem ersten Treffen sah Una sehr traurig aus und berichtete konfus: „Meine Kinder gehorchen mir nicht. Ich weiß nicht, wohin Tamara geht, wenn sie nicht in der Schule ist. Sie gehen nicht mit mir in die Kirche. Sie kommen nie pünktlich heim." Während Una sprach, wirkten die drei Kinder gelangweilt und uninteressiert. Was diese Familie von vielen anderen Familien unterschied, in denen Teenager Regeln brechen, war die Tatsache, daß sie erst seit kurzem nach langjähriger Trennung wieder vereint war. Die drei Jugendlichen waren vierzehn Monate zuvor aus Jamaika nach Brooklyn gekommen, um bei ihrer Mutter zu leben, die elf Jahre lang allein in New York gewohnt hatte. Während dieser Zeit hatte Una ihre Kinder zweimal bei Kurzbesuchen gesehen. Seit dem letzten Besuch waren fünf Jahre vergangen.

Tamara meldete sich von den Kindern als erste zu Wort. Sie erklärte mir mit deutlichen Worten, daß sie der Meinung sei, ihre Mutter habe kein Recht, ihr Vorschriften zu machen: „Sie glaubt, ich wäre noch ein kleines Kind wie damals, als sie gegangen ist. Jetzt muß ich nicht mehr auf sie hören." Bei diesen Worten fing Una zu weinen an, und ihre beiden Söhne rückten ihre Stühle links und rechts rasch näher an sie heran. Edward legte seiner Mutter schützend den Arm um die Schultern. Tamara saß jetzt allein und starrte ihre Mutter und ihre Brüder finster an. „Er will weg und nach Jamaika zurück", erklärte Tamara und deutete auf Arthur, „aber jedesmal, wenn er das sagt, weint Mama, und damit hat sich's." Tamara übernahm in der Familie aus freien Stücken die Rolle derer, welche „die Wahrheit sagt". Alle anderen wirkten nervös, wenn sie sprach. Die Mutter versuchte, mich wieder zu Tamaras Schulproblemen zurückzuführen, aber mir war klar, daß wir, um überhaupt sinnvoll mit Tamaras Schulschwänzen oder Arthurs Zukunftsplänen umgehen zu können, zunächst die Bedingungen dafür schaffen mußten, daß alle Familienmitglieder erzählen konnten, wie sie erlebt hatten, daß Una ausgewandert war, die Familie elf Jahre getrennt gelebt hatte und schließlich wieder zusammenfand.[3]

Wenn Kinder in jungen Jahren von ihren Eltern getrennt werden und als Heranwachsende wieder zu ihnen zurückkehren, haben sich zahlreiche Geheimnisse angehäuft. Während der Wiedervereinigung schleichen sich Gespenster ein: die nichterzählten Gründe, warum ein Elternteil ursprünglich weggegangen ist, oder umgekehrt, warum ein Kind weggeschickt wurde; die starken Gefühle, die durch die Trennung ausgelöst wurden; die Ereignisse im Leben der Beteiligten während der Trennung. Wenn Jugendliche und Eltern durch Auswanderung, Wegzug oder abgebrochenen Kontakt nach der Scheidung, Aufnahme in eine Pflegefamilie oder einen längeren Krankenhausaufenthalt getrennt wurden, muß sich die Therapie zunächst darauf konzentrieren, all das offenzulegen, was die Betroffenen vom Leben der anderen versäumt haben.

Zu Beginn meiner Arbeit mit Una und ihrer Familie schlug ich vor, ein Genogramm zu erstellen. Ein solcher Familienstammbaum ermöglicht es einer Familie, mir rasch einen Überblick über ihre Geschichte zu geben – Hochzeiten, Geburten, Trennungen, Todesfälle. Wie so oft waren die Jugendlichen überaus interessiert an der zurückliegenden, bisher verschwiegenen Familiengeschichte. Der Vater war kurz nach Edwards Geburt nach Miami gegangen. Er kam noch einmal für kurze Zeit zurück, reiste wieder ab und gründete eine neue Familie. Alle drei Kinder lauschten aufmerksam, als ihre Mutter von ihren verzweifelten und erfolglosen Bemühungen berichtete, den Kontakt zwischen ihrem Exmann und den Kindern aufrechtzuerhalten. Das war eine von vielen Geschichten, die sie nie gehört hatten.

Da Una kaum Geld und keinerlei Aussicht auf Arbeit in Jamaika hatte, beschloß sie 1982, nach New York zu gehen, so wie ihre drei Brüder vor ihr. Wie viele Immigrantinnen in ähnlicher

Situation hatte sie vor, nur kurze Zeit zu bleiben: „Ich dachte, höchstens zwei Jahre, und dann würde ich heimkommen." Ihre sieben, fünf und vier Jahre alten Kinder brachte sie bei ihrer Mutter unter und reiste ohne Papiere in die Vereinigten Staaten ein. Sie arbeitete als private Krankenpflegerin und schickte soviel Geld wie möglich für den Unterhalt ihrer Kinder nach Jamaika. Kopfschüttelnd sagte Arthur: „Großmutter hat sich darüber beklagt, daß wir ihr auf der Tasche liegen. Daß du Geld geschickt hast, haben wir nicht gewußt. Wir haben gedacht, du machst dir in New York ein schönes Leben." Einerseits hatten die Kinder keine zutreffenden Berichte über das Leben ihrer Mutter gehört, und andererseits wußte Una nichts über deren häufig schwierige Erfahrungen im Zusammenleben mit der Großmutter. Bei unserer gemeinsamen Arbeit ging es darum, einen geschützten Ort zu schaffen, in dem intensive und bisher uneingestandene Gefühle, Widersprüche, Loyalitätskonflikte und bedrückende Erfahrungen Raum fanden.

Voller Kummer erzählte Una, wie sehr sie ihre Kinder damals vermißte. Die Großmutter versicherte ihr, es gehe den Kindern gut, und in Jamaika kam es häufig vor, daß Großmütter ihre Enkelkinder aufzogen – ein Brauch, der auf die Zeit der Sklaverei zurückging, als Eltern häufig durch die weißen Herren von ihren Kindern getrennt wurden. Daher beschloß Una schließlich, sich die nötige Zeit zu nehmen, um ihre Aufenthalts- und Arbeitserlaubnis zu bekommen und ihre Kinder nach New York zu holen. „Ich habe mir vorgestellt, das würde ein, zwei Jahre dauern", erklärte Una. „Statt dessen vergingen sieben Jahre, bis ich meine Green Card hatte, und ein weiteres Jahr, bis ich genug Geld für eine größere Wohnung gespart hatte und die Kinder zu mir nehmen konnte."

Im Laufe dieses Gesprächs erfuhren Arthur, Tamara und Edward viel Neues über ihre Mutter; sie hörten von ihrem Überlebenskampf in New York, den fürchterlichen Arbeitsbedingungen in den Häusern alter, kranker Menschen und der schlechten Bezahlung, von ihrer Hartnäckigkeit und dem Mut, den sie um ihrer Kinder willen aufbrachte. Zweimal in den elf Jahren hatte Una es riskiert, nach Jamaika heimzufahren und ohne Papiere wieder in die USA einzureisen. Ihre Kinder hatten keine Ahnung, was das bedeutete, und ärgerten sich, weil sie nicht öfter kam. Bei den Besuchen erlebten alle ein verwirrendes Durcheinander von

Erschütterung und Fremdheit. Als Una ihre Kinder schließlich nach New York holte, stellte sie sich vor, die Beziehung zu Kindern wiederaufzubauen, die dreizehn, elf und zehn Jahre alt gewesen waren, als sie sie zuletzt gesehen hatte. Statt dessen hatte sie es mit drei Jugendlichen zu tun, die nichts anderes kannten als das Landleben in Jamaika und jetzt eine Dreizimmerwohnung in einem Viertel mit westindischen und jüdisch-orthodoxen Bewohnern in Brooklyn bezogen.

Una, Arthur, Tamara und Edward versuchten, zwei unvorhergesehene und wiedersprüchliche Übergänge im Lebenszyklus der Familie auf einmal zu bewältigen. Sie kamen zusammen, um eine Familie aufzubauen, und zwar genau zu einem Zeitpunkt im Leben der Kinder, als diese mehr Autonomie forderten und brauchten. Una erschienen sie viel jünger, als sie waren. Andererseits waren die Regeln, die Una aufstellte, für ein zuweilen gefährliches Leben in Brooklyn gedacht, während Arthur, Tamara und Edward die Sicherheit des Landlebens gewohnt waren. Ihre jugendliche Rebellion komplizierte sich durch ihre Wut auf die Mutter, die sie vor Jahren verlassen hatte und sie dann plötzlich aus der gewohnten Umgebung herausriß. „Wir konnten nichts machen, als du gegangen bist", sagte Arthur, „und als du uns hergeholt hast, konnten wir auch nichts machen." Una hatte damit gerechnet, daß ihre Kinder bei der Wiedervereinigung der Familie dasselbe empfinden würden wie sie selbst, und folglich gab es bei ihrer Ankunft keine Möglichkeit auszudrücken, wie die Kinder den Verlust und die Entwurzelung empfanden. Erst als Una erzählte, wie es ihr in der ersten Zeit in New York ergangen war, fühlten sich auch ihre Kinder berechtigt, ihre Trauer zu zeigen.

Unsere gemeinsame Arbeit dauerte sechs Monate. Ein Großteil der Therapie wurde mit den Geschichten gefüllt, die die einzelnen Familienmitglieder über die Zeit der Trennung zu erzählen hatten; dabei kamen verborgene Gefühle zum Vorschein, die Mutter und Kinder elf Jahre lang voreinander geheimgehalten hatten. Zum erstenmal kam zur Sprache, wie verlassen sich die Kinder gefühlt hatten und mit welch schmerzlichen Schuldgefühlen Una zu kämpfen hatte. Viele Sitzungen brachten wir damit zu, Fotos zu betrachten, wobei jeder Geschichten zu den Bildern beisteuerte. Zum erstenmal hörten die Kinder lustige Begebenheiten aus Unas Leben in New York und berichteten erheiternde Geschichten aus ihrem Leben in Jamaika. Nicht nur die schmerzlichen Erfahrungen waren vor unserer gemeinsamen Arbeit verschwiegen worden, es hatte auch niemand gewagt, über die glücklichen Zeiten zu sprechen. Una meinte, ihre Kinder würden denken, sie wären ihr nicht wichtig, wenn sie hörten, daß ihre Mutter auch ohne sie einmal etwas Schönes erlebt hatte. Die Kinder stellten sich ihrerseits vor, Una würde denken, sie hätten sie nicht gebraucht, wenn sie wüßte, daß die drei auch ohne sie Spaß gehabt hatten. Obwohl es für alle Familienmitglieder ein bittersüßes Erlebnis war, von den getrennt verbrachten glücklichen Zeiten zu erzählen, regte ich an, auch diese Geschichten als Kraftquellen für den Aufbau eines gemeinsamen Lebens zu nutzen.

Während sich die getrennt verbrachte Vergangenheit von Mutter und Kindern zu einer facettenreichen Geschichte der Auswanderung, Trennung und Wiedervereinigung verwob, änderte sich das Leben der einzelnen Familienmitglieder und ihre Beziehungen untereinander von Grund auf. Gegen Ende der Therapie besuchte Tamara regelmäßig die Schule. Arthur erklärte sich bereit, seine Entscheidung über eine Rückkehr nach Jamaika aufzuschieben, bis er eine zweijährige Ausbildung zum Computertechniker abgeschlossen hatte. Una wuchs in ihre Rolle als Mutter von Teenagern hinein, hielt an einigen notwendigen Regeln fest und half gleichzeitig ihren Kindern, in dem zuweilen verwirrenden Umfeld ihres Stadtviertels zurechtzukommen. Die Wut der Kinder auf ihre Mutter verschwand, und ein Gefühl des Familienzusammenhalts trat an ihre Stelle. Mit der Unterstützung ihrer Kinder begann Una an der Abendschule eine Ausbildung als Krankenschwester. Arthur und Edward holten ihre Mutter abwechselnd vom Unterricht ab, um sie auf der Heimfahrt mit der U-Bahn zu begleiten.

Diese Familie hatte eine lange Zeit der Trennung erlebt und viele Erfahrungen gesammelt, die geheimgehalten oder zum Tabu wurden. Aber auch eine wesentlich kürzere Trennung kann zwischen Eltern und Jugendlichen ein Gefühl der Entfremdung wecken, so daß man nicht mehr weiß, wie man über das Leben des anderen auf dem laufenden bleiben soll. Ein schweigsamer Jugendlicher, der seinen Vater und seine Stiefmutter einmal im Jahr für zwei Wochen besucht, eine 14jährige, die einmal im Monat aus einem Heim nach Hause kommt, oder eine besorgte Jugendliche, deren Mutter für zwei Monate wegen Depressionen ins Krankenhaus eingewiesen wurde – sie alle brauchen Zeit, um mit ihren Eltern ihre Erlebnisse auszutauschen. Sich selbst überlassen, werden die meisten Jugendlichen diesen Prozeß des Erzählens nicht in Gang setzen. Eltern, die ihre heranwachsenden Kinder eine Weile nicht gesehen haben und direkt fragen: „Was hat sich in deinem Leben getan?", werden wahrscheinlich mit einem Schulterzucken oder sehr knappen Antworten abgespeist. Wenn die Eltern dagegen ungezwungen erzählen, was sie selbst während der Trennung erlebt haben, und dafür offen bleiben, Berichte ihrer Kinder anzuhören, werden sie wahrscheinlich einen mühelosen Austausch zuwege bringen.

Wenn Jugendliche zuwenig wissen: Geheimnissen um die Identität

In der Umgangssprache bezieht sich der Begriff „Pubertät" auf eine Phase im Leben des einzelnen. Nach meiner Erfahrung ist die Pubertät auch eine brisante Zeit für die Familienbeziehungen. Wenn ein Kind an der Schwelle zum Erwachsensein steht, wachsen auch die Spannungen innerhalb der Familie: Wieviel Freiheit wird dem Jugendlichen gewährt, wieviel Verantwortung übergeben, wie viele Chancen bekommt er noch, etwas wieder „auszubügeln"? Einerseits wird jeder Schritt in Richtung Kompetenz und Tüchtigkeit gefeiert, andererseits stellt sich immer wieder Bedauern über versäumte Gelegenheiten ein. Und wenn es Geheimnisse gibt, die die Identität eines Jugendlichen unmittelbar betreffen, gerät die Familie immer mehr in Bedrängnis. Die Zeit bis zum Abschied des Kindes vom Elternhaus wird immer kürzer, während die Zeit, in der dem Kind ein Geheimnis vorenthalten wurde, immer länger wird.

Der Kampf widerstreitender Kräfte um die Geheimhaltung oder letztliche Offenlegung eines zentralen Geheimnisses zeigt sich manchmal getarnt als schwere Pubertäts- und Familienkrise. Das Verhalten und der seelische Aufruhr, den ein Jugendlicher an den Tag legt, kann die verzerrte Spiegelung eines verheimlichten Tatbestands sein. Den entsetzten Eltern liefert dieses Verhalten einen Grund, das Geheimnis zu wahren, weil sie glauben, eine offene Aussprache würde noch größere Aufregung stiften.

Die Jugendjahre sind für Eltern häufig die letzte Chance, ihrem Kind ein Geheimnis zu eröffnen, das den Kern seiner Identität betrifft – Adoption, Elternschaft, fehlende Angehörige oder die kulturelle und ethnische Herkunft –, vor allem wenn die Eltern die Sache nicht aus der Hand geben, sondern ihr Kind schützen und begleiten wollen. Wenn ein Kind ein lange gehütetes Geheimnis, auf das es ein Anrecht hat, endlich erfährt, hat dies Auswirkungen auf sämtliche Familienbeziehungen.

Kaye und Bob Keeler suchten mich mit ihrem Sohn Josh (16) und ihrer Tochter Brianna (11) auf. Als wir uns im Wartezimmer erstmals gegenüberstanden, waren Wut und Abwehr zwischen Eltern und Sohn deutlich spürbar. Während Josh mit verdrossener, unglücklicher Miene dasaß, erklärte mir sein Vater: „Josh hat schon wieder Schwierigkeiten." Auf meine Frage, was „schon wieder" heiße, antwortete Bob, Josh hätte jeden Herbst, kurz nach Schulbeginn, Ärger. Diesmal war das Problem schwerwiegender als sonst. Josh hatte vom Pult einer Lehrerin Geld gestohlen. Als sie ihn zur Rede stellte, hatte er sie beschimpft und ihr mit der Faust gedroht. Deshalb hatte man ihn zeitweilig vom Unterricht ausgeschlossen. Und obwohl es Augenzeugen gab, stritt er weiterhin seine Verantwortung für den Vorfall ab.

Dieses Regelmäßige an Joshs Schwierigkeiten weckte mein Interesse. Als ich mich nach Einzelheiten erkundigte, erfuhr ich, daß „Herbst" Mitte bis Ende Oktober bedeutete. „Jedes Jahr verdirbt er mir Halloween", klagte Brianna. Als ich herauszufinden versuchte, was sich im Oktober in der Familie sonst noch tat, erklärte Kaye eisern, sie sei überzeugt, daß Josh durch den Schulstreß Jahr für Jahr überfordert sei. Außerdem meinten die Eltern, wenn es in den November gehe, reiße sich Josh immer zusammen, weil Weihnachten vor der Tür stehe und er schöne Geschenke wolle. Dieses Jahr sei sein Verhalten jedoch nicht mehr hinnehmbar, und weder die Eltern noch die Schule dürften einfach abwarten, bis alles sich von allein wieder einrenke. Bob behauptete steif und fest, das einzige Problem in der Familie sei „Joshs Verhalten. Wir sind wegen Josh hier, und mir reicht's jetzt."

Gewiß ist es nicht ungewöhnlich, wenn eine Familie mit einem problematischen Jugendlichen ihre Wut und Enttäuschung äußert. Im Gespräch mit den Keelers fiel mir allerdings auf, daß jeder Versuch meinerseits, mehr über die Familie zu erfahren oder über etwas anderes als Joshs Verhalten zu sprechen, sofort abgewehrt wurde. Die ganze Sorge der Familie richtete sich auf Josh. Im Gegensatz dazu beschrieb Bob seine Tochter als „wunderbares Kind, das uns nie den geringsten Ärger macht". Als der Vater sie lobte, schenkte sie mir ein reizendes Lächeln, und Josh zog sich die Mütze über die Ohren.

Zwischen unserer ersten und zweiten Sitzung kam Josh mehrmals betrunken nach Hause, schuf also zusätzlich ein neues Problem und stand damit weiterhin im Mittelpunkt der Aufmerksamkeit. Wie beim Stehlen leugnete er, daß er getrunken hatte, obwohl er offensichtlich einen Kater hatte. Die Eltern reagierten auf Joshs Alkoholkonsum mit einer merkwürdigen Mischung aus Zorn und Sorge. „Erst schreien sie mich an", klagte Josh, „und im nächsten Augenblick wollen sie mich umarmen. Sie bringen mich völlig durcheinander. Aber wissen Sie, das ist nichts Neues." Als ich mich näher nach seinem Gefühl der Verwirrung erkundigte, zuckte er die Achseln und sagte: „Ich mag nicht mehr reden. Fragen Sie meine Eltern."

Da Kaye und Bob mich zum einen entschlossen daran hinderten, Themen anzusprechen, die nichts mit Josh zu tun hatten, da zudem unmittelbar nach Beginn unserer Therapie ein neues Problem aufgetaucht war und da Joshs „Oktoberüberraschungen" so regelmäßig wiederkehrten, überlegte ich, welche Geheimnisse wohl dahinterstecken mochten. Wenn Familien nur über ein einziges Thema sprechen können, wird oft befürchtet, daß ein weitergehendes Gespräch in verbotene Bereiche führen könnte. Dann kommt es nicht selten vor, daß ein Familienmitglied, besonders ein Jugendlicher, mit dem unausgesprochenen Bedürfnis „kooperiert", neue Gesprächsthemen zu vermeiden. Manche Jugendliche verhalten sich so, daß Familiengeheimnisse ans Licht gezerrt werden, andere hingegen, wie Josh, stehen scheinbar im Einverständnis mit der Familie, indem sie alle von dem Geheimnis ablenken. Ein beunruhigendes Verhalten, das scheinbar nach Plan wiederkehrt, verweist einerseits oft auf einen bestimmten Jahrestag, über den nicht gesprochen werden darf, häufig ein Todesfall, und lenkt andererseits die Aufmerksamkeit davon ab.

Bei unserem dritten Termin standen die Eltern allein vor der Tür. Ich habe die Erfahrung gemacht, daß häufig Geheimnisse auf der Tagesordnung stehen, wenn Eltern ohne die Kinder, die eigentlich teilnehmen sollten, zur Therapie erscheinen. Also half ich ein wenig nach und fragte, ob es in der Familiengeschichte etwas gebe, was sie mir mitteilen wollten und was für mich hilfreich sein könnte. Kaye versicherte sich mit einem Blick zu Bob, daß er es in Ordnung fand, wenn sie sprach, und begann zögernd: „Ich weiß nicht, ob das wichtig ist, aber Bob ist nicht der Vater von Josh. Er ist Briannas Vater. Bob hat Josh adoptiert, als er zehn Monate alt war. Er war noch ein Baby, wissen Sie, und alle meinten, es wäre besser, wenn er es nicht erfährt."

Nach und nach erfuhr ich so die ganze Geschichte. Kaye hatte eine kurze Ehe mit Jerry geführt, einem aufregenden, aber verantwortungslosen Menschen, der vor 16 Jahren, am 19. Oktober, als Josh drei Monate alt war, betrunken einen Autounfall verursacht hatte und dabei ums Leben gekommen war. Kayes Eltern, insbesondere ihre Mutter, hatten ihr geraten, an die Zukunft zu denken und die Vergangenheit hinter sich zu lassen. Als sie Bob kennenlernte und heiratete, fanden alle, daß Jerrys Existenz und sein Tod ein Geheimnis bleiben sollten.

Ich fragte Kaye und Bob, ob sie sich Gedanken darüber gemacht hätten, wann sie Josh von seinem leiblichen Vater erzählen wollten. Bob meinte, er glaube nicht, daß sie es ihm je erzählen sollten, und betonte erneut, er sei Joshs Vater. Kaye erwiderte leise, sie habe oft über diese Frage nachgedacht. Sie fand, daß Josh es erfahren sollte, wenn er eine ernsthafte Beziehung zu einer Frau einginge. Bob hatte keine Ahnung, daß Kaye auch nur in Erwägung zog, es Josh überhaupt je zu sagen. Wie häufig zu beobachten ist, waren die Gedanken und Gefühle, die sich um das Geheimnis drehten, selbst zum Geheimnis geworden.

Das Geheimnis war nicht nur den Eheleuten bekannt. Viele Angehörige und Freunde waren eingeweiht. Kaye und Bob wohnten in einer kleinen Gemeinde. Die Lokalzeitung hatte über den Unfall berichtet. „Was glauben Sie, wer es Josh erzählt, wenn Sie es nicht tun?" fragte ich. „Was glauben Sie, wie er reagiert, wenn er die Geschichte von anderen Leuten erfährt?"

Wir standen am Anfang eines Prozesses, der viele Monate dauern sollte. Auch wenn Josh mit seinem Verhalten zweifellos auf dieses essentielle Geheimnis um seine Herkunft reagierte, hatte ich das Gefühl, daß kein Grund zur Eile bestand. Das übliche Muster bestand darin, daß Josh sich immer nur im Oktober danebenbenahm und sich dann wieder beruhigte. Wir konnten uns also Zeit nehmen, alle indirekten Folgen einer Enthüllung des

Geheimnisses zu überdenken. Wenn ein zentrales Familiengeheimnis vorschnell aufgedeckt wird, nehmen die einzelnen Angehörigen und die Beziehungen oft Schaden. Bei Geheimnissen, die keine unmittelbare Gefahr bergen, ist es besser, langsam vorzugehen und in der Beziehung ein ausreichend starkes Sicherheitsnetz zu knüpfen. Ich stellte fest, daß Kaye Hilfe brauchte, um ihre überwältigenden Schamgefühle aufzulösen, und daß ich mich mit den Ängsten beider Eltern befassen mußte, bevor sie so weit waren, es Josh zu sagen.

Hinter dem Geheimnis stand eine Vorgeschichte, die lange vor Jerrys Tod begonnen hatte. Kaye und Jerry hatten sich auf der High School kennengelernt. Jerry stammte aus einer Arbeiterfamilie, während Kayes Eltern der oberen Mittelschicht angehörten. Ihre Eltern verboten ihr, mit Jerry auszugehen. Das junge Paar traf sich heimlich, was zweifellos die Beziehung noch aufregender gestaltete. Nach kurzer Zeit wurde Kaye mit Josh schwanger. Sowohl Kayes Eltern als auch Jerrys Eltern gaben Kaye die Schuld und bestanden darauf, daß die jungen Leute heirateten. Kayes eigene Eltern empfanden es als Schande, daß sie schwanger geworden war, und setzten durch, daß die Hochzeit in aller Stille begangen wurde und daß man auf ein Fest verzichtete. Als Jerry starb, machten seine Eltern ihrer Schwiegertochter schwere Vorwürfe und brachen den Kontakt mit ihr ab. Sie hatten Josh nicht mehr gesehen, seit er ein Baby war, aber Kaye lebte in der Angst, daß sie eines Tages vor der Tür stehen würden.

Als wir uns besser kennenlernten, sprach Kaye offen darüber, daß sie jeden Oktober von einer tiefen Traurigkeit erfaßt wurde. „Es ist nicht so, daß ich Jerry noch liebe", erklärte sie Bob, „aber er war mein Mann, und der Schmerz ist noch da." Tatsächlich zog sich Kaye jedes Jahr im Oktober zurück und verbrachte viel Zeit allein, was für sie untypisch war. Auf ihre Bemerkung, das sei bestimmt noch niemandem aufgefallen, erwiderte Bob, es sei ihm durchaus aufgefallen, aber er habe sich nicht getraut zu fragen, weil er sie nicht quälen wollte. Auch hier wurde das Geheimnis durch weitere Geheimnisse gefestigt.

Nun war es nur noch ein Schritt zu der Frage, welche Auswirkungen die jährlich wiederkehrende tiefe Trauer der Mutter auf Josh hatte. Wie viele Kinder, die beobachten, daß ihre Eltern traurig sind, aber spüren, daß sie nicht nach dem Grund fragen dürfen, begann Josh jedes Jahr um die gleiche Zeit, durch sein Verhalten die Aufmerksamkeit auf sich zu ziehen, um seine Mutter abzulenken. Seine Anstrengungen waren von Erfolg gekrönt. Nach kurzer Zeit war seine Mutter verärgert und nicht mehr traurig, und die ganze Familie beschäftigte sich mit Josh. Im Lauf der Jahre wurden jedoch aus den Mätzchen, die er sich als kleines Kind hatte einfallen lassen, schwerwiegende Verhaltensauffälligkeiten wie Diebstahl und Trinken, die seine Mutter zunehmend an den leiblichen Vater erinnern mußten. Kaye bemerkte: „Meine Mutter meinte, wenn Josh nichts von Jerry weiß, dann tritt er nicht in seine Fußstapfen. Er wird sich viel eher wie Bob entwickeln und verantwortungsbewußt und intelligent werden. Ich weiß nicht warum, aber ich glaube, da hat sie sich geirrt."

Wenn sich um die Herkunft eines Kindes ein Geheimnis rankt, halten die Eltern angespannt Ausschau nach dem ersten Anzeichen eines auffälligen Verhaltens, das an den leiblichen Elternteil erinnert. Sobald Eltern ängstlich überreagieren, verstärkt sich häufig das Verhalten des Kindes. Ein Teufelskreis wird in Gang gesetzt. Weil es ein Geheimnis gibt, kann eine ausgewogenere Sicht des fehlenden Elternteils nicht erarbeitet werden. Das Kind entwickelt sich allmählich zum schlimmsten Alptraum der Eltern, und als Erklärung flüstert man sich heimlich zu: „Es muß an seinen Genen liegen."

Als Kaye und Bob den Zusammenhang zwischen Joshs Verhalten und dem Geheimnis erkannten, gelangten sie zu der Überzeugung, daß sie es ihm erzählen sollten. An diesem Wendepunkt bat ich sie, über die Auswirkungen der Offenlegung auf andere Familienangehörige nachzudenken. Ein Geheimnis zu enthüllen, das die Identität eines Menschen betrifft, ist niemals so unkompliziert zu erledigen, daß man es nur diesem einen Menschen erzählt. In der Familie Keeler standen zunächst Gespräche mit Kayes und Bobs Eltern an. Dabei ging es nicht darum, sie um Erlaubnis zu fragen; vielmehr sollten Kaye und Bob Gelegenheit haben, sie respektvoll über ihre Entscheidung zu informieren und von vornherein auf eventuelle Bedenken einzugehen. So wurde ein tolerantes Klima familiärer Unterstützung geschaffen. Wir sprachen auch darüber, warum Brianna das Geheimnis ebenfalls erfahren sollte. Es ihr vorzuenthalten hätte ein neues Geheimnis geschaffen und eine Spaltung zwischen Josh und seiner Halbschwester bedeutet, und zwar ausgerechnet zu einem Zeitpunkt, an dem tragfähige Beziehungen äußerst wichtig waren. Schließlich schmiedeten wir Pläne, daß Kaye Kontakt zu Jerrys Eltern aufnehmen sollte. Sie spielten eine wichtige Rolle, weil sie Joshs Großeltern waren und ihm ein umfassenderes Bild seines Vaters vermitteln konnten.

Ich fragte Kaye und Bob, ob sie Josh zu Hause oder in einer familientherapeutischen Sitzung in das Geheimnis einweihen wollten. „Was würden Sie uns raten?" fragte Kaye. Ich erwiderte, daß man Jugendlichen ein Geheimnis meist am besten zu Hause, in ihrer gewohnten Umgebung mitteilt, es sei denn das Geheimnis ist gefährlich, was hier bestimmt nicht zutraf. „Wenn Sie es Josh zu Hause sagen, wird es leichter, sich im Lauf der Zeit Klarheit über all die Geschehnisse in Ihrem gemeinsamen Leben zu verschaffen", erklärte ich.

Als Kaye und Bob ihrem Sohn das Geheimnis eröffneten, war er anfangs verständlicherweise wütend, daß man ihm dies die ganze Zeit vorenthalten hatte. Kaye sprach mit ihm über ihren Schmerz und ihre Verwirrung, als sein Vater starb, und über ihren aufrichtigen Wunsch, ihm Leid zu ersparen. Im Lauf mehrerer Monate erzählte sie ihm sowohl erfreuliche als auch kummervolle Geschichten über seinen Vater, so daß er sich bewußt machen konnte, wie komplex ein Mensch ist. In der Therapie unterstützten wir Josh dabei, diese inhaltsschwere neue Information über sich selbst und seine Familie zu verarbeiten. Zu Hause verbrachte Josh viel Zeit damit, Fotos anzuschauen, die er noch nie gesehen hatte. Er entdeckte, von wem er seine Augen, seine Nase und sein Kinn geerbt hatte. Auch die Fotos aus seinen ersten Lebensmonaten kannte er noch nicht. Er legte Wert darauf, mir ein Bild zu zeigen, auf dem ihn Jerry kurz nach seiner Geburt im Arm hielt. Er lernte seine Großeltern väterlicherseits kennen, die ihn willkommen hießen und ihm Bücher gaben, die sein Vater besonders geliebt hatte. Kaye und Bob gingen mit ihm auf den Friedhof, wo sein Vater begraben lag, so daß Josh und seine Mutter zum erstenmal gemeinsam offen trauern konnten.

Als das Geheimnis ans Licht kam, setzte in den Familienbeziehungen eine Veränderung ein. Anstelle von Wut und Abwehr erlebten Josh und Brianna nun viel Freude miteinander. Brianna konnte die Rolle des „perfekten Kindes" ablegen, und bei einer unserer Sitzungen ging es um eine Hausaufgabe, die sie nicht abgegeben hatte. Zu Bobs großer Überraschung kam Josh nun mehr auf ihn zu, statt sich zurückzuziehen. Kaye und Bob konnten die Tatsache von Kayes erster Ehe in die Beziehung integrieren. Jerry war bis dahin ein Tabuthema gewesen. Das Paar hatte jahrelang so getan, als wäre Kaye nie zuvor verheiratet gewesen. Ein entscheidender Teil von Kayes Biographie war verschüttet worden und lag unter Schuldgefühlen begraben. Bob hatte seinerseits mit einem Rätsel gelebt, denn er wußte zwar, daß Kaye verheiratet gewesen und Jerry gestorben war, aber er wagte nicht, seine Frau zu fragen, wie ihr Leben ausgesehen hatte, bevor er sie kennenlernte. „Ich habe mit Vermutungen gelebt. Immer wieder habe ich darüber nachgedacht, was sie wohl für ihn empfunden hat und was sie im Vergleich dazu für mich empfindet", berichtete er. Andererseits hatte er Skrupel, Kaye von seinem früheren Leben zu erzählen. Das zentrale Familiengeheimnis hatte das Paar daran gehindert, einen der wichtigsten Aspekte einer Beziehung zu leben, nämlich über das frühere Leben zu sprechen und dem Menschen, der einen liebt, von sich zu erzählen.

Die Keelers hatten mich im Oktober zum erstenmal aufgesucht. Im Januar legten sie ein Geheimnis offen, das Josh 15 Jahre lang vorenthalten worden war und das alle Familienbeziehungen vergiftet hatte. Im folgenden September, nach viel Arbeit und zahlreichen Veränderungen, luden sie alle drei Großelternpaare ein und hielten eine bewegende Zeremonie ab, bei der Bob und Josh einander öffentlich „adoptierten".

Geheimnisse, die tief in der Familiengeschichte angesiedelt sind und ursprünglich mit guten Absichten geschaffen wurden, um ein kleines Kind zu schützen, gewinnen während der Jugendjahre zunehmend an Einfluß. Wenn Jugendliche in Probleme geraten, die unerklärlich scheinen und trotz aller Anstrengungen der Eltern nicht zu lösen sind, steckt wahrscheinlich ein Geheimnis hinter der rätselhaften Situation. Geheimnisse, die Täuschung, Lügen, Verbergen oder Betrug erfordern, verhindern das Zustandekommen von klaren und sinnvollen Gesprächen, und zwar ausgerechnet zu einer Zeit im Familienleben, in der Kommunikation eine entscheidende Rolle spielt. Die normale Lebensentwicklung Jugendlicher wird in Familien, die ein zentrales Geheimnis hüten, unterdrückt.

Obwohl jedes Geheimnis spezielle Rätsel aufgibt, die in der einmaligen Geschichte und Kultur einer jeden Familie gründen, erfordert die Offenlegung eines schmerzlichen Geheimnisses gegenüber Jugendlichen stets recht ähnliche Voraussetzungen – einen wohlüberlegten Zeitplan, eine Atmosphäre der Sicherheit und Unterstützung und eine innige, einfühlsame Beziehung, in der die Nachwirkungen aufgefangen werden können.

Jugendliche und Geheimnisse stehen in einer paradoxen Beziehung. Um ein eigenständiges, erkennbares und verläßliches Ich zu entwickeln, muß der Jugendliche Geheimnisse für sich behalten. Und nichts kann sein Selbstgefühl so schwer erschüttern, wie wenn ihm wesentliche Geheimnisse vorenthalten werden. Unaufgelöste Familiengeheimnisse verfolgen uns wie ungebetene Gespenster, wenn wir versuchsweise erste Schritte weg vom Elternhaus machen. Aber wie wir im letzten Kapitel sehen werden, ist es nie zu spät, Entscheidungen über Geheimnisse in unserem Leben zu überdenken und neue Wege zu gehen.

11
Es ist nie zu spät
Langjährige Geheimnisse zwischen Eltern, erwachsenen Kindern und erwachsenen Geschwistern

Sag ihnen, daß du nie wirklich ein vollständiger Mensch wirst, wenn du weiter schweigst, weil da immer dieses Etwas in dir ist, das ausgesprochen werden will und das, wenn du es ignorierst, immer wilder und immer heißer wird, und wenn du es nicht aussprichst, eines Tages aus dem Innern aufsteigen und aus dir heraussprudeln wird.

Audre Lorde

An einem kalten Märztag des Jahres 1985 begrüßte ich in meiner Praxis die 74jährige Carrie Allenby und ihren 75jährigen Mann George. Statt sich nebeneinander zu setzen, so wie die Stühle in meinem Therapiezimmer gewöhnlich stehen, rückten die beiden ihre Stühle sofort möglichst weit auseinander. Carries silbergraues Haar war straff zu einem Knoten aufgesteckt. Obwohl es warm im Raum war, behielt sie ihren Mantel an, und mir fiel auf, daß sie dünne, weiße, für die Winterkälte unpassende Baumwollhandschuhe trug. George saß steif auf seinem Stuhl und ließ seine Frau nicht aus den Augen. „Carries Arzt hat uns geraten, Sie aufzusuchen", begann George. „Sie ist zur Zeit im Krankenhaus, aber sie haben uns hierhergeschickt, um mit Ihnen zu sprechen – ich weiß nicht genau, warum. Wir haben alles versucht. Carrie hat Antidepressiva, Beruhigungsmittel und zahllose Therapien bekommen. Nichts hilft."[1]

Ein vor fünfzig Jahren geknüpfter Knoten wird gelöst

Carrie war drei Wochen zuvor wegen anhaltender Angstzustände ins Krankenhaus eingeliefert worden. Es war die vierte stationäre Behandlung innerhalb von vier Jahren. „Mein Mann versteht das nicht", sagte Carrie. „Ich habe einfach solche Ängste, und dann muß ich mir die Hände waschen." Sie schilderte, daß sie schreckliche Angst vor Krankheitserregern habe. Sie brachte jeden Tag Stunden damit zu, sich die Hände zu waschen und zu weinen. Seit über zehn Jahren hatte sie kein anderes menschliches Wesen mehr angefaßt, auch nicht ihren Mann, ihre Töchter Catherine (49) und Ellen (48) und ihre beiden erwachsenen Enkel. Früher war Carrie Klavierlehrerin gewesen. Jetzt rührte sie nicht einmal mehr ihr geliebtes Klavier an – sie glaubte, die Tasten seien mit Keimen bedeckt. Sie ging nicht zum Einkaufen, nahm kein Geld in die Hand, spielte nicht Karten, unternahm keine Reisen, besuchte weder Freunde noch Angehörige; auch in ihr Haus ließ sie niemanden. Die überall lauernden Erreger hatten sowohl Carrie als auch George im Griff. Die einzigen gemeinsamen Unternehmungen waren zu der Zeit die Besuche bei unzähligen Ärzten und Therapeuten. Carries Angst vor Erregern und ihr ständiges Händewaschen waren inzwischen das einzige zulässige Gesprächsthema in der Familie.

Bei unserem ersten Gespräch beharrten George und Carrie darauf, der einzige Konflikt, den sie je gehabt hätten, sei Carries Waschzwang. Als ich mich nach anderen Problemen in ihrer 50jährigen Ehe erkundigte, erwiderte George: „Ich erinnere mich nicht, daß wir je welche gehabt hätten." Als vernünftiger und logisch denkender Mann glaubte George, Carrie ihre Ängste ausreden zu können. Da ihm dies aber nicht gelang, gab es jedesmal Streit. Nach solchen Auseinandersetzungen zogen sie sich in verschiedene Winkel des Hauses zurück, wo sie traurig, einsam und wütend warteten, bis ein paar Stunden später der nächste Streit losbrach.

Carrie hatte alle möglichen Einzeltherapien bekommen, aber kein Therapeut hatte George und die beiden Töchter einbezogen. Ich schlug vor, daß am nächsten Tag alle vier in meine Praxis kommen sollten. Gleich nach Beginn der Sitzung wurde mir klar, daß Carries „Phobie", wie sie es nannte, die Melodie war, nach der die ganze Familie tanzte. Ellen und Catherine stritten darum, wer die Eltern „retten" und wer die Mutter „heilen" werde. Sie überboten sich gegenseitig mit neuen Heilmethoden: Akupunktur, Hypnose, Biofeedback. Sie stritten darum, wer „schlimmer dran" sei, die Mutter oder der Vater. Beide Töchter litten offenbar unter unerklärlichen Schuldgefühlen und brachten den Großteil ihrer Freizeit damit zu, sich um ihre Eltern Sorgen zu machen.

Als wir uns zum drittenmal trafen, war Carrie aus dem Krankenhaus entlassen worden. Alle Familienmitglieder waren bedrückt, weil es Carrie immer noch nicht besser ging. An diesem Punkt bat ich Ellen und Catherine, einmal ohne ihre Eltern zu mir zu kommen.

Bei dieser Sitzung verrieten sie mir, daß Vater und Mutter sich heimlich bitter über den anderen beklagten. Wenn die Töchter diese Klagen bei gemeinsamen Gesprächen zum Thema machen wollten, stritten beide Elternteile ab, sich derart geäußert zu haben. Ellen beschwor mich, Einzelgespräche mit den Eltern zu führen, um zu erfahren, wie unzufrieden jeder insgeheim mit dem anderen war. Das lehnte ich ab, denn wenn ich mich darauf eingelassen hätte, wäre ich schlichtweg „eins der Kinder" geworden.

Gegen Ende meiner Sitzung mit den Töchtern gab mir Catherine einen Hinweis auf das Dilemma unserer gemeinsamen Arbeit. „Meine Eltern mögen keine Außenstehenden, auch keine professionellen Helfer oder Leute, die nicht unmittelbar zur Familie gehören." Mit Außenstehenden, erklärte sie, gehe man diplomatisch um und halte sie höflich auf Distanz. Das Vorhaben offener Gespräche mit Dritten, zu denen ganz gewiß auch ich gehörte, sei von vornherein zum Scheitern verurteilt.

Ich fragte Ellen und Catherine, ob sie zu einer Sitzung mit ihren Eltern bereit wären, in der sie ihre Sorgen in meiner Anwesenheit zur Sprache bringen würden. Ich sagte, ich würde zwar mein Möglichstes tun, um das Gespräch in Gang zu halten, aber sie sollten bei der Sitzung den Ton angeben. Zögernd stimmten sie zu.

Die Familie fand sich zu unserer fünften Sitzung ein. Wie gewohnt nahmen die Töchter ihren Platz zwischen den Eltern ein. Mit großer Beklommenheit begannen Catherine und Ellen von Problemen in der Ehe ihrer Eltern zu erzählen. Das erste von vielen Tabus war gebrochen. Zunächst beharrten George und Carrie noch darauf, ihr einziges Problem sei Carries Angst vor Erregern und ihr unaufhörliches Händewaschen. Statt sich wie sonst zurückzuziehen, ließen sich Ellen und Catherine jedoch nicht beirren. Zögernd räumten George und Carrie ein, daß es noch andere Konflikte gab. George erklärte, daß er gern reise und sich ärgere, weil Carrie dazu nicht bereit sei. Carrie hielt ihm entgegen, sie habe das Gefühl, daß George sie zu Unrecht kritisiere.

Ganz langsam rückte das Gespräch von Carries Phobie, dem alles beherrschenden Thema, ab. Dennoch wirkten ihre Meinungsverschiedenheiten recht alltäglich. Sie stritten ums Fernsehprogramm oder ums Abendessen. Als die Töchter die Frage anschnitten, wie sich ihre Beziehung im Lauf der Jahre entwickelt habe, beharrten George und Carrie erneut darauf, sie hätten sich gut verstanden, bis „Carries Problem“ anfing. Dann unternahm Catherine einen Vorstoß: „Ich erinnere mich, daß ihr sehr distanziert zueinander wart, als wir klein waren – wie kam das?“ Die Spannung in der nachfolgenden Stille steigerte sich ins Unerträgliche. Ellen verlangte plötzlich, die Sitzung abzubrechen, und wandte ein: „Mein Vater hat ein Herzleiden. Ich glaube, wir sollten jetzt nicht weitermachen.“ George und Carrie nickten zustimmend.

Was war nur in dieser Familie geschehen, das alle veranlaßte, zum gegenseitigen Schutz den Knoten des Schweigens immer enger zu ziehen? Unsere Sitzung hatte den Mythos angekratzt, das einzige Problem sei Carries „Phobie“, aber als Catherine nach der Vergangenheit fragte, wuchsen plötzlich Betonmauern aus der Erde.

Nach diesem schwierigen Gespräch schrieb ich George und Carrie einen Brief und bat sie zu überlegen, ob sie mit der Therapie fortfahren wollten. Ich äußerte die Vermutung, daß Ellen zum Ausdruck bringen wollte, ihre Eltern brauchten Schonung, und meinte, ich frage mich, ob sie das genauso sähen. Gleichzeitig versicherte ich ihnen, daß ich ihnen, falls sie sich entschließen würden, weiterzumachen und einige, wie es schien, alte und sehr schmerzhafte Wunden zu öffnen, einen geschützten Raum anböte, in dem dies geschehen könne. Ich erhielt keine Antwort.

Drei Wochen später suchte mich Catherine allein auf. „Nach unserem Gespräch mit Ihnen sind wir alle zu meiner Schwester nach Hause gegangen. Es war das erste Mal seit Jahren, daß meine Mutter dort war. Wir hatten den ersten offen ausgetragenen Familienkrach, an den ich mich erinnere. Vor allem mein Vater war wütend auf Ellen, weil sie angedeutet hatte, wegen seines Herzleidens käme er nicht zurecht. Offenbar wollte er uns klarmachen, daß er sehr wohl zurechtkommt.“ Der Inhalt des Streits erschien Catherine weit weniger wichtig als die Tatsache, daß die Probleme allmählich auf den Tisch kamen. Während der hitzigen Diskussion enthüllte Ellen, die sich der Familie bisher als alleinstehende Frau dargestellt hatte, daß sie seit fünf Jahren heimlich mit ihrem Freund zusammenlebte. Ferner legte sie offen, daß sie mit Alkoholabhängigkeit zu kämpfen hatte und eben anfing, dieses Problem mit sachkundiger Hilfe zu lösen. Zum erstenmal seit vielen Jahren wandte sich die Familie Fragen zu, die nichts mit Carries „Phobie“ zu tun hatten.

Catherine fragte, ob sie mich weiterhin allein aufsuchen dürfe, damit sie in die Schwierigkeiten ihrer Eltern „nicht mehr so hineingezogen“ würde. Ich stimmte zu. Sie äußerte Zweifel, ob ihre Eltern mich noch einmal aufsuchen würden.

Drei Monate später rief Carrie bei mir an. „Ich glaube, wir sollten zu Ihnen kommen“, sagte sie. Carrie hatte mich noch nie angerufen, weil das Telefon ja mit Krankheitserregern behaftet war. Ich bot einen Termin für den übernächsten Tag an.

Als ich ins Wartezimmer trat, um die Eheleute zu begrüßen, bemerkte ich verblüfft, wie sehr sie sich verändert hatten. Sie wirkten irgendwie unbeschwerter; zum erstenmal, seit ich sie kannte, trugen sie helle Farben. Carrie hatte zwar nach wie vor ihre Handschuhe an, aber sie legte immerhin ihren Mantel ab. Das Gespräch begann mit einer humorvollen Bemerkung – ebenfalls eine Veränderung. Carrie erzählte mir, wie sie vor 40 Jahren George im Bett das Gesicht gewaschen hatte. „Hat es Spaß gemacht?“ fragte ich. „Er hatte sicherlich nichts dagegen“, meinte Carrie lachend. „Waschen Sie ihm immer noch das Gesicht im Bett?“ neckte ich sie. „Wir haben jetzt getrennte Schlafzimmer“, erwiderte George traurig, und die Stimmung schlug abrupt um. Dann öffnete sich die Tür, die seit langer Zeit verschlossen war. Die nächsten anderthalb Stunden lang rekonstruierten wir die schmerzliche Geschichte ihres gemeinsamen Lebens. Ein Geheimnis nach dem anderen kam ans Licht: Carries ungeheuere Angst, noch einmal schwanger zu werden, nachdem sie innerhalb von zwei Jahren zwei Babys bekommen hatte; ein Arzt, der sich weigerte, sie über Empfängnisverhütung aufzuklären, und ihr empfahl, sie solle heimgehen und noch mehr Kinder bekommen; heftige Auseinandersetzungen zwischen George und Carrie wegen Sex; eine medizinische Behandlung, die bei George Impotenz zur Folge hatte, als er Mitte 40 war; getrennte Schlafzimmer; der nie beigelegte Streit um Sex, der endlich durch den Streit ums Händewaschen ersetzt wurde. „Wir hatten viel öfter Auseinandersetzungen über Sex als über mein Händewaschen“, sagte Carrie.

Allmählich trat das bisher Unausgesprochene, Unbenannte, Nichterzählte in seiner ganzen Tragweite zutage. Dann verriet mir Carrie mit zitternder Stimme und Tränen in den Augen ein Geheimnis, das sie 50 Jahre lang gehütet hatte: „Catherine ist zur Welt gekommen, bevor wir geheiratet haben", gestand sie und senkte tief beschämt den Kopf. Ein solches Geheimnis dürfte heute keine Chance mehr haben, die Beziehungen einer Familie ein halbes Jahrhundert lang zu prägen und einzuengen.

Als Carries Eltern 1935 dahinterkamen, daß ihre Tochter schwanger war, schickten sie sie umgehend zu einer Verwandten in einen anderen Bundesstaat. George folgte ihr, teilte aber seiner Familie nur mit, er habe eine Arbeitsstelle gefunden – was während der großen Wirtschaftskrise als Erklärung ausreichte. Kurz nach Catherines Geburt erfuhr Georges Mutter die Wahrheit von einer Freundin. Statt sich ihren Sohn vorzuknöpfen, schrieb sie Carrie einen brutalen, vernichtenden Brief, in dem sie ihr die Schuld an der unehelichen Geburt gab. Von diesem Brief hatte Carrie ihrem Mann bis zu diesem Tag in meiner Praxis kein Sterbenswort gesagt. Sie weinte, als hätte sie den Brief gestern bekommen – Tränen, die sie fast 50 Jahre lang vor George verborgen hatte.

Kurz nach Catherines Geburt hatte George, der 40 Cents in der Stunde verdiente, genug Geld für eine Heiratserlaubnis gespart. Das Paar wurde von einem Friedensrichter getraut, ohne Familie oder Freunde, ohne Feier – und belastet von einer schweren Bürde der Scham.

„Kennen Ihre Töchter diese Geschichte?" fragte ich. „Wir haben nie darüber gesprochen", erwiderte Carrie, „aber ich weiß, daß sie Bescheid wissen. Sie müssen es wissen, weil meine ganze Familie und Georges Familie es wissen. Wir sehen gemeinsam die Fotos von Catherines Hochzeit an. Aber sie fragen nie nach unseren Hochzeitsfotos, weil sie es wissen, und sie wollen uns verheimlichen, daß sie es wissen – da bin ich mir sicher."

Carrie hatte ihre Heiratserlaubnis ganz unten in einer alten Truhe im Keller versteckt. George und Carrie feierten nie ihren Hochzeitstag. Die Geburtstage der Töchter verstrichen, ohne daß sie je zur Kenntnis genommen wurden. Und niemand fragte, warum.

Ich nahm das Geheimnis mit großer Behutsamkeit auf. In den darauffolgenden Wochen löste diese unverhoffte Offenlegung rapide Veränderungen aus. Die rigide Grenze, die das Geheimnis zwischen der Familie und der Außenwelt errichtet hatte und die in Carries überwältigender Furcht vor Krankheitserregern so beredt zum Ausdruck kam, war durchbrochen worden. Carrie begann wieder, Klavier zu spielen. Außerdem fragte sie mich, ob ich ein Gespräch mit einem „Experten für Krankheitserreger" arrangieren könne. Offenbar war sie bereit, aus der Ecke herauszukommen, in die ihre „Phobie" sie verbannt hatte. Ich organisierte einen Termin bei einem Allgemeinarzt, der alle ihre Fragen ehrlich und respektvoll beantwortete. „Wie lange kann ein Erreger in einem Schuh überleben?" wollte Carrie wissen. „Nicht lange", lautete die Antwort. Carrie lachte und weinte, dann sah sie George an und sagte: „Gehen wir einkaufen."

Da sie nun keine Geheimnisse mehr hatten, konnten sie auch getrennt etwas unternehmen. George ging zum Angeln, und Carrie verbrachte zum erstenmal seit vielen Jahren eine Nacht bei ihrer Schwester.

Ich schlug vor, ihre Geschichte auf ein Video aufzuzeichnen, das wir ihren Töchtern zeigen könnten, aber ich hinkte mindestens zehn Schritte hinter der Entwicklung her. George, vorher ein Meister der umständlichen Gesprächsführung, sah mich an und meinte: „Nein, das ist zu indirekt – holen wir sie doch einfach zu einer Sitzung und sagen es ihnen."

Das erste, was mir auffiel, als das Paar zur Tür hereinkam, waren Carries Hände: Sie trug keine Handschuhe mehr. Carrie ergriff als erste das Wort; ihre Stimme war von Furcht und Schmerz erstickt. Sie holte ihre Heiratserlaubnis aus der Handtasche und legte sie vor Catherine auf den Tisch. „Wir haben immer befürchtet, du würdest es uns vorwerfen, daß wir erst nach deiner Geburt geheiratet haben", erklärte sie ihrer Tochter. „Wir wissen es beide, solange ich denken kann", antwortete Catherine traurig. „Aber wir hatten immer das Gefühl, daß wir mit euch nicht darüber reden können."

Die Sitzung nahm viele unerwartete Wendungen. George sprach ausführlich über ihr damaliges Leben. Bewegend schilderte er seinen Töchtern, wie sehr er Carrie geliebt und sich nach ihr gesehnt hatte, als ihre Familie sie wegschickte. Zu den Familiengeheimnissen, die Catherine und Ellen vorenthalten worden waren, gehörten auch die Liebesgeschichte ihrer Eltern und die schwierigen Anfänge ihres gemeinsamen Lebens. Trotz der Wirtschaftskrise und der allgemeinen Geldknappheit empfand es George dennoch als persönliches Versagen, daß er arm war. Von ihren Verwandten erhielten George und Carrie keinerlei Unterstützung. Sie zogen sich von einstigen Freunden zurück. Nach Ellens Geburt zogen sie schließlich wieder in ihre Heimatstadt, wo immer mehr ungesagt blieb, damit niemand an das Geheimnis rührte.

Im Laufe der Sitzung wurde Catherine immer wütender, und eine neue Geschichte kam ans Licht. „Warum habt ihr mich so schlecht behandelt, als ich vor meiner Heirat schwanger wurde?" Ein unausgesprochenes Geheimnis hatte sich in der nächsten Generation einfach wiederholt. George und Carrie kamen zwar zu Catherines Hochzeit, aber sie hatten sie zuvor mit Schimpf und Schande aus dem Haus gewiesen. 27 Jahre danach entschuldigten sich die Eltern bei Catherine und baten sie, ihnen zu verzeihen. „Wir haben genau dasselbe getan, was uns angetan wurde, und es war beide Male unrecht", sagte Carrie.

Gegen Ende des Gesprächs erklärte Ellen leidenschaftlich: „Wir sind jetzt an einem Wendepunkt. Eins müßt ihr uns versprechen: keine Geheimnisse mehr. Mama darf mir nichts mehr erzählen und dann verlangen, es Papa nicht weiterzusagen. Und Papa braucht mir nichts mehr zu erzählen, von dem Mama oder Catherine nichts erfahren dürfen." George und Carrie stimmten zu. Als die Familie aufstand, um sich zu verabschieden, kam Carrie auf mich zu, nahm meine Hände in die ihren und dankte mir. Mir wurde die Ehre zuteil, der erste Mensch zu sein, den sie nach vielen Jahren wieder berührte.

Mit der Enthüllung des zentralen Geheimnisses standen wir aber erst am Anfang. Unsere Arbeit dauerte noch mehrere Monate. Gemeinsam blickten wir ein halbes Jahrhundert zurück und betrachteten die kulturellen Werte und Zwänge, die hinter der schroffen Reaktion der beiden Familien auf Catherines Geburt standen. Als Catherine zur Welt kam, war eine uneheliche Geburt mit unsäglicher Schande befrachtet. Vorehelicher Geschlechtsverkehr wurde scharf verurteilt, und vor allem die Frauen hatten unter der gesellschaftlichen Ächtung zu leiden. „Ich erinnere mich," bemerkte Carrie, „daß es hieß, Jungen könnten einfach nicht anders, und es sei die Aufgabe der Mädchen, sie zu bremsen. Ich war bereits eine junge Frau und dachte, was immer da passiert ist, war allein meine Schuld." In der weitaus liberaleren Atmosphäre der achtziger Jahre konnten George und Carrie diese Schuldzuweisungen neu überdenken und in Frage stellen – und endlich ihren eigenen Eltern verzeihen.

Wir befaßten uns auch damit, daß sich das schmerzliche Geheimnis über drei Generationen hinweg wiederholt hatte. Carrie, Catherine und in jüngster Zeit Catherines Tochter waren alle vor der Ehe schwanger geworden. Vielleicht waren diese Schwangerschaften Anzeichen einer fehlgeleiteten Familienloyalität, vielleicht waren sie unbeholfene Versuche, das ursprüngliche Geheimnis offenzulegen; oder vielleicht waren sie ein Zeichen dafür, daß es unmöglich ist, aus Erfahrungen zu lernen, deren Existenz sich niemand eingesteht.

Als wir unsere gemeinsame Arbeit abschlossen, stellte ich erstaunt fest, wie sehr sich Carrie, George, Catherine, Ellen und ihre Beziehungen zueinander verändert hatten. Carries Leben wurde nicht mehr durch kräftezehrende Zwangshandlungen beeinträchtigt. Sie ging einkaufen, reiste und empfing auch wieder Gäste in ihrem Haus. Ihre weißen Baumwollhandschuhe wanderten in den Müll. Wenn Carrie und George meine Praxis betraten, hatte er ihr zärtlich den Arm um die Schulter gelegt. Catherine und Ellen verwendeten nicht mehr einen Großteil ihrer Zeit und Energie für die Sorge um ihre Mutter, deren Probleme und die Ehe ihrer Eltern. Statt im Schweigen fand der Familienzusammenhalt jetzt in Worten und Taten Ausdruck. Catherine und Ellen hüteten ein süßes Geheimnis und überraschten ihre Eltern mit einer Party zur Feier ihres Hochzeitstages, der ersten in 50 Ehejahren. Carrie brachte mir schließlich einen selbstgebackenen Rhabarberkuchen,um Abschied von mir zu nehmen, von dieser „Außenstehenden", die sie in ihr Familienleben hatte eintreten lassen.

Komplexes Leben, komplexe Lösungen

Carrie und ihre ganze Familie waren Gefangene der vielen Diagnosen und Behandlungen geworden, die diese Frau hatte über sich ergehen lassen. Begriffe wie „Zwangsneurose" und „phobische Störung" füllten ihre Krankenakte, als ließe sich ihre komplizierte Lebensgeschichte auf einen einfachen Nenner bringen. Psychiatrische Behandlungsmethoden, die ein ganzes Lehrbuch hätten füllen können, waren an Carrie ausprobiert worden – psychodynamische Einzeltherapie, kognitive Verhaltenstherapie, Medikamente gegen Angstzustände, Antidepressiva, stationäre Behandlung. Bei einem dieser Krankenhausaufenthalte wurde sie, um sie zu „desensibilisieren", angehalten, die schmutzige Wäsche anderer Leute einzusammeln. Ein andermal hielt ihr ein Mikrobiologe eine Dreiviertelstunde lang einen Vortrag über Keime. Der Assistenzarzt, der mich ursprünglich gebeten hatte, mit Carrie zu sprechen, hatte mir mitgeteilt, die Krankenhausbelegschaft empfehle, sie in ein Pflegeheim einzuweisen. „Ist sie körperlich krank?" fragte ich. „Überhaupt nicht", erwiderte er. „Die Belegschaft hat nur das Gefühl, daß der Ehemann eine Verschnaufpause braucht." Carrie wurde von den Therapeuten, die mit ihr arbeiteten, als „nicht therapierbar", als „hoffnungsloser Fall" und als „verrückte Alte" abgetan. Alle sechs Wochen hatte sie einen Termin beim Psychiater, der ihr lediglich neue Rezepte ausstellte. Nachdem das zentrale Geheimnis ans Licht gekommen war und ihr Leben eine Wendung genommen hatte, erklärte sie mir, sie wolle nicht mehr zu diesem Psychiater gehen und brauche Hilfe, um ihre Medikamente abzusetzen. „Wenn ich ihn nach den Nebenwirkungen meiner Medikamente frage, sagt er, ich solle mir darüber keine Gedanken machen. Und außerdem macht er einen so nieder", meinte sie. „Er redet ständig von Pflegeheimen. Ich brauche kein Pflegeheim." Das brauchte sie wahrhaftig nicht.

Ich mache mir große Sorgen um all die anderen Carries, deren Therapeuten übersehen, daß schmerzliche Geheimnisse im Spiel sein könnten, und eine Behandlungsmethode nach der anderen ausprobieren und schließlich dem Klienten die Schuld geben, wenn sich nichts ändert. Angesichts der heutigen Haltung der Krankenversicherungen wird es immer wahrscheinlicher, daß als erstes biochemische Mittel verschrieben werden, vielleicht gekoppelt mit einer sehr kurzen Null-acht-fünfzehn-Therapie. Tief verschüttete Geheimnisse zu heben und sinnvoll mit ihren verwickelten Folgen zu arbeiten braucht Zeit, Vertrauen, Sicherheit und Engagement. Und eine solche Therapie ist jeweils einzigartig und nach Maß zugeschnitten.

Offenheit wagen

Erfahrungen wie mit Carrie und ihrer Familie habe ich in meiner Arbeit mit älteren Eheleuten und ihren erwachsenen Kindern und mit erwachsenen Geschwistern immer wieder gemacht. Wenn ich in solchen Fällen zu Rate gezogen werde, kann ich fast sicher sein, daß wir uns mit Jahrzehnten des Leids und der Entfremdung, der Verwirrung und Mißverständnisse, der Geheimnisse und Lügen auseinandersetzen müssen.

Die Beweggründe der Betroffenen, diese Mühe auf sich zu nehmen, sind komplex, und die Probleme, die sich zu Anfang stellen, sind äußerst vielfältig: Die langjährige, von Verbitterung erfüllte Ehe der Eltern wird endlich geschieden, so daß die erwachsenen Kinder in heftige Loyalitätskonflikte geraten; ein Elternteil ist kürzlich verstorben und hat ein Testament hinterlassen, in dem ein Kind übergangen wird; ein Problem oder eine Krise in der Generation der Enkel – Drogen, Alkohol, ein seelisches Trauma – betrifft den gesamten Familienkreis; eine Frau scheitert im Beruf und borgt sich von ihrem erfolgreicheren Bruder immer wieder Geld, verlangt aber, dies vor ihrem Mann und ihren Kindern geheimzuhalten; die Alzheimer-Erkrankung eines betagten Elternteils wirft Fragen um ein verheimlichtes Kind auf, das als Kleinkind starb; ein Bruder erhält die Chance, das elterliche Haus zu einem Preis zu kaufen, der die anderen Geschwister um ihr Erbe bringt; der bevorstehende Tod eines betagten Elternteils zwingt die Familie, sich mit einer Schwester zu befassen, die seit ihrer Jugend geistig behindert ist und im Elternhaus versorgt wird.

Häufig bringt ein erwachsenes Kind den Stein ins Rollen und fordert andere auf, sich mit dem Problem auseinanderzusetzen. Ich hatte Therapiesitzungen mit einem überlebenden Elternteil und dem erwachsenen Einzelkind. In anderen Fällen hatte ich mit 12 bis 15 Personen zu tun – mit den betagten Eltern, den Geschwistern in mittleren Jahren, deren Ehegatten und den inzwischen erwachsenen Enkelkindern –, die sich alle dem Risiko stellten, ans Licht zu bringen, was seit Jahren unter Verschluß gehalten wurde.

Jedesmal wenn ich mit einer Familie anfange zu arbeiten, bin ich von neuem beeindruckt, in welcher Form langjährige Geheimnisse die Menschen daran hindern, einander nahezukommen, so daß unechte und unzuverlässige Beziehungen entstehen und jede aufrichtige Sympathie unterdrückt wird. Wenn Geheimnisse jahrzehntelang weiterbestehen, werden die Familienbeziehungen durch heimliche Allianzen und den unerklärlichen Ausschluß einzelner verzerrt. Familienmitglieder sind „verschollen"; sie sind zwar körperlich anwesend, aber emotional abwesend. Scheinbar sinnlose Grabenkämpfe sorgen für Entfremdung und Feindseligkeit. Einzelne Familienmitglieder werden in einengende Rollen gedrängt, und ihre persönliche Entwicklung wird vereitelt. Schlüsselentscheidungen werden ohne ausreichende Information getroffen. Und jedesmal, wenn ich die erste Sitzung abschließe – die wegen der geographischen und seelischen Distanz, die einzelne überwinden müssen, oft drei bis vier Stunden dauert –, bin ich tief berührt von dem Mut, mit dem die Betroffenen die Sache anpacken, und von dem zutiefst menschlichen Wunsch nach Heilung und Verbundenheit.

„Bestimmt habe ich ihn umgebracht": Auflösung eines 17 Jahre währenden Geheimnisses

An einem grauen Dezembernachmittag begab ich mich in die psychiatrische Notaufnahme zu meiner wöchentlichen Supervision mit Assistenzärzten im Fachbereich Familientherapie. Dabei lernte ich Alan Franco (33) kennen, der von seinen Eltern Eva (60) und Jack (61) in die Klinik gebracht worden war. In den zurückliegenden Wochen war Alan, der bei den Eltern lebte, in zunehmende Erregung geraten. Am Vorabend hatte er seine Mutter mit einem Baseballschläger bedroht. „Das geht jeden Winter so", erklärte Alans Vater ruhig. „Dieses Jahr ist es schlimmer als je zuvor."

Ich saß hinter dem Einwegspiegel, um die junge Therapeutin, die der Familie gegenübersaß, telefonisch zu beraten, und dachte darüber nach, was im Leben dieser Familie wohl geschehen war. Eva und Jack wirkten völlig ausgelaugt, ihre Gesichter waren fahl. Alan, der ungepflegt aussah, war äußerst aufgeregt und hielt es kaum auf seinem Stuhl aus.

Plötzlich begann Alan zu schreien. „Die Sache mit Michael, die Sache mit Michael, wir müssen über die Geschichte von Michael reden." Mit schmerzlich verzerrter Miene beugte sich Jack zu ihm hinüber und sagte ruhig: „Wir sind nicht wegen Michael hier, sondern deinetwegen." Freundlich fragte die Therapeutin: „Wer ist Michael?" „Michael ist fort", sagte Eva, und ihre Augen füllten sich mit Tränen. „Er war unser ältester Sohn, Alans älterer Bruder. Er ist seit 17 Jahren nicht mehr bei uns."

Michael war ein glänzender Schüler und Sportler gewesen; mit 20 Jahren war er plötzlich an einem zerebralen Aneurysma, einer Blutgefäßerweiterung im Gehirn, gestorben. Er hatte kurz zuvor geheiratet und hatte seine schwangere Frau Sandy zurückgelassen. In der Folge hatten sich Sandy und die Francos völlig zerstritten. Als ihr heute 17jähriger Sohn geboren wurde, verweigerte sie den Francos jeden Umgang mit dem Kind.

Diese Verluste waren so schmerzlich und überwältigend, daß die Familienmitglieder einfach aufgehört hatten, über Michael und seinen frühen Tod zu sprechen. Ich schlug der Therapeutin vor zu fragen, wie jeder einzelne den schrecklichen Todesfall betrauerte.

„Ich gehe jede Woche allein in die Kirche. Dort zünde ich eine Kerze an und setze mich in eine der hinteren Bänke", erzählte Eva unter Tränen. Keinem aus der Familie war bekannt, daß sie das tat. „Ich gehe auf den Friedhof. Zwei- oder dreimal im Monat besuche ich allein Michaels Grab", berichtete Jack stockend. „Eva und Alan habe ich nie davon erzählt." Alan schwieg, während seine Eltern sprachen, und weigerte sich dann, seinerseits die Frage der Therapeutin zu beantworten. Michaels Tod war zwar an sich kein Geheimnis, aber er war zum Tabuthema geworden, an das alle ständig dachten, ohne es laut auszusprechen.

Warum, so fragte ich mich, hatte Michaels Tod den Bruder in seiner eigenen Entwicklung aufgehalten? Es schien, als wäre für ihn gegen Ende der Pubertät die Zeit stehengeblieben. Die High School hatte er nicht abgeschlossen. Er arbeitete nicht. Er hatte keine Beziehungen zur Außenwelt. Jahraus, jahrein saß er tagsüber und abends vor dem Fernseher. Seine Eltern stellten ihn nie zur Rede und bestanden nie darauf, daß er sich eine Arbeit suchte oder sich an der Hausarbeit beteiligte. Eva meinte dazu: „Ehrlich gesagt, habe ich Angst vor ihm. Ich lasse ihn lieber in Ruhe. Wir leben nebeneinander her, und das funktioniert normalerweise, außer wenn er so wird."

Alan „wurde so" jedes Jahr kurz vor Weihnachten. Michaels Todestag fiel zwar nicht in diese Zeit, aber Weihnachten war offenbar besonders stark mit Erinnerungen befrachtet, denen die Familie entfliehen wollte. Die Weihnachtstage liefen seit 17 Jahren strikt nach demselben Muster ab. Eva erzählte, sie schmücke das Haus, um „so zu tun, als wären wir glücklich und als wären wir eine ganz normale Familie". Alan aber benahm sich seltsam und bedrohlich und sandte eine andere machtvolle, wenngleich verdeckte Botschaft aus: „Wir sind nicht glücklich, wir sind keine normale Familie."

„Jedes Jahr stelle ich eine kleine Krippe auf, die Michael gebastelt hat, als er zwölf war", sagte Eva. Gerade diese Dekoration schien für Alan ein Signal zu sein, sich noch aufsässiger zu benehmen, um seine Mutter von ihrem offenkundigen Schmerz abzulenken. „An Weihnachten koche ich etwas Gutes", berichtete Eva traurig, „aber Alan setzt sich gar nicht an den Tisch. Mein Mann und ich würden gern unsere Verwandten besuchen, aber Alan droht, die Wohnungseinrichtung zu zertrümmern, wenn wir gehen. Einmal sagte uns ein Therapeut, bei dem er in Behandlung war, wir sollten trotzdem gehen. Als wir heimkamen, hatte Alan in seinem Zimmer alles kurz und klein geschlagen."

Alan war seit Michaels Tod bei acht verschiedenen Therapeuten gewesen und hatte sich längere Zeit einer ambulanten psychiatrischen Behandlung unterzogen, bei der er sich tagsüber in der Klinik aufhielt. Mehrfach hatte man ihm verschiedene Antidepressiva verabreicht. Doch in diesen 17 Jahren war niemand auf die Idee gekommen, Alans Familie in die Therapie einzubeziehen. Nur die unmittelbare körperliche Bedrohung hatte sie gemeinsam in unsere Notaufnahme geführt.

Gegen Ende der ersten Sitzung bemerkte Jack: „Wir müssen nur die Weihnachtstage hinter uns bringen, dann wird sich Alan wieder beruhigen." Aber die Strategie „wenn nur erst Weihnachten überstanden ist" funktionierte nicht mehr. Irgend etwas mußte sich ändern, damit diese Familie aufrichtig trauern und sich wieder dem Leben zuwenden konnte.

Die Francos waren wortkarge Leute. Ich hatte den Eindruck, daß es wenig nützte, wenn man sie drängen oder auch nur bitten würde, ausführlicher über Michael, seinen Tod oder auch den abgebrochenen Kontakt zu ihrem Enkelkind zu sprechen. Statt dessen rief ich während einer kurzen Behandlungspause die Therapeutin an und bat sie, hinter den Einwegspiegel zu kommen. Ich schlug ihr vor anzuregen, daß jedes Familienmitglied beim nächsten Treffen irgendeinen symbolischen Gegenstand mitbringen solle, der zeige, was Michael ihnen bedeutete. Ich nahm an, daß alle durch das gemeinsame Betrachten der Symbole während der Therapie aus ihrer einsamen Trauer herauskommen und ihre Verbundenheit untereinander offener ausdrücken könnten. Ich hatte keine Ahnung, daß dieses Ritual ein Geheimnis zum Vorschein bringen würde, das Alan seit 17 Jahren für sich behielt.

Als die Familie zur zweiten Sitzung erschien, wirkten alle drei gelassener, weniger besorgt und aufgeregt. Die Therapeutin bat sie, ihre Symbole für Michael gemeinsam zu betrachten. Eva begann zögernd: „Ich habe ein Gedicht über die Liebe einer Mutter zu ihrem Sohn mitgebracht. Kurz nach Michaels Tod habe ich es in einem Buch gefunden, es abgeschrieben und in meine Brieftasche gesteckt. Den anderen habe ich es nie gezeigt." Als sie den anderen das Gedicht leise vorlas, begann sie zu weinen. Jack nahm ihre Hand. Alan saß regungslos da, und die Tränen liefen ihm über das Gesicht. Jack hatte einen Ring, ein Andenken an Michaels Klasse an der High School, mitgebracht. Mit leiser Stimme gestand er, daß er ihn seit Michael Beerdigung immer bei sich trug. Zuletzt zog Alan ein Foto von zwei gutaussehenden Jungen heraus. Die Aufnahme war bei Michaels High-School-Abschluß entstanden. Sie zeigte Michael und Alan, die einander die Arme um die Schultern gelegt hatten, während Michael seinen Examenshut in die Luft warf.

Ich schlug der Therapeutin vor, jedes Familienmitglied solle dem anderen sein Symbol in die Hand geben, damit sie in ihrer zuvor einsamen Trauer spürbar verbunden wären. Spontan begannen sie zum erstenmal, Geschichten über Michael zu erzählen. Im deutlichen Gegensatz zur ersten Sitzung, in der Alan nervös herumgezappelt und geschrien hatte, hörte er jetzt seinen Eltern aufmerksam zu. Deren lange verheimlichten Hoffnungen und Träume um Michaels Zukunft kamen ans Licht. Dann war Alan an der Reihe.

„Wir haben immer zusammen Baseball gespielt", sagte Alan. Er senkte den Kopf und saß drei oder vier lange Minuten schweigend da. Die Therapeutin sagte nichts und wartete respektvoll seinen inneren Kampf ab. „Zwei Jahre bevor Michael gestorben ist, habe ich ihn mit einem Baseball am Kopf getroffen. Es war ein Unfall. Bestimmt habe ich ihn umgebracht", schluchzte er. Einen Augenblick lang herrschte atemlose Stille, während alle das Ungeheuerliche dieses Geständnisses zu erfassen suchten. Dann nahm Eva schweigend Alans Hand in ihre Hände. „So war es nicht", sagte Jack schließlich unter Tränen. „Es war nicht deine Schuld, auf keinen Fall war es deine Schuld. Ich habe nicht geahnt, daß du das geglaubt hast."

17 Jahre lang hatte Alan seine übermächtigen Schuldgefühle für sich behalten. Als Michael starb, stand die Familie derart unter Schock, daß niemand den Bruder über die wahre Todesursache aufklärte. Daß seine Schwägerin mit ihrem kleinen Sohn später den Kontakt zur Familie abbrach, nahm Alan als weitere Bestätigung für seine Schuld. In all den Therapien, die Alan über sich ergehen ließ, erwähnte er nie, daß er glaubte, am Tod seines Bruders schuld zu sein. Wenn die Individualtherapie überhaupt eine Wirkung gezeigt hatte, dann die, daß sich das Schweigen und die Schutzhaltung der Familienmitglieder, die alle still für sich trauerten, nur noch weiter verfestigte. In den zahlreichen Gutachten in Alans dicker Krankenakte war die Rede von „Funktionsstörung", „klinischer Depression", „unbewältigter Trauer", „Persönlichkeitsstörung" und so weiter. Aber die Bedeutung von Alans hartnäckigem Leiden blieb ebenso undurchsichtig und unerforscht wie sein uneingestandenes schlechtes Gewissen und seine Angst. Am Ende der Sitzung wandte sich Alan an die Therapeutin und fragte, ob sie ihm behilflich sein könne, einen guten Ausbildungsplatz zu finden. Eva sagte ruhig: „Wir müssen an Sandy schreiben."

Die Familie stand am Beginn eines längeren mühevollen Weges, bis Alan ein verantwortungsbewußter Erwachsener wurde und die Eltern mit ihrer Schwiegertochter und ihrem Enkel den Kontakt wiederaufbauen konnten. Aber sie hatten bereits begonnen, das Verhaltensmuster des Schweigens und der Abwehr aufzulösen, das die Familie so viele Jahre beherrscht hatte.

Michaels Tod war ein entsetzlicher Verlust gewesen, der so tief ging, daß Worte nicht ausreichten, ihn zu beschreiben. Da die Francos nicht in der Lage waren, über die Tragödie in ihrer Familie miteinander zu sprechen, hatten sie, wie viele andere Familien, auch in anderen Lebensbereichen den Bezug zueinander verloren. Trennung und Schweigen wurden der fruchtbare Nährboden für Alans heimliche Selbstverurteilung.

Wir leben in einer Zeit, in der die sprachliche Mitteilung oft als die einzige Möglichkeit des Menschen betrachtet wird, sich verbunden zu fühlen und sich ausdrücken zu können. Wenn aber das Sprechen unmöglich wird, müssen andere menschliche Kommunikationsformen – Zuneigung, Schreiben, Symbole, Rituale – genutzt werden, um die Heilung zu fördern und verkrustete Tabus und Geheimnisse aufzulösen.

Eine Pilgerfahrt zur Mauer: Aufdeckung der Geheimnisse von Vietnam

„Ich möchte die Beziehung zu meinen Kindern wiederaufbauen – ich habe gehört, daß Sie mir dabei helfen könnten. Stimmt das?" fragte mich Wally Sims am Telefon. In seiner Stimme schwangen Ärger und Unruhe mit. Ich erwiderte, dazu müßte ich mehr über seinen Fall erfahren, und lud ihn zu einem Beratungsgespräch ein.

Bei unserem ersten Treffen betrat Wally, 48 Jahre alt, ungeduldig meinen Therapieraum. Noch bevor ich eine Frage stellen konnte, erklärte er, er sei seit neun Jahren geschieden und habe zur Zeit keinen Kontakt mit seinem erwachsenen Sohn Frankie (26) und seiner Tocher Eloise (25), deren Ehepartnern und seinen vier Enkelkindern. „Sie wollen nichts von mir wissen, und eigentlich kann ich ihnen keinen Vorwurf daraus machen. Ich war kein besonders guter Vater." Er erzählte mir dann von seinem Leben, von seiner Alkoholabhängigkeit, seiner zeitweiligen Arbeitslosigkeit und seinen unkontrollierbaren Wutausbrüchen, die dazu führten, daß er seine Frau und seinen Sohn mißhandelte. Voller Reue, Trauer und Verwirrung stellte er fest, daß er auf diese Weise seine ganze Familie verloren habe.

Als ich Wally kennenlernte, war er seit drei Jahren „trocken" und Mitglied bei den Anonymen Alkoholikern. Da es in seiner Familie keine Vorgeschichte im Hinblick auf Alkoholismus gab, fragte ich ihn, warum er sich so viele Jahre dem Alkohol verschrieben habe und wie er zu dem Entschluß gekommen sei aufzuhören. „Das ist eine lange Geschichte", seufzte Wally, und offenbar sollte ich sie bei unserer ersten Sitzung noch nicht erfahren. Er sprach verzweifelt von seinem sehnlichsten Wunsch, seine Kinder und Enkelkinder wiederzusehen. Aber wenn ich nach den Ursachen für den Abbruch der Beziehungen forschte, schwieg er. Während der ganzen Sitzung kam mir Wally wie ein verängstigtes, eingesperrtes Tier vor. Ab und zu stand er auf und ging im Zimmer auf und ab. Dann wieder saß er da und sah mich stumm und scheinbar teilnahmslos an.

Am Ende der Sitzung teilte ich ihm mit, er müsse mir zuerst mitteilen, was nach seiner Meinung zwischen ihm und seinen Kindern vorgefallen war, bevor wir erwägen könnten, mit ihnen Kontakt aufzunehmen und sie zu einer Sitzung einzuladen. „Ich rufe Sie an", sagte Wally. „Darüber muß ich erst nachdenken."

Fast drei Monate verstrichen, bis ich wieder von Wally hörte. Alle Nachrichten, die ich ihm auf seinem Anrufbeantworter hinterließ, blieben unbeantwortet, und schließlich gelangte ich zu der Überzeugung, daß er nicht mehr kommen wolle. Dann rief er an: „Ich muß mit Ihnen reden. Kann ich kommen?"

Bei unserer zweiten Sitzung begann Wally zögernd: „Als ich 21 Jahre alt war, ging ich nach Vietnam – zur Infanterie. Ich bezweifle, daß Sie das verstehen. Ich spreche nie darüber. Wer nicht selbst dort war, kann das nicht verstehen." Es folgte ein zweistündiges verworrenes Gespräch, bei dem Wally um Worte rang, um mir die Ereignisse zu schildern, die 25 Jahre zurücklagen und ihn immer noch sehr belasteten.

Wie Tausende anderer Vietnam-Veteranen bewahrte auch Wally über seine Kriegserlebnisse Stillschweigen. Als er aus dem Krieg heimkehrte, förderte der Protest der Bevölkerung gegen den Vietnam-Krieg seine Geheimhaltung. Ein Trauma läßt sich in seinem ganzen Ausmaß zwar selten in Worte fassen, aber die Antikriegs-Bewegung schuf ein Umfeld, das die Verheimlichung ratsam erscheinen ließ. Wally war nicht in der Lage herauszufinden, wo er sich hätte gefahrlos aussprechen können. Er heiratete, als er heimkehrte, aber mit seiner Frau sprach er nie über den Krieg. In den 15 Jahren ihrer Ehe erlebte sie oft mit, wie er laut schreiend aus einem Alptraum erwachte, aber er sagte zu ihr, es wäre nichts und sie solle wieder einschlafen. Seine Kinder wußten, daß er am Vietnamkrieg teilgenommen hatte, aber von seinen dortigen Erfahrungen hatten sie keine Ahnung.

„Nur wer dort war, versteht es", sagte Wally. „Die Männer in meiner Veteranengruppe sagen alle das gleiche – daß wir nur unter uns darüber zu reden brauchen." Er möge recht haben, antwortete ich, und ich könne vielleicht nie voll und ganz verstehen, was er erlebt habe, wolle aber mein Bestes tun und sehr aufmerksam zuhören. Mir war bewußt, daß die Anfangsphase meiner Arbeit mit Wally vor allem darin bestand, Zeugin seines Schmerzes zu sein.

Viele Stunden lang erzählte mir Wally seine Geschichte, die bis dahin über den Kreis der Veteranen nicht hinausgedrungen und vor allen anderen Menschen geheimgehalten worden war. Wally hatte sich in eine Vietnamesin verliebt und bekam mit ihr eine Tochter. Er hatte vor, sie zu heiraten und mit ihr und dem kleinen Mädchen in die Vereinigten Staaten zurückzukehren, obwohl er genau wußte, daß seine Eltern dagegen gewesen wären. Aber als er sie eines Tages aufsuchen wollte, stellte er fest, daß beide verschwunden waren. Niemand konnte ihm sagen, ob sie noch lebten oder tot waren. Nach seiner Rückkehr in die Heimat versuchte er, sie zu vergessen. „Das Trinken hat geholfen", sagte er. Aber von Zeit zu Zeit versagte seine Verdrängungsstrategie. Dann hörte er für ein paar Wochen auf zu trinken und stellte heimlich Nachforschungen über sie an. Die Bürokratie legte ihm bei der Suche nur Steine in den Weg. Wegen dieser Heimlichtuerei fühlte er sich schuldig und wurde unzugänglich für Frau und Kinder, die keine Ahnung hatten, was eigentlich los war. Nach jedem erfolglosen Versuch verfiel er erneut in Depressionen und trank noch mehr.

Viele Monate lang arbeitete ich mit Wally allein. Er begann, der vermißten Frau und der gemeinsamen Tochter Briefe zu schreiben, die er mir in der Therapie vorlas. Allmählich sah er ein, daß er nie herausfinden würde, was mit ihnen geschehen war. So viele Jahre lang hatte er versucht, seinen Kummer und seinen Verlust zu verdrängen, nur um zu erleben, daß ihn der Schmerz immer wieder unerwartet überfiel. Jetzt erlaubte er sich, die Erinnerungen an sie lebendig zu halten. Erst jetzt war er soweit, sich mit seinen anderen Kindern zu befassen. Wie wir allerdings feststellen mußten, bedeutete Wallys Wunsch, Frankie und Eloise zu sehen, noch nicht, daß auch sie mit ihm Kontakt aufnehmen wollten.

Auf Wallys Anrufe bei seinen Kindern folgte kein Rückruf. Ein Brief an Frankie kam ungeöffnet zurück. Dann schrieb er Eloise von seiner Therapie bei mir; daraufhin rief sie bei mir an und bat um ein Einzelgespräch. Später suchte sie mich gemeinsam mit Frankie nochmals auf. Beide Kinder wollten ihren Vater sehen, aber sie waren außerordentlich verletzt und wütend. Mit Einwilligung aller Beteiligten diente ich zunächst als Vermittlerin. Seine Geschichte mußte Wally selbst erzählen, meine Aufgabe war es, Eloise und Frankie darauf vorzubereiten, ihm zuzuhören. Doch zunächst mußte sich Wally für den Schmerz seiner Kinder öffnen und ihn sich eingestehen. Erst dann würden wir in der Lage sein, ihre Wissenslücken über ihren Vater zu füllen. Wallys Geschichte sollte für sich stehen und nicht als Rechtfertigung für das dienen, was er seinen Kindern angetan hatte. Sobald er die Verantwortung für sein Verhalten gegenüber seinen Kindern auf sich nahm, konnten sie, wie ich glaubte, Verständnis für ihren Vater aufbringen.

Unsere ersten gemeinsamen Sitzungen waren äußerst schwierig. Frankie war voller Zorn, weil sein Vater ihn jahrelang körperlich mißhandelt hatte. Eloise weinte bei der Erinnerung an Zeiten, als Wally Nähe zuließ und sich für ihr Leben zu interessieren schien, um sie dann wieder ohne Erklärung wegzustoßen. Ich hatte Wally darauf vorbereitet, zuzuhören und sich nicht zu verteidigen oder sein Verhalten irgendwie zu rechtfertigen. Sein Kummer darüber, was er seinen Kindern angetan hatte, war tief und aufrichtig. Er entschuldigte sich für all die Kränkungen, die er ihnen angetan hatte, und ich schlug vor, eine Pause von einem Monat einzulegen. Während dieser Zeit besuchte Wally beide Kinder und lernte seine Enkel kennen. Außerdem schrieb er seiner Exfrau und teilte ihr mit, was inzwischen geschehen war. Er erklärte ihr auch, wie leid es ihm tat, daß er sie so verletzt hatte. Sie antwortete zwar nicht auf seinen Brief, stellte sich aber auch der Versöhnung zwischen ihm und seinen Kindern nicht in den Weg.

Als wir uns zur nächsten Sitzung trafen, schaute Wally seine Kinder an und sagte: „Ich kann immer noch nicht mit euch über das reden, was ich euch erklären muß. Was soll ich machen? Ich schaffe es nicht." Schluchzend wandte er sich an mich und meinte: „Tut mir leid – ich kann nicht." Eloise und Frankie waren verwirrt. Was hatte ihr Vater auf dem Herzen, was er nicht aussprechen konnte oder wollte?

Wally und ich hatten zuvor über das Denkmal zur Erinnerung an den Vietnamkrieg in Washington gesprochen. Jahrelang hatte er beharrlich alles vermieden, was mit der Mauer zu tun hatte. Er warf Zeitschriften weg, in denen sie erwähnt wurde. Wenn sie im

Fernsehen gezeigt wurde, schaltete er ab. Sieben Monate, bevor er zum erstenmal zu mir kam, besuchte er das Denkmal schließlich zusammen mit einem Freund aus seiner alten Einheit. „Dadurch ist es mir überhaupt erst möglich geworden, zu Ihnen zu kommen", sagte er mir später.

Ich fragte Eloise und Frankie, ob ich einen Augenblick mit ihrem Vater allein sprechen könne. „Würde es etwas helfen, wenn Sie mit Ihren Kindern die Mauer besuchen?" regte ich an. „Ihre Kinder bekämen dann eine Ahnung, was mit Ihnen geschehen ist und was das bedeutet. Sie müßten nicht reden, wenn Sie nicht wollen."

Und so fuhren Wally, Eloise und Frankie gemeinsam nach Washington, um die Mauer zu besuchen. Wally zeigte ihnen die Namen der Gefallenen, die er persönlich gekannt hatte. Als sie später in Wallys Hotelzimmer saßen, vertraute er ihnen einige Geheimnisse an, die er so lange gehütet hatte, darunter auch die Geschichte von seiner ersten Liebe und seiner älteren Tochter.

Als sie mich danach wieder aufsuchten, sprachen Frankie und Eloise darüber, daß sie ihr Leben jetzt in einem ganz anderen Licht sähen. „Ich hatte immer das Gefühl, ich müßte mich für irgend etwas schämen", sagte Eloise. „Und das habe ich nie verstanden. Ich dachte immer, es käme daher, weil mein Vater trinkt, aber das hat mir als Erklärung nie ganz gereicht. Heute sehe ich, daß es die Schuldgefühle meines Vaters waren, weil er seine erste Familie nicht hatte beschützen können. Ich kann dieses Gefühl jetzt loslassen und brauche es nicht an meine Kinder weiterzugeben." Frankie erklärte, daß es ihn sehr traurig mache, eine Halbschwester zu haben, die er wahrscheinlich nie kennenlernen werde – ja, daß er nicht einmal erfahren werde, ob sie noch lebte. „Ich glaube, ich habe jetzt eine Ahnung davon, was meinen Vater so aufgewühlt hat", meinte er.

„Hast du uns jetzt alles gesagt?" wollte Frankie wissen. Wally erwiderte: „Es gibt immer noch Dinge, die ich nicht erzählt habe, Greuel, über die ich nicht reden kann. Glaubt mir, daß sie passiert sind! Die Mauer erzählt davon. Das genügt."

Wie in vielen Familien, in denen Eltern ihren erwachsenen Kindern lange verborgene Geheimnisse enthüllen, mußten Frankie und Eloise ihre Existenz neu interpretieren und ihre Beziehungen im Licht eines neuen, überraschenden Wissens umgestalten. Sie hielten ihren Vater nun nicht mehr für einen

Schurken. Statt dessen lernten sie, eine komplexere Sichtweise von einem Menschen zu bekommen, der lieben, leiden, Schmerzen zufügen, Angst haben, egoistisch und verwirrt sein konnte – und letztlich in der Lage war, das Nötige zu tun, um aufrichtige Vergebung zu erhalten.

Die eigene Stimme finden

Ella Jackson (38) rief mich in höchster Verzweiflung an. Sie hatte gerade erfahren, daß ihre geistig behinderte 16jährige Tochter Kay von zwei Hausmeistern an ihrer Schule wiederholt vergewaltigt worden war. Kay hatte diese Gewalttaten vier Monate lang geheimgehalten, weil sie fürchtete, „andere in Schwierigkeiten zu bringen", und vor allem aus Sorge um ihre Mutter, die sie nicht beunruhigen wollte. Kay wahrte zwar das Geheimnis, zeigte jedoch tiefgreifende Persönlichkeitsveränderungen. Gegenüber ihren Angehörigen verhielt sie sich äußerst feindselig und aggressiv, während sie früher freundlich und ausgeglichen gewesen war. Bei einer Untersuchung im Krankenhaus vor Ort erfuhr Kay, daß sie schwanger war. Erst dann enthüllte sie ihrer Mutter das schreckliche Geheimnis der Vergewaltigungen.

Anfangs bat Ella um ein Gespräch, an dem auch einige Kirchenälteste ihrer Konfession teilnehmen sollten. Die Krankenschwester hatte, als sie die Nachricht von Kays Schwangerschaft überbrachte, Ella auch in arrogantem Ton mitgeteilt, sie werde eine Abtreibung in die Wege leiten. Da Abtreibung aus religiösen Gründen für sie nicht in Frage kam, nahm Ella ihre Tochter mit und brachte sie nach Hause. „Sie sollen unseren Glauben respektieren und verstehen", erklärte sie. Bei unserem Gespräch ging es den Kirchenältesten offenbar vor allem darum herauszufinden, wer ich war und was ich der Familie anzubieten hatte. Ihrem Beispiel folgend, erwähnte ich das Thema „Abtreibung" nicht einmal. Später erfuhr ich, daß sie bei einer Besprechung zu dem Schluß gekommen waren, angesichts der tragischen Umstände von Kays Schwangerschaft und ihrer Behinderung sei eine Abtreibung sowohl zulässig als auch ratsam.

Zwei Tage nach meinem Gespräch mit den Kirchenältesten begannen wir mit der Familientherapie. Zu der afroamerikanischen Familie gehörten – außer Ella und ihrer Tochter – Ellas Ehemann

Samuel (45) und ihr Sohn Emmett (19). Ich war überrascht, wie völlig fassungslos sie alle waren. Sie erinnerten mich an Familien, die mit einem plötzlichen, unerwarteten Todesfall konfrontiert sind. Seit die Vergewaltigungen ans Licht gekommen waren, erledigte niemand mehr die Aufgaben, die in jeder Familie anfallen – kochen, Wäsche waschen, die Post öffnen, Rechnungen bezahlen. Emmett besuchte seine College-Kurse nicht mehr, weil er sich solche Sorgen um seine Schwester und seine Mutter machte. Bei unserer Arbeit ging es zunächst darum, allen wieder auf die Beine zu helfen.

In der ersten Sitzung beschäftigte ich mich vor allem mit Kay. Sie war völlig verängstigt und verwirrt. Bisher hatte sie das Wort „Vergewaltigung" nicht einmal gekannt. Die Hausmeister hatten sie zunächst mit Versprechungen in den Heizungsraum gelockt. Danach hatten sie sie bedroht und gezwungen mitzukommen. Sie sagte mir, daheim habe sie alle angeschrien, aber niemand, auch Kay selbst nicht, hatte diesen Hilferuf verstanden. Ich fragte sie, ob sie immer noch alle anschrie. „Seit sie es wissen", erwiderte Kay und sah ihre Familie an, „ist meine ganze Wut vergangen." Mit größter Einfachheit und Klarheit erfaßte diese behinderte Jugendliche die Wandlung, die sich vollzieht, wenn erzwungene Geheimhaltung aufgelöst wird.

Bei dieser ersten Sitzung sprach Kay im Flüsterton. Ich fragte mich, ob das eine Reaktion auf die Vergewaltigung war oder ob sie Angst vor mir hatte. Am Ende der Sitzung nahm mich Ella beiseite und verriet mir, daß Kay immer so sprach. Ich dachte über eine mögliche Erklärung nach, sparte mir aber dieses Thema für später auf.

Als ich die Familie an diesem Tag besser kennenlernte, fiel mir ein offenkundiger Widerspruch auf. Alle behaupteten, Ella sei absolut stark und unbezwingbar. Sie hatte ihre beiden Kinder von Geburt an allein großgezogen, bis sie drei Jahre zuvor Samuel geheiratet hatte. Gleichzeitig behandelte die ganze Familie sie so, als wäre sie äußerst verletzlich. Das verwirrte mich, aber ich mußte mich zunächst mit dem offenkundigen Problem befassen.

Als wir uns ein paar Tage später zum zweitenmal trafen, hatte Kay die Schule gewechselt. Die Familie versuchte, die Männer, die sie vergewaltigt hatten, vor Gericht zu bringen. Rasch stellte sich heraus, daß der Staatsanwalt keine Anklage erheben wollte, weil hier die Aussage von zwei Männern – die diese Vorwürfe natürlich bestritten – gegen die eines geistig behinderten Mädchens stand. Die Staatsanwaltschaft hielt Kay nicht für eine glaubwürdige Zeugin in eigener Sache. Die Familie war verzweifelt. Samuel und Emmett erklärten, sie wollten die Sache selbst in die Hand nehmen, aber ich konnte sie überzeugen, daß ein solches Vorgehen sehr riskant war. Trotzdem brauchte die Familie nichts dringender als Gerechtigkeit. Sie stellten fest, daß der Hausmeisterservice, bei dem die Männer angestellt waren, andere Klagen über sexuelle Belästigung erhalten, aber nicht darauf reagiert hatte. Die Familie strengte daraufhin einen Zivilprozeß an. Zwei Jahre nachdem wir unsere gemeinsame Arbeit abgeschlossen hatten, wurde die Sache zu ihren Gunsten entschieden.

Ella hatte ihrer Tochter bei der Abtreibung beigestanden und sie auch unterstützt, während sie eine Beratung für Vergewaltigungsopfer machte, aber jetzt schien Ella am Ende ihrer Kraft zu sein. Sie, die bisher nie eine Schwäche gezeigt hatte, und der Mittelpunkt der Familie gewesen war, versagte schlicht und einfach. „Ich muß Kay für eine Weile zu meiner Mutter schicken", sagte Ella unter Tränen. „Ich kann ihr nicht helfen. Ich weiß nicht, was ich machen soll." Samuel sah mich an und sagte: „Sie will nicht essen, sie kann nicht schlafen, sie geht nicht zur Arbeit. Ich habe sie noch nie so erlebt. Was ist los?" Da platzte Ella verzweifelt heraus: „Sieh doch, was Kay passiert ist – sie wird nie in der Lage sein, Gefahren zu erkennen." Sie war außer sich und sagte immer wieder: „Sie wird nie in der Lage sein, Gefahren zu erkennen." Ich versuchte, Ellas Fähigkeiten zur Problemlösung zu nutzen, indem ich fragte, ob sie Kay helfen könne zu lernen, wie man Gefahren erkennt. Es hatte keinen Zweck. „Gefahren erkennen" hatte offenbar eine tiefere Bedeutung, die wir erst noch aufdecken mußten. „Möchten Sie das nächste Mal allein zu mir kommen?" fragte ich Ella. Der Rest der Familie nickte erleichtert, als Ella erwiderte: „Unbedingt."

Ella suchte mich auf, und noch bevor ich auch nur fragen konnte, wie es ihr ging, ergriff sie das Wort: „Ich wurde als Mädchen vergewaltigt, und zwar durch Verwandte. Inzwischen denke ich längst nicht mehr daran. Ich dachte mir, das wird nie wieder passieren. Und jetzt das mit Kay." Nach dieser Enthüllung verstummte Ella. Ein paar Minuten lang saßen wir schweigend da. Dann fragte ich Ella behutsam, wem sie davon erzählt hatte, nachdem es passiert war. Statt zu antworten, wechselte sie abrupt das Thema. Ich versuchte, sie wieder dorthin zurückzuführen, wo sie angefangen hatte, aber es war, als hätte sie es nicht ausgesprochen. Offensichtlich hatte sie mir ein lange gehütetes Geheimnis verraten und fühlte sich sofort extrem unsicher. Ich würde mit ihr gemeinsam einen geschützten Rahmen schaffen müssen, der stabil genug war, die Ungeheuerlichkeit ihrer Erfahrung aufzunehmen. Um der Sache vielleicht durch andere Familiengeschichten näherzukommen, bat ich Ella, mir mehr über ihre Kindheit und ihren Verwandtenkreis zu erzählen.

Ella war das älteste von vier Kindern. Ihr Vater starb, als sie sieben Jahre alt war, nur ein Jahr nach der Geburt ihrer jüngsten Schwester. Ihre Mutter Bernice hatte keine Ausbildung und kein Einkommen. Nachdem die Familie ein Jahr in ihrer engen Wohnung in der Bronx von Sozialhilfe gelebt hatte, schickte Bernice Ella zu ihrer älteren Schwester und ihrem Schwager nach Georgia. Sie hatten es zu etwas gebracht und bewirtschafteten ein Stück Land; sie waren kinderlos. „Warum hat Ihre Mutter ausgerechnet Sie weggeschickt und nicht eins der anderen Kinder?" fragte ich. „Ich habe keine Ahnung", erwiderte Ella zaghaft.

In Georgia erlebte Ella einen Alptraum. Jahrelang wurde sie von ihrer launischen Tante körperlich und seelisch schrecklich mißhandelt; sie wurde geschlagen und gezwungen, Arbeiten zu verrichten, die die Fähigkeiten eines Kindes weit überstiegen; Briefe ihrer Mutter wurden ihr vorenthalten. „Bei ihr wohnten auch noch andere Kinder, aber ich war die einzige, die sie geschlagen hat", berichtete Ella. Wieder fragte ich, warum das ihrer Meinung nach so war, und wieder zuckte Ella die Achseln und sagte: „Keine Ahnung."

„Ich sparte mir Geld zusammen, das ich als Babysitter verdiente, und als ich 15 war, bin ich weggelaufen und mit dem Bus wieder nach New York gefahren. Ich hatte keine Ahnung, wo meine Familie wohnte. Ich wurde mit Emmett schwanger, und der Mann hat mich verlassen. Bei Kay war es dasselbe. Ich habe meine Kirche gefunden – sie haben mich aufgenommen. Nach und nach habe ich meine Familie gefunden", erzählte mir Ella. Mit Anfang 20 war sie, die nicht einmal die High-School abgeschlossen hatte, der Mittelpunkt der gesamten Großfamilie. Mit zwei Kleinkindern im Schlepptau holte sie ihren Schulabschluß nach, bekam ein Stipendium für eine staatliche Universität, brachte ihre Kinder mit Sozialhilfe durch, bis sie ihr Studium abgeschlossen und einen guten Arbeitsplatz gefunden hatte. Ihrer Familie erzählte sie nie, was ihr in Georgia angetan worden war, und niemand stellte Fragen.

„Wie haben sich Hautfarbe und Rassismus auf Ihr Leben ausgewirkt?" fragte ich. Ella holte tief Luft. „Vorhin haben Sie mich gefragt, warum ausgerechnet ich weggeschickt wurde, und ich habe gesagt, ich wüßte es nicht. Und vorhin haben Sie mich gefragt, warum ausgerechnet ich von meiner Tante geschlagen wurde, und ich habe gesagt, ich wüßte es nicht. Aber ich weiß es. Der Grund ist, daß ich die Dunkelste in meiner Familie bin. Das habe ich noch nie jemandem anvertraut."

Etwas Grundlegendes war zwischen Ella und mir in Bewegung geraten, und sie konnte plötzlich ihrer weißen Therapeutin dieses schmerzliche Geheimnis anvertrauen. Wir sprachen lange darüber, was das für sie bedeutete. Ella hatte viel über die Hautfarbe nachgedacht, über die Geschichte der Afroamerikaner in den Vereinigten Staaten, über die Auswirkungen des Rassismus auf ihre Familie und ihren Alltag, aber sie hatte nie mit jemandem darüber gesprochen. Ich nahm ihre Offenheit als Zeichen dafür, daß sie mir gestattete, zu der Frage zurückzukehren, der sie zu Beginn der Sitzung ausgewichen war.

„Ich möchte noch einmal dahin zurückkehren, wo wir heute nachmittag angefangen haben", begann ich. „Ja, ich kann das jetzt", erwiderte Ella. Zwei Vettern, selbst noch Jugendliche, waren regelmäßig zum Arbeiten zu Onkel und Tante gekommen. Sie sahen das neunjährige Mädchen als leichte Beute an und begannen sie einzuschüchtern und sexuell zu mißbrauchen, und zwar über Jahre hinweg. Jedesmal wenn sie auftauchten, versuchte Ella sich zu verstecken. Aber sie hatte die Aufgabe, ihnen kalte Getränke zu bringen, und sie verhöhnten Ella durchs Fenster, bis sie herauskam. Ella versuchte einmal, es ihrer Tante zu sagen, aber die Tante wurde ärgerlich und wollte ihr nicht glauben. „Wenn etwas passiert ist", meinte die Tante, „bist du selber schuld. Bestimmt hast du sie verführt." Das war seit 26 Jahren das letzte Mal gewesen, daß Ella darüber gesprochen hatte.

Als Ella in die Pubertät kam, zeigte ihr Onkel sexuelles Interesse an ihr. Wenn Ella aus der Dusche kam, lag er auf der Lauer. Wenn er sie allein beim Frühstück antraf, machte er unangenehme Bemerkungen über ihre Brüste. „Es waren Schußwaffen im Haus. Ich beschloß, ihn zu erschießen, wenn er mich anrührte. Aber ich wußte auch, daß ich dann ins Gefängnis kommen würde", sagte Ella. Zu dieser Zeit ergriff sie die Flucht. Diese komplizierte Geschichte hätte sie mir vor anderthalb Stunden noch nicht anvertrauen können.

„Wie haben Sie das alles überstanden?" fragte ich. „Die große Literatur hat mir das Leben gerettet", erwiderte Ella. „Ich hatte einen Bibliotheksausweis, da habe ich mir Romane und Theaterstücke ausgeliehen und gelesen. Dabei ist mir klargeworden, daß andere Leute anders leben, als ich gelebt habe. Und mir wurde klar, daß ich eines Tages auch anders leben würde."

Jetzt wußte ich, was hinter Ellas verzweifeltem Ausruf stand, Kay würde nie lernen, Gefahren zu erkennen. Ich fragte, was nach ihrer Meinung der Unterschied zwischen ihrer eigenen Situation damals und der jetzigen Situation ihrer Tochter sei. Ella meinte, der einzige Unterschied zwischen diesen beiden Erlebnissen bestehe darin, daß sie den Verstand besessen habe, ihre Situation zu begreifen und schließlich zu fliehen. Ich wies darauf hin, daß es einen noch wichtigeren Unterschied gab: „Kay hat eine Beziehung zu Ihnen, eine vertrauensvolle, liebevolle Beziehung. Sie nehmen ihren Schmerz auf, Sie glauben ihr. Als Ihnen das widerfahren ist, hat Ihnen niemand geglaubt, und Sie wurden zum Schweigen gebracht."

Als Ella an diesem Tag aufstand, um sich zu verabschieden, umarmte sie mich und sagte: „Zum erstenmal schäme ich mich nicht mehr, ich fühle mich nicht mehr schuldig. Eigentlich fühle ich mich so wie damals, als ich in Georgia in den Bus stieg – mir ist leichter ums Herz, ein bißchen leichter ums Herz."

Als Ella am nächsten Tag wiederkam, brachte sie Samuel mit. Ich wußte nicht, ob sie ihm von unserer Sitzung erzählt hatte, aber ich spürte deutlich, daß das Geheimnis, das sie mir anvertraut hatte, nun zur Privatsache geworden war. Ella mochte sich entschließen, es anderen mitzuteilen, aber kein anderer hatte ein Anrecht auf ihre Geschichte. Es zeigte sich rasch, daß sie ihrem Mann noch nichts von unserem Gespräch erzählt hatte, aber offensichtlich hatten sie und die ganze Familie neuen Lebensmut gefaßt. Ella holte Kay nach Hause zurück und erklärte mir, daß es sie zu sehr daran erinnerte, wie man sie damals weggeschickt hatte. Samuel berichtete: „Kay ist so glücklich, daß sie wieder daheim ist. Emmett begleitet sie zum Bus, so daß sie zu ihrer neuen

Schule fahren kann. Er geht wieder aufs College. Und ich bin so froh, daß Ella nachts tief und fest schläft." „Ich fühle mich stärker", sagte Ella. „Was hat Ihnen geholfen, sich stärker zu fühlen?" fragte ich. „Ich glaube, unser letztes Gespräch", erwiderte Ella ausweichend. „Ich weiß jetzt, daß Kay Gefahren erkennen kann."

Als Ella beim nächsten Mal allein zu mir kam, fragte ich sie, ob es vielleicht noch andere Menschen geben könnte, denen sie ihre Geschichte erzählen wollte. Ich bin nicht der Auffassung, daß Menschen nach einem traumatischen Erlebnis eine jahrelange Therapie brauchen oder sich nie davon erholen werden. Vielmehr will ich die Widerstandskraft und den Mut der Betroffenen wecken, und von beidem besaß Ella reichlich. Und ich möchte die Heilung durch die Beziehung zu Verwandten und Freunden zusätzlich unterstützen. Großzügigkeit, Einfühlungsvermögen und die Bestätigung durch andere außerhalb der Therapie sind die Hilfsquellen für nachhaltige Veränderungen.

„Ich will das alles mit meiner Mutter besprechen", erklärte Ella, „nicht, um ihr Vorwürfe zu machen oder Schuldgefühle bei ihr zu wecken, aber mir ist klargeworden, daß das, was mir geschehen ist, eine entscheidende Sache war – sie muß es wissen." Ella beschloß, ihre Mutter zu besuchen, um mit ihr zu reden. Bei der nächsten Sitzung erzählte sie mir, ihre Mutter habe geweint und sie im Arm gehalten, als sie ihre schreckliche Geschichte erzählte. Wie so oft, gab die Mutter ein Geheimnis aus ihrem eigenen Leben preis, nachdem Ella ihr schmerzliches Geheimnis enthüllt hatte. „Als ich zu Ende erzählt hatte, weinte sie noch heftiger und erzählte mir, daß sie mit 18 Jahren im Süden von einem weißen Mann vergewaltigt worden war. Ella richtete sich auf und warf die Schultern zurück. „Damit ist es jetzt vorbei, Evan", erklärte sie. „Mindestens drei Generationen von Frauen in meiner Familie wurden sexuell mißbraucht und *zum Schweigen gebracht*. Wir werden nicht mehr schweigen."

An unserer nächsten Sitzung nahm auch Kay teil. Ich hatte sie seit mehreren Wochen nicht gesehen und stellte verblüfft fest, daß sie jetzt mit normaler Lautstärke sprach. Kay flüsterte nicht mehr. Sie kannte das Geheimnis ihrer Mutter noch nicht, doch irgendwie wußte sie, daß es gut war, laut zu sprechen, und daß sie es konnte. Ich war mir sicher, daß sie das neue Selbstvertrauen ihrer Mutter wahrnahm und dadurch selbst bestärkt wurde. Kay erzählte mir von den Möglichkeiten, die sie kannte, um sich zu schützen, und die sie auch ihrer Freundin beigebracht hatte. Dann beklagte sie sich, daß ihre Schule den Schülern Jobs vermittelte, daß aber die lernbehinderten Schüler für dieselbe Arbeit weniger Geld erhielten als die regulären Schüler. „Das ist ungerecht", protestierte Kay. „Das finde ich auch", pflichtete ich ihr bei. „Was möchtest du dagegen unternehmen?" „Ich will mich beim Direktor beschweren." In der Sitzung übten wir das ein bißchen. Am nächsten Tag ging sie zur Schule, beschwerte sich beim Direktor und bewirkte eine Veränderung.

Inzwischen hatte Ella beschlossen, ihre Geschichte ihrer jüngeren Schwester Dawn zu erzählen. Ihr Verhältnis war schwierig, weil Dawn ziemlich eifersüchtig auf ihre Schwester war. Ella fragte, ob sie Dawn zu einer Sitzung mitbringen könne. Noch einmal hatte Ella Gelegenheit, ihre Geschichte zu erzählen und Unterstützung zu erfahren, so daß mit jedem Erzählen die Heilung voranschritt. „Wenn ich das nur gewußt hätte", sagte Dawn. „All die Jahre lang habe ich gedacht, du hättest Glück gehabt, daß sie dich nach Georgia geschickt haben. Ich dachte, du hättest es bequem, während wir uns abgekämpft haben. Ich war böse auf dich und wütend auf Mama."

Nach dem Gespräch mit Dawn lud Ella ihre Mutter und Geschwister in die Wohnung der Mutter ein, um über die Hautfarbe zu reden und damit das schreckliche Tabu zu brechen, das viele Beziehungen in der Familie geprägt hatte. „Ich habe ihnen gesagt, daß wir uns darüber nichts mehr vormachen dürfen", berichtete mir Ella nach dem Treffen mit ihrer Familie. „Die ganze Sache ist sehr kompliziert, und ich glaube, dieses Gespräch war erst der Anfang."

Gegen Ende unserer elfmonatigen Arbeit fühlte sich Ella schließlich gefestigt genug, um die Geschichte des sexuellen Mißbrauchs ihrem Mann und ihren Kindern zu erzählen. Sie hatte eigentlich vor, dies bei einer Familientherapiesitzung zu tun, aber eines Tages kam sie nach Hause und platzte mitten in einen Streit zwischen ihrem Mann und den Kindern. Alle stürzten sich auf sie und forderten sie auf, Partei zu ergreifen. Ella war es leid, vor ihrem Mann und ihren Kindern als der Fels in der Brandung dazustehen, und wollte endlich auch ihre Bürde mit anderen teilen. „Setzt euch", sagte Ella. „Ich muß euch etwas sagen." Und sie erzählte ihnen ihre ganze Geschichte. Dann verkündete sie mit fester Stimme: „Ihr könnt von mir nicht erwarten, daß ich allein die Probleme in dieser Familie löse. Wir müssen die Probleme gemeinsam anpacken."

Geheimnisse der Angst, der Einschüchterung, des Mißbrauchs und der Unterdrückung hatten Generationen von Frauen der Familie Jackson ihrer Stimme beraubt. Dennoch blieb ihnen ihre Kraft erhalten. Als Kays schreckliches Geheimnis ans Licht kam, brach Ella unter der Last der Erinnerungen beinahe zusammen. Aber bald fand sie ihre Stimme wieder, zuerst im Schutz des Therapieraums und unserer Beziehung, und dann – was am wichtigsten war – bei ihrer Familie. Da Ella vorausging, faßte auch Kay den Mut zu reden, und schließlich enthüllte Ellas Mutter ein Geheimnis, das sie 50 Jahre lang gewahrt hatte. Wie bei vielen Familien, die ich kennenlernen durfte, führte die Offenlegung der eigenen Wahrheit, in Liebe und Sorge um andere, zu einem authentischeren Leben und zu tieferen, verläßlicheren Beziehungen.

Nachwort

Geheimnisse heute und morgen

Im Jahr 1997, als ich dieses Buch abschloß, wurde in Zeitungen, Zeitschriften und Radiosendungen eine rege Diskussion um das Problem der ärztlichen Sterbehilfe geführt. Noch vor zehn Jahren ein Tabuthema, ist die Beihilfe zur Selbsttötung bei todkranken Menschen in den letzten fünf Jahren ein offen diskutiertes Anliegen geworden. Die neuen, lebensverlängernden Techniken bringen unheilbar Kranke und deren Angehörige oft in ungeahnte, schmerzliche Zwangslagen. Gleichzeitig haben sich engagierte Patienten, vor allem AIDS-Kranke, dafür eingesetzt, todkranken Menschen das Recht zuzugestehen, selbst zu entscheiden, wieviel Leiden sie aushalten können. Und während Juristen, Moralphilosophen, Ärzte und selbsternannte Experten das Pro und Kontra diskutieren, wird in aller Heimlichkeit gehandelt: Ein Arzt schreibt einem sterbenden Patienten ein Rezept aus und hält ihm 20 Minuten lang einen Vortrag darüber, daß eine falsche Dosierung des Medikaments zum Tod führen kann. Ohne Worte wissen beide, was dieses Gespräch zu bedeuten hat, und der Patient wird das Geheimnis bald mit ins Grab nehmen. Ein Arzt leistet heimlich einem schwer leidenden Krebspatienten Sterbehilfe und riskiert es dann, in einer medizinischen Fachzeitschrift darüber zu berichten. Eine Familie spaltet sich in zwei Lager, als der erwachsene Sohn seine Mutter vor Gericht bringt, um zu verhindern, daß sie mit ihrem Mann, der an der Alzheimerschen Krankheit leidet, Dr. Jack Kevorkian aufsucht. Und es wiederholt sich der makabre Reigen: Dr. Kevorkian leistet Beihilfe zur Selbsttötung, und anschließend wird das Geheimnis unter reger Beteiligung der Medien offengelegt.

Im Sommer 1997 hat der Supreme Court, der oberste Gerichtshof der Vereinigten Staaten, über die Rechtmäßigkeit der ärztlichen Sterbehilfe entschieden. Der Gerichtshof beschloß, an dem Verbot festzuhalten. Die gesetzwidrige Sterbehilfe, die trotzdem heute von mindestens einem Fünftel der Ärzte und Schwestern praktiziert wird, bleibt weiterhin geheimnisumwoben. In einer Atmosphäre, die von Irreführung und Unehrlichkeit geprägt ist, bleiben Differenzen um die Frage, was todkranke Menschen wirklich wünschen, ungeklärt. Sollte eine künftige Entscheidung des Obersten Gerichts befinden, die unterstützte Selbsttötung sei ein verbrieftes Recht, dann wird es neue Geheimnisse um die Menschen geben, die ihr Leben, von der Familie oder den Krankenversicherungen unter Druck gesetzt, zu früh beenden. Ein neuer Typus von Geheimnissen ist dann auf dem Tisch, und wir müssen uns damit auseinandersetzen.

Als unsere Eltern Kinder waren, mußten sie und ihre Eltern sich nicht mit Geheimnissen um Beihilfe zur Selbsttötung befassen. Sie hatten dafür mit anderen Geheimnisse zu tun. Im Jahr 2000 oder 2050 werden gewiß neue Themenkreise für die Geheimnisbildung auftauchen. Und wie unsere Eltern, Großeltern und Urgroßeltern werden wir, unsere Kinder und Enkelkinder uns weiterhin mit Täuschung, Lügen, dem Wunsch nach Sicherheit, Schutz und Gerechtigkeit in Beziehungen auseinandersetzen und unser Leben und unsere Beziehungen durch Geheimnisse gestalten, die wir schaffen, wahren und offenlegen.

Anmerkungen

Kapitel 1: *Zwiespältiges aushalten*

1 Eine tiefgründige und aufschlußreiche Erörterung der Privatsphäre in den Bereichen Abtreibung und AIDS liefert A. Brill, *Nobody's Business: The Paradoxes of Privacy,* New York, 1990.

Kapitel 2: *Die gestaltende Kraft von Familiengeheimnissen*

1 Peggy Papp, A. C. S. W., war die Familientherapeutin dieser Familie. Ich war ihre Beraterin hinter dem Einwegspiegel.

2 Diese Geschichte ist der Praxis von Janine Roberts, Ed. D., entnommen. Zur Diskussion dieses Falles im Zusammenhang mit der Lokalisierung von Geheimnissen vgl. Janine Roberts, „Über Auszubildende und Ausbildung: Sicherheit, Geheimnisse und Offenlegung" in E. Imber-Black (Hg.): *Geheimnisse und Tabus in Familie und Familientherapie,* Freiburg i. Br., 1995. Zur Erörterung des Themas Rituale als Mittel zur Lösung und Heilung lange verborgen gehaltener Geheimnisse" vgl. E. Imber-Black und J. Roberts, *Rituals for Our Times: Celebrating, Healing and Changing Our Lives and Our Relationships,* New York, 1992.

3 Zur Erörterung der Beziehung zwischen Ritualen und der Überwindung von Verlusten sowie der Art und Weise, wie Rituale Übergänge im Lebenszyklus erleichtern, vgl. E. Imber-Black und J. Roberts, *Rituals for Our Times.*

Kapitel 3: *Die Geheimnisgesellschaft*

1 L. Gruson, „Black Politicians Discover AIDS Issue", *The New York Times,* 9. März 1992, S. 7.

2 Zur Erörterung dieses Zusammenhangs vgl. L. W. Black, „AIDS, Secrets and African-American and African Caribbean Families", *HCSSW Update,* Frühjahr 1994.

3 N. Boyd-Franklin, „Racism, Secret-Keeping, and African-American Families", in E. Imber-Black (Hg.), *Secrets in Families and Family Therapy,* New York, 1993 (in der deutschen Ausgabe nicht enthalten). Dieses Kapitel liefert ausgezeichnetes Anschauungsmaterial zum Thema „Geheimnisse in afroamerikanischen Familien", soweit die Familien durch Rassismus geprägt sind und fortbestehen. Es finden sich auch Beispiele für eine sinnvolle Familientherapie im Umgang mit solchen Geheimnissen.

4 E. Barkley-Brown, „African-American Women's Quilting: A Framework for Conceptualizing and Teaching African-American Women's History", *Signs: Journal of Women in Culture and Society* 14 (1989), S. 921-929.

5 N. Boyd-Franklin, *Black Families in Therapy: A Multi-systems Approach,* New York, 1989.

6 Shirlee Taylor Haizlips bewegende Erinnerungen *The Sweeter the Juice: A Family Memoir in Black and White,* New York, 1994, sind ein eindrucksvolles Beispiel für die Auswirkungen von Geheimnissen hinter der Hautfarbe.

7 P. Shenon, „Bitter Aborigines Sue for Stolen Childhoods", *The New York Times,* 20. Juli 1995, S. A4.

8 D. M. Gitlitz, *Secrecy and Deceit: The Religion of the Crypto-Jews,* Philadelphia, 1996.

9 R. Bragg, „Defending Smith, Stepfather Says He Also Bears Blame", *The New York Times,* 28. Juli 1995, S. A10.

10 P. Druckerman, „Domestic Violence Gets More Attention Since Simpson Case", *Sentinel Magazine,* 4. August 1994, S. 11, S. 14.

11 Zur Diskussion über Frauen, die den Orgasmus vortäuschen, vgl. H. G. Lerner, *Was Frauen verschweigen,* Zürich, 1993. Lerner bemerkt, daß noch vor einer Generation den Gynäkologen in Fachbüchern empfohlen wurde, die Frauen zu ermutigen, sie sollten ihrem Mann zuliebe so tun, „als ob".

12 Zur ausführlichen Diskussion dessen, was mit Anita Hill geschah, als sie dieses Geheimnis enthüllen wollte, und welche Auswirkungen diese Episode auf das Geheimnis sexueller Belästigung am Arbeitsplatz hatte, vgl. T. M. Phelps und H. Winternitz, *Capitol Games,* New York, 1992.

13 P. Orenstein, „Looking for a Donor to Call Dad", *The New York Times Magazine,* 18. Juni 1995, S. 28–35, S. 42, 50 und 58.

14 N. King, *Speaking Our Truth,* New York, 1995, enthält ergreifende Schilderungen von Männern, die als Kinder mißbraucht wurden.

Kapitel 4: *„Wir wissen am besten, was Sie wissen dürfen"*

1 J. H. Jones, *Bad Blood: The Tuskegee Syphilis Experiment,* New York, 1993, S. 5f.

2 Ebd., S. 219.

3 Von den Männern und ihren Erben wurde Klage einge-

reicht, und es kam zu einer außergerichtlichen Einigung. Der Staat erklärte sich zu einer Zahlung von 10 Millionen Dollar bereit. Dieses Geld wurde aufgeteilt in Beträge zu je 37 500 Dollar, zahlbar in bar an die Betroffenen, die im Jahr 1973 noch lebten; je 15 000 Dollar waren an die Erben der Verstorbenen, je 16 000 Dollar an noch überlebende Teilnehmer der Kontrollgruppe dieser Studie und je 5000 Dollar an die Erben der Teilnehmer der Kontrollgruppe zu zahlen. Weniger als 120 Betroffene waren noch am Leben. Die Erben der Verstorbenen ausfindig zu machen erwies sich als extrem schwierig. Gelder, die binnen drei Jahren nicht eingefordert wurden, fielen an den Staat zurück.

4 M. Lee und B. Shlam, *Acid Dreams: The C. I. A., LSD and the Sixties Rebellion,* New York, 1985.

5 In den sechziger Jahren wurde wissenschaftlich nachgewiesen, daß der Erfolg einer Adoption eng mit der Akzeptanz des Andersseins in Adoptivfamilien zusammenhängt. Vgl. D. Kirk, *Shared Fate: A Theory of Adoption and Mental Health,* New York, 1964. Diese Untersuchung wurde in Adoptionsfachkreisen kaum zur Kenntnis genommen. Zur weiteren Erörterung dieses Themas vgl. A. Hartman, „Secrecy in Adoption", in E. Imber-Black (Hg.), *Secrets in Families and Family Therapy,* New York, 1993 (in der deutschen Ausgabe nicht enthalten).

6 Dieser Standpunkt war früher weit verbreitet, als sich Frauen schämten, uneheliche Kinder zur Welt zu bringen. Heute ist das vielfach anders. Doch zahlreiche Befürworter der Inkognito-Adoption beharren heute noch auf diesem Standpunkt. Aktuelle Untersuchungen belegen allerdings das Gegenteil: 35 bis 45 Prozent der leiblichen Eltern, die ihre Kinder zur Inkognito-Adoption freigeben wollten, überlegen es sich anders, während bei der offenen Adoption nur 6 bis 15 Prozent ihre Meinung ändern. Vgl. B. M. Rappaport, *The Open Book: A Guide to Adoption Without Tears,* New York, 1992.

7 Eine frühere grundlegende Annahme der Adoption lautete, daß leibliche Mütter ihre Kinder erst dann freigaben, wenn ihnen Vertraulichkeit zugesichert wurde. Diese Annahme leitet sich ganz offensichtlich von dem Stigma her, mit dem man diese Frauen versehen hat. Untersuchungen verweisen auf eine andere Haltung der meisten Mütter. Seit 1980 gibt der Staat Michigan leiblichen Müttern die Möglichkeit, ihren Kindern, sobald sie das achtzehnte Lebensjahr erreicht haben, Auskunft über

ihre Person zu geben. 98 Prozent entschieden sich dafür, solche Informationen bereitzustellen.

8 Eine herausragende Erörterung der Schwierigkeiten bei der Adoption von Problemkindern sowie Fallbeispiele, die zeigen, wie die Vermittlungsstellen entscheidende Informationen zurückhalten, bietet K. D. Fishman, „Problem Adoptions", *The Atlantic,* Sept. 1992, S. 37–69.

9 Zur Veranschaulichung der Vielschichtigkeit von Lügen und Geheimnissen und der tragischen psychischen und sozialen Folgen dieser Entführungen vgl. den Film *The Official Story* aus dem Jahr 1985, der einen Oscar erhielt.

10 E. Rohter, „El Salvador's Stolen Children Face a War's Darkest Secret", *The New York Times,* 30. Juli 1996, S. A 1 und A 6.

11 Ebd.

12 Ein weiterer Bereich geheimgehaltener Adoption, wo staatlicherseits böswilliges Handeln und Ausbeutung unterstützt wurden, ist die Entführung Tausender Kinder australischer Ureinwohner, die in weiße Familien oder in Waisenhäuser gebracht wurden. Zwischen 1918 und 1960 wurden diese Kinder ihren Familien von einem Staat geraubt, der meinte, damit Kinder der dunkelhäutigen Urbevölkerung zu „retten", der man die Erziehung ihrer Kinder nicht zutraute. Manche wurden unmittelbar nach der Geburt gekidnappt, während die Mutter noch im Wochenbett lag. Von besonderem Interesse waren gemischtrassische Kinder. Vielen Kindern, die man heute als die „Geraubte Generation" bezeichnet, wurde entweder verschwiegen, daß sie Adoptivkinder waren, oder man sagte ihnen, sie stammten von den Fidschi-Inseln, Samoa oder von Polynesien. Vgl. P. Shenon, „Bitter Aborigines Sue for Stolen Childhoods", *The New York Times,* 20. Juli 1995, S. A 4.

13 Die Erfolgsrate für Lebendgeburten ist von Klinik zu Klinik unterschiedlich. Im Jahr 1994 mußte das Mount Sinai Hospital Center von New York City, das als eine der besten Fruchtbarkeitskliniken gilt, 4 Millionen Dollar Entschädigung an Hunderte von kinderlosen unfruchtbaren Patientinnen zahlen, weil man mit falschen Erfolgszahlen operiert hatte. Mount Sinai gab eine Erfolgsrate von 20 Prozent an, die in Wirklichkeit weitaus niedriger war, nämlich zwischen 10,9 und 13,7 Prozent. Manche Kliniken korrigieren ihre Erfolgsquote künstlich nach oben, indem sie Schwangerschaften statt erfolgreich verlaufende Gebur-

ten rechnen; die Fehlgeburtenrate bei den neuen Reproduktionstechnologien ist jedoch sehr hoch.

14 P. Orenstein, „Looking for a Donor to Call Dad“, *The New York Times Magazine,* 18. Juni 1995, S. 35.

15 R. D. Nachtigall, „Secrecy: An Unresolved Issue in Donor Insemination“, *American Journal of Obstetrics and Gynecology* 168, Nr. 6 (1993), S. 1846–1851.

16 Orenstein, „Looking for a Donor to Call Dad“, S. 42, 50, 58.

17 S. Chartrand, „Parents Recall Ordeal of Prosecuting an Artificial Insemination Fraud Case“, *The New York Times,* 15. März 1992, S. A16.

18 G. Cowley, A. Murr und K. Springen, „Ethics and Embryos“, *Newsweek,* 12. Juni 1995, S. 66–67. Den Bericht einer von Aschs Patientinnen, denen Embryos entnommen worden waren, enthält D. Challender (aufgezeichnet von Susan Litwin), *Redbook,* Dez. 1995, S. 84–87, 116–118.

19 Cowley, Murr und Springen, „Ethics and Embryos“, S. 66.

20 A. Easley, „University of California at Irvine Settles“, *Business Wire,* 18. Juli 1997.

21 Zur Beschreibung einer Reihe von in den achtziger und neunziger Jahren bekanntgewordenen Fällen vgl. E. Burkett und F. Bruni, *Das Buch der Schande. Kinder, sexueller Mißbrauch und die katholische Kirche,* Wien, München, 1995.

22 Cheryl Swenson, eines von Dutzenden Kindern, die von Father James Porter mißbraucht worden waren und die Zeugin weiteren Mißbrauchs anderer Kinder war, wollte es Father Armando Annunziato mitteilen; doch der schrie sie an und schlug ihr die Tür vor der Nase zu. Als sie versuchte, es einer Nonne zu berichten, mußte sie sich vor die Klasse stellen und sich dafür entschuldigen, daß sie über Father Porter so etwas gesagt hatte. Ebd., S. 9 f.

23 CNN Special, „Fall From Grace, Part Four: Alleged Victims Band Together“, 14. Nov. 1993. Schriftliche Fassung erstellt durch Journal Graphics, S. 4.

24 *Long Beach Press Telegram,* „New Law Gives Hope to Victims“, 10. Juli 1996, S. B8.

25 K. Murray, *Reuter.* „Texas Catholic Church Must Pay $120 Million“, 24. Juli 1997.

26 Eine von der *New York Times* erstellte Computeranalyse der Sterblichkeitsrate von Säuglingen mit normalem Körpergewicht,

die in staatlichen Krankenhäusern von New York City zur Welt kamen, ergab eine wesentliche höhere Ziffer als bei Säuglingen, die in privaten Krankenhäusern geboren wurden. Schwerwiegende Verletzungen bei der Geburt waren ebenfalls wesentlich häufiger. Diese Information war der Öffentlichkeit vorenthalten worden. *The New York Times,* 5. März 1995, S. A 1, B2.

27 Vgl. S. Woolhandler und D. U. Himmelstein, „Extreme Risk – The New Corporate Proposition for Physicians“, *The New England Journal of Medicine,* 21. Dez. 1995, S. 1706 f.

28 P. Gray, „Gagging the Doctors“, *Time,* 8. Jan. 1996, S. 50.

29 R. Pear, „Doctors Say H. M. O.'s Limit What They Can Tell Patients“, *The New York Times,* 21. Dez. 1995, S. B 13.

30 T. Lewin, „Questions of Privacy Roil Arena of Psychotherapy“, *The New York Times,* 22. Mai 1996, S. A 1, D20.

31 In den Jahren 1996/1997 hatte ich in meiner Eigenschaft als Präsidentin der American Family Therapy Academy Gelegenheit, mich mit den Vorsitzenden der größeren Organisationen im Psychiatrie- und Therapiebereich zusammenzutun. Wir erarbeiteten einen Gesetzentwurf, der sich gegen die Aushöhlung des Vertrauensverhältnisses zu den Patienten richtete und auch andere Probleme aus Politik und Praxis im Zusammenhang mit Geheimhaltung und Gesundheitsfürsorge durch Krankenversicherer ansprach. Dieser Zusammenschluß war völlig neuartig, denn hier waren diese Organisationen zum ersten Mal bereit, über ihren eigenen Tellerrand hinauszublicken, um ein gemeinsames Ziel zu verfechten.

Kapitel 5: *Preisgabe in Talkshows oder aufrichtiges Bekenntnis*

1 Zu einer umfassenden Erörterung der Geschichte der TV-Talkshows und des größeren Zusammenhangs, in den dieses Thema eingebettet ist, vgl. J. A. Heaton und N. L. Wilson, *Tuning In Trouble: Talk TV's Destructive Impact on Mental Health,* San Francisco, 1995.

2 J. Whitney, „Why I Simply Had to Shut Up“, *New York Daily News,* 11. Juni 1995, S. 6.

3 Talkshows im Fernsehen sind ein einträgliches Geschäft. Eine Show hat im Durchschnitt wöchentlich rund 200 000 Dollar Produktionskosten, verglichen mit durchschnittlich 1 Million Dollar pro Woche für eine Serie. Im Jahr 1992 zum Beispiel spielte Oprah Winfrey mit ihrer Talkshow einen Gewinn von 157 Millio-

nen Dollar ein, Phil Donahue 90 Millionen und Sally Jessy Raphael 60 Millionen Dollar (Heaton und Wilson, *Tuning in Trouble*).

4 *Newsweek,* 20. März 1995, S. 30; *The New York Times,* 12. März 1995, S. A22, und 14. März 1995, S. A 1 und A 10.

5 Die Tragödie, die diese Talkshow nach sich zog, lenkt unsere Aufmerksamkeit von einem bedeutsamen Aspekt vieler dieser Sendungen ab. Sie läßt die Tatsache vergessen, daß solche Talkshows im allgemeinen Gefühle wie Homophobie, Rassismus und Sexismus nähren. Eine umfassende Erörterung dieser Problematik bei Heaton und Wilson, *Tuning In Trouble.*

6 Whitney, „Why I Simply Had To Shut Up".

7 J. A. Heaton und N. L. Wilson, „Tuning In to Trouble", *MS. Magazine,* Sept./Okt. 1995, V. 6 #2, S. 45–48.

8 Zur Untersuchung der Willfährigkeit, die zeigt, daß sich Leute, die sich erst einmal zur Teilnahme bereit erklärt haben, häufig auf weitaus mehr einlassen, als sie ursprünglich beabsichtigten, vgl. R. Cialdini, *Einfluß. Wie und warum sich Menschen überzeugen lassen,* Landsberg am Lech, 1984.

9 Zur gründlichen Erörterung des Einflusses solcher „Fachleute" auf TV-Talkshows zum Thema „Inzest" vgl. L. Armstrong, *Rocking the Cradle of Sexual Politics,* New York, 1994. Armstrong zufolge wird durch eine solche Struktur das Problem verharmlost, indem dessen politische Implikationen ignoriert werden und es auf eine rein private Angelegenheit reduziert wird.

10 Zur umfassenden Diskussion der Fragwürdigkeit solcher „Nachsorge" vgl. Jamie Diamond, „Life After Oprah", *Self,* August 1994, S. 122–125; S. 162; vgl. auch Heaton und Wilson, *Tuning In Trouble.*

11 *Sally Jessy Raphael Show,* 29. Nov. 1994; „We Want Mom to Leave Her Cheating Husband"; schriftliche Fassung erstellt durch Journal Graphics.

Kapitel 6: *Verbergen und Enthüllen*

1 Zur gründlichen Erörterung von AIDS und Verheimlichung vgl. L. W. Black, „AIDS und Verheimlichung", in E. Imber-Black (Hg.), *Geheimnisse und Tabus in Familie und Familientherapie,* Freiburg i. Br., 1995. Black beleuchtet das vielschichtige Geheimnis „HIV und AIDS" im kulturellen, sozialen, institutionellen und familiären Kontext.

2 Vgl. M. Mason, „Scham: Sammelbecken für Familiengeheimnisse", in E. Imber-Black (Hg.), *Geheimnisse und Tabus in Familie und Familientherapie,* Freiburg i. Br., 1995.

3 Ein bewegendes Beispiel für ein Geheimnis der Elternschaft, Adoption und Hautfarbe, das anläßlich eines Begräbnisses hervorbach, schildert N. Boyd-Franklin, „Racism, Secret-Keeping and African-American Families", in E. Imber-Black (Hg.), *Secrets in Families and Family Therapy,* New York, 1993 (in der deutschen Ausgabe nicht enthalten).

4 J. Katz, „The Tales They Tell in Cyberspace Are a Whole Other Story", *The New York Times,* 23. Jan. 1994, Teil zwei, S. 1, S. 30.

5 T. Gabriel, „Some On-Line Discoveries Give Gay Youths a Path to Themselves", *The New York Times,* 2. Juli 1995, S. A 1, S. A 16.

6 Aus einer Beschreibung der Mailbox erwachsener Adoptierter, America Online.

7 G. Kolata, „When Patients' Records Are Commodities for Sale", *The New York Times,* 15. Nov. 1995, S. A 1, C 14.

8 J. W. Roberts, „Health Care Bill Sacrifices Our Privacy", *The New York Times,* 7. August 1996, S. A 16.

9 Zur fundierten Erörterung der paradoxen Situation beim „Outing" vgl. A. Sullivan, *Virtually Normal: An Argument About Homosexuality,* New York, 1995. Sullivan legt dar, daß das Outing als Abbau von Stigmatisierung und Geheimniskrämerei angepriesen wird, während es in Wahrheit das genaue Gegenteil bewirkt, da es auf Schock, Angst und Scham gegründet ist.

Kapitel 7: *Persönliche Geheimnisse*

1. Während um die durch illegale Einwanderer verursachten Kosten für die Vereinigten Staaten und die Einzelstaaten viel Aufhebens gemacht wird, werden die Dienstleistungen der Regierung für Einwanderer ohne Papiere durch die Steuern, die diese zahlen, mehr als aufgewogen. Dem Urban Institute, einer überparteilichen Forschungseinrichtung, zufolge zahlen Einwanderer mit und ohne Papiere 70,3 Milliarden Dollar Steuern pro Jahr, erhalten aber nur Dienstleistungen im Wert von 42,9 Milliarden Dollar. Daß solche Informationen nicht allgemein bekannt sind, trägt zu einer Atmosphäre bei, in der die Verheimlichung durch Vorurteile befördert wird. Siehe R. Rayner, „What Immigration Crisis?" *The New York Times Magazine,* 7. Januar 1996, S. 26–31,

40, 46, 50, 56. Der sorgfältig recherchierte und gut geschriebene Artikel zeigt auf, wie Einwanderung ohne Papiere unter Ausnutzung von Rassismus und Fremdenangst als politisches Problem dargestellt wird.

2. Vgl C. Siebert, „The DNA We've Been Dealt", *The New York Times Magazine,* 17. September 1995; der persönliche, bewegende Bericht schildert die schwierige Entscheidung eines Mannes, ob er seine genetische Veranlagung zu einem unheilbaren Herzleiden testen lassen soll, an dem sein Vater gestorben ist. Durch Gespräche mit Genetikern, seinem großen Verwandtenkreis, der sich mit einer Erbkrankheit auseinandersetzen muß, und Nachdenken über seine eigene Situation hilft uns Siebert, die Frage zu klären, ob wir ein Geheimnis wissen wollen oder nicht.

3. Diese Geschichte ist G. L. Sanders, „The Love That Dares to Speak Its Name: From Secrecy to Openness in Gay and Lesbian Affiliations", in E. Imber-Black (Hg.), *Secrets in Family and Family Therapy,* New York, 1993, entnommen (in der deutschen Ausgabe nicht enthalten).

4. Eine hervorragende und gründliche Diskussion von Eßstörungen und Geheimhaltung bietet L. G. Roberto, „Eating Disorders as Family Secrets", in E. Imber-Black (Hg.), *Secrets in Families and Family Therapy* (in der deutschen Ausgabe nicht enthalten).

5. Diese Angaben stammen aus *All Things Considered,* National Public Radio, „Illinois Legislature Set to Debate Mandatory AIDS Testing", 7. März 1995.

6. J. Purnick, „When AIDS Testing Collides with Confidentiality," *The New York Times,* 18. Mai 1995, S.B4.

Kapitel 8: *Chance und Gefahr*

1. S. S. Hendrick, „A Generic Measure of Relationship Satisfaction", *The Journal of Marriage and the Family* 50 (1988), S. 93–98. In dieser Untersuchung wurden Geheimnisse, von deren Existenz die Partner wußten, in Zusammenhang mit der Zufriedenheit in der Beziehung gebracht, während Geheimnisse, von denen die Partner nichts ahnten, zur Unzufriedenheit in der Beziehung beitrugen.

2. Siehe Rosmarie Welter-Enderlins hervorragenden Beitrag „Geheimnisse bei Paaren und in der Paartherapie", in E. Imber-Black (Hg.), *Geheimnisse und Tabus in Familie und Familienthe-*

rapie, Freiburg im Breisgau, 1995, S. 61–84; hier wird gezeigt, daß der Entschluß, „sich alles zu sagen", tatsächlich zu Geheimnissen führt. Welter-Enderlin bringt in ihre Arbeit mit Paaren und Geheimnissen sowohl eine amerikanische als auch eine europäische Perspektive ein.

3. Diese Therapie habe ich zum erstenmal in „We've Got a Secret! A Non-marital Marital Therapy", in A. Gurman (Hg.), *Casebook of Marital Therapy,* New York, 1985, geschildert.

4. Cheryl Muzio, „Lesbians Choosing Children: Creating Families, Creating Narratives", *Journal of Feminist Family Therapy* 7, Nr. 3–4 (1995), S. 33–45, schildert den schmerzlichen Prozeß der Adoption eines Kindes durch ein lesbisches Paar. Da viele Adoptionsagenturen sich weigern, mit lesbischen Paaren zusammenzuarbeiten, führte die erforderliche Geheimhaltung dazu, daß sich beide Frauen gegenseitig immer heftiger kritisierten, um jeden Hinweis auf ihre sexuelle Orientierung zu unterdrücken. Das Paar gestaltete seine Wohnung und seine Kleidung anders und wagte es nicht mehr, die gegenseitige Zuneigung offen zu zeigen.

5. Im *National Lesbian Health Care Survey,* einer Umfrage unter nahezu 2000 lesbischen Frauen, zeigte sich, daß nur 27 Prozent sich vor allen ihren Angehörigen geoutet hatten, während 88 Prozent sich nur vor ihren schwulen und lesbischen Freunden geoutet hatten und lediglich 17 Prozent vor Arbeitskollegen. C. Alexander, „The State of Lesbian Mental Health", in *The Family* I, Nr. 3 (1996), S. 6.

6. Siehe E. Imber-Black und J. Roberts, *Vertrauen und Geborgenheit: Familienrituale und alte Bräuche neu entdeckt,* Düsseldorf, 1993; hier wird die große Bedeutung von Ritualen zum Ausdrücken von Überzeugungen und zur Gestaltung der eigenen Identität dargestellt.

Kapitel 9: *Zwischen Aufrichtigkeit und Vorsicht*

1. A. C. Bernstein, *Flight of the Stork: What Children Think (and When) about Sex and Family Building,* Indianapolis, 1994, zeigt anhand wunderbarer Beispiele, wie kleine Kinder Informationen über Sexualität und Fortpflanzung deuten. Bernsteins Buch hilft Eltern, die kognitiven und emotionalen Prozesse bei kleinen Kindern zu begreifen, ohne zu stark zu vereinfachen.

2. Einer sorgfältigen Untersuchung zufolge waren 16 Prozent

der Frauen vor dem achtzehnten Lebensjahr von einem Verwandten sexuell mißbraucht worden, 4,5 Prozent von ihrem eigenen Vater. Vgl. D. E. Russell, *The Secret Trauma: Incest in the Lives of Girls and Women,* New York, 1986.

3. Vgl. D. Miller, *Women Who Hurt Themselves: A Book of Itope and Understanding,* New York, 1994; hier werden die schädlichen Auswirkungen, die Geheimhaltung auf Kinder hat, wenn sie von den Eltern oder anderen Vertrauenspersonen mißbraucht werden, ausführlich erörtert.

4. M. Sheinberg, F. True und P. Fraenkel, „Treating the Sexually Abused Child: A Recursive, Multimodal Program", *Family Process* 33, Nr. 3 (1994), S. 265.

5. Die Arbeit von Marcia Sheinberg, M. S. W., und ihren Kollegen in der Vereinigung „Making Families Safe for Children", die vom Ackerman Institute in New York City finanziert wird, widmet sich besonders dem Bedürfnis der mißbrauchten Kinder, ein Gefühl für ihre eigene Stärke und Durchsetzungsvermögen zu bekommen, nachdem der sexuelle Mißbrauch entdeckt worden ist. In einem Therapiemodell, bei dem Einzel-, Gruppen- und Familientherapie Anwendung finden, werden Kinder mit großer Achtsamkeit dabei unterstützt zu entscheiden, mit wem sie über den Mißbrauch sprechen wollen. Siehe Sheinberg, True und Fraenkel, „Treating the Sexually Abused Child: A Recursive, Multimodal Program".

6. Siehe C. Ahrons, *The Good Divorce: Keeping Your Family Together When Your Marriage Comes Apart,* New York, 1994; dieses hervorragende, wissenschaftlich fundierte, allgemeinverständliche Buch geht auf die altersgemäßen Bedürfnisse von Kindern geschiedener Eltern ein.

7. Siehe M. Tasker, *How Can I Tell You: Secrecy and Disclosure with Children When a Family Member Has AIDS,* Bethesda, MD: Association for the Care of Children's Health, 1992; hier wird ausführlich erörtert, wie man mit Kindern über HIV/AIDS sprechen kann. In diesem Buch finden sich viele ergreifende und tapfere Geschichten sowie Mitschriften von Gesprächen.

8. Siehe L. R. Melina, *Making Sense of Adoption: A Parents' Guide,* New York, 1989; das Buch schlägt viele gute Strategien und Aktivitäten vor, auf die Eltern zurückgreifen können, um die Themen „Adoption" und „Befruchtung durch Samenspende" mit ihren Kindern immer wieder zur Sprache zu bringen.

Kapitel 10: *Geheime Ermittlungen*

1. Diese Geschichte stammt aus der Arbeit von Peggy Papp, vgl. Peggy Papp, „Der Wurm in der Knospe: Geheimnisse zwischen Eltern und Kindern", in E. Imber-Black (Hg.), *Geheimnisse in Familie und Familientherapie,* Freiburg i. Br., 1995, S. 85–108.

2. Diese Erkenntnis stammt aus einer vorbereitenden qualitativen klinischen Forschungsuntersuchung am North Central Bronx Hospital, die von Judy Cobb, Ph. D., Eliana Korin, Psy Lic., und Barbara Iwler, M. S. W. durchgeführt wurde.

3. Mein Dank gilt Judy Cobb, Ph. D., Helen Quinones, Ph. D, Charles Soule, Ph. D., Rosa Ramirez, Ph. D., und Rosemarie Alonzo-Chatterton, M. S,. für ihre hervorragende Arbeit mit dominikanischen Familien in der Bronx, New York, die meine Aufmerksamkeit auf das kritische Problem nicht erzählter Geschichten lenkte, die ausgetauscht werden müssen, wenn Teenager und Eltern getrennt wurden.

Kapitel 11: *Es ist nie zu spät*

1. Zu einer fachlichen Erörterung der Therapie dieser Familie siehe E. Imber-Black, „Geheimnisse in Familie und Familientherapie – Ein Überblick", in E. Imber-Black (Hg.), *Geheimnisse und Tabus in Familie und Familientherapie,* Freiburg im Breisgau, 1995, S. 9–41, und E. Imber-Black, „Ghosts in the Therapy Room", *The Family Therapy Networker,* Mai/Juni 1995, S. 19–29. Die Arbeit mit dieser Familie hat mein früheres Denken über Familien und Geheimnisse stark verändert und mir geholfen, orthodoxe Vorstellungen im Bereich der Familientherapie in Frage zu stellen. Ihren Einfluß auf mein Denken habe ich in E. Imber-Black, „Odysseys of a Learner", in D. Efron (Hg.), *Journeys: Expansion of the Strategic-Systemic Therapies,* New York, 1986, S. 3–29, dargestellt.

Register

Das Nachschlagewerk der Psychologie!

Werner D. Fröhlich

Wörterbuch Psychologie

dtv 32514

Die heutige Psychologie mit ihren eigenständigen, naturwissenschaftlich geprägten Methoden entwickelte von ihren Anfängen bis heute eine differenzierte Fachsprache. Gegenwärtig orientiert sich die Psychologie sowohl in der Grundlagenforschung als auch in ihren anderen vielfältigen Anwendungsfeldern fachübergreifend. Aus diesem Grund finden sich in den rund 3500 Stichwörtern des Nachschlagewerks die wichtigsten Begriffe der »klassischen« Psychologie sowie die Grundbegriffe aus biologisch-medizinischen und sozialwissenschaftlichen Nachbargebieten.

Das ›Wörterbuch Psychologie‹ ist 1968 erstmals erschienen. Für die 21. Auflage 1997 wurden die Stichwörter grundlegend bearbeitet und an das weltweit angewendete Klassifikationssystem DSM-IV angepaßt. Ebenso wurde das Nachschlagewerk durch neue Begriffe erweitert. Das Vorwort gibt eine Einführung in geschichtliche Entwicklung, Gegenstandsbereiche und Studienaufbau der Psychologie, der Anhang bietet ein Verzeichnis englischsprachiger Stichwörter mit Verweisen auf die entsprechenden deutschen Begriffe. Mit ausführlicher Bibliographie.

Peter Schellenbaum im dtv

»Wer sich verändern will, muß sich bewegen!«
Peter Schellenbaum

Die Wunde der Ungeliebten
Blockierung und Verlebendigung der Liebe
dtv 35015
Der Autor erläutert, wie es uns gelingen kann, unsere Liebesfähigkeit lebendig werden zu lassen.

Abschied von der Selbstzerstörung
Befreiung der Lebensenergie
dtv 35016
Peter Schellenbaum zeigt, wie der einzelne dem Teufelskreis von blockierten Gefühlen und selbstzerstörerischem Verhalten entkommen kann.

Das Nein in der Liebe
Abgrenzung und Hingabe in der erotischen Beziehung
dtv 35023
In der Liebe ist der Wunsch nach Abgrenzung notwendig für die Selbstverwirklichung.

Gottesbilder
Religion, Psychoanalyse, Tiefenpsychologie
dtv 35025
Die unterschiedlichen Gottesauffassungen von Freud und Jung werden in diesem Buch zu einer Synthese gefügt.

Tanz der Freundschaft
dtv 35067
Eine ungewöhnliche Annäherung an das Wesen der Freundschaft.

Nimm deine Couch und geh!
Heilung mit Spontanritualen
dtv 35081
Peter Schellenbaum stellt seine Therapiemethode der Psychoenergetik vor.

Aggression zwischen Liebenden
Ergriffenheit und Abwehr in der erotischen Beziehung
dtv 35109
Peter Schellenbaum zeigt, daß Aggression einen wichtigen Impuls für Erotik und Lebendigkeit in jeder Beziehung darstellt.

Träum dich wach
Lebensimpulse aus der Traumwelt
dtv 35156

Hilfe zur Selbsthilfe

Mandy Aftel
Der Roman unseres Lebens
Wendepunkte erkennen und nutzen · dtv 36072

F. Diane Barth
Tagträumen
Der Schlüssel zur kreativen Energie · dtv 35148

Dietmar Friedmann
Klaus Fritz
Wer bin ich, wer bist du?
Mehr Erfolg durch bessere Menschenkenntnis
dtv 36530

Klaus Fritz
Ein Sternenmantel voll Vertrauen
Märchenhafte Lösungen für alltägliche Probleme
dtv 36120

Irène Kummer
Ich bin die Frau, die ich bin
Eine lebendige Beziehung zu sich selbst und anderen finden · dtv 35078

Arnold Lazarus, Allen Fay
Ich kann, wenn ich will
Anleitung zur psychologischen Selbsthilfe
dtv 36109

Helmut Milz
Der wiederentdeckte Körper
Vom schöpferischen Umgang mit sich selbst
dtv 35075

Norman Vincent Peale
Die Kraft positiven Denkens
dtv großdruck 25110

Peter Schellenbaum
Die Wunde der Ungeliebten
Blockierung und Verlebendigung der Liebe
dtv 35015

Peter Schellenbaum
Abschied von der Selbstzerstörung
Befreiung der Lebensenergie
dtv 35016

dtv

Kinderwunsch – die Geburt und wie es danach weitergeht

Sheila Kitzinger
Schwangerschaft und Geburt bewußt und selbstbestimmt erleben
dtv 36016

T. Berry Brazelton
Babys erstes Lebensjahr
dtv 36500

Monika Arndt
Das Baby-Kochbuch
Gesunde Ernährung für Ihr Kind
dtv 36536

Nasma Scheibler-Shrestha
Ruth Lehmann
Babymassage
Die Sprache der sanften Berührung in der Newar-Tradition
dtv 36091

Penelope Leach
Die ersten Jahre deines Kindes
Ein Handbuch für Eltern
dtv 36005

Christine Lauterbach, Ulrike Schroeder
Kinder homöopathisch behandeln
dtv 36035

Dr. med. Nora Bergen
Allergie bei Kindern
Umweltschadstoffe, Nahrungsmittel- und Inhalationsallergien
dtv 36517

Eva Zeltner
Mut zur Erziehung
dtv 36048
Weder Macho noch Muttersöhnchen
dtv 36123

Brigitte Beil
Gutes Kind, böses Kind
Warum brauchen Kinder Werte?
dtv 8424

Maria Montessori
Kinder sind anders
dtv 36047

Jirina Prekop
Der kleine Tyrann
Welchen Halt brauchen Kinder?
dtv 36050

Ulla Rahn-Huber
Der ultimative Survival-Guide für junge Eltern
dtv 36167

...Eltern sein dagegen sehr

Erziehungsberater im dtv

Jeffrey L. Brown
Keine Räuber unterm Bett
Wie man Kindern Ängste nimmt
dtv 36093

Was macht ihr für Geschichten?
Ausdrucksformen des kindlichen Erlebens
Herausgegeben von Reinhard Fatke
dtv 35136

Klaus Fritz
Ein Sternenmantel voll Vertrauen
Märchenhafte Lösungen für alltägliche Probleme
dtv 36120

Allan Guggenbühl
Die unheimliche Faszination der Gewalt
Denkanstöße zum Umgang mit Aggression und Brutalität unter Kindern
dtv 36025

Gerhard W. Lauth
Peter F. Schlottke
Kerstin Naumann
Rastlose Kinder, ratlose Eltern
Hilfen bei Überaktivität und Aufmerksamkeitsstörungen · dtv 36122

Jane Nelsen
Lynn Lott
H. Stephen Glenn
Der große Erziehungsberater
Antworten auf Elternfragen von Abhängigkeit bis Zuhören · dtv 36095

Dagmar C. Walter
Autogenes Training für Kinder
Phantasiereisen zum Entspannen
dtv 36092

Dagmar Wolf
Babysitter, Hort & Co.
Ratgeber zur Kinderbetreuung · dtv 36094

Selbst die Eltern wissen manchmal nicht mehr weiter

Die ersten Jahre deines Kindes
Ein Handbuch für Eltern
Von Penelope Leach
dtv 36005

Was tun, wenn Babys schreien? – Was essen Einjährige? – Was spielt man bei Regenwetter? – Was tut man bei Windpocken?
In diesem zuverlässigen Handbuch gibt Penelope Leach Antwort auf Fragen, die in den ersten Jahren des Elterndaseins immer auftauchen. Sie stellt die Entwicklung des Kindes in den ersten fünf Lebensjahren dar – von der Geburt bis ins Vorschulalter – und befaßt sich ausführlich mit Ernährung, Wachstum, Schlaf, Schreien und Trösten, Hygiene, Krankheiten, Kleidung usw. Dabei macht sie immer wieder deutlich, wie Eltern ihrem Kind auf dem Weg in die Selbständigkeit am besten helfen können, ohne dabei die eigenen Bedürfnisse zu vernachlässigen.

Der große Erziehungsberater
Von Abhängigkeit bis Zuhören
Von Jane Nelsen, Lynn Lott
und H. Stephen Glenn
dtv 36095

Kinder, Kinder – manchmal rauben sie ihren Eltern den letzten Nerv: Das Kleinkind will nicht essen, schlafen gehen oder sauber werden, die Größeren raufen und quengeln, und die Teenager tun überhaupt nur noch, was sie wollen. Umgekehrt machen es aber auch die Eltern ihren Kindern nicht immer leicht: Sie reden statt zu handeln, handeln dann anders, als sie reden, entmutigen statt zu motivieren, mißtrauen statt zu vertrauen.
Anhand von über hundert konkreten Beispielen zeigen die Autoren, wie man mit den kleineren und größeren Schwierigkeiten, die das Familienleben nun mal mit sich bringt, besser zurechtkommt.